독자의 1초를
아껴주는 정성을
만나보세요!

세상이 아무리 바쁘게 돌아가더라도 책까지 아무렇게나 빨리 만들 수는 없습니다.
인스턴트 식품 같은 책보다 오래 익힌 술이나 장맛이 밴 책을 만들고 싶습니다.
땀 흘리며 일하는 당신을 위해 한 권 한 권 마음을 다해 만들겠습니다.
마지막 페이지에서 만날 새로운 당신을 위해 더 나은 길을 준비하겠습니다.

코딩 자율학습 HTML + CSS + 자바스크립트

Self-study Coding HTML + CSS + JavaScript

초판 발행 · 2022년 4월 25일
초판 5쇄 발행 · 2024년 5월 20일

지은이 · 김기수
발행인 · 이종원
발행처 · (주)도서출판 길벗
출판사 등록일 · 1990년 12월 24일
주소 · 서울시 마포구 월드컵로 10길 56(서교동)
대표 전화 · 02)332-0931 | **팩스** · 02)323-0586
홈페이지 · www.gilbut.co.kr | **이메일** · gilbut@gilbut.co.kr

기획 및 책임편집 · 정지연(stopy@gilbut.co.kr) | **디자인** · 책돼지 | **제작** · 이준호, 손일순, 이진혁
마케팅 · 임태호, 전선하, 차명환, 박민영, 지운집, 박성용 | **영업관리** · 김명자 | **독자지원** · 윤정아

교정교열 · 이미연 | **전산편집** · 책돼지 | **출력 및 인쇄** · 금강인쇄 | **제본** · 금강제본

ISBN 979-11-6521-946-8 93000
(길벗 도서번호 080313)

정가 27,000원

독자의 1초를 아껴주는 정성 길벗출판사

(주)도서출판 길벗 | IT교육서, IT단행본, 경제경영서, 어학&실용서, 인문교양서, 자녀교육서
www.gilbut.co.kr
길벗스쿨 | 국어학습, 수학학습, 어린이교양, 주니어 어학학습, 학습단행본
www.gilbutschool.co.kr

페이스북 · www.facebook.com/gbitbook
예제 소스 · https://github.com/gilbutITbook/080313
코딩 자율학습단 · https://cafe.naver.com/gilbutitbook

코딩
자율학습

이러다
코딩천재?

HTML+
CSS +

기초부터 반응형 웹까지
초보자를 위한
웹 개발 입문서

자바스크립트

김기수 지음

길벗

HTML+CSS+자바스크립트의 정석 같은 느낌이었어요. 코딩에 입문하는 사람은 이 한 권이면 헤맬 필요 없이 탄탄한 기초를 쌓을 수 있을 것 같았어요. 그동안 기본서에서 볼 수 없던 디테일이 담겨 있어서 더욱 유용했어요. 예제가 엄청 풍부하고 실무자 입장에서 필요한 내용도 다뤄 줘서 완전 초보자도, 어느 정도 기본기를 익힌 사람도 큰 도움이 되는 책입니다. 최종 프로젝트에서는 당장 써먹을 수 있는 아웃풋까지 낼 수 있도록 차근차근 도와줘서 정말 감탄했어요. 또한, 중간중간 팁과 노트, 정리해 주는 마무리, 1분 퀴즈와 셀프체크도 유용했습니다. 책에서 다루지 않은 부분도 어디에서 볼 수 있는지 상세하게 안내해 주어서 더욱 유용했습니다. _류성주

놓치기 쉬운 기본 개념이 잘 정리되어 있어서 실무자도 옆에 두고 볼 수 있는 책입니다. 기초부터 시작해 전문 지식까지 배운 내용을 활용한 실무 팁이 많아 어느 수준에서든 유용합니다. 또한 예제와 프로젝트를 차분히 따라가며 실습하면 성취감을 느낄 수 있어서 혼자 공부하기에 충분한 책입니다. _김지원

최근 웹 개발을 배우기 시작하면서 예전에 한번 본 적 있는 HTML, CSS, 자바스크립트의 기본 지식을 다시 공부할 필요가 생겼습니다. 좋은 기회로 이렇게 완성도 있는 책을 검토하면서 저에게 필요한 내용까지 공부할 수 있어서 정말 좋았습니다. 학습단에 많은 분이 참여한 만큼 더 훌륭한 책이 나올 수 있지 않을까 기대합니다. 다음에도 기회가 있다면 참여하고 싶습니다. _조영래

요즘 코딩을 배워서 웹 개발에 도전하려는 사람이 많아지고 있습니다. 하지만 어려운 용어와 각종 도구의 사용 방법 때문에 처음부터 많은 사람이 좌절하게 됩니다. 시중에 출간된 책 중에서 어느 것을 골라야 할지 고민이 많을 것입니다. 이 책은 그런 분들이 첫발을 내딛기에 좋은 책입니다. 개발 환경 설정에서부터 HTML, CSS의 의미와 사용법, 자바스크립트 프로그래밍 과정을 초보자도 무리 없이 소화하고 따라 할 수 있도록 매우 자세히 설명합니다. 조금 어려운 부분이 나오면 중간중간 팁과 조언으로 길고도 지난한 웹 개발 학습 과정을 성공적으로 극복할 수 있도록 도와줍니다. 결코 얕은 지식이 아니라고 느꼈고 이 책만 완전히 자기 것으로 익혀도 다음 단계 공부나 자바스크립트의 다양한 프레임워크를 공부하는 데 많은 도움이 될 것이라 확신합니다. _임혁

베타 학습단에 참여해 주신 모든 분께 감사드립니다.
여러분의 소중한 의견이 모여 더 좋은 책을 만들 수 있었습니다.

지은이의 말

대학 전공과 무관하게 우연히 들어서게 된 개발자의 길을 10년이 넘는 지금까지 꾸준히 걷고 있습니다. 그러다 우연히 다른 사람에게 코딩을 가르치는 것이 적성에 맞는다는 것을 알고 여러 활동을 하다 보니 이렇게 책을 출간할 기회까지 얻게 되었습니다. 제가 다른 사람의 책을 보면서 코딩을 공부했던 것처럼, 누군가도 제가 집필한 책을 보면서 공부하게 될 거라는 사실이 아직도 믿기지 않고 감회가 매우 새롭습니다.

제가 처음 개발자로 일을 시작했을 때는 사람들이 코딩에 그다지 관심이 없었습니다. 하지만 이제 코딩은 초등학교에서도 가르칠 정도로 우리 주변에서 흔하게 보고 배울 수 있는 일이 되었습니다.

코딩은 분야가 상당히 방대한데, 그중 우리가 일상생활에서 쉽게 접할 수 있는 웹 페이지도 코딩을 배우면 만들 수 있는 분야 중 하나입니다. 이 분야를 프론트엔드라고 합니다. 프론트엔드는 쉽게 생각하면 웹 페이지에 표시되는 모든 시각적인 내용을 의미합니다. 그리고 이러한 부분은 수많은 코딩 언어 중에서 HTML, CSS, 자바스크립트를 배움으로써 만들 수 있습니다.

HTML은 눈에 보이는 골격을 만들어 주고, CSS는 HTML로 작성한 골격을 꾸며 주며, 자바스크립트는 스마트한 기능을 추가합니다. 여러분이 만약 HTML, CSS, 자바스크립트를 이미 알고 있다면 웹 브라우저에 표시되는 웹 페이지에 대한 이해력과 논리력이 있을 겁니다.

HTML, CSS, 자바스크립트는 프론트엔드 개발자가 목표라면, 누구나 공부를 시작해 보기 좋을 정도로 다른 프로그래밍 언어보다 쉬운 편입니다. 그래서 지금 이 순간에도 많은 사람이 프론트엔드 분야의 언어를 공부하면서 개발자를 준비하고 있을 겁니다. 하지만 아무리 다른 프로그래밍 언어보다 배우기 쉽더라도 올바르게 공부 방향을 이끌어 줄 수 있는 매개체는 반드시 필요합니다. 그러한 매개체 중에서 가장 쉽게 접할 수 있는 게 책입니다.

이 책은 프론트엔드 분야의 기본인 HTML, CSS, 자바스크립트를 배울 수 있는 입문서입니다. 입문서이기 때문에 코딩을 아무것도 모르는 사람도 이 책을 통해 프로그래밍 언어 3가지를 쉽게 배울 수 있습니다.

다년간 현장에서 코딩을 가르친 경험도 책을 집필하는 데 큰 도움이 되었습니다. 같은 내용을 가르치더라도 사람마다 이해하고 받아들이는 것에 편차가 분명히 존재합니다. 이러한 편차를 줄이기 위해 어떤 방식으로 내용을 전달해야 하는지 고민하고 시행착오도 거쳤습니다. 그 노하우들을 최대한 책에 담아내려고 노력했습니다.

또한, 책이라는 매체 특성상 독해력도 어느 정도 필요합니다. 독해력도 사람마다 달라서 책을 집필할 때 전문 용어를 남발하기보다는 쉬운 단어와 문장으로 내용을 전달할 수 있도록 노력했습니다.

하지만 아무리 여러 가지를 고려해서 책을 집필했다고 하더라도 분명히 공부하는 중에 이해가 가지 않거나 궁금한 점은 생기게 됩니다. 특히 책이라는 매체 특성상 궁금한 점이 생기더라도 저자에게 질문하고 답변을 받으려면 시간이 상당히 오래 걸립니다. 그러면 흐름이 끊겨서 분명 학습하는 데도 좋지 않은 영향을 줄 수 있습니다.

그래서 이 책은 단점을 보완하기 위해 제가 운영하는 수코딩 사이트에 질문하고 답변을 받을 수 있도록 별도의 강의 카테고리를 만들었습니다. 여러분은 수코딩 사이트에서 궁금한 점을 질문하고 답변을 받아볼 수 있습니다. 또한, 책에 수록된 예제 코드도 수코딩 사이트에서 작성하고 실행해볼 수 있기 때문에 복잡한 예제 코드도 편리하게 확인하면서 공부할 수 있습니다.

마지막 당부로, 책을 다 보고 나서 책의 마지막 장에서 만들어 보는 프로젝트를 시작으로 본인만의 다양한 미니 프로젝트를 꾸준히 만들어 보세요. 사용하지 않는 기술은 금방 까먹기 마련입니다. 규모가 크든 작든 소소한 것이라도 만들어 보면서 책에서 배운 내용을 조금씩 단단하게 다듬어 나가시길 바랍니다.

부디 이 책이 프런트엔드 분야를 시작하려는 여러분에게 많은 도움이 되길 진심으로 바랍니다.

김기수

[Thank to]
책을 집필할 수 있도록 기회를 주시고 출간할 때까지 많은 도움을 주신 정지연 편집자님께 감사드립니다. 편집자님과 길벗출판사 편집팀이 있었기 때문에 부족한 제 글이 멋지게 세상에 나올 수 있었습니다.

그리고 책을 집필하는 짧지 않은 시간 동안 가정에 많이 소홀했는데도, 항상 곁에서 응원해 준 사랑하는 아내와, 집필 기간 중 태어난 하나뿐인 소중한 아들에게 고마운 마음을 전합니다.

지은이 소개 **김기수**

비전공자 출신으로 안드로이드/iOS 개발로 커리어를 시작해 10년이 넘는 시간 동안 프런트엔드, 백엔드 분야의 다양한 언어를 접하고 활용하며 개발자의 길을 걷고 있습니다. 현재는 온라인 코딩 교육 사이트인 수코딩과 유튜브 채널을 운영하면서 많은 사람에게 코딩을 쉽게 가르칠 수 있는 방법을 매일 끊임없이 연구하고 있습니다.

코딩 자율학습 구성

개발 환경 설정부터 HTML, CSS, 자바스크립트 기초, 반응형 웹까지 초보자가 웹 개발에 입문하는 데 필요한 내용을 담았습니다. 배운 내용을 모두 담아 실무에서도 유용하게 활용할 수 있는 나만의 포트폴리오 페이지로 코딩 자율학습을 완성합니다.

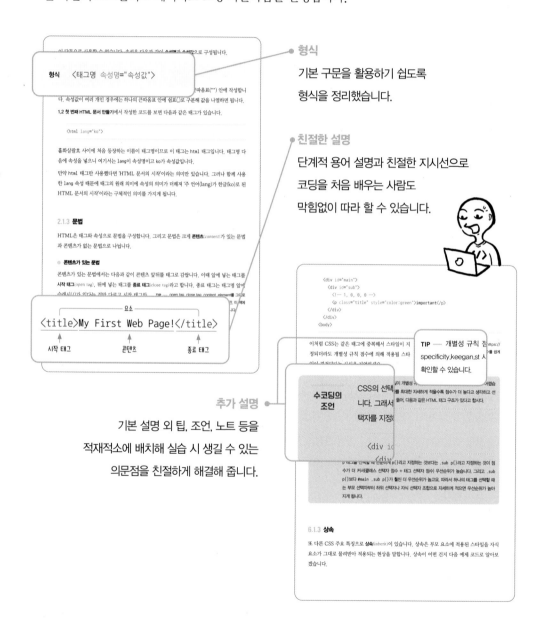

형식

기본 구문을 활용하기 쉽도록
형식을 정리했습니다.

친절한 설명

단계적 용어 설명과 친절한 지시선으로
코딩을 처음 배우는 사람도
막힘없이 따라 할 수 있습니다.

추가 설명

기본 설명 외 팁, 조언, 노트 등을
적재적소에 배치해 실습 시 생길 수 있는
의문점을 친절하게 해결해 줍니다.

```
img{
    display:block;
}
```

1분 퀴즈 ●

절마다 배운 내용을
간단한 퀴즈 문제로 바로바로 확인합니다.

1분 퀴즈

```
div{
    width:100px;
    height:100px;
    border-top:5px solid red;
    border-bottom:10px solid red;
    border-right:10px solid red;
    border-left:20px solid red;
    margin:10px 20px;
    padding:10px 20px;
}
```

너비: ___ px, 높이: ___ px

셀프체크 ●

단순한 코딩과 결과 확인식 설명에서 벗어나
원리를 이해했는지 직접 코드를 짜보면서
확인합니다.

셀프체크

```
2. 구구단 1단부터 9단까지 한 번에 출력하는 코드를 작성하세요.

3. 100부터 999까지 정수 중에서 암스트롱 수에 해당하는 숫자를 모두 출력하는 코드를 작성하세요.
```

마무리

장별로 핵심 내용을 정리해
완벽하게 마무리하도록 돕습니다.

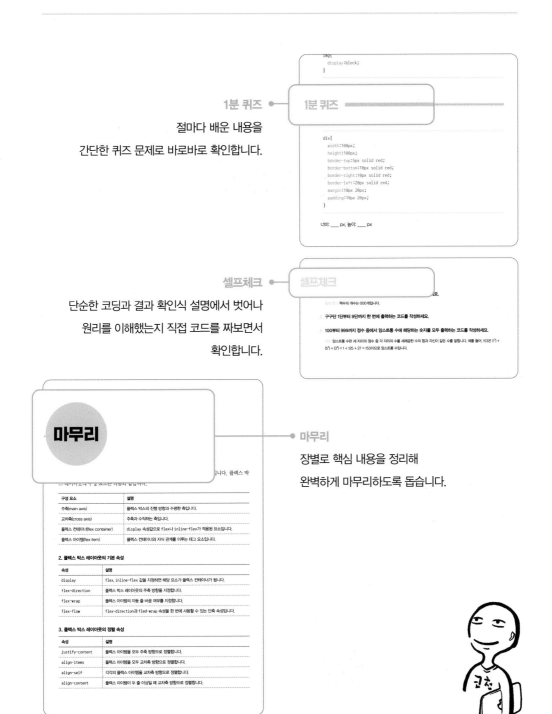

구성 요소	설명
주축(main axis)	플렉스 박스의 진행 방향과 수평한 축입니다.
교차축(cross axis)	주축과 수직하는 축입니다.
플렉스 컨테이너(flex container)	display 속성값으로 flex나 inline-flex가 적용된 요소입니다.
플렉스 아이템(flex item)	플렉스 컨테이너와 자식 관계를 이루는 태그 요소입니다.

2. 플렉스 박스 레이아웃의 기본 속성

속성	설명
display	flex, inline-flex 값을 지정하면 해당 요소가 플렉스 컨테이너가 됩니다.
flex-direction	플렉스 박스 레이아웃의 주축 방향을 지정합니다.
flex-wrap	플렉스 아이템의 자동 줄 바꿈 여부를 지정합니다.
flex-flow	flex-direction과 fled-wrap 속성을 한 번에 사용할 수 있는 단축 속성입니다.

3. 플렉스 박스 레이아웃의 정렬 속성

속성	설명
justify-content	플렉스 아이템을 모두 주축 방향으로 정렬합니다.
align-items	플렉스 아이템을 모두 교차축 방향으로 정렬합니다.
align-self	각각의 플렉스 아이템을 교차축 방향으로 정렬합니다.
align-content	플렉스 아이템이 두 줄 이상일 때 교차축 방향으로 정렬합니다.

코딩 자율학습단과 함께 공부하기

혼자 공부하기 어렵다면 코딩 자율학습단에 참여해 보세요.

코딩 자율학습단은 정해진 기간에 도서 1종을 완독하는 것을 목표로 합니다. 학습단 운영 기간에는 도서별 멘토들의 공부 방법과 학습 팁을 제공하고, 완독을 위한 다양한 이벤트도 진행합니다.

학습단 제대로 활용하기 **1. 멘토들의 학습 가이드 따라하기**

코딩 초보자들도 공부하기 쉽도록 도서마다 학습 멘토들이 공부한 내용을 정리해 학습 가이드를 제공합니다. 혼자 공부하면서 이해하기 어려운 부분이 있다면 학습 가이드를 활용해 보세요.

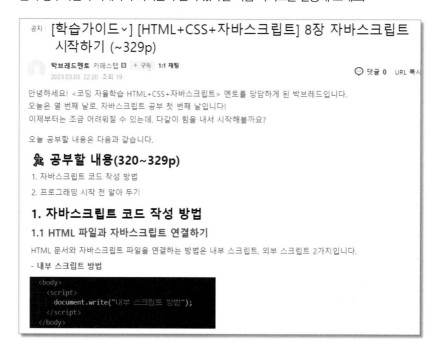

2. 학습 질문 게시판 이용하기

혼자 공부하다가 모르거나 막히는 부분이 있다면 학습 질문 게시판에 물어 보세요. 학습 튜터가 친절하게 답변해 드립니다.

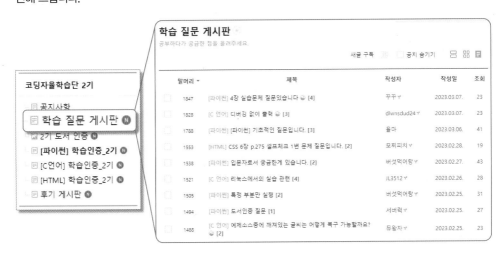

코딩 자율학습단은 어떻게 참여하나요?

코딩 자율학습단은 연 4회 운영됩니다. 자세한 내용은 코딩 자율학습단 공식 카페 (https://cafe.naver.com/gilbutitbook) 공지사항에서 확인할 수 있습니다.

지원도 받고 공부도 하는 코딩 자율학습단 참여 혜택

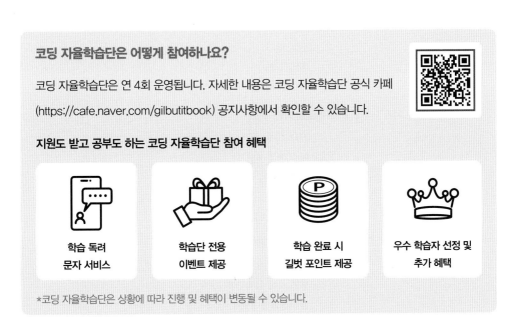

*코딩 자율학습단은 상황에 따라 진행 및 혜택이 변동될 수 있습니다.

목차

3장
실무에서 자주 사용하는 HTML 필수 태그 다루기   059

6장
CSS 필수 속성 다루기   171

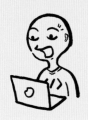

12장
문서 객체 모델과 이벤트 다루기   455

Part 4

프로젝트로 웹 개발 기초 완성하기

523

Part 1

HTML로
웹 구조 설계하기

1장

Hello,
HTML + CSS + 자바스크립트

웹이 등장한 뒤로 한 세대도 지나지 않았지만, 그사이 웹은 급속도로 발전해 이제는 일상생활 속에서 쉽게 접하고 이용할 수 있게 됐습니다. 또한, HTML만으로 만들던 초창기 웹 페이지와는 다르게 CSS나 자바스크립트처럼 웹을 만들기 위한 언어들의 발전도 함께 이루어졌죠. 작업 환경에서 조금씩 차이는 있지만, 웹 페이지를 만들 때 HTML과 CSS, 자바스크립트가 빠지지 않고 사용됩니다. 따라서 웹 페이지를 만들려면 더 이상 HTML만 배워서는 안 됩니다.

이 책은 이러한 웹 개발 시장의 흐름 속에서 온라인에 중구난방으로 퍼져 있는 잘못된 지식과 학습 방법을 바꾸고, 효율적이고 효과적으로 웹 페이지를 만들 수 있는 HTML과 CSS, 자바스크립트의 학습 방법을 제시하려고 합니다.

이 장에서는 웹 개발을 배우기에 앞서 웹 개발을 공부할 수 있는 환경을 조성하는 방법을 살펴보겠습니다.

개발 환경 설정하기

여러분은 앞으로 HTML과 CSS, 자바스크립트를 공부하면서 수많은 코드를 **작성**하고 **실행**하게 됩니다. 코드를 작성하고 실행하려면 여러 도구, 즉 프로그램이 필요한데, 이렇게 프로그램을 설치하고 준비하는 과정을 **개발 환경을 설정한다**고 합니다. 그럼 코드를 배워 나가는 데 필요한 개발 환경부터 설정해 보겠습니다.

1.1.1 코드 작성을 위한 코드 에디터 설치하기

먼저 코드를 작성할 수 있는 코드 에디터(code editor)가 필요합니다. 윈도우(Windows)에 기본으로 설치된 메모장(notepad)으로도 코드를 작성할 수 있지만, 기능이 단순하다 보니 사용하기에 매우 불편합니다. 그래서 실무에서는 아톰(Atom)이나 서브라임 텍스트(Sublime Text), 브라켓(Brackets), 비주얼 스튜디오 코드(Visual Studio Code)와 같은 코드 에디터를 많이 사용합니다.

이 책에서는 이 중에서 비주얼 스튜디오 코드(이하 VSCode)를 사용하겠습니다. 무료이면서 실무에서도 많이 사용하기 때문입니다.

VSCode는 PC에 직접 설치해 사용하는 설치형 코드 에디터 프로그램입니다. 그래서 이를 사용하려면 운영체제에 맞는 설치 프로그램을 내려받아 PC에 설치해야 합니다. 그럼 VSCode를 설치해 봅시다.

1. 공식 홈페이지(https://code.visualstudio.com)에서 홈 화면에 있는 [Download for Windows] 버튼을 클릭합니다. 맥OS(macOS)나 리눅스(Linux)를 사용한다면 오른쪽에 있는 ∨ 모양 버튼을 클릭해 운영체제에 맞춰 프로그램을 내려받습니다.

그림 1-1 VSCode 설치 프로그램 내려받기

2. 내려받은 설치 파일을 실행하면 다음과 같이 사용권(라이선스) 계약에 동의하는지 묻는 화면이 나옵니다. **동의합니다**를 선택하고 [다음] 버튼을 클릭합니다.

그림 1-2 사용권 계약 동의 화면

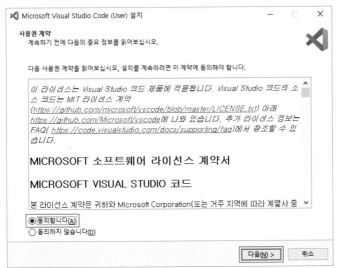

3. 프로그램의 설치 위치를 선택하는 화면이 보입니다. 위치를 따로 지정할 것이 아니면 기본 설정된 경로에 설치하면 됩니다. [다음] 버튼을 클릭합니다.

그림 1-3 설치 위치 선택 화면

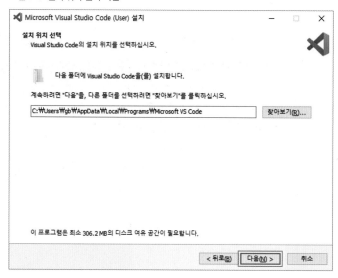

4. 다음으로 시작 메뉴 폴더를 선택하는 화면이 보이는데 변경할 내용이 없으므로 [다음] 버튼을 클릭합니다.

그림 1-4 시작 메뉴 폴더 선택 화면

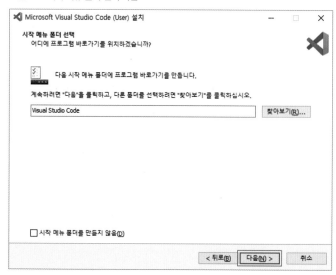

5. 추가 작업을 선택하는 화면이 보이면 그림처럼 모든 체크박스를 선택한 후 [다음] 버튼을 클릭합니다.

그림 1-5 추가 작업 선택 화면

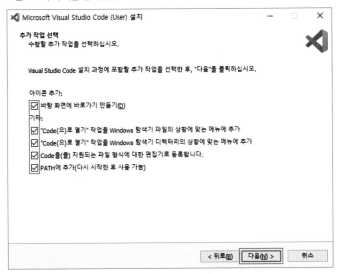

6. 설정한 내용을 확인하고 [설치] 버튼을 클릭해 설치를 진행합니다.

그림 1-6 설치 준비 완료 화면

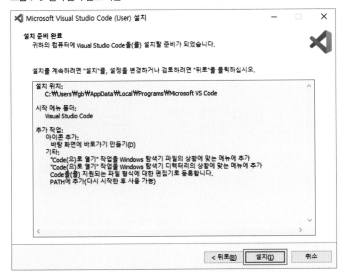

7. 설치가 끝나면 **Visual Studio Code 실행**을 선택한 상태로 [종료] 버튼을 클릭합니다.

그림 1-7 설치 완료 화면

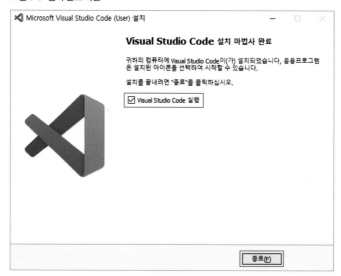

8. 자동으로 VSCode가 실행되고 다음과 같이 초기 화면이 보입니다.

그림 1-8 VSCode 실행 초기 화면

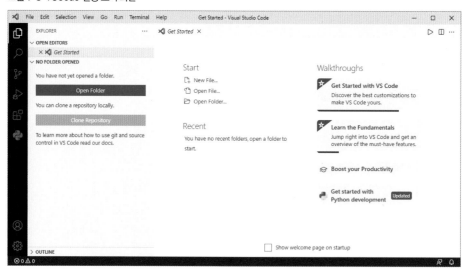

9. 코드 에디터마다 코드를 잘 보이게 하는 테마들이 있습니다. VSCode의 기본 테마는 상단 메뉴바의 **File → Preferences → Color Theme**에서 고를 수 있습니다. 여기서 원하는 테마를 선택해도 되고 원하는 테마를 따로 설치해도 됩니다. 이 책에서는 기본으로 제공되는 **Light(Visual Studio)** 테마를 설정해 진행합니다.

그림 1-9 테마 선택 화면

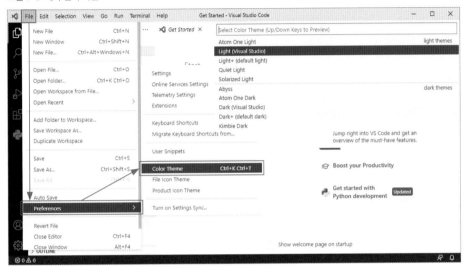

여기까지 잘 따라왔다면 기본 VSCode 설치는 끝났습니다.

1.1.2 VSCode 확장 프로그램 설치하기

VSCode에는 코드 작성에 도움이 되는 유익한 확장 프로그램(Extension)이 많습니다. 이를 잘 활용하면 코드의 생산성을 높일 수 있으므로 학습하는 데 유용한 몇 가지 확장 프로그램을 소개 하겠습니다. 확장 프로그램은 **프로그램명**(Extension Name)/**제작자명**(Publisher Name)으로 소개하니 확장 프로그램명이 검색되지 않으면 제작자명을 검색해 보세요.

Live Server/Ritwick Dey

Live Server는 가상 서버를 이용해, 작성한 HTML 코드를 실시간으로 확인할 수 있는 확장 프로그램입니다. 코드를 작성하고 저장하면 Live Server와 연동된 HTML 문서가 실시간으로 반영되어 실행결과를 즉시 확인할 수 있습니다.

Auto Rename Tag/Jun Han

뒤에서 배우지만, HTML 태그는 시작 태그(open tag)와 종료 태그(close tag)로 구성되어 있습니다. 시작 태그와 종료 태그는 항상 같은 태그명이어야 해서, 만약 시작 태그나 종료 태그 중 한쪽 태그명을 변경하면 다른 쪽 태그명도 변경해야 합니다. 이때 Auto Rename Tag를 설치하면 둘 중 한쪽을 수정했을 때 다른 쪽은 자동으로 수정되게 설정할 수 있습니다.

HTML to CSS autocompletion/solnurkarim

HTML 문서에서 class 속성으로 작성한 값을 연결된 CSS 파일에서 자동 완성되도록 지원합니다.

HTML CSS Support/ecmel

CSS 파일에서 작성한 클래스나 아이디 선택자 값을 연결된 HTML 문서의 id 속성과 class 속성값으로 적을 때 자동 완성을 지원합니다.

Code Runner/Jun Han

자바스크립트 코드의 실행을 VSCode 내부에서 할 수 있게 지원합니다. 자바스크립트를 공부할 때 유용합니다.

Korean Language Pack for Visual Studio Code/Microsoft

메뉴와 설명을 한글로 변경합니다.

> **수코딩의 조언**
>
> Korean Language Pack for Visual Studio Code 확장 프로그램을 설치하면 메뉴와 설명이 한글로 나오기 때문에 초보자가 코드 에디터를 사용하기 편하다는 장점이 있습니다. 하지만 단점도 있습니다. 온라인에서 VSCode 관련 검색 시 나오는 자료들은 대부분 영문이라서 한글 메뉴와 매칭하기가 불편합니다. VSCode는 한국에서만 사용하는 코드 에디터가 아니므로 처음부터 영문 메뉴로 익혀 두는 것이 나중을 위해서도 좋습니다. 이 책에서는 한글 메뉴로 바꾸지 않고 영문 메뉴를 기본으로 설명합니다.
> 추가로 동영상 강의를 보면 책에서 소개한 확장 프로그램 외에도 다른 유용한 확장 프로그램의 정보를 확인할 수 있습니다.

앞에서 소개한 확장 프로그램 중 Korean Language Pack for Visual Studio Code를 제외한 나머지 프로그램을 설치하겠습니다. 먼저 VSCode 화면 왼쪽에 보이는 검은 패널에서 **다섯**

번째 **아이콘**(EXTENSIONS)을 클릭(①)하면 확장 프로그램을 검색할 수 있는 마켓플레이스로 넘어갑니다. 검색창에 필요한 **확장 프로그램 이름**을 입력(②)합니다. 검색한 확장 프로그램 이름이 보이면 왼쪽 아래 있는 **설치**(Install) 버튼을 클릭(③)합니다.

그림 1-10 확장 프로그램 검색

설치하고 나면 다음과 같이 버튼 상태가 바뀝니다.

그림 1-11 확장 프로그램 설치

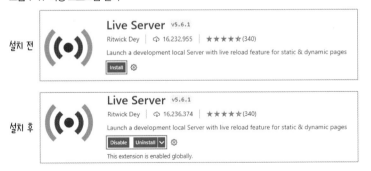

나머지 확장 프로그램도 같은 방법으로 설치하고 VSCode를 재실행해 주세요.

1.1.3 실행을 위한 웹 브라우저 설치하기

VSCode로 작성한 HTML 코드를 실행하려면 웹 브라우저가 있어야 합니다. 윈도우에는 마이크로소프트의 엣지(Edge), 맥OS에는 애플의 사파리(Safari) 웹 브라우저가 기본으로 설치되어 있습니다. 이 책에서는 웹 브라우저별로 실행결과를 확인하는 경우가 아니라면 기본으로 구글의 크롬(Chrome) 웹 브라우저를 사용합니다.

크롬은 공식 사이트(https://www.google.com/intl/ko/chrome)에서 내려받을 수 있습니다. 이미 설치되어 있다면 다음으로 넘어가도 됩니다. OS에 맞춰 자동으로 설정되니 다음 화면에 보이는 **Chrome 다운로드**를 클릭해 프로그램을 내려받습니다.

그림 1-12 크롬 공식 사이트

내려받은 파일을 클릭해 크롬 브라우저를 설치합니다(설치 프로그램을 내려받고 나면 웹 사이트 화면에 자세한 설치 안내가 나오니 그대로 따라 하면 됩니다). 설치가 끝나면 크롬 브라우저를 실행합니다. 크롬 브라우저의 오른쪽 위에 보이는 **점 3개짜리 아이콘**을 클릭(①)하고 메뉴에서 **설정**을 선택(②)합니다. 설정에서 **기본 브라우저**를 클릭(③)합니다.

그림 1-13 크롬 설정 화면

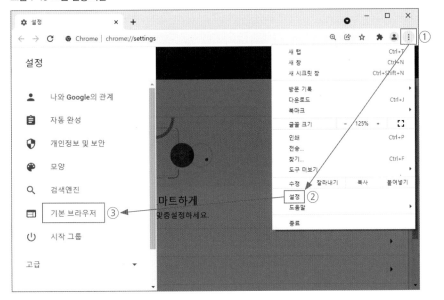

화면에 보이는 [기본으로 설정] 버튼을 클릭합니다.

그림 1-14 기본으로 설정 버튼 클릭

기본 앱 설정 화면이 뜨면 웹 브라우저를 찾아 클릭합니다. 앱 선택 화면에서 **Chrome**을 클릭하면 기본 웹 브라우저를 크롬으로 설정합니다.

그림 1-15 기본 웹 브라우저 선택

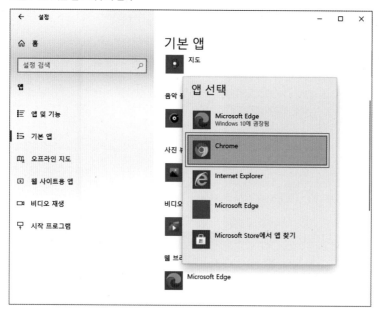

크롬 브라우저로 다시 가 보면 크롬이 기본 브라우저로 설정된 것을 확인할 수 있습니다.

그림 1-16 기본 브라우저 설정 확인

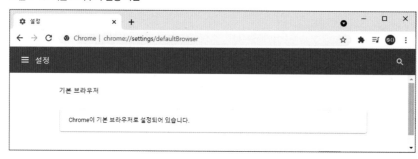

1.2

첫 번째 HTML 문서 만들기

개발 환경 설정이 끝났습니다. HTML 문서를 작성할 수 있는 준비를 마쳤으니 VSCode로 첫
번째 HTML 문서를 작성해서 개발 환경이 잘 설정됐는지 확인해 보겠습니다.

1. VSCode를 실행해 상단 메뉴에서 **File** →
   Open Folder를 선택합니다.

그림 1-17 새 폴더 열기 메뉴

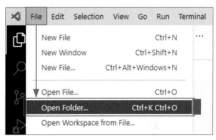

2. HTML 문서를 작성할 프로젝트 폴더를 고르는 창이 뜹니다. 여기서는 바탕화면에 **CODE**
   라는 이름으로 폴더를 만들고, 이 폴더를 프로젝트 폴더로 지정합니다.

그림 1-18 프로젝트 폴더 선택

3. 폴더를 선택하고 나서 다음과 같이 신뢰할 수 있는 폴더인지 묻는 확인 창이 나온다면 신뢰할 수 있음에 체크하고 [Yes, I trust the authors] 버튼을 클릭해 주세요.

그림 1-19 신뢰할 수 있는 폴더 확인 화면

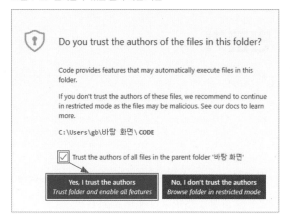

4. VSCode 왼쪽에 있는 패널에서 **첫 번째 아이콘**(EXPLORER)을 클릭(①)하면 파일 탐색기가 열리는데, 여기서도 새 폴더나 새 파일을 만들 수 있습니다. 앞에서 프로젝트 폴더를 만들었으니 여기서는 작성할 HTML 문서를 만듭니다. 파일 탐색기에 마우스를 가져가면 프로젝트 폴더명 옆에 아이콘이 뜹니다. 이 중에서 **새 파일**(New File, ⬚) 아이콘을 클릭(②)합니다.

그림 1-20 새 파일 생성

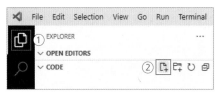

5. 폴더명 아래 입력칸이 생기는데, 여기에 파일명을 **index.html**로 입력하고 Enter 를 누릅니다.

그림 1-21 파일명 입력

> **Note** **파일명은 왜 index.html인가요?**
>
> HTML 문서는 특별한 경우가 아니면 항상 index.html 파일을 기본으로 만듭니다. 웹 브라우저는 주소
> 에 명시적으로 파일을 요청하지 않으면 가장 먼저 index.html 파일을 요청하기 때문입니다.

6. VSCode의 오른쪽에 편집기가 뜨고 입력칸이 생기는데, 여기에 느낌표(!)를 입력하면 자동 완성 목록이 나옵니다. 목록에서 첫 번째 항목을 마우스 또는 키보드로 선택하면 코드를 자 동으로 입력합니다.

그림 1-22 편집 공간 작성 화면

7. 입력된 코드를 다음과 같이 수정하고 **File → Save** 또는 단축키 Ctrl + S 를 눌러 저장합 니다.

```html
<!DOCTYPE html>
<html lang="ko">
  <head>
    <meta charset="UTF-8">
    <meta http-equiv="X-UA-Compatible" content="IE=edge">
    <meta name="viewport" content="width=device-width, initial-scale=1.0">
    <title>My First Web Page!</title>
  </head>
  <body>
    <!-- 웹 페이지에 표시할 내용을 적습니다. -->
    <p>나의 첫 번째 웹 페이지</p>
  </body>
</html>
```

8. 키보드에서 Ctrl + Shift + P 를 누르면 명령어 입력칸이 나오는데, 이를 명령 팔레트 (Command Palette)라고 합니다. 명령 팔레트에서 **Live Server**를 검색해 첫 번째 보이는 **Live Server: Open with Live Server**를 클릭합니다.

그림 1-23 명령 팔레트 실행

9. 앞 절에서 설치한 Live Server 확장 프로그램이 실행되면서 웹 브라우저에 방금 작성한 코드의 실행결과가 보입니다.

그림 1-24 실행결과

축하합니다. HTML로 첫 번째 웹 페이지를 만들었습니다.

2장

HTML 문서 작성을 위한
기본 내용 살펴보기

본격적으로 HTML을 학습하기 전에 미리 알아 두어야 할 HTML의 기본 개념과 구조, 특징을 살펴보겠습니다.

2.1

HTML의 기본 구성 요소

모국어가 아닌 언어를 배울 때는 보통 해당 언어가 어떻게 구성되는지를 먼저 배웁니다. 예를 들어, 한글, 알파벳 등 글자는 어떻게 적는지, 어떤 표현이 있는지, 어떤 문법을 알아야 하는지 등을 배웁니다. 이와 마찬가지로 HTML이라는 언어를 배우려면 HTML 언어가 어떻게 구성되는지부터 배워야 합니다.

2.1.1 태그

웹 페이지를 구성하는 요소는 텍스트, 이미지, 버튼 등 매우 다양합니다. **태그**는 이런 다양한 구성 요소를 정의하는 역할을 하며, HTML 문법을 이루는 가장 작은 단위입니다. 기본 형식은 다음과 같이 홑화살괄호(<>) 사이에 태그명을 넣는 형태입니다.

> **형식** 〈태그명〉

1.2 첫 번째 HTML 문서 만들기에서 작성한 HTML 문서의 코드를 들여다보면 홑화살괄호에 담긴 코드가 많은데, 이들이 모두 태그입니다.

2.1.2 속성

속성은 태그에 어떤 의미나 기능을 보충하는 역할을 합니다. 쉽게 말해, 옵션이라고 생각해도 됩니다. 그래서 속성은 사용해도 되고 안 해도 되고, 여러 개를 사용해도 됩니다. 하지만 태그 없이 단독으로 사용할 순 없습니다. 속성은 다음과 같이 **속성명**과 **속성값**으로 구성됩니다.

> **형식**   〈태그명 속성명="속성값"〉

일반적으로 속성을 사용할 때, 속성명은 따옴표 없이 작성하고 값은 큰따옴표("") 안에 작성합니다. 속성값이 여러 개인 경우에는 하나의 큰따옴표 안에 쉼표(,)로 구분해 값을 나열하면 됩니다.

1.2 첫 번째 HTML 문서 만들기에서 작성한 코드를 보면 다음과 같은 태그가 있습니다.

```
<html lang="ko">
```

홑화살괄호 사이에 처음 등장하는 이름이 태그명이므로 이 태그는 html 태그입니다. 태그명 다음에 속성을 넣으니 여기서는 lang이 속성명이고 ko가 속성값입니다.

만약 html 태그만 사용했다면 'HTML 문서의 시작'이라는 의미만 있습니다. 그러나 함께 사용한 lang 속성 때문에 태그의 원래 의미에 속성의 의미가 더해져 '주 언어(lang)가 한글(ko)로 된 HTML 문서의 시작'이라는 구체적인 의미를 가지게 됩니다.

2.1.3 문법

HTML은 태그와 속성으로 문법을 구성합니다. 그리고 문법은 크게 **콘텐츠**(content)가 있는 문법과 콘텐츠가 없는 문법으로 나뉩니다.

● 콘텐츠가 있는 문법

콘텐츠가 있는 문법에서는 다음과 같이 콘텐츠 앞뒤를 태그로 감쌉니다. 이때 앞에 넣는 태그를 **시작 태그**(open tag), 뒤에 넣는 태그를 **종료 태그**(close tag)라고 합니다. 종료 태그는 태그명 앞에 슬래시(/)가 있다는 것만 다르고 시작 태그와 똑같습니다. 그리고 시작 태그와 종료 태그, 콘텐츠를 합쳐서 **요소**(element)라고 합니다.

> **TIP** — open tag, close tag, content, element를 그대로 영문으로 쓰거나 완전히 번역해서 표기하기도 하지만, 이 책에서는 시작 태그, 종료 태그, 콘텐츠, 요소라고 표기합니다.

● **콘텐츠가 없는 문법**

콘텐츠가 없는 문법은 앞뒤로 감싸야 할 콘텐츠가 없으므로 시작 태그만 사용합니다. 그래서 내
용이 비어 있다는 의미로 **빈 태그**(empty tag)라 **TIP** ── HTML5가 등장하기 전에 빈 태그는 `<br/>`처럼 태
고도 합니다. 콘텐츠가 없는 문법은 시작 태그 그명 뒤에 슬래시를 넣어 종료 태그를 명시해야 했습니다. 그
가 곧 요소여서 다음 문법에서 br 태그는 br 요 러나 HTML5부터는 슬래시로 종료 태그를 표시하지 않아도
소라고도 할 수 있습니다. 됩니다.

```
<br>
```

2.1.4 주석

주석(comment)은 실행결과(웹 브라우저)에는 표시되지 않지만, 코드에 어떠한 메모나 설명을 남기
고 싶을 때 사용합니다. `<!--`와 `-->` 사이에 내용을 작성하면 해당 내용은 주석으로 처리됩니다.

> **형식** `<!-- 주석 내용 -->`

단, 주석을 사용하면 다음과 같이 웹 브라우저에는 아무것도 표시되지 않지만, 웹 브라우저의
소스 보기로 볼 수 있으므로 보안상 중요한 내용을 넣으면 안 됩니다.

그림 2-1 주석 확인하기

웹 브라우저에 표시되는 모습   소스 보기에 표시되는 모습

1분 퀴즈 ▬▬▬▬▬▬▬▬▬▬▬▬▬▬▬▬▬▬▬▬▬▬▬▬▬▬▬▬▬▬▬▬▬▬ 해설 노트 p.588

1. HTML 문법을 이루는 가장 작은 단위는 무엇인가요?

2.2

HTML의 기본 구조

HTML 문서는 일정한 구조 안에서 작성됩니다. 이를 **기본 구조**라고 하는데, **1.2 첫 번째 HTML 만들기**에서 작성한 예제 코드도 이런 기본 구조를 따릅니다. 예제 코드를 보면서 HTML의 기본 구조를 배워 보겠습니다.

```
                     ③ head: 문서 정보 정의

<!DOCTYPE html> ──────→ ① DTD: 문서형 정의
<html lang="ko">
  <head>
    <meta charset="UTF-8">
    <meta http-equiv="X-UA-Compatible" content="IE=edge">
    <meta name="viewport" content="width=device-width, initial-scale=1.0">
    <title>My First Web Page!</title>                          ② html: HTML
  </head>                                                          문서의 시작과 끝
  <body>
    <!-- 웹 페이지에 표시할 내용을 적습니다. -->
    <p>나의 첫 번째 웹 페이지</p>
  </body>
</html>

       ④ body: 웹 브라우저에 표시할 내용
```

2.2.1 DTD

문서형 정의(DTD, Document Type Definition)는 웹 브라우저가 처리할 HTML 문서가 어떤 문서 형식을 따라야 하는지 알려 주는 것으로, HTML 문서를 작성할 때 항상 처음에 넣어야 합니다.

다음처럼 DTD를 작성하면 웹 브라우저는 HTML 문서를 최신 형식인 **HTML5 문서 형식으로 해석**합니다. HTML5 등장 이후로 이전 버전의 문서 형식을 정의할 필요가 없으므로 항상 다음과 같이 DTD를 작성합니다.

```
<!DOCTYPE html>
```

2.2.2 html 태그

html 태그는 HTML 문서의 시작과 끝을 의미합니다. 따라서 모든 태그는 html 태그 안에 작성해야 합니다.

2.2.3 head 태그

head 태그는 HTML 문서의 **메타데이터**(metadata)를 정의하는 영역입니다. 메타데이터란 HTML 문서에 대한 정보(data)로, 웹 브라우저에는 직접 노출되지 않습니다. 보통 meta, title, link, style, script 등의 태그를 사용해 HTML 문서의 여러 정보를 정의합니다.

● meta 태그

meta 태그는 메타데이터를 정의하는 데 사용합니다.

다음은 HTML 문서에서 허용하는 문자 집합(charset)을 정의하는 메타데이터 태그입니다. 과거에는 EUC-KR을 주로 사용했지만, 최근에는 더 많은 언어를 허용하기 위해 UTF-8만 사용합니다.

```
<meta charset="UTF-8">
```

다음 태그는 인터넷 익스플로러(이하 IE)의 렌더링 엔진을 강제로 최신 렌더링 엔진으로 지정하는 메타데이터를 나타냅니다. 구 버전의 렌더링 엔진을 사용하는 실험적 프로젝트가 아니라면 해당 태그를 정의하는 편이 좋습니다.

```
<meta http-equiv="X-UA-Compatible" content="IE=edge">
```

마지막으로 기기의 화면 너비에 맞추기 위해 사용하는 메타데이터 태그입니다. 뷰포트(viewport)는 웹 페이지에 접속했을 때 사용자에게 보이는 화면 영역을 의미하는데, 이에 관한 내용은 **7.3.2 뷰포트 알아보기**에서 자세히 설명합니다.

```
<meta name="viewport" content="width=device-width, initial-scale=1.0">
```

● title 태그

title 태그는 HTML 문서의 제목을 지정하는 데 사용합니다.

```
<title>My First Web Page!</title>
```

모든 HTML 문서는 반드시 1개의 title 태그를 사용해 HTML 문서의 제목을 지정해야 합니다. 이때 제목은 HTML 문서마다 중복되지 않도록 주의합니다.

> **Note 문서 제목은 왜 중복되면 안 되나요?**
>
> 구글이나 네이버 같은 검색 엔진 사이트에서 HTML 문서를 찾을 때는 title 태그에 작성된 제목으로 찾습니다. 만약 한 웹 사이트에서 제목이 중복된 문서가 여러 개 발견된다면 검색 엔진은 해당 웹 사이트가 신뢰성이 떨어진다고 판단해서 검색 엔진 노출 시에 불이익을 줍니다.

2.2.4 body 태그

body 태그는 웹 브라우저에 노출되는 내용을 작성하는 영역입니다. 따라서 웹 브라우저에서 표시되는 모든 내용은 body 태그 영역 안에 작성합니다.

1분 퀴즈 해설 노트 p.588

2. 다음 중 HTML 기본 구조의 구성 요소가 <u>아닌</u> 것을 고르세요.

   ① DTD

   ② html

   ③ title

   ④ body

   ⑤ p

2.3

HTML의 특징 파악하기

HTML에는 꼭 알아 두어야 하는 몇 가지 특징이 있습니다. 이러한 특징은 CSS와 자바스크립트에서도 활용되니 알아 두면 도움이 됩니다.

2.3.1 블록 요소와 인라인 요소

body 태그에서 사용하는 태그 중에서 웹 브라우저의 공간 유무와 상관없이 hn 태그나 p 태그처럼 사용할 때마다 줄 바꿈되는 태그가 있습니다. 이런 태그로 작성한 코드를 **블록 요소**(block element)라고 합니다. 이와 반대로 a 태그나 span 태그처럼 공간이 부족할 때만 줄 바꿈되는 태그가 있는데, 이런 태그로 작성한 코드를 **인라인 요소**(inline element)라고 합니다. 여기 나온 hn, p, a, span 태그는 **3장 실무에서 자주 사용하는 HTML 필수 태그 다루기**에서 자세히 배웁니다.

2.3.2 부모, 자식, 형제 관계

HTML은 태그를 사용할 때 부모, 자식, 형제라고 하는 관계가 성립됩니다. **1.2 첫 번째 HTML 문서 만들기**에서 작성한 예제 코드를 보면 html 태그 안에 head 태그와 body 태그가 있습니다. 이때 head 태그와 body 태그는 html 태그의 **자식**이 됩니다. 반대로 html 태그는 head 태그와 body 태그의 **부모**가 됩니다. 그리고 head 태그와 body 태그는 부모(html 태그)가 같으므로 **형제** 관계가 됩니다.

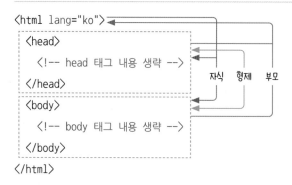

```
<html lang="ko">
    <head>
        <!-- head 태그 내용 생략 -->
    </head>
    <body>
        <!-- body 태그 내용 생략 -->
    </body>
</html>
```

자식 형제 부모

나머지 코드도 마찬가지입니다. head 태그 안에 있는 meta 태그와 title 태그는 head 태그와 부모 자식 관계가 되고, meta 태그와 title 태그는 형제 관계가 됩니다. 이처럼 HTML은 태그의 사용 위치에 따라 부모, 자식, 형제 관계를 맺습니다.

> **Note** **조상과 자손(후손) 관계**
>
> 여기서는 가장 일반적인 부모, 형제, 자식 관계만 설명했지만, 상황에 따라 조상과 자손(후손) 관계까지 설명하는 경우도 있습니다. 조상은 부모의 부모 태그를 말하고 자손(후손)은 자식의 자식 태그를 말합니다. 우리에게는 이미 익숙한 관계 설명이므로 이렇게 구분하기도 한다는 정도만 가볍게 알고 넘어갑시다.

2.3.3 줄 바꿈과 들여쓰기

HTML 문서에 태그를 작성할 때는 되도록 줄 바꿈과 들여쓰기를 하는 것이 좋습니다. 이는 문법상 강제된 규칙은 아니고, 암묵적으로 지키는 규칙이라고 생각하면 됩니다.

그러면 왜 줄 바꿈과 들여쓰기를 해야 할까요? 이유는 코드의 **가독성**(可讀性) 때문입니다. 가독성은 얼마나 쉽게 읽히는가를 나타내는 정도를 뜻합니다. 좋은 HTML 문서는 코드의 가독성도 좋아야 합니다. 읽기 좋은 코드는 나중에 다시 코드를 확인하거나 수정해야 할 때 코드 전체 내용을 금방 파악할 수 있습니다.

줄 바꿈과 들여쓰기는 코드의 가독성을 높일 수 있는 가장 쉬운 방법입니다. 줄 바꿈과 들여쓰기만 잘해도 HTML 문서의 가독성은 확실하게 차이가 납니다.

앞에서 태그는 부모, 자식, 형제(더 나아가서는 조상, 자손) 관계가 있다고 했는데, 이러한 관계는 HTML 문서에서 줄 바꿈과 들여쓰기가 잘 됐다면 금방 파악할 수 있습니다. 예를 들어, 코드가 다음처럼 작성됐다고 해 봅시다.

```
<!DOCTYPE html><html lang="en"><head><meta charset="UTF-8"><meta http-equiv="X-
UA-Compatible" content="IE=edge"><meta name="viewport" content="width=device-
width, initial-scale=1.0"><title>Document</title></head><body></body></html>
```

이렇게 줄 바꿈이나 들여쓰기가 되지 않은 코드는 태그의 부모, 자식, 형제 관계도 명확하게 보이지 않고 코드의 가독성도 떨어집니다. 따라서 여러분도 코드의 가독성을 해치지 않도록 줄 바꿈과 들여쓰기를 적절하게 사용하길 바랍니다.

마무리

이 장에서 배운 내용을 정리해 보겠습니다.

1. 태그

태그는 HTML 문법을 이루는 가장 작은 단위로, 텍스트, 이미지, 버튼 등의 웹 페이지 구성 요소를 정의하는 역할을 합니다. 태그는 다음과 같이 홑화살괄호(<>) 사이에 태그명을 입력해 표현합니다.

> **형식** 〈태그명〉

2. 속성

속성은 태그를 의미나 기능적으로 보충하는 역할을 하며, 속성명과 속성값으로 구성됩니다.

> **형식** 〈태그명 속성명="속성값"〉

3. 문법

HTML 문법은 태그와 속성으로 구성됩니다. 속성을 생략하거나 여러 개의 속성을 같이 사용할 수 있지만, 태그 없이 단독으로 사용할 순 없습니다.

4. 주석

주석은 코드에 메모나 설명을 남기고 싶을 때 사용합니다. 단, 웹 브라우저의 소스 보기로 주석이 노출되므로 보안이 필요한 내용을 적으면 안 됩니다.

> **형식** 〈!-- 주석 --〉

5. HTML의 기본 구조

HTML은 일정한 기본 구조 안에서 코드를 작성하고, 태그를 추가해서 하나의 HTML 문서를 만들어 나갑니다.

```html
<!DOCTYPE html>
<html lang="ko">
  <head>
    <meta charset="UTF-8">
    <meta http-equiv="X-UA-Compatible" content="IE=edge">
    <meta name="viewport" content="width=device-width, initial-scale=1.0">
    <title>문서의 제목</title>
  </head>
  <body>
  </body>
</html>
```

6. 블록 요소와 인라인 요소

hn 태그나 p 태그처럼 공간과 상관없이 항상 줄 바꿈되는 태그로 작성한 코드를 블록 요소라고 합니다. 이와 반대로 a 태그나 span 태그처럼 공간이 부족할 때만 줄 바꿈되는 태그로 작성한 코드를 인라인 요소라고 합니다.

7. 부모, 자식, 형제 관계

HTML은 태그 사용 위치에 따라 부모, 자식, 형제 관계가 성립됩니다. A 태그 안에 B와 C 태그가 사용되면 A 태그는 B와 C 태그의 부모가 되고, B와 C 태그는 A 태그의 자식이 됩니다. 그리고 부모가 같은 B와 C 태그는 형제 관계가 됩니다.

8. 줄 바꿈과 들여쓰기

HTML 태그를 작성할 때, 줄 바꿈과 들여쓰기가 의무는 아니지만, 코드의 가독성을 높이므로 줄 바꿈과 들여쓰기를 적절하게 사용하길 권장합니다.

코딩
자율학습

3장

실무에서 자주 사용하는
HTML 필수 태그 다루기

HTML을 배운다는 것은 엄밀히 말하면 태그와, 태그에 따른 의미와 역할을 배우는 과정입니다. 웹 페이지라는 화면에 보이는 다양한 구성 요소는 결국 적합한 태그로 작성해야 제대로 보이는 것이기 때문입니다.

HTML은 공식적으로 150여 개의 태그를 지원하고, 태그에서 사용할 수 있는 속성과 속성값도 정말 다양합니다. 이 모든 태그와 속성을 전부 배운다는 것은 HTML을 배우기 어렵게 만들고 불필요한 일입니다. 그래서 이 책에서는 많은 태그 중에서 실무에서 자주 사용하는 태그와 각 태그에서 유용하게 사용할 수 있는 속성만 추려서 다루겠습니다.

> **수코딩의 조언**
>
> 실무에서 자주 사용하는 태그와 속성만 다루기 때문에 이 책에서 소개하지 않는 태그와 속성도 있습니다. 또는 소개한 태그라도 태그에서 사용하는 속성을 언급하지 않는 경우도 있고요. 하지만 이 책에서 소개한 태그와 속성만 제대로 배워도 실무에서 전혀 문제가 없으니 걱정하지 마세요. 만약 HTML의 모든 태그와 속성 정보를 확인하고 싶다면 W3C 공식 사이트(https://www.w3.org)를 참고하길 바랍니다. W3C(World Wide Web Consortium)는 월드 와이드 웹을 위한 표준을 개발하고 장려하는 국제 조직입니다.

3.1

텍스트 작성하기

웹 페이지를 구성하는 요소는 여러 가지가 있지만, 가장 큰 비중을 차지하는 요소는 단언컨대 텍스트입니다.

그림 3-1 웹 페이지의 텍스트 사용 예시[1]

텍스트는 일반적인 설명일 수도 있고, 글의 제목이나 부제목일 수도 있고, 다른 인물의 말이나 글을 인용한 것일 수도 있습니다. 이처럼 다양한 텍스트를 웹 브라우저가 제대로 구분하게 하려면 텍스트의 목적에 맞는 태그를 사용해야 합니다. 그럼 텍스트를 작성할 때 어떤 태그들을 사용하는지 배워 보겠습니다.

---

1 https://ko.wikipedia.org/wiki/HTML

3.1.1 hn 태그

hn 태그는 제목이나 주제를 나타내는 텍스트를 표현할 때 사용합니다.

> **형식**   〈hn〉제목〈/hn〉

hn 태그는 h1부터 h6 태그까지 6개가 있는데, 여기서 h는 heading을 의미하고 n에 들어가는 숫자는 중요도를 나타냅니다. 즉, 같은 hn 태그라고 하더라도 h1 태그가 가장 중요하며 h6 태그가 상대적으로 가장 덜 중요합니다.

```
<h1>Heading level 1</h1>
<h2>Heading level 2</h2>
<h3>Heading level 3</h3>
<h4>Heading level 4</h4>
<h5>Heading level 5</h5>
<h6>Heading level 6</h6>
```

그림 3-2 실행결과

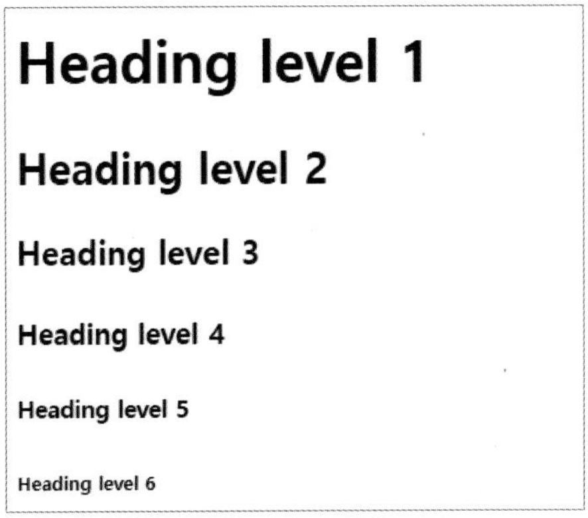

Heading level 1

Heading level 2

Heading level 3

Heading level 4

Heading level 5

Heading level 6

실행결과를 보면 중요도가 가장 높은 h1 태그일 때 글자가 가장 크고 굵으며 h6 태그로 갈수록 크기가 작아지고 가늘어지는 것을 확인할 수 있습니다.

또한, hn 태그로 작성된 텍스트는 검색 엔진에서 키워드로 인식합니다. 따라서 검색 엔진 최적화(SEO, Search Engine Optimization)를 위해 본문에서 핵심이 되는 내용으로 제목이나 주제를 잘 선택해서 작성해야 합니다.

TIP — 검색 엔진은 hn 태그를 검색할 때 h1 태그부터 단계적으로 검색합니다. 만약 h4 태그를 사용하지 않고 h1, h2, h3, h5, h6 태그를 사용한다면 검색 엔진은 h1 태그부터 단계적으로 태그를 검색하다가 h4 태그가 없으면 h5, h6 태그를 검색하지 않습니다. 그래서 hn 태그는 중간에 숫자를 건너뛰지 말고 h1 태그부터 단계적으로 사용해야 합니다.

> **Note**   **검색 엔진 최적화**
>
> SEO는 구글이나 네이버와 같은 검색 엔진에서 상위에 랭크(rank)될 수 있도록 검색 엔진에 친화적으로 마크업(markup, 문서 구조)을 작성하는 것을 말합니다. SEO는 어떤 한 부분으로 결정하지 않고, 여러 요인을 종합해 결정하기 때문에 항상 태그의 목적에 맞는 쓰임새로 마크업을 작성해야 합니다.

3.1.2 p 태그

p 태그는 본문의 문단(paragraph)을 작성할 때 사용합니다.

> **형식**   `<p>내용</p>`

HTML에서는 제목이나 주제를 나타내는 텍스트가 아니면 대부분 본문이기 때문에 p 태그를 자주 사용합니다.

`<p>하나의 문단을 작성할 때는 p 태그를 사용합니다.</p>`

그림 3-3 실행결과

> 하나의 문단을 작성할 때는 p 태그를 사용합니다.

> **수코딩의 조언**
>
> 이 책에서는 예제 코드를 태그에 해당하는 부분만 보여 줍니다. 실행하려면 HTML의 기본 구조가 모두 필요한데, 지면 관계상 반복되는 기본 구조 부분은 표시하지 않습니다. 기본 구조는 **1.2 첫 번째 HTML 문서 만들기**에서 만든 HTML 파일과 같습니다. body 태그 안의 내용만 바꾸면 실행할 수 있으니 직접 작성할 때 참고해 주세요. 전체 코드는 이 책의 자료실에서 제공하는 예제 파일에서 확인할 수 있습니다.

3.1.3 br 태그

br 태그는 문단에서 줄 바꿈할 때 사용합니다.

> **형식**   `<br>`

p 태그를 이용해 다음과 같이 코드를 작성한다면 결과가 어떻게 나올까요?

```
<p>
    안녕하세요,
    코딩 공부하기 좋은 날입니다.
</p>
```

그림 3-4 실행결과

> 안녕하세요, 코딩 공부하기 좋은 날입니다.

예상한 실행결과는 코드처럼 '안녕하세요,' 다음에 줄 바꿈되어서 '코딩 공부하기 좋은 날입니다.'가 출력되는 것이겠죠. 그런데 실제로는 한 줄로 출력됩니다. 이유는 간단합니다. HTML은 **모든 명령이나 지시를 태그로** 해야 하기 때문입니다. 줄 바꿈하라는 간단한 명령조차도 태그를 이용해야 합니다. 다음과 같이 br 태그를 사용해 줄 바꿈해 봅시다.

```
<p>
    안녕하세요,<br>
    코딩 공부하기 좋은 날입니다.
</p>
```

그림 3-5 실행결과

> 안녕하세요,
> 코딩 공부하기 좋은 날입니다.

3.1.4 blockquote 태그

blockquote 태그는 출처에서 인용한 문단 단위의 텍스트를 작성할 때 사용합니다. 이때 출처가 확실한 인용문은 cite 속성으로 출처 경로를 명시해야 합니다.

형식 `<blockquote cite="출처 URL">문단 단위 인용문</blockquote>`

다음은 blockquote 태그를 사용한 예제 코드입니다.

03/01/blockquote.html

```
<blockquote cite="https://ko.wikipedia.org/wiki/HTML">
    <p>하이퍼 텍스트 마크업 언어(Hyper Text Markup Language, HTML, 문화어: 초본문표식달
기언어, 하이퍼본문표식달기언어)는 웹 페이지를 위한 지배적인 마크업 언어다. 또한, HTML은 제
목, 단락, 목록 등과 같은 본문을 위한 구조적 의미를 나타내는 것뿐만 아니라 링크, 인용과 그 밖
의 항목으로 구조적 문서를 만들 수 있는 방법을 제공한다.</p>
</blockquote>
```

그림 3-6 실행결과

하이퍼 텍스트 마크업 언어(Hyper Text Markup Language, HTML, 문화어: 초본문표식달기언어, 하이퍼본문표식달기언어)는 웹 페이지를 위한 지배적인 마크업 언어다. 또한, HTML은 제목, 단락, 목록 등과 같은 본문을 위한 구조적 의미를 나타내는 것뿐만 아니라 링크, 인용과 그 밖의 항목으로 구조적 문서를 만들 수 있는 방법을 제공한다.

TIP — blockquote 태그는 반드시 한 개 이상의 p 태그를 포함해야 합니다. 그래서 p 태그 내용에 blockquote 태그는 포함할 수 없습니다. blockquote 태그를 사용할 때 이 점을 주의해야 합니다.

3.1.5 q 태그

q 태그는 문단 안에 텍스트 단위의 짧은 인용문을 작성할 때 사용할 수 있는 태그입니다. q 태그를 사용한 콘텐츠는 큰따옴표("")로 묶입니다.

> **형식**   `<q cite="출처 URL">짧은 인용문</q>`

다음은 q 태그를 사용한 예제 코드입니다.

03/01/q.html

```
<p>차세대웹기술지원센터의 데이터에 따르면 <q cite="https://www.koreahtml5.kr/front/
stats/browser/browserUseStats.do">2021년 대한민국에서 가장 점유율이 높은 웹 브라우저는
구글의 크롬입니다.</q></p>
```

그림 3-7 실행결과

차세대웹기술지원센터의 데이터에 따르면 "2021년 대한민국에서 가장 점유율이 높은 웹 브라우저는 구글의 크롬입니다."

3.1.6 ins와 del 태그

ins 태그는 새로 추가된 텍스트임을 나타낼 때 사용하고, del 태그는 기존에 있던 텍스트가 삭제된 텍스트임을 나타낼 때 사용합니다. ins 태그를 사용한 콘텐츠에는 밑줄이, del 태그를 사용한 콘텐츠에는 취소선이 생깁니다.

형식   〈ins〉추가 텍스트〈/ins〉
         〈del〉삭제 텍스트〈/del〉

다음은 ins 태그와 del 태그를 사용한 예제 코드입니다.

─── 03/01/ins&del.html

〈p〉세일 기간을 맞이하여 온라인 강의 수강권을 할인된 금액(정가〈del〉36,000원〈/del〉〈ins〉
20,000원〈/ins〉)에 판매합니다.〈/p〉

───

그림 3-8 실행결과

> 세일 기간을 맞이하여 온라인 강의 수강권을 할인된 금액(정가
> ~~36,000원~~20,000원)에 판매합니다.

3.1.7 sub와 sup 태그

sub 태그와 sup 태그는 각각 아래 첨자, 위 첨자에 해당하는 텍스트를 작성할 때 사용합니다.

형식   〈sub〉아래 첨자〈/sub〉
         〈sup〉위 첨자〈/sup〉

다음은 sub 태그와 sup 태그를 사용한 예제 코드입니다.

─── 03/01/sub&sup.html

〈p〉공기의 원소 기호는 H〈sub〉2〈/sub〉O〈/p〉
〈p〉4〈sup〉2〈/sup〉은 16입니다.〈/p〉

───

그림 3-9 실행결과

> 공기의 원소 기호는 H_2O
>
> 4^2은 16입니다.

1. hn 태그를 올바르게 사용한 예시를 <u>모두</u> 고르세요.

① h1, h2, h3 태그만 사용한 경우

② h1, h2, h5, h6 태그만 사용한 경우

③ h2, h3, h4, h5, h6 태그만 사용한 경우

④ h1 태그만 사용한 경우

⑤ h2 태그만 사용한 경우

3.2

그룹 짓기

HTML 코드를 작성하다 보면 관련 있는 요소를 그룹으로 묶어야 하는 경우가 많습니다. 예를 들어, 네이버 메인 페이지는 검색 영역, 로그인 영역, 본문 배너 영역, 사이드 배너 영역, 신문 기사 영역 등 관련 있는 요소끼리 그룹 지어져 있습니다.

그림 3-10 네이버 메인 페이지

웹 페이지를 만들 때 이렇게 관련 있는 요소끼리 그룹으로 묶으면 레이아웃을 구성하기가 쉬워 지고 HTML 페이지의 구조를 더 깔끔하게 작성할 수 있습니다. HTML에서는 이런 그룹 짓기 작업을 div 태그와 span 태그로 수행합니다.

3.2.1 div 태그

div 태그는 블록 요소와 인라인 요소를 그룹으로 묶을 때 사용합니다.

형식   `<div></div>`

예를 들어, 다음과 같이 영화와 TV 프로그램을 소개하는 웹 페이지를 만든다고 해 보겠습니다.

```html
<!DOCTYPE html>
<html lang="ko">
<head>
  <title>DIV</title>
</head>
<body>
  <p>영화 소개</p>
  <p>영화를 소개하는 페이지입니다.</p>
  <p>TV 프로그램 소개</p>
  <p>TV 프로그램을 소개하는 페이지입니다.</p>
</body>
</html>
```

코드처럼 body 태그 안에 영역 구분 없이 표시하려는 텍스트만 작성하면 코드가 복잡해질수록
텍스트를 구분하기 어려워집니다. 이 코드를 div 태그를 사용해 영역별로 그룹을 지으면 다음과
같습니다.

—— 03/02/div.html

```html
<div class="movie">
  <p>영화 소개</p>
  <p>영화를 소개하는 페이지입니다.</p>
```

```
    </div>
    <div class="tv">
        <p>TV 프로그램 소개</p>
        <p>TV 프로그램을 소개하는 페이지입니다.</p>
    </div>
```

단순하게 관련 있는 요소를 그룹으로 묶기만 해도 HTML 문서의 구조가 훨씬 깔끔해집니다.

> **Note   class 속성이 무엇인가요?**
>
> HTML의 모든 태그는 class 속성을 사용할 수 있습니다. class 속성은 CSS를 적용하기 위한 식별자로 사용하는 속성입니다. **5.1.4 클래스 선택자**에서 배울 내용이니 지금은 div 태그를 사용해 구조가 개선됐다는 점에 집중해 주세요.

3.2.2 span 태그

span 태그는 인라인 요소를 그룹으로 묶을 때 사용합니다.

형식   `<span></span>`

다음 코드를 보겠습니다.

```
<!DOCTYPE html>
<html lang="ko">
<head>
    <title>span</title>
</head>
<body>
    <p>영화 소개</p>
    <p>이번 영화의 하이라이트 장면은 바로 여기입니다.</p>
</body>
</html>
```

코드의 p 태그에서 '하이라이트' 텍스트 부분만 디자인을 다르게 적용하고 싶다면 어떻게 해야 할까요? 하나의 태그 안에 작성된 텍스트 일부만 디자인을 다르게 적용하려면 태그 안에서 공간을 분할해야 합니다. 이럴 때 span 태그를 사용합니다. 텍스트도 인라인 요소이기 때문에 다음 코드처럼 내부 콘텐츠를 span 태그로 그룹 지을 수 있습니다. 이렇게 그룹으로 묶어 요소의 공간을 분할하면 분할된 요소에 CSS로 스타일을 적용할 수 있습니다. 참고로 현재는 스타일을 적용하기 전이므로 이대로 실행하면 '하이라이트' 텍스트 부분에 변화가 없습니다.

03/02/span.html

```
<p>영화 소개</p>
<p>이번 영화의 <span>하이라이트</span> 장면은 바로 여기입니다.</p>
```

1분 퀴즈 == 해설 노트 p.588

2. 다음 빈칸에 알맞은 내용을 작성해 주세요.

div 태그는 ___ 요소와 ___ 요소를 그룹 짓는 데 사용하고, span 태그는 ___ 요소를 그룹 짓는 데 사용합니다.

3.3

목록 만들기

목록(list)은 목차와 메뉴를 구성할 때 주로 사용하지만, 그 외에도 웹 페이지의 다양한 곳에서 사용할 수 있습니다. 목록을 생성할 때 사용할 수 있는 태그로는 ul, ol, dl 태그가 있습니다.

3.3.1 ul 태그

ul(unordered list) 태그는 순서가 없는 비순서형 목록을 생성할 때 사용합니다. 이때 목록 내용은 li(list item) 태그로 구성합니다.

```
형식    <ul>
          <li>목록 내용 1</li>
          <li>목록 내용 2</li>
          (중략)
          <li>목록 내용 N</li>
        </ul>
```

ul 태그를 사용하면 다음 코드의 실행결과처럼 목록 내용마다 글머리 기호(bullet point)가 붙습니다.

———————————————————————————————————— 03/03/ul.html

```
<h1>판매 중인 과일</h1>
<ul>
  <li>바나나</li>
  <li>사과</li>
```

```
    <li>수박</li>
</ul>
```

그림 3-11 실행결과

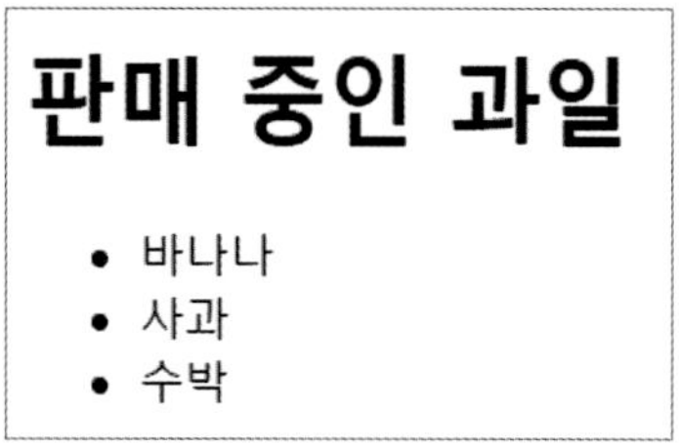

판매 중인 과일

- 바나나
- 사과
- 수박

3.3.2 ol 태그

ol(ordered list) 태그는 순서형 목록을 생성할 때 사용합니다. ul 태그와 마찬가지로 li 태그로 목록 내용을 구성합니다.

형식
```
<ol>
    <li>목록 내용 1</li>
    <li>목록 내용 2</li>
    (중략)
    <li>목록 내용 N</li>
</ol>
```

ol 태그를 사용하면 다음 코드의 실행결과처럼 목록 내용에 번호가 붙습니다.

03/03/ol.html

```
<h1>오늘 할일</h1>
<ol>
    <li>아침 먹기</li>
    <li>점심 먹기</li>
    <li>저녁 먹기</li>
</ol>
```

그림 3-12 실행결과

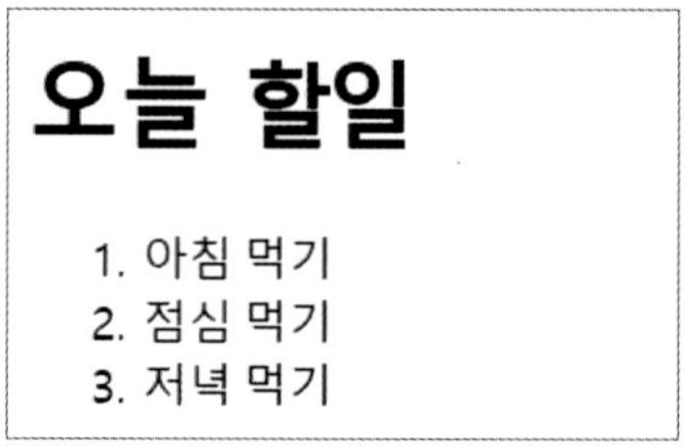

오늘 할일

1. 아침 먹기
2. 점심 먹기
3. 저녁 먹기

3.3.3 dl 태그

dl(description list) 태그는 정의형 목록을 만들 때 사용합니다. **정의형 목록**은 용어와 용어 설명을 나열한 형태의 목록이라고 보면 됩니다. dl 태그로 목록을 생성할 때는 li 태그 대신에 dt(description term) 태그로 용어를, dd(description details) 태그로 용어 설명을 작성합니다.

```
형식    <dl>
           <dt>용어 1</dt>
           <dd>용어 설명 1</dd>
           (중략)
           <dt>용어 n</dt>
           <dd>용어 설명 n</dd>
        </dl>
```

정의형 목록은 다음 코드처럼 작성합니다.

03/03/dl.html

```
<dl>
  <dt>HTML</dt>
  <dd>HTML은 Hyper Text Markup Language의 약자로 웹 문서의 구조를 설계하기 위한 목적으로 개발된 언어입니다.</dd>
  <dt>CSS</dt>
  <dd>CSS는 Cascading Style Sheets의 약자로 웹 문서를 꾸미기 위한 목적으로 개발된 언어입니다.</dd>
</dl>
```

그림 3-13 실행결과

HTML
      HTML은 Hyper Text Markup Language의 약자로 웹 문서의 구조를 설계하기 위한 목적으로 개발된 언어입니다.
CSS
      CSS는 Cascading Style Sheets의 약자로 웹 문서를 꾸미기 위한 목적으로 개발된 언어입니다.

3. 다음 문장에 있는 빈칸에 알맞은 단어를 넣어 주세요.

목록을 생성할 때 사용할 수 있는 태그는 ____, ____, ____ 태그가 있습니다. 이 중에서 순서가 필요 없는 목록을 생성할 때는 ____ 태그를 사용하고, 목록 내용은 ____ 태그로 생성합니다. 그리고 순서가 있는 목록은 ____ 태그로 생성하는데, 이때 목록 내용은 ____ 태그로 생성합니다. 만약 정의형 목록을 생성하고 싶다면 ____ 태그를 사용하며, 용어의 제목에 해당하는 내용은 ____ 태그로, 설명에 해당하는 내용은 ____ 태그로 생성합니다.

3.4

링크와 이미지 넣기

링크(link)는 문서와 문서 간 연결을 의미하며, 기본으로 a 태그를 사용합니다. 사진과 같은 이미지 객체를 삽입할 때는 img 태그로 작성합니다.

3.4.1 a 태그

a 태그는 HTML에서 내부나 외부 링크를 생성합니다. a 태그는 대상 경로를 의미하는 href 속성을 필수로 사용해야 하고, 그 외에 target, title 속성을 선택해서 사용할 수 있습니다.

> **형식**　　`<a href="대상 경로" target="링크 연결 방식" title="링크 설명"></a>`

● **href 속성**

href 속성은 a 태그로 생성하는 링크의 대상 경로를 입력할 때 사용합니다. 속성값은 대상 경로의 주소(URL)이거나 내부 문서의 id 속성값일 수 있습니다.

● **target 속성**

target 속성은 a 태그로 링크를 생성할 때 대상이 연결되는 방식을 지정합니다. 속성값으로
_blank, _parent, _self, _top을 사용할 수 있지만, 새 창으로 열리는 방식인 _blank를 제외하
고 거의 사용하지 않습니다. href 속성과는 다르게, target 속성은 생략할 수 있습니다.

● **title 속성**

title 속성에는 링크를 설명할 수 있는 텍스트를 작성합니다. a 태그의 콘텐츠만으로 표현하지
못한 설명을 적으면 됩니다. target 속성과 마찬가지로 생략할 수 있습니다. 예를 들어, a 태그
를 사용해 도서출판 길벗 홈페이지를 새 창으로 연결하는 링크는 다음과 같이 생성합니다.

03/04/a.html
```
<a href="https://www.gilbut.co.kr" target="_blank" title="도서출판 길벗">길벗 홈페이
지</a>
```

3.4.2 img 태그

HTML에서 이미지 객체를 삽입하고 싶을 때는 img 태그를 사용합니다. img 태그는 src 속성과
alt 속성으로 구성됩니다.

형식   `<img src="이미지 경로" alt="이미지 설명">`

● src 속성

src(source)는 삽입하려는 이미지의 경로를 입력하는 속성입니다. HTML에서 이미지 경로는 **항상 웹 브라우저에서 실행되는 HTML 파일의 위치가 기준**입니다. src 속성에 경로를 입력할 때는 경로 입력에서만 사용할 수 있는 몇 가지 약속된 기호가 있습니다.

표 3-1 이미지 경로에 사용하는 기호

기호	설명
./	현재 폴더
../	상위 폴더

삽입하려는 이미지 파일이 HTML 파일과 같은 폴더에 있는 images 폴더에 있고 이미지 파일의 이름과 확장자가 'beach.jpg'라면 현재 폴더를 의미하는 ./ 기호를 사용해 다음과 같이 작성합니다.

TIP — 현재 폴더를 의미하는 ./ 기호는 생략할 수 있습니다.

```
<img src="./images/beach.jpg">
```

또는 삽입하려는 beach.jpg 파일이 HTML 파일의 상위 폴더에 있는 images 폴더에 있다면 상위 폴더를 의미하는 ../ 기호를 사용해 다음과 같이 작성합니다.

```
<img src="../images/beach.jpg">
```

이때 상위 폴더 기호는 여러 번 사용할 수 있고, 기호 한 번당 하나의 상위 폴더를 의미합니다. 따라서 "../../images/beach.jpg"라고 적으면 상위 폴더의 상위 폴더를 의미하게 됩니다. 또한, 삽입한 이미지가 깨지거나 제대로 나오지 않는다면 src 속성에 이미지 경로를 잘못 입력한 경우이므로 경로를 다시 한번 확인해 보세요.

● alt 속성

alt 속성에는 삽입한 이미지 객체를 설명할 수 있는 텍스트를 넣습니다. HTML 파일과 같은 폴더에 있는 beach.jpg 파일을 삽입하고 설명을 넣고 싶다면 img 태그에 src 속성과 alt 속성을 사용해 다음과 같이 작성합니다.

```
<img src="./beach.jpg" alt="아름다운 여름 해변">
```

그림 3-14 실행결과

웹 표준에서는 src 속성과 alt 속성을 필수로 사용하도록 권고하므로 두 속성은 꼭 넣어야 합니다.

3.4.3 이미지 링크

a 태그 안에는 텍스트뿐만 아니라 여러 요소가 올 수 있습니다. 그중 img 태그를 a 태그 안에 사용하면 이미지를 클릭했을 때 특정 링크로 이동하게 할 수 있습니다. 이를 HTML에서는 **이미지 링크**라고 합니다.

형식
```
<a href="대상 경로">
   <img src="이미지 경로" alt="대체 텍스트">
</a>
```

예를 들어, 구글 아이콘을 클릭했을 때 구글 사이트로 이동하게 할 수 있습니다.

```
<a href="https://www.google.com" target="_blank">
  <img src="./google_logo.png" alt="구글 로고">
</a>
```

그림 3-15 실행결과

| 실행 시 | 이미지 클릭 시 |

1분 퀴즈 ━━━━━━━━━━━━━━━━━━━━━━━━━━ 해설 노트 p.588

4. 다음 코드를 실행해 이미지를 클릭하면 새 창에서 네이버 사이트로 이동하도록 빈칸을 채워 주세요.

```
<a href=_____ target=_____>
  <img ____="./naver_logo.png" ____="네이버 로고">
</a>
```

3.5

텍스트 강조하기

텍스트에서 특정 내용을 강조해 표현하고 싶을 때가 있습니다. 이럴 때는 strong 태그와 em 태그를 사용합니다.

3.5.1 strong 태그

strong 태그는 텍스트의 의미를 강조하고 싶을 때 사용합니다. strong 태그는 스타일에서 차이를 두기 위해 시각적으로 텍스트를 굵게 표시하는 것뿐 아니라 웹 브라우저에 중요한 부분임을 알려 주는 역할을 합니다.

형식 〈strong〉중요한 의미가 있는 텍스트〈/strong〉

strong 태그를 사용하면 텍스트가 다음과 같이 굵게 강조됩니다.

――――――――――――――――――――――――――― 03/05/strong.html
〈p〉이 시설은 〈strong〉관계자 외 출입금지〈/strong〉입니다.〈/p〉

그림 3-16 실행결과

이 시설은 **관계자 외 출입금지**입니다.

strong 태그는 중첩해서 사용할 수 있으며, 중첩할수록 의미를 더욱더 강조하게 됩니다. 그래서 다음 코드처럼 strong 태그가 중첩된 텍스트는 실행결과에서 강조 효과는 동일하지만 구조적으로 더 중요한 부분임을 의미하게 됩니다.

```
<p><strong>시설 이용자는 <strong>아래에 안내되어 있는 수칙</strong>을 반드시 지켜야 합니
다.</strong></p>
```

3.5.2 em 태그

em(emphasis) 태그 역시 텍스트의 의미를 강조하고 싶을 때 사용합니다. em 태그를 사용하면 텍스트가 기울어져 보이면서 강조 효과를 낼 수 있습니다.

형식 `<em>강조하고 싶은 텍스트</em>`

다음은 em 태그를 사용한 예제 코드입니다.

─────────────────────────────── 03/05/em.html

```
<p>여기서부터는 위험하니까 <em>절대로</em> 지나가지 마세요.</p>
```

그림 3-17 실행결과

> 여기서부터는 위험하니까 *절대로* 지나가지 마세요.

em 태그도 중첩해서 사용할 수 있고, 중첩할수록 더욱더 강조하게 됩니다. 만약 다음처럼 태그를 중첩하면 중첩된 태그는 실행결과에서 강조 효과는 동일하지만 구조적으로 더욱더 강조하는 의미가 됩니다.

```
<p>여기서부터는 위험하니까 <em>절대로, <em>그 어떤 경우에도</em></em> 지나가지 마세요.</p>
```

> **수코딩의 조언**
> 불과 1~2년 전만 해도 텍스트를 강조할 때 b 태그나 i 태그도 많이 사용했습니다. 웹 브라우저에 표시되는 시각적인 스타일은 b 태그와 strong 태그, i 태그와 em 태그 사이에 차이가 없을 정도로 유사합니다. 그러나 HTML이 발전하면서 b 태그와 i 태그는 점점 사용하지 않고 있으므로 두 태그 대신 strong 태그와 em 태그를 사용하는 것이 좋습니다.

3.6

폼 구성하기

폼(form)은 HTML에서 사용자와 상호작용해서 정보를 입력받고 서버로 전송하기 위한 양식을
의미합니다. 실제로 웹 페이지에서 폼은 흔하게 찾아볼 수 있습니다. 예를 들어, 네이버 로그인
화면에는 아이디와 비밀번호를 입력하는 요소와 로그인 상태 유지를 설정하는 체크박스, 버튼
요소까지 다양한 상호작용 요소가 있습니다. HTML에는 이런 폼을 구성하기 위한 태그가 여럿
있는데, 이를 알아보겠습니다.

그림 3-18 네이버 로그인 화면

3.6.1 form 태그

form 태그는 폼 양식을 의미하는 태그입니다. 그래서 HTML의 폼을 구성하는 태그는 모두 form 태그 안에 작성합니다.

> **형식** `<form action="서버 url" method="get 또는 post"></form>`

form 태그는 action과 method 속성을 함께 사용합니다.

● action 속성

action 속성에는 폼 요소에서 사용자와 상호작용으로 입력받은 값들을 전송할 서버의 URL 주소를 적습니다.

● method 속성

method 속성에는 입력받은 값을 서버에 전송할 때 송신 방식을 적습니다. 속성값으로 get 또는 post를 사용할 수 있습니다.

Note **method 속성값**

form 태그를 사용할 때 action과 method 속성에 어떤 값을 작성해야 하는지 헷갈리는 경우가 많습니다. 일반적으로 폼 요소의 전송은 서버에서 처리하므로 서버 영역을 담당하는 개발자가 작성합니다. 그런데 이 책에서 배우는 내용은 서버 영역이 아닙니다. 따라서 action 속성값은 "#"으로 적고, method 속성값은 보안이 요구되는 정보라면 "post", 아니라면 "get"으로 적으면 됩니다.

3.6.2 input 태그

로그인 페이지의 아이디와 비밀번호처럼 입력받는 요소를 생성할 때는 input 태그를 사용합니다. input 태그에는 type, name, value 속성이 있는데, type 속성은 필수로 사용해야 하고, name과 value 속성은 선택해서 사용할 수 있습니다.

> **형식** `<input type="종류" name="이름" value="초깃값">`

● type 속성

type 속성은 입력된 값에 따라 상호작용 요소의 종류를 결정합니다. 입력 요소는 아이디나 비밀번호를 입력받는 요소 외에도 콤보박스, 파일 업로드, 체크박스, 라디오버튼 등 다양합니다. 이런 요소의 종류를 type 속성에 사용된 값으로 결정합니다.

다음 표에는 input 태그로 생성할 수 있는 입력 요소 중에서 실무에서 자주 사용하는 입력 요소만 추렸습니다. 입력 요소의 이름은 폼 요소의 성격에 따라 다를 수 있어서 type 속성값만 명시합니다.

표 3-2 input 태그로 생성할 수 있는 입력 요소와 type 속성값

속성값	설명
text	한 줄 텍스트를 입력할 수 있는 요소를 생성합니다.
password	비밀번호를 입력할 수 있는 요소를 생성합니다.
tel	전화번호 형식을 입력할 수 있는 요소를 생성합니다.
number	숫자만 입력할 수 있는 요소를 생성합니다.
url	URL 주소 형식을 입력할 수 있는 요소를 생성합니다.
search	검색용 텍스트를 입력할 수 있는 요소를 생성합니다.
email	이메일 형식을 입력할 수 있는 요소를 생성합니다.
checkbox	체크박스 요소를 생성합니다.
radio	라디오버튼 요소를 생성합니다.
file	파일 업로드 요소를 생성합니다.
button	버튼 요소를 생성합니다.
image	이미지로 버튼 요소를 생성합니다. 따라서 img 태그처럼 src 속성을 사용해야 합니다. 단, alt 속성은 사용하지 않습니다.
hidden	사용자 눈에 보이지 않는 입력 요소를 생성합니다.
date	날짜(연, 월, 일)를 선택할 수 있는 입력 요소를 생성합니다.
datetime-local	사용자 시간대에 맞는 날짜(연, 월, 일, 시, 분)를 선택할 수 있는 입력 요소를 생성합니다.
month	날짜(연, 월)를 선택할 수 있는 입력 요소를 생성합니다.
week	날짜(연, 주차)를 선택할 수 있는 입력 요소를 생성합니다.
time	시간을 선택할 수 있는 입력 요소를 생성합니다.
range	숫자 범위를 선택할 수 있는 슬라이드 요소를 생성합니다.

● 계속

속성값	설명
color	색상을 선택할 수 있는 요소를 생성합니다.
submit	폼 전송 역할을 하는 버튼 요소를 생성합니다.
reset	폼 요소에 사용자가 입력한 값을 초기화하는 버튼 요소를 생성합니다.

다음 코드는 표 3-2에 나온 입력 요소의 type 속성값을 적용한 예제입니다.

——————————————————————————————————————— 03/06/input.html

```
<input type="text">
<input type="password">
<input type="tel">
<input type="number">
<input type="url">
<input type="search">
<input type="email">
<input type="checkbox">
<input type="radio">
<input type="file">
<input type="button">
<input type="image" src="facebook.png">
<input type="hidden">
<input type="date">
<input type="datetime-local">
<input type="month">
<input type="week">
<input type="time">
<input type="range">
<input type="color">
<input type="submit">
<input type="reset">
```

그림 3-19 실행결과

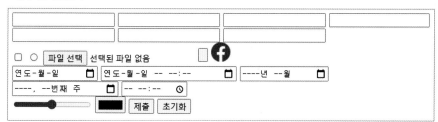

● name 속성

name 속성에는 입력 요소의 이름을 작성합니다. 입력 요소가 form 태그에 의해 서버로 전송될 때, name 속성에 적힌 값이 이름으로 지정됩니다. 서버에서는 지정된 이름으로 입력 요소를 식별할 수 있습니다.

● value 속성

value 속성에는 입력 요소의 초깃값을 작성합니다. 입력 요소는 보통 사용자에게서 수동으로 값을 입력받지만, 상황에 따라 초깃값을 설정해야 하는 경우가 있습니다. 이럴 때 사용하는 속성입니다.

3.6.3 label 태그

label 태그는 form 태그 안에서 사용하는 상호작용 요소에 이름을 붙일 때 사용합니다. label 태그를 잘 사용하면 label 태그만 클릭해도 상호작용 요소를 선택할 수 있습니다. 그리고 시각 장애인이 웹을 탐색할 때 사용하는 보조 도구인 스크린 리더기가 label 태그로 연결된 상호작용 요소를 쉽게 식별할 수 있어서 웹 접근성 향상을 위해서도 필수로 사용하길 권장합니다.

> **Note 웹 접근성이란?**
>
> 웹의 기본 이념은 모든 사람이 차별 없이 동일한 사용자 경험을 하는 데 그 목적이 있습니다. 요컨대, 웹을 이용할 때 장애인이나 고령자가 비장애인이나 젊은 세대와 차별 없이 동등하게 웹에 접근할 수 있고 이용할 수 있도록 보장하는 것을 말합니다.

label 태그는 사용하는 방법에 따라 암묵적인 방법과 명시적인 방법으로 구분합니다. 암묵적인 방법은 label 태그에 상호작용 요소를 포함하는 방법으로, label 태그를 다음과 같이 사용합니다.

03/06/label.html

```
<label>
  아이디
  <input type="text">  ─────▶ 상호작용 요소
</label>
```

명시적인 방법은 label 태그의 for 속성과 상호작용 요소의 id 속성을 같은 값으로 설정하는 방법으로, label 태그를 다음과 같이 사용합니다.

03/06/label.html

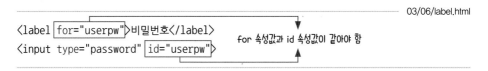

그리고 예외적으로 다음처럼 암묵적인 방법과 명시적인 방법을 함께 사용할 수도 있습니다.

03/06/label.html

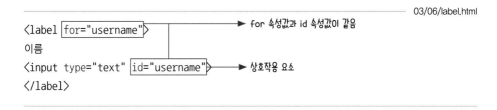

3.6.4 fieldset와 legend 태그

form 태그 안에 사용된 다양한 상호작용 요소도 fieldset 태그를 사용해 그룹 지을 수 있습니다. fieldset 태그로 그룹을 지으면 그룹별로 박스 모양의 테두리가 생깁니다. 이렇게 그룹 지은 요소들은 legend 태그로 이름을 붙일 수 있습니다.

```
형식  <form action="#">
        <fieldset>
          <legend>그룹 이름</legend>
          <!-- 상호작용 요소 생략 -->
        </fieldset>
      </form>
```

다음 코드를 보면 form 태그 안에 사용된 상호작용 요소를 fieldset 태그를 사용해 두 그룹으로 만들고 legend 태그로 각 그룹에 이름을 붙였습니다.

03/06/fieldset.html

```
<form>
  <fieldset>
    <legend>기본 정보</legend>
    <p>
```

```
        <label for="userid">아이디</label>
        <input type="text" id="userid">
      </p>
      <p>
        <label for="passwd">비밀번호</label>
        <input type="password" id="passwd">
      </p>
    </fieldset>
    <fieldset>
      <legend>선택 정보</legend>
      <p>
        <label for="age">나이</label>
        <input type="number" id="age">
      </p>
      <p>
        <label for="recommender">추천인</label>
        <input type="text" id="recommender">
      </p>
    </fieldset>
  </form>
```

그림 3-20 실행결과

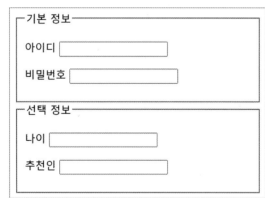

3.6.5 textarea 태그

여러 줄의 입력 요소를 생성할 때는 input 태그가 아닌 textarea 태그를 사용합니다. 웹 사이트에서 글을 작성할 때 사용하는 입력 요소는 대부분 textarea 태그로 생성합니다.

> **형식** `<textarea>초깃값</textarea>`

textarea 태그는 input 태그와는 다르게 닫는 태그가 있습니다. 그래서 input 태그로 생성한 입력 요소의 초깃값은 value 속성으로 정의하지만, textarea 태그로 생성한 여러 줄의 입력 요소는 콘텐츠 영역에 초깃값을 정의합니다.

다음은 textarea 태그를 사용한 예제 코드입니다.

03/06/textarea.html

```html
<form action="#" method="post">
  <fieldset>
    <legend>블로그 글쓰기</legend>
    <p>
      <label for="title">제목
        <input type="text" id="title" name="title">
      </label>
    </p>
    <p>
      <label for="desc">내용
        <textarea id="desc" name="desc"></textarea>
      </label>
    </p>
  </fieldset>
</form>
```

그림 3-21 실행결과

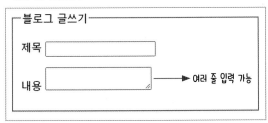

089

3.6.6 select, option, optgroup 태그

select 태그를 사용하면 콤보박스(combobox)를 생성할 수 있습니다. 콤보박스에 항목 하나를 추가할 때는 option 태그를 사용하고, 항목들을 그룹으로 묶고 싶다면 optgroup 태그를 사용합니다.

```
형식    <select>
          <optgroup label="그룹 이름">
            <option value="서버에 전송할 값">웹 브라우저에 표시할 값</option>
          </optgroup>
        </select>
```

option 태그는 서버에 전송할 값을 value 속성으로 지정할 수 있는데, 속성을 생략하면 option 태그의 콘텐츠로 적은 텍스트가 값으로 전송됩니다. optgroup 태그로 항목들을 그룹 지을 때 반드시 label 속성으로 그룹명을 지정해야 합니다.

다음처럼 select 태그와 option 태그를 사용해 콤보박스를 만듭니다.

03/06/select.html

```
<select name="city" id="city">
  <option value="강북구">강북구</option>
  <option value="강남구">강남구</option>
  <option value="서초구">서초구</option>
  <option value="중원구">중원구</option>
  <option value="분당구">분당구</option>
</select>
```

그림 3-22 실행결과

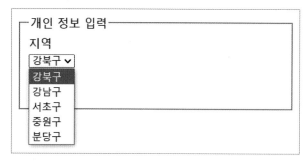

그런 다음 optgroup 태그로 관련 있는 항목을 그룹 지으면 됩니다.

03/06/select&optgroup.html

```html
<select name="city" id="city">
  <optgroup label="서울시">
    <option value="강북구">강북구</option>
    <option value="강남구">강남구</option>
    <option value="서초구">서초구</option>
  </optgroup>
  <optgroup label="경기도 성남시">
    <option value="중원구">중원구</option>
    <option value="분당구">분당구</option>
  </optgroup>
</select>
```

그림 3-23 실행결과

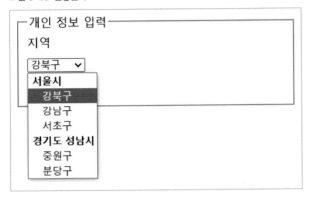

이 외에도 select 태그와 몇 가지 속성을 함께 사용하면 콤보박스를 여러 형태로 만들 수 있습니다.

● size 속성

size 속성은 콤보박스에서 화면에 노출되는 항목 개수를 지정하는 속성입니다. 속성값으로 숫자를 적으면 되고, 생략할 경우 기본으로 1개 항목이 표시됩니다. 다음처럼 size 속성값을 3으로 지정하면 화면에 항목 3개를 표시합니다.

03/06/select&size.html

```html
<select name="city" id="city" size="3">
  <option value="강북구">강북구</option>
```

```html
    <option value="강남구">강남구</option>
    <option value="서초구">서초구</option>
    <option value="중원구">중원구</option>
    <option value="분당구">분당구</option>
  </select>
```

그림 3-24 실행결과

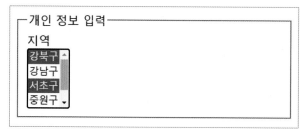

● multiple 속성

select 태그로 생성하는 콤보박스는 기본으로 1개 항목만 선택할 수 있습니다. 그러나 multiple
속성을 사용하면 여러 항목을 동시에 선택할 수 있습니다. 콤보박스에서 항목 하나를 선택한 상
태로 Ctrl(맥OS는 cmd)을 누르고 다른 항목을 클릭하면 됩니다.

03/06/select&multiple.html

```html
<select name="city" id="city" multiple>
  <option value="강북구">강북구</option>
  <option value="강남구">강남구</option>
  <option value="서초구">서초구</option>
  <option value="중원구">중원구</option>
  <option value="분당구">분당구</option>
</select>
```

그림 3-25 실행결과

● selected 속성

콤보박스는 첫 번째 option 태그의 값이 기본 선택된 상태로 표시되는데, selected 속성을 사용하면 기본 선택 항목을 변경할 수 있습니다. 다음 예제 코드에서는 '서초구'의 option 태그에 selected 속성을 사용해서 콤보박스의 기본값으로 서초구가 표시됩니다.

———————————————————————— 03/06/select&selected.html

```
<select name="city" id="city">
    <option value="강북구">강북구</option>
    <option value="강남구">강남구</option>
    <option value="서초구" selected>서초구</option>
    <option value="중원구">중원구</option>
    <option value="분당구">분당구</option>
</select>
```

그림 3-26 실행결과

┌─ 개인 정보 입력 ──────────────┐
│ 지역   │
│ ┌─────────┐   │
│ │ 서초구 ∨ │   │
│ └─────────┘   │
└────────────────────────────┘

TIP ── 여러 개의 option 태그에 selected 속성을 사용하면 selected 속성이 마지막으로 사용된 option 태그가 기본값으로 선택되어 표시됩니다.

3.6.7 button 태그

버튼 요소는 앞에서 살펴봤듯이 input 태그에서 type 속성값을 submit, reset, button으로 지정해 생성할 수 있습니다. 또한, 별도의 button 태그로 생성할 수도 있습니다. button 태그도 마찬가지로 type 속성을 가집니다.

> **형식** `<button type="종류">버튼 내용</button>`

type 속성값은 폼을 서버에 전송할 목적이면 submit, 상호작용 요소에 입력된 내용을 초기화하는 버튼이면 reset, 단순한 버튼이면 button으로 지정합니다.

button 태그는 다음과 같이 사용합니다.

```
<button type="submit">
  <img src="facebook.png" alt="페이스북 버튼">
  페이스북에 등록하기
</button>
```

그림 3-27 실행결과

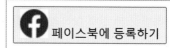

> **Note** input 태그로 생성한 버튼과 button 태그로 생성한 버튼은 뭐가 다른가요?
>
> button 태그는 input 태그로 생성할 수 있는 버튼 요소의 역할을 대신하기 위해 만들어진 태그로, input 태그보다 나중에 등장했습니다. button 태그도 input 태그로 생성하는 버튼 요소처럼 type 속성이 있어서 최신 HTML에서는 버튼 요소를 생성할 때 더 이상 input 태그를 사용할 필요가 없습니다. button 태그는 시작 태그와 종료 태그가 있어서 콘텐츠를 작성할 수 있습니다. 또한, 단순한 텍스트 외에도 이미지, 태그 같은 것들을 포함할 수 있어서 버튼 요소를 꾸미기가 더 수월하다는 장점이 있습니다.

3.6.8 폼 관련 태그에서 사용할 수 있는 추가 속성

지금까지 배운 폼 관련 태그에서 공통으로 사용할 수 있는 몇 가지 속성을 알아보겠습니다.

● disabled 속성

disabled 속성은 상호작용 요소를 비활성화하며, input, textarea, select, button 태그에 사용할 수 있습니다. 태그가 비활성화되면 입력 요소는 텍스트를 입력할 수 없고, 목록 상자는 항목을 선택할 수 없으며, 버튼 요소는 버튼을 클릭할 수 없습니다.

> **형식** 〈태그 disabled〉

예를 들어, input 태그와 button 태그를 비활성화하려면 다음과 같이 해당 태그에 disabled 속성을 추가하면 됩니다.

```
<input type="text" disabled>
<button type="button" disabled>비활성</button>
```

그림 3-28 실행결과

● readonly 속성

readonly 속성은 상호작용 요소를 읽기 전용으로 변경합니다. 읽기 전용으로 변경되면 입력 요소에 텍스트를 입력할 순 없지만, 요소를 선택하거나 드래그해서 내용을 복사할 순 있습니다. readonly 속성은 상호작용 요소를 생성할 수 있는 태그 중 textarea 태그와 input 태그에서 사용할 수 있습니다. 다만, input 태그에서는 type 속성값이 text, search, url, tel, email, password, date, month, week, time, datetime-local, number일 때만 사용할 수 있습니다.

> **형식**   〈태그 readonly〉

readonly 속성은 다음과 같이 적용합니다.

———————————————————————————— 03/06/readonly.html

```
<input type="password" readonly>
<textarea readonly></textarea>
```

그림 3-29 실행결과

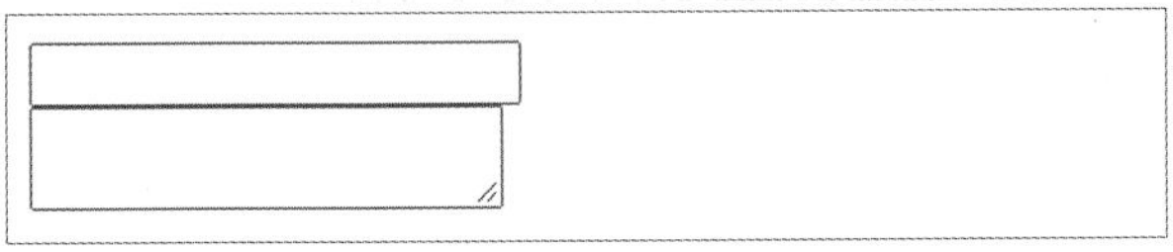

코드를 실행해 보면 입력 요소에 텍스트를 입력할 수는 없지만, 마우스로 요소를 클릭할 수는 있습니다.

TIP — disabled 속성과 readonly 속성은 둘 다 상호작용 요소를 사용하지 못하게 한다는 점에서 비슷해 보입니다. 그러나 disabled 속성은 form 태그로 서버에 값을 전송할 때 값이 아예 전송되지 않지만, readonly는 값이 전송된다는 차이가 있습니다.

● maxlength 속성

maxlength 속성은 입력할 수 있는 글자 수를 제한합니다. 속성값으로는 숫자를 입력하며, textarea 태그와 input 태그의 type 속성값이 text, search, url, tel, email, password, date, month, week, time, datetime-local, number일 때 사용할 수 있습니다.

`<태그 maxlength="숫자">`

다음과 같이 maxlength 속성값을 4로 설정하면 4글자까지만 입력할 수 있습니다.

───────────────────────────────────── 03/06/maxlength.html

```
<input type="url" maxlength="4">
<textarea maxlength="4"></textarea>
```

그림 3-30 실행결과

```
┌─────────────────────────┐
│ 4글자만                  │
├─────────────────────────┤
│ 4글자만                  │
│                        ◿ │
└─────────────────────────┘
```

● checked 속성

checked 속성은 요소를 선택된 상태로 표시합니다. 선택 요소가 있어야 하므로 input 태그의 type 속성값이 checkbox나 radio인 요소에만 사용할 수 있습니다.

`<태그 checked>`

다음 예제 코드는 orange에 checked 속성을 사용해서 orange가 선택된 상태로 웹 브라우저에 표시됩니다.

───────────────────────────────────── 03/06/checked.html

```
<fieldset>
    <legend>좋아하는 과일</legend>
    <input type="checkbox" id="banana" name="banana" value="banana">
    <label for="banana">banana</label><br>
    <input type="checkbox" id="apple" name="apple" value="apple">
    <label for="apple">apple</label><br>
    <input type="checkbox" id="orange" name="orange" value="orange" checked>
    <label for="orange">orange</label><br>
</fieldset>
```

그림 3-31 실행결과

```
┌─ 좋아하는 과일 ──────────────────┐
│  ☐ banana                       │
│  ☐ apple                        │
│  ☑ orange                       │
│                                 │
└─────────────────────────────────┘
```

● placeholder 속성

placeholder 속성은 입력 요소에 어떠한 값을 입력하면 되는지 힌트를 적는 용도로 사용합니다.

> **형식**　⟨input placeholder="입력값에 대한 힌트"⟩

예를 들어, input 태그의 type 속성값을 tel로 지정하면 전화번호를 입력해야 합니다. 그러나 웹 브라우저에 표시되는 tel 요소는 text 요소와 차이가 없습니다. 이럴 때 다음 코드처럼 placeholder 속성으로 입력값에 대한 힌트를 적어주면 사용자가 올바른 입력값을 넣도록 유도할 수 있습니다.

03/06/placeholder.html

```
⟨input type="tel" placeholder="전화번호를 입력해 주세요."⟩
```

그림 3-32 실행결과

> 전화번호를 입력해 주세요.

1분 퀴즈
해설 노트 p.588

5. 다음 중 잘못 짝지어진 것을 고르세요.

① form 태그 – 폼 양식을 의미합니다.

② input 태그 – 한 줄짜리 입력 요소만 생성합니다.

③ fieldset 태그 – 관련 있는 폼 요소끼리 그룹을 짓습니다.

④ textarea 태그 – 여러 줄을 입력할 수 있는 요소를 생성합니다.

⑤ select, option, optgroup 속성 – 세 속성 모두 콤보박스를 생성할 때 사용합니다.

3.7

표 만들기

표(table)는 웹 페이지에서 흔하게 볼 수 있는, 2차원 격자 형태로 구성된 데이터를 의미합니다. 표는 다음 그림처럼 **행**(row), **열**(column) 그리고 행과 열이 만나는 **셀**(cell)로 구성됩니다.

그림 3-33 표의 구성 요소

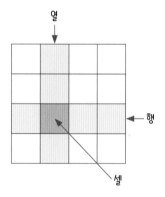

HTML에서 표를 어떻게 표시하는지 배워 보겠습니다.

3.7.1 table 태그

HTML에서 표를 생성할 때는 table 태그를 사용합니다. 폼과 마찬가지로 표 관련 태그는 모두 table 태그 안에서 사용합니다.

> **형식**   `<table></table>`

3.7.2 caption 태그

HTML에서 표를 생성할 때 웹 접근성을 향상하는 방법의 하나로 표 제목을 지정합니다. 표 제목은 caption 태그로 지정하므로 표를 만들 때는 반드시 caption 태그를 사용해야 합니다. caption 태그는 이후에 배울 표 관련 태그 중에서 table 태그 안에 첫 번째로 작성해야 하는 태그입니다.

형식
```
<table>
    <caption>표 제목</caption>
</table>
```

3.7.3 tr 태그

tr(table row) 태그는 표에서 행을 생성합니다. tr 태그 하나는 행 하나를 생성하므로 행을 여러 개 만들고 싶다면 tr 태그를 여러 번 사용하면 됩니다.

형식
```
<table>
    <tr></tr>
</table>
```

3.7.4 th, td 태그

th(table header) 태그와 td(table data) 태그는 표에서 열을 생성할 때 사용합니다. th 태그는 표에서 제목을 나타내는 열을 생성할 때, td 태그는 표에서 일반적인 데이터를 나타내는 열을 생성할 때 사용합니다.

```
<table>
  <tr>
    <th>제목</th>
    <td>내용</td>
  </tr>
</table>
```

다음 그림에서 '번호, 상품명, 수량, 가격'과 같은 열은 제목을 의미하는 데이터이므로 th 태그로
생성하고, 나머지 데이터를 나타내는 열은 td 태그로 생성합니다.

그림 3-34 태그로 만든 표

그림과 같은 4(행) × 4(열) 표를 만들려면 table 태그 안에 tr과 th, td 태그를 다음과 같이 작
성합니다.

03/07/table-sample.html

```
<table>
  <tr>
    <th>번호</th>
    <th>상품명</th>
    <th>수량</th>
    <th>가격</th>
  </tr>
  <tr>
    <td>1</td>
    <td>콜라</td>
    <td>1개</td>
    <td>1,500원</td>
  </tr>
  <tr>
    <td>2</td>
    <td>사이다</td>
    <td>2개</td>
    <td>1,000원</td>
```

```
  </tr>
  <tr>
    <td>3</td>
    <td>탄산수</td>
    <td>3개</td>
    <td>1,000원</td>
  </tr>
</table>
```

> **수코딩의 조언**
>
> 앞의 예제 코드를 작성해 실행하면 그림 3-34와는 다르게 테두리가 없는 상태로 출력됩니다. HTML에서 표는 기본으로 테두리가 없게 설정되어 있어서 그림 3-34처럼 보이게 하려면 CSS를 적용해야 합니다. 책에서는 이해를 돕기 위해 CSS를 적용한 실행결과를 보여 주지만, 아직 CSS를 배우지 않았으므로 따로 언급하지 않았습니다. CSS가 포함된 전체 코드가 보고 싶다면 이 책의 자료실에서 제공하는 예제 파일을 참고해 주세요.

3.7.5 rowspan과 colspan 속성

표 관련 태그에서 행을 의미하는 tr 태그 안에 열을 의미하는 th, td 태그를 사용하면 행과 열이 만나 셀이 생성됩니다. 이렇게 생성된 셀은 병합할 수 있는데, 행과 행을 병합할 때는 rowspan 속성을, 열과 열을 병합할 때는 colspan 속성을 사용합니다.

다음과 같은 형태로 표를 만든다고 할 때, rowspan과 colspan의 속성값으로 병합하고 싶은 셀의 개수를 적습니다. 단, 병합한 셀의 개수만큼 다음 행 또는 열은 비워야 합니다. 설명만으로는 이해하기 어려우니 예제 코드를 살펴봅시다.

그림 3-35 셀 병합하기

<table>
<tr><th>번호</th><th>상품명</th><th>수량</th><th>가격</th></tr>
<tr><td>1</td><td>콜라</td><td>1개</td><td>1,500원</td></tr>
<tr><td>2</td><td>사이다</td><td>2개</td><td rowspan="2">1,000원</td></tr>
<tr><td>3</td><td>탄산수</td><td>3개</td></tr>
<tr><td>총 금액</td><td colspan="3">6,500원</td></tr>
</table>

rowspan

colspan

다음 코드는 그림에 표시된 병합된 셀을 rowspan과 colspan 속성으로 어떻게 처리하는지 보여
줍니다.

03/07/table.html

```
<table>
  <tr>
    <th>번호</th>
    <th>상품명</th>
    <th>수량</th>
    <th>가격</th>
  </tr>
  <tr>
    <td>1</td>
    <td>콜라</td>
    <td>1개</td>
    <td>1,500원</td>
  </tr>
  <tr>
    <td>2</td>
    <td>사이다</td>
    <td>2개</td>
    <td rowspan="2">1,000원</td> <!-- 행 병합 -->
  </tr>
  <tr>
    <td>3</td>
    <td>탄산수</td>
    <td>3개</td>
    <!-- 4행 4열은 3행 4열과 병합했으므로 생성하지 않습니다. -->
  </tr>
  <tr>
    <td>총 금액</td>
    <td colspan="3">6,500원</td> <!-- 열 병합 -->
    <!-- 5행 2열부터 열 3개를 병합했으므로 나머지 열은 생성하지 않습니다. -->
  </tr>
</table>
```

그림 3-36 실행결과

번호	상품명	수량	가격
1	콜라	1개	1,500원
2	사이다	2개	1,000원
3	탄산수	3개	
총 금액	6,500원		

예제 코드를 보면 3행 4열에서 4행 4열을 행 병합(rowspan)하므로 4행 4열은 생성하지 않습니다. 마찬가지로 5행 2열부터 4열까지 열 병합(colspan)하므로 5행 3열부터는 생성하지 않습니다.

3.7.6 thead, tfoot, tbody 태그

표에서도 행을 묶어 그룹화할 수 있는데, thead, tfoot, tbody 태그를 사용하면 됩니다. thead 태그는 헤더 영역에 해당하는 행을, tfoot 태그는 푸터 영역에 해당하는 행을, tbody 태그는 본문 영역에 해당하는 행을 그룹 짓습니다.

thead, tfoot, tbody 태그는 표에서 표현하려는 데이터 형식에 따라 사용하지 않을 수도 있습니다. 하지만 사용한다면 반드시 thead, tfoot, tbody 순서여야 합니다. thead와 tfoot 태그는 한 번만 사용할 수 있고, thead 태그로 그룹화한 행은 th 태그로 열을 생성해야 합니다.

형식
```
<table>
  <thead>
    <th>...</th>
  </thead>
  <tfoot>
    <td>...</td>
  </tfoot>
  <tbody>
    <td>...</td>
  </tbody>
</table>
```

103

예를 들어, **03/07/table.html**의 코드를 thead, tfoot, tbody 태그로 그룹 지으면 다음과 같습니다.

03/07/table-group.html

```
<table>
  <thead>
    <tr>
      <th>번호</th>
      (중략)
    </tr>
  </thead>
  <tfoot>
    <tr>
      <td>총 금액</td>
      (중략)
    </tr>
  </tfoot>
  <tbody>
    <tr>
      <td>1</td>
      <td>콜라</td>
      (중략)
    </tr>
    (중략)
  </tbody>
</table>
```

Note **thead, tfoot, tbody 태그는 왜 사용하나요?**

thead, tbody, tfoot 태그를 사용하는 가장 큰 이유는 웹 접근성을 향상하는 데 있습니다. 한 가지 예로, 시각 장애인은 스크린 리더기(HTML을 음성으로 읽어 주는 보조 도구)를 사용해 웹 페이지를 탐색합니다. 이때 많은 정보를 나열한 표 데이터가 있다고 생각해 봅시다. 그러면 일반적으로 스크린 리더는 모든 표 데이터를 읽어 내용을 전달합니다. 그런데 thead 태그와 tfoot 태그가 사용된 표라면 tbody 태그의 데이터를 읽기 전에 thead 태그의 헤더 정보와 tfoot 태그의 푸터 정보를 먼저 전달해서 지금 접근하는 표가 어떤 데이터를 담고 있는지 표 내용을 모두 읽기 전에 먼저 파악할 수 있습니다. 이 밖에도 표를 인쇄할 때, 표 데이터가 여러 장에 걸쳐 있더라도 thead, tfoot 태그는 각각의 페이지에 인쇄되어 여러 장에 걸쳐 있는 표가 어떤 표인지 쉽게 파악할 수 있습니다.

3.7.7 col과 colgroup 태그

표에서 열을 그룹화할 때는 col 태그와 colgroup 태그를 사용합니다. col 태그는 하나의 열을 그룹화하고, colgroup 태그는 span 속성과 함께 사용해 2개 이상의 열을 그룹화합니다.

> **형식** `<col>`
> `<colgroup span="그룹화할 열의 개수">`

col 태그나 colgroup 태그는 보통 열 전체를 그룹화해서 통일된 스타일을 적용하는 목적으로 많이 사용합니다. caption 태그를 사용했다면 col 태그나 colgroup 태그는 caption 태그 다음에 사용해야 하고 tr 태그보다는 먼저 작성해야 합니다. 또한, col 태그나 colgroup 태그를 사용하면 반드시 두 태그의 개수와 사용한 열 개수가 일치해야 합니다.

다음 코드는 col 태그와 colgroup 태그로 열을 그룹 지어서 1열의 너비를 80px, 2열과 3열의 너비를 150px, 4열의 너비를 100px로 지정합니다.

03/07/colgroup.html

```
<table>
  <col style="width:80px">
  <colgroup span="2" style="width:150px"></colgroup>
  <col style="width:100px">
  <tr>
    <th>번호</th>
    <th>상품명</th>
    <th>수량</th>
    <th>가격</th>
  </tr>
  (중략)
</table>
```

그림 3-37 실행결과

번호	상품명	수량	가격
1	콜라	1개	1,500원
2	사이다	2개	1,000원
3	탄산수	3개	
총 금액	6,500원		

|←— 80px —→|←—— 150px ——→|←—— 150px ——→|←— 100px —→|

3.7.8 scope 속성

표를 생성할 때 사용할 수 있는 속성 중에서 순전히 웹 접근성 향상을 목적으로 사용하는 scope 속성이 있습니다. scope 속성은 제목을 나타내는 셀의 범위를 지정합니다. 그래서 표에서 제목을 나타내는 th 태그에서만 사용할 수 있습니다.

예를 들어, 다음 표는 '구분, 중간고사, 기말고사, 전공, 교양'이 전부 th 태그로 작성되는 제목이어서 제목의 범위가 명확하지 않습니다.

그림 3-38 제목 범위가 불분명한 예시

구분	중간고사	기말고사
전공	A+	B+
교양	C−	B

실제로 표의 제목 범위는 다음 그림처럼 인식되어야 합니다.

그림 3-39 제목의 올바른 인식 범위

구분	중간고사	기말고사
전공	A+	B+
교양	C−	B

이럴 때 scope 속성으로 각 th 태그의 범위를 지정하면 웹 접근성이 향상됩니다. scope 속성은 col, colgroup, row를 값으로 넣을 수 있는데, col은 열을, row는 행을 뜻하므로 속성값에 col이 들어가면 세로 방향, row가 들어가면 가로 방향이라고 생각하면 됩니다.

03/07/scope.html

```html
<table>
  <tr>
    <th scope="col">구분</th>
    <th scope="col">중간고사</th>
    <th scope="col">기말고사</th>
  </tr>
  <tr>
    <th scope="row">전공</th>
    <td>A+</td>
    <td>B+</td>
  </tr>
```

```
  <tr>
    <th scope="row">교양</th>
    <td>C-</td>
    <td>B</td>
  </tr>
</table>
```

또한, 제목이 colspan이나 rowspan으로 병합된 셀이라면 col이나 row 대신에 colgroup, rowgroup을 사용하면 됩니다.

1분 퀴즈 해설 노트 p.589

6. 다음 중 태그와 설명이 올바르게 짝지어진 것을 고르세요.

① table 태그 – table 태그만 있으면 표를 생성할 수 있습니다.

② caption 태그 – 표의 제목을 지정하는 데 사용합니다.

③ tr 태그 – 표의 열을 생성할 때 사용합니다.

④ th, td 태그 – th 태그는 표에서 일반 내용 성격의 셀을 만들 때 사용하고, td 태그는 표에서 제목 성격의 셀을 만들 때 사용합니다.

⑤ thead, tfoot, tbody 태그 – 표의 열을 그룹 지을 때 사용합니다.

3.8

멀티미디어 설정하기

멀티미디어와 관련한 요소로 웹 페이지에서 가장 많이 볼 수 있는 것은 오디오와 비디오입니다. HTML에서는 각각 audio 태그와 video 태그로 작성할 수 있습니다.

3.8.1 audio 태그

HTML5가 등장하기 전에는 오디오 파일이 웹 브라우저에서 구현하기 가장 복잡한 구성 요소였습니다. 하지만 HTML5에서 audio 태그가 추가되면서 이젠 웹 브라우저에서도 손쉽게 오디오 파일을 삽입할 수 있게 됐습니다.

● **문법 형식**

audio 태그의 기본 형식은 다음과 같습니다.

> **형식**　`<audio src="오디오 파일 경로" controls></audio>`

audio 태그는 항상 src 속성과 함께 사용하며, src 속성값에는 삽입하려고 하는 오디오 파일의 경로를 적어 줍니다. 그리고 오디오 컨트롤 패널이 웹 브라우저에 노출되도록 controls 속성을 설정해야 합니다.[2]

2　오디오 파일 출처: https://www.youtube.com/watch?v=CaCGguiqiTk

```
<audio src="Bourree - Joel Cummins.mp3" controls></audio>
```

그림 3-40 실행결과

코드를 실행하면 웹 브라우저에 내장된 오디오 컨트롤 패널이 화면에 표시됩니다.

● 지원 파일 포맷과 미디어 타입

웹 브라우저마다 지원하는 오디오 파일 포맷이 다르기 때문에 코드를 작성하기 전에 지원 여부를 확인해야 합니다. 웹 브라우저별로 지원하는 오디오 파일 포맷은 다음 표를 참고하세요.

표 3-3 웹 브라우저별 지원 오디오 파일 포맷

웹 브라우저	MP3	WAV	OGG
인터넷 익스플로러(IE)	지원	미지원	미지원
엣지(Edge)	지원	지원	지원
크롬(Chrome)	지원	지원	지원
파이어폭스(Firefox)	지원	지원	지원
사파리(Safari)	지원	지원	미지원
오페라(Opera)	지원	지원	지원

오디오 파일 포맷에 따른 미디어 타입은 다음과 같습니다.

표 3-4 오디오 파일 포맷별 미디어 타입

파일 포맷	미디어 타입
MP3	audio/mpeg
WAV	audio/wav
OGG	audio/ogg

3.8.2 video 태그

HTML5에서 추가된 또 다른 멀티미디어 태그는 video 태그입니다. 오디오와 마찬가지로 이제 HTML에서 비디오를 지원하기 때문에 웹 브라우저에 비디오 요소를 편하게 추가할 수 있게 됐습니다.

● 문법 형식

video 태그의 기본 형식은 audio 태그와 비슷합니다.

> **형식** `<video src="비디오 파일 경로" controls></video>`

video 태그도 비디오 경로를 입력하는 src 속성을 필수로 사용해야 합니다. 그리고 controls 속성을 추가해 사용자가 제어할 수 있는 컨트롤 패널도 표시해야 합니다.[3]

03/08/video.html

```
<video src="sample.mp4" controls></video>
```

그림 3-41 실행결과

코드를 실행하면 웹 브라우저에 비디오 컨트롤 패널이 표시됩니다.

---

3 비디오 파일 출처: https://www.pexels.com/ko-kr/video/6797319

● **지원 파일 포맷과 미디어 타입**

웹 브라우저마다 지원하는 비디오 파일 포맷이 다르기 때문에 사전에 지원 여부를 확인해야 합니다. 웹 브라우저별로 지원하는 비디오 파일 포맷은 다음 표와 같습니다.

표 3-5 웹 브라우저별 지원 비디오 파일 포맷

웹 브라우저	MP4	WebM	Ogg
인터넷 익스플로러(IE)	지원	미지원	미지원
엣지(Edge)	지원	지원	지원
크롬(Chrome)	지원	지원	지원
파이어폭스(Firefox)	지원	지원	지원
사파리(Safari)	지원	지원	미지원
오페라(Opera)	지원	지원	지원

비디오 파일 포맷에 따른 미디어 타입은 다음과 같습니다.

표 3-6 비디오 파일 포맷별 미디어 타입

포맷	미디어 타입
MP4	video/mp4
WebM	video/webm
Ogg	video/ogg

3.8.3 source 태그

source 태그는 audio 태그와 video 태그에서 리소스(파일)의 경로와 미디어 타입을 명시하는데 사용합니다.

```
형식    <audio controls>
          <source src="파일 경로" type="미디어 타입">
        </audio>
        <video controls>
          <source src="파일 경로" type="미디어 타입">
        </video>
```

source 태그는 멀티미디어 태그를 사용할 때 필수는 아니지만, 되도록 함께 사용하면 좋은 태그입니다. 왜 source 태그를 함께 사용하는 것이 좋을까요?

audio 태그와 video 태그는 다양한 포맷을 지원하지만, 웹 브라우저별로 지원하는 포맷과 미디어 타입은 각각 다릅니다. 예를 들어 오디오에서, MP3 포맷은 모든 웹 브라우저에서 지원하지만 WAV나 OGG 포맷은 지원하지 않는 웹 브라우저도 있습니다. 그런데 OGG 포맷을 우선 지원하고 어쩔 수 없는 경우에만 MP3 포맷을 지원해야 하는 경우가 생기면 어떻게 할까요? 이럴 때 source 태그를 사용합니다.

예를 들어, 다음과 같이 audio 태그를 사용한다고 합시다.

03/08/audio_source.html

```
<audio controls>
  <source src="sample.wav" type="audio/wav">
  <source src="sample.mp3" type="audio/mp3">
  지원하지 않는 웹 브라우저입니다.
</audio>
```

그러면 audio 태그는 먼저 작성한 source 태그의 파일부터 현재 웹 브라우저에서 해당 파일 포맷을 지원하는지 확인합니다. 만약 웹 브라우저에서 지원하지 않는다면 그 다음에 작성된 source 태그의 파일을 같은 방식으로 확인합니다. 모든 source 태그를 확인했는데, 전부 지원하지 않는 형식이라면 마지막에 작성한 텍스트가 사용자에게 노출됩니다. 이 과정은 video 태그도 같습니다.

따라서 audio 태그나 video 태그를 사용할 때는 웹 접근성을 고려해 source 태그로 다양한 포맷의 멀티미디어를 등록해 두는 방식으로 사용하는 것이 좋습니다.

3.9

웹 페이지 구조를 설계하는 시맨틱 태그

웹이 점차 발전하고 웹이 가진 정보의 가치가 높아지면서 사람이 아닌 기계도 쉽게 이해할 수 있도록 웹 페이지를 더욱 의미 있게 설계하는 일이 매우 중요해졌습니다. 이에 따라 새롭게 등장한 트렌드가 **시맨틱 웹**(sementic web)입니다.

시맨틱은 사전적으로 '의미론적'이라는 뜻이므로 시맨틱 웹은 '의미론적인 웹' 정도로 직역할 수 있습니다. 요컨대, 시맨틱 웹은 더 의미 있게 웹 페이지를 설계하는 트렌드입니다. 그리고 이런 트렌드에 맞춰 **시맨틱 태그**를 사용하기 시작했습니다. 시맨틱 태그는 태그의 이름만으로 태그의 용도나 역할에 대한 의미가 명확한 태그를 말합니다.

지금까지 배운 태그도 알게 모르게 시맨틱 태그에 속하는 태그도 있고, 논 시맨틱(non-semantic) 태그에 속하는 태그도 있습니다. 대표적으로 table, form, a 태그 등은 시맨틱 태그에 속하고, div, span 태그 등은 논 시맨틱 태그에 속합니다.

시맨틱 웹은 시맨틱 태그를 최대한 사용해 HTML 문서를 의미론적으로 설계하는 것이 중요합니다. 하지만 아쉽게도 table, form, a 태그는 HTML 문서의 구성 요소로는 적합할지 몰라도 전체 구조를 설계할 만한 태그는 아닙니다. 그래서 웹 페이지의 구조를 설계하기 위한 목적으로 HTML5에서 시맨틱 태그가 새롭게 추가됐습니다.

그림 3-42 시맨틱 태그의 종류

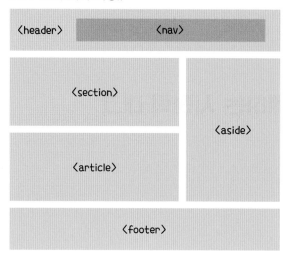

3.9.1 header 태그

header 태그는 웹 페이지에서 헤더 영역을 구분하는 데 사용합니다.

형식
```
<header>
    헤더 구성 요소
</header>
```

헤더 영역은 웹 사이트의 최상단이나 좌측에 위치하고, 로고, 검색, 메뉴와 같은 요소들을 포함합니다.

그림 3-43 헤더 영역

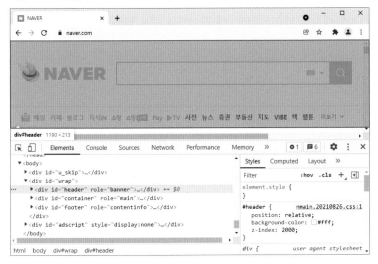

3.9.2 nav 태그

nav(navigation) 태그는 웹 페이지에서 내부의 다른 영역이나 외부를 연결하는 링크 영역을 구분하는 데 사용합니다.

형식 〈nav〉〈/nav〉

그림 3-44 링크 영역

보통 링크 영역에는 예시처럼 헤더 영역에서의 메뉴나 목차와 같은 요소가 많은데, 내부나 외부를 연결하는 링크가 전부 nav 태그일 필요는 없고, 웹 사이트의 주요 탐색 링크 영역만 포함하면 됩니다.

3.9.3 section 태그

section 태그는 웹 페이지에서 논리적으로 관련 있는 내용 영역을 구분할 때 사용합니다. 그래서 보통 section 태그는 내용의 제목을 나타내는 hn 태그 중 하나를 포함합니다.

> **형식**   `<section></section>`

다음 그림은 네이버에서 section 태그로 영역을 구분하면 좋을 만한 웹 페이지 구성 요소를 보여 줍니다. 한 페이지 안에서 '뉴스스탠드, 오늘 읽을만한 글'처럼 논리적으로 내용 영역을 구분할 때, section 태그를 사용하면 됩니다.

그림 3-45 section 태그 적용 영역

3.9.4 article 태그

article 태그는 웹 페이지에서 독립적인 영역을 구분할 때 사용합니다.

> **형식** 〈article〉〈/article〉

article 태그를 section 태그와 혼동하기도 하는데, section 태그는 웹 페이지 안에서 관련 있는 내용을 구분하고, article 태그는 어떤 웹 페이지에서든 독립적으로 사용될 수 있는 영역을 구분한다는 점에서 차이가 있습니다.

네이버에서는 그림처럼 로그인 영역이 article 태그로 구분하면 좋은 영역입니다. 실제로 로그인 영역은 메인 페이지에서도 사용하지만, 전혀 다른 페이지인 블로그 페이지 등에서도 사용하기 때문입니다.

그림 3-46 article 태그 적용 영역

메인 페이지　　　　　　　　　　　　　　　　블로그 페이지

3.9.5 aside 태그

aside 태그는 웹 페이지 안에서 주력 내용이나 독립적인 내용으로 보기 어려워서 article 태그나 section 태그로 영역을 구분할 수 없을 때 사용합니다.

> **형식** 〈aside〉〈/aside〉

그림 3-47 aside 태그 적용 영역

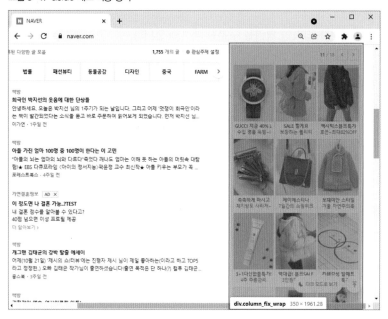

3.9.6 footer 태그

footer 태그는 웹 페이지에서 푸터 영역을 구분할 때 사용합니다. 푸터 영역은 일반적으로 웹 페이지의 최하단에 있고, 저작권 정보, 연락처, 사이트 맵 등의 요소들을 포함합니다.

그림 3-48 footer 태그 적용 영역

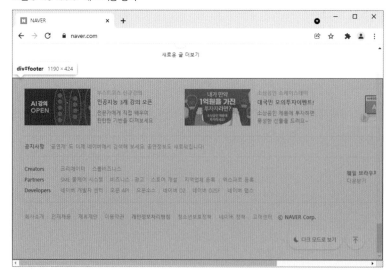

3.9.7 main 태그

main 태그는 웹 페이지의 주요 내용을 지정할 때 사용하는 태그입니다. main 태그에는 문서에서 반복해서 등장하는 요소를 포함해선 안 됩니다. 그리고 main 태그를 article, aside, footer, header, nav 태그의 하위에 포함할 수도 없습니다. 그래서 사용하기가 조금 까다로운 태그입니다. main 태그의 적절한 사용 예시는 **13.3 메인 영역 만들기**에서 확인할 수 있습니다.

TIP — 책에 소개하지 않은 다른 시맨틱 태그는 https://developer.mozilla.org/ko/docs/Glossary/Semantics에서 확인할 수 있습니다.

1분 퀴즈 ━━━━━━━━━━━━━━━━━━━━━━━━━━━━━━━━━ 해설 노트 p.589

7. 다음 중 시맨틱 태그를 <u>모두</u> 고르세요.

   ① div 태그

   ② footer 태그

   ③ header 태그

   ④ p 태그

   ⑤ span 태그

3.10

태그 종류에 상관없이 사용하는 글로벌 속성

마지막으로 **글로벌 속성**(global attribute)을 알아보겠습니다. 앞에서 a 태그는 링크 대상 경로를 지정하기 위해 href 속성을 사용한다고 했습니다. 그러면 hn 태그와 p 태그에도 href 속성을 사용할 수 있을까요?

결론부터 말하면 사용할 수 없습니다. HTML 언어에서 태그는 각 태그에서 사용할 수 있는 속성이 정해져 있기 때문입니다. 하지만 예외도 있습니다. 태그 종류 상관없이 모든 태그에서 공통으로 사용할 수 있는 속성이 있는데, 이것이 바로 글로벌 속성입니다.

실무에서 자주 사용하는 글로벌 속성은 표 3-7에 나와 있습니다. 표에 나온 속성은 종류를 가리지 않고 모든 태그에서 사용할 수 있습니다.

TIP —— 전체 글로벌 속성 목록을 참고하고 싶다면 W3C의 Global Attributes(https://www.w3.org/TR/2010/WD-html-markup-20101019/global-attributes.html)를 참고해 주세요.

표 3-7 자주 사용하는 글로벌 속성

속성	값	설명
class	value	요소에 클래스 값을 지정합니다. 클래스 값은 CSS에서 클래스 선택자로 활용합니다.
id	value	요소에 아이디 값을 지정합니다. 아이디 값은 CSS에서 아이디 선택자로 활용합니다.
style	style	요소에 인라인 스타일을 지정합니다.
title	text	요소에 추가 정보를 지정합니다. 마우스를 요소 위에 올리면 툴팁(tooltip)으로 추가 정보가 표시됩니다. 툴팁은 요소에 마우스 커서를 올렸을 때 추가 설명이 뜨는 말풍선 형태의 그래픽 요소를 말합니다.
lang	language code	요소에 사용한 텍스트의 언어 정보를 지정합니다.
hidden	hidden	요소를 화면에서 감춥니다.
data-*	value	사용자가 임의의 속성을 만들 수 있습니다.

● class 속성

class 속성은 요소에 클래스명을 지정할 때 사용합니다. 클래스명은 CSS에서 클래스 선택자로 활용하고, 같은 클래스명은 여러 요소가 중복해서 가질 수 있습니다.

```
<p class="red-color">...</p>
```

● id 속성

id 속성은 요소에 아이디를 지정할 때 사용합니다. 아이디는 CSS에서 아이디 선택자로 활용하며, 중복될 수 없습니다.

```
<h1 id="title">...</h1>
```

● style 속성

style 속성은 CSS 코드를 인라인으로 작성할 때 사용합니다. **4.2.3 인라인 스타일 사용하기**에서 자세히 다룹니다.

● title 속성

title 속성은 요소에 추가 정보를 넣을 때 사용하는데, a 태그를 설명할 때도 언급했습니다. title 속성에 넣은 값은 요소에 마우스를 올리면 툴팁으로 표시됩니다.

03/10/title_attribute.html

```
<p><span title="World Wide Web Consortium">W3C</span>는 국제 웹 표준 개발 기구입니다.</p>
```

그림 3-49 실행결과(W3C에 마우스를 올린 상태)

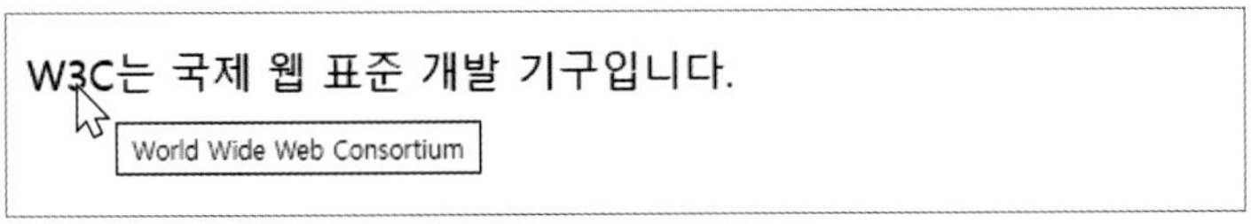

W3C는 국제 웹 표준 개발 기구입니다.

World Wide Web Consortium

121

● lang 속성

lang 속성은 요소에 사용한 텍스트의 언어 코드를 지정할 때 사용합니다. 일반적으로 HTML 문서의 언어 코드는 html 태그의 lang 속성에 작성합니다.

```html
<html lang="ko">
```

이 코드처럼 작성하면 한국어로 기본 언어 코드가 설정됩니다. 그런데 한국어(ko)로 기본 설정된 문서에서 독일어가 나올 때 다음처럼 lang 속성으로 독일어 언어 코드(de)를 명시하면 웹 접근성을 높일 수 있습니다.

TIP — 전체 언어 코드가 궁금하다면 https://www.w3schools.com/tags/ref_language_codes.asp 사이트를 참고해 주세요.

```html
<p lang="de">Guten Morgen</p>
```

● data-* 속성

data-* 속성은 사용자 커스텀 속성을 만듭니다. 태그에서 사용할 수 있는 속성은 HTML 문법에 정해져 있어서 정해진 속성이 아니면 사용할 수 없었습니다. 그러나 HTML5에서는 이러한 점이 개선되어 data-* 속성으로 사용자가 원하는 속성을 만들 수 있습니다.

HTML에는 data-name과 data-hero라는 속성이 존재하지 않지만, 다음 코드처럼 data-* 속성으로 새로 만들 수 있습니다.

```html
<p data-name="spiderMan" data-hero="true">...</p>
```

마무리

이 장에서 배운 내용을 정리해 보겠습니다.

1. 텍스트 관련 태그

HTML에서 텍스트에 사용할 수 있는 태그입니다.

- **hn 태그** 주제나 제목 성격의 텍스트를 작성할 때 사용
- **p 태그** 텍스트로 문장 또는 단락을 구성할 때 사용
- **br 태그** 텍스트를 줄 바꿈할 때 사용
- **blockquote 태그** 문단 단위의 인용문을 작성할 때 사용
- **q 태그** 문장 단위의 짧은 인용문을 작성할 때 사용
- **ins 태그** 추가할 텍스트를 표시할 때 사용
- **del 태그** 삭제할 텍스트를 표시할 때 사용
- **sub 태그** 아래 첨자를 표시할 때 사용
- **sup 태그** 위 첨자를 표시할 때 사용

2. 그룹을 위한 태그

HTML에서 그룹화에 사용하는 태그로 div와 span 태그가 있습니다. 이 태그들은 태그 자체에 어떠한 의미도 없으므로 논 시맨틱 태그에 속합니다.

3. 목록을 만드는 태그

목록을 생성할 때는 ul, ol, dl 태그를 사용합니다.

- **ul 태그** 비순서형 목록을 만들고, 목록 내용을 구성할 때는 li 태그 사용
- **ol 태그** 순서형 목록을 만들고, 목록 내용을 구성할 때는 li 태그 사용
- **dl 태그** 정의형 목록을 만들고, 목록 내용을 구성할 때는 dt와 dd 태그 사용

4. 링크와 이미지

웹 페이지 내부의 특정 위치 또는 외부의 다른 문서와 연결하는 것을 링크라고 합니다. 링크는 HTML의 a 태그로 생성합니다. a 태그에서 href 속성은 필수이고, target 속성은 선택적으로 지정할 수 있습니다. 이미지를 삽입하고 싶으면 img 태그를 사용합니다. img 태그는 이미지의 경로를 지정하는 src 속성과 이미지의 설명을 작성하는 alt 속성을 필수로 사용해야 합니다.

5. 강조 관련 태그

텍스트를 강조하는 태그로는 strong, em 태그가 있습니다.

6. 폼 관련 태그

폼 관련 태그는 HTML에서 제공하는 태그 중 유일하게 사용자와 상호작용할 수 있는 태그입니다. 관련 태그로는 form, input, label, fieldset, legend, select, button 태그가 있습니다.

- **form 태그** 폼 양식을 의미
- **input 태그** 한 줄짜리 입력 요소 생성
- **label 태그** 폼 요소에 이름을 붙일 때 사용
- **fieldset 태그** 관련 있는 폼 요소끼리 그룹을 지을 때 사용
- **legend 태그** 그룹 지은 요소에 이름을 붙일 때 사용
- **textarea 태그** 여러 줄 입력 요소 생성
- **select 태그** 콤보박스 생성
- **button 태그** 버튼 요소 생성

7. 표 관련 태그

표는 행과 열로 구성된 2차원 격자 모양의 데이터 형태를 의미합니다. HTML에서는 다음과 같은 태그로 표를 구성합니다.

- **table 태그** 표를 생성할 때 사용
- **tr, td, th 태그** 행과 열을 생성할 때 사용
- **caption 태그** 표의 제목을 지정할 때 사용
- **col, colgroup 태그** 열을 그룹화할 때 사용
- **thead, tfoot, tbody 태그** 행을 그룹화할 때 사용
- **th, td 태그와 rowspan, colspan 속성** 셀을 병합할 때 사용

8. 멀티미디어 태그

웹 페이지에서 대표적인 멀티미디어 요소로는 오디오와 비디오가 있습니다.

- **audio 태그** 오디오 요소를 삽입할 때 사용
- **video 태그** 비디오 요소를 삽입할 때 사용

9. 시맨틱 태그

시맨틱 태그는 태그의 이름만으로 태그의 용도나 역할에 대한 의미가 명확한 태그를 말합니다. 그리고 시맨틱 태그로 의미 있게 HTML 구조를 설계한 웹 페이지를 시맨틱 웹이라고 합니다. HTML5에서는 웹 페이지 구조를 설계하기 위한 시맨틱 태그로 header, nav, section, article, aside, footer 태그가 추가됐습니다.

10. 글로벌 속성

모든 태그에서 공통으로 사용할 수 있는 속성을 글로벌 속성이라고 합니다. 실무에서 자주 사용하는 글로벌 속성으로는 class, id, style, title, lang, hidden, data-* 속성이 있습니다.

1. 지금까지 배운 태그를 적절히 사용해 다음 포스트잇 UI를 HTML 코드로 작성해 보세요.

TO. 남편

여보~ 오늘 급하게 먼저 출근해야 해서
인사도 못 하고 먼저 나가요~

아침 굶지 말고 냉장고에 있는 반찬
전자레인지에 데워서 챙겨 먹고 나가요~!

그럼 오늘 하루도 힘내고 이따 저녁에 봐요~
화이팅~!

힌트 포스트잇 UI의 구성 요소는 모두 텍스트입니다.
그러면 텍스트 관련 태그를 사용하면 되겠네요!

> **수코딩의 조언** 코드를 작성하고 실행해도 그림처럼 보이진 않습니다. 그림처럼 보이게 하려면 CSS를 적용해야 합니다. 아직 CSS를 배우지 않았으므로 여기서는 HTML로 웹 페이지의 구조를 설계하는 것에 집중해 주세요. 다음 문제도 마찬가지입니다.

2. 지금까지 배운 태그를 적절히 사용해 다음과 같은 로그인 화면 UI를 HTML 코드로 작성해 보세요.

힌트 로그인 화면 UI의 대부분을 차지하는 구성 요소는 폼 관련 요소 입니다. 폼 관련 요소를 적극 활용하세요.

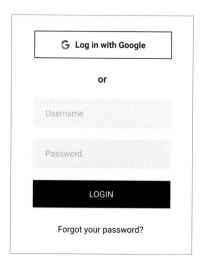

3. 지금까지 배운 태그를 적절히 사용해 다음과 같은 위키백과 사이트의 목차[4]를 HTML 코드로 작성해 보세요.

힌트 목차와 같은 목록 요소를 어떤 태그로 생성하는지 떠올려 보세요.

목차

1 역사
   1.1 개발
   1.2 최초 규격
   1.3 표준 버전의 역사
      1.3.1 HTML 버전 스케줄
      1.3.2 HTML 초안 버전 스케줄
      1.3.3 XHTML 버전
2 마크업
   2.1 HTML 요소
   2.2 데이터 형식
   2.3 문서 형식 선언

---

4 https://ko.wikipedia.org/wiki/HTML

코딩
자율학습

Part 2

CSS로
웹 페이지 꾸미기

4장

웹 스타일링을 위한 CSS 기초 배우기

건물을 지을 때 구조를 설계하고 나면 건물 내외부에 인테리어를 합니다. HTML도 이와 같습니다. 지금까지 HTML에서 제공하는 여러 태그를 배우면서 웹 페이지의 뼈대, 즉 구조를 설계해 봤습니다. 이제 사용자에게 웹 페이지가 아름답게 보이도록 꾸미는 방법이 필요합니다.

초창기 HTML은 style이라는 속성으로 태그를 꾸밀 수 있게 했습니다. 하지만 웹이 발전하면서 하나의 웹 문서 안에 구조를 설계하는 태그와 디자인을 담당하는 스타일을 같이 묶어 두는 것이 문제가 되기 시작했습니다. 그래서 W3C는 웹 문서에서 구조와 디자인을 분리하기로 했고, 그 방법의 하나로 CSS라는 언어가 탄생했습니다.

CSS(Cascading Style Sheets)는 웹 문서에 사용하는 태그에 스타일을 적용하기 위해 W3C에서 고안한 언어입니다. CSS가 등장하면서 태그와 스타일을 함께 사용하던 기존 방식은 지양하고, 태그와 스타일을 분리하는 방법으로 발전하면서 오늘날까지 이르게 됐습니다.

이 장에서는 디자인을 담당하는 CSS 언어와 웹 문서를 아름답게 보이도록 스타일을 적용하는 여러 방법을 배워 봅시다.

그림 4-1 네이버 메인 페이지의 CSS 적용 전과 후 모습

4.1

CSS 문법 살펴보기

4.1.1 문법 형식

CSS 문법은 크게 선택자와 선언부로 구분합니다. **선택자**는 CSS 스타일을 적용할 HTML 태그(요소)를 선택하는 영역입니다. **선언부**는 선택자에서 선택한 태그에 적용할 스타일을 작성하는 영역으로, 중괄호({})안에 넣습니다. 선언부에 작성하는 스타일은 반드시 속성과 값을 한 쌍으로 작성합니다. 이때 값의 뒤에 세미콜론(;)을 넣으면 여러 스타일을 연속해서 작성할 수 있습니다.

그림 4-2 CSS 문법 형식

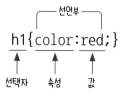

예를 들어, h1 태그의 텍스트 크기를 24px로, 색상을 빨간색으로 지정하고 싶다면 다음과 같이 작성합니다.

04/01/css.html

```
h1{
    font-size:24px;
    color:red;
}
```

> **Note 줄 바꿈과 들여쓰기**
>
> CSS 코드를 작성할 때, 줄 바꿈과 들여쓰기를 꼭 할 필요는 없습니다. 그러나 HTML뿐만 아니라 CSS와 자바스크립트에서도 줄 바꿈과 들여쓰기를 적절하게 사용하면 코드의 가독성을 크게 향상할 수 있습니다.

4.1.2 주석

CSS도 HTML처럼 코드에 주석을 남길 수 있습니다. 주석은 코드에 설명을 남기는 것인데, CSS에서는 주석 내용을 /*와 */ 사이에 작성합니다.

형식   /* 주석 내용 */

HTML과 마찬가지로 웹 브라우저에서 소스 보기로 보면 주석 내용이 노출되므로 중요한 정보를 적으면 안 됩니다.

4.2

CSS 적용하기

그러면 작성한 CSS를 HTML 문서에 어떻게 적용할까요? 대표적인 방법이 3가지 있습니다.

4.2.1 내부 스타일 시트 사용하기

내부 스타일 시트(internal style sheet)는 HTML 파일 내부에 CSS 코드를 작성하는 방법입니다. HTML에서 제공하는 태그 중에 style 태그가 있는데, style 태그의 콘텐츠로 CSS 코드를 작성하면 됩니다.

형식
```
<style>
  /* CSS 코드 */
</style>
```

실제 코드에서 내부 스타일 시트 방법으로 CSS를 적용할 때는 다음과 같이 작성합니다.

04/02/internal.html
```
<head>
  <title>내부 스타일 시트(Internal Style Sheet)</title>
  <style>
    h1{
      color:blue;
    }
  </style>
</head>
<body>
```

```
  <h1>내부 스타일 시트</h1>
</body>
```

style 태그를 사용하는 위치는 정해진 기준이 없지만, 보통 앞의 코드처럼 head 태그 안에 사용합니다. 웹 브라우저는 HTML 문서를 해석할 때 HTML 문서에 작성된 코드를 첫 번째 줄부터 순차적으로 해석합니다. 그리고 웹 브라우저에 표시되는 내용은 body 태그 안에 작성합니다. 따라서 head 태그에 CSS를 작성하면 body 태그에 작성된 내용이 사용자에게 노출되기 전에 CSS를 불러와 빠르게 디자인을 적용할 수 있는 장점이 있습니다. 그러나 웹 브라우저에서 HTML 문서를 해석할 때마다 CSS 코드를 매번 다시 읽기 때문에 성능상으로는 좋지 못하다는 단점도 있습니다.

4.2.2 외부 스타일 시트 사용하기

외부 스타일 시트(external style sheet)는 CSS 코드를 작성하는 별도 파일을 만들어 HTML 문서와 CSS를 연결하는 방법입니다. 이때 별도 파일의 확장자는 **css**여야 합니다. 별도로 작성한 CSS 파일을 HTML 문서에서 연결할 때는 link 태그를 사용합니다.

형식　　`<link rel="stylesheet" href="css 파일 경로">`

외부 스타일 시트 방법을 실습해 보겠습니다. 먼저 프로젝트 폴더(CODE)에 style.css 파일을 만듭니다. 그리고 다음과 같이 작성합니다.

04/02/style.css

```
h1{
  color:red;
}
```

그런 다음 같은 폴더에 index.html 파일을 만들어 다음과 같이 작성합니다.

04/02/index.html

```
<head>
  <title>외부 스타일 시트(External Style Sheet)</title>
  <link rel="stylesheet" href="style.css">
```

```
</head>
<body>
  <h1>외부 스타일 시트</h1>
</body>
```

그림 4-3 실행결과

외부 스타일 시트

코드를 실행하면 HTML 문서에 CSS 코드가 적용되어 출력됩니다. 이때 전체 프로젝트 폴더의 구조는 다음 그림과 같습니다.

그림 4-4 프로젝트 폴더 구조

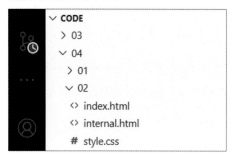

TIP —— 자료실에서 제공하는 예제 파일에는 프로젝트 폴더 안에 장별 하위 폴더가 있습니다.

4.2.3 인라인 스타일 사용하기

인라인 스타일(inline style)은 HTML 태그에서 사용할 수 있는 style 속성에 CSS 코드를 작성하는 방법입니다. 태그에 직접 CSS 코드를 작성하는 방식이라서 CSS의 기본 문법 형식에서 **선택자 부분이 필요 없습니다.**

> **형식** `<태그 style="CSS 코드"></태그>`

인라인 스타일 방법으로 h1 태그의 색상을 빨간색, 텍스트 크기를 24px로 지정하려면 다음과 같이 작성합니다.

```
<body>
    <h1 style="color:red; font-size:24px">인라인 스타일</h1>
</body>
```

그림 4-5 실행결과

> # 인라인 스타일

외부 스타일 시트 방법을 사용했을 때와 동일하게 CSS가 적용되어 출력됩니다.

> **수코딩의 조언**
>
> CSS를 적용하는 3가지 방법 중 어떤 방법이 좋은지는 상황에 따라 다를 수 있어서 정답은 없습니다. 다만, 실무에서는 대부분 외부 스타일 시트 방법을 사용합니다. 외부 스타일 시트 방법은 코드를 유지 보수하기가 편하고 성능적으로도 가장 좋기 때문입니다. 참고로 인라인 스타일 방법은 특별한 경우를 제외하고는 실무에서 거의 사용하지 않으니 되도록 사용하지 않는 편이 좋습니다.

1분 퀴즈 해설 노트 p.592

1. 다음 중 설명이 올바르지 않은 것을 고르세요.

① CSS는 선택자와 선언부로 구성되어 있습니다.

② 인라인 스타일 방법은 별도의 CSS 파일이 필요합니다.

③ 성능 면에서 가장 좋은 CSS 적용 방법은 외부 스타일 시트 방법입니다.

④ 내부 스타일 시트 방법에서는 style 태그에 CSS 코드를 작성합니다.

⑤ CSS에서 주석 내용은 /*와 */ 사이에 작성합니다.

마무리

이 장에서 배운 내용을 정리해 보겠습니다.

1. CSS 기본 문법

CSS는 기본으로 선택자와 선언부로 구성된 문법 형태를 가집니다.

- **선택자** CSS 속성을 적용할 대상(태그, 요소)을 지정하는 영역입니다.
- **선언부** 선택자로 지정된 대상(태그, 요소)에 적용할 CSS 속성과 값을 적는 영역입니다.

2. 주석

주석은 코드에 설명을 남기는 것을 말합니다. CSS에서 주석 내용은 /*와 */ 사이에 작성할 수 있습니다.

3. CSS 적용 방법

CSS를 HTML 문서에 적용하는 방법은 3가지입니다.

- **내부 스타일 시트 방법**: HTML 문서 내부에 style 태그로 CSS 코드를 작성해 적용하는 방법입니다.
- **외부 스타일 시트 방법**: 별도의 CSS 파일을 만들어 HTML 문서와 link 태그로 연결해 CSS를 적용하는 방법입니다.
- **인라인 스타일 방법**: 모든 태그에서 사용할 수 있는 style 속성을 사용해 CSS를 적용하는 방법입니다.

예제 파일의 04/selfcheck 폴더를 보면 internal.html, external.html, inline.html 파일이 있습니다. 다음에 제시된 CSS 코드를 CSS 적용 방법대로 각각의 파일에 적용해 보세요.

```
p{
  color:red;
}
```

1. 내부 스타일 시트 방법(internal.html)

2. 외부 스타일 시트 방법(external.html)

3. 인라인 스타일 방법(inline.html)

코딩
자율학습

5장

CSS 선택자 다루기

4장에서 CSS 문법은 크게 선택자와 선언부로 구성된다고 했습니다. 그중 선택자는 CSS를 적용할 태그(요소)를 지정하는 문법적인 영역인데, CSS는 선택자를 지정할 수 있는 다양한 방법을 제공합니다. 다양한 선택자 지정 방법을 익혀 둔다면 상황에 맞게 스타일을 지정할 태그를 선택할 수 있습니다.

5.1

기본 선택자 사용하기

CSS의 다양한 선택자 중에서 가장 많이 사용하는 기본 선택자를 소개합니다.

5.1.1 전체 선택자

전체 선택자는 HTML에서 사용할 수 있는 모든 요소를 한 번에 선택자로 지정하는 방법으로, * 기호를 사용해 표시합니다.

형식　　*{/* CSS 코드 */}

전체 선택자로 모든 요소의 텍스트 색상을 빨간색으로 지정하려면 다음과 같이 작성합니다.

05/01/aterisk.html

```
<style>
  *{
    color:red;
  }
</style>
(중략)
<h1>전체 선택자</h1>
<p>전체 선택자는 모든 요소를 한 번에 선택할 수 있습니다.</p>
```

그림 5-1 실행결과

전체 선택자

전체 선택자는 모든 요소를 한 번에 선택할 수 있습니다.

코드를 실행하면 그림과 같이 모든 요소의 텍스트가 빨간색으로 표시됩니다. 결과를 보면 단순히 h1, p 태그만 선택됐다고 생각할 수 있는데, 전체 선택자는 h1, p 태그를 비롯해 html, head, title, style, body 태그 등 모든 요소가 선택 **TIP** — 이 책에서는 실습하기 편하도록 내부 스타일 시트됐다는 점을 이해해야 합니다. 방법으로 CSS를 적용합니다.

5.1.2 태그 선택자

태그 선택자는 지금까지 종종 사용한 방법으로, HTML 태그명으로 선택자를 지정하는 방법입니다. 태그 선택자는 선택자에 지정된 태그명과 일치하는 모든 요소를 한 번에 선택합니다.

형식   태그명{/* CSS 코드 */}

다음 예제는 태그 선택자를 사용해 p 태그로 작성한 모든 요소의 텍스트 색상을 파란색으로 지정합니다.

05/01/tag_selector.html

```
<style>
  p{
    color:blue;
  }
</style>
(중략)
<h1>태그 선택자</h1>
<p>태그 선택자는 태그명과 일치하는 태그를 모두 선택합니다.</p>   ▶ 모든 p 태그에 적용
<p>따라서 모든 p 태그의 텍스트 색상은 파란색이 됩니다.</p>
```

143

5.1.3 아이디 선택자

아이디 선택자는 HTML 태그에서 사용할 수 있는 id 속성값을 이용해 선택자를 지정하는 방법입니다. 이때 속성값 앞에는 # 기호를 붙여 구분합니다.

형식	#id속성값{/* CSS 코드 */}

id 속성값이 title인 요소의 텍스트 색상을 초록색으로 지정하고 싶다면 다음과 같이 작성합니다.

05/01/id_selector.html

```
<style>
  #title{
    color:green;
  }
</style>
(중략)
<h1 id="title">아이디 선택자</h1>   ──▶ id 속성값이 title인 요소에 적용
<p>아이디 선택자는 id 속성값을 이용해 선택자를 지정하는 방법입니다.</p>
```

> **Note** **id 속성값은 고유해야 합니다.**
>
> HTML에서 id 속성값은 하나의 HTML 문서 안에서 고유한 값이어야 합니다. 예를 들어, A.html에 id 속성값이 title인 태그가 있다면 A.html에서는 더 이상 태그의 id 속성값을 title로 지정할 수 없습니다. 단, B.html과 같은 다른 페이지에서는 가능합니다.

5.1.4 클래스 선택자

클래스 선택자는 HTML 태그에서 사용할 수 있는 class 속성값을 이용해 선택자를 지정하는 방법입니다. 이때 속성값 앞에 . 기호를 붙입니다.

형식   .class속성값{/* CSS 코드 */}

클래스 선택자는 실무에서 가장 많이 사용하는 선택자 지정 방법입니다. class 속성은 id 속성과 다르게 속성값을 중복해서 사용할 수 있어서 하나의 클래스 스타일을 잘 정의하면 여러 곳에서 사용할 수 있습니다.

05/01/class_selector.html

```
<style>
  .red{
    color:red;
  }
  .blue{
    color:blue;
  }
</style>
(중략)
<h1 class="red">클래스 선택자</h1>  ────▶ class 속성값이 red인 요소에 적용
<p class="blue">class 속성값으로 선택자를 지정합니다.</p>
<p class="blue">class 속성은 id 속성과 다르게 속성값을 중복해서 사용할 수 있습니다.</p>
                                      ────▶ class 속성값이 blue인 요소에 적용
```

5.1.5 기본 속성 선택자

속성 선택자는 HTML 태그에서 사용할 수 있는 속성과 값을 사용해 선택자를 지정하는 방법입니다.

형식   [속성]{/* CSS 코드 */}
       [속성=값]{/* CSS 코드 */}

다음 코드는 a 태그에 href 속성이 사용된 요소만을 선택해 텍스트 색상을 빨간색으로 지정합니다.

05/01/attribute_selector_1.html

```
<style>
  a[href]{
    color:red;
    display:block;
  }
</style>
```
(중략)
```
<a href="#">기본 a 태그</a>
<a href="#" target="_blank">새 창으로 열리는 a 태그</a>
```
→ a 태그에 href 속성이 있는 요소에 적용

또한, 속성과 속성값까지 정확하게 일치하는 요소에 스타일을 적용하고 싶다면 다음과 같이 속성과 값을 함께 명시하면 됩니다. 다음 코드는 a 태그의 target 속성값이 _blank인 요소를 선택합니다.

05/01/attribute_selector_2.html

```
<style>
  a[target="_blank"]{
    color:red;
    display:block;
  }
</style>
```
(중략)
```
<a href="#dd">기본 a 태그</a>
```
→ a 태그의 target 속성값이 _blank인 요소에 적용
```
<a href="#" target="_blank">새 창으로 열리는 a 태그</a>
```

클래스 선택자나 아이디 선택자도 각각 class 속성과 id 속성으로 선택자를 지정하므로 넓은 범위에서는 속성 선택자에 포함됩니다. 요컨대, 다음처럼 작성해도 됩니다.

```
[class="red"]{} /* 기본 속성 선택자 방법으로 class 속성값이 red인 요소 선택 */
[id="title"]{} /* 기본 속성 선택자 방법으로 id 속성값이 title인 요소 선택 */
```

> **Note** **속성 선택자는 다른 선택자와 함께 사용할 수 있습니다.**
>
> 속성 선택자는 아이디, 태그, 클래스 선택자와 함께 사용할 수도 있고, 단독으로 사용할 수도 있습니다. 예를 들어, 다음 코드는 a 태그에 href 속성이 있는 요소를 선택합니다.
>
>
>
> 꼭 태그 선택자가 아니어도 됩니다. 다음처럼 아이디나 클래스 선택자도 됩니다.
>
> 아이디 선택자 ┌─ 속성 선택자
> ```
> #title[href]{} /* id 속성값이 title이면서 href 속성이 있는 요소 선택 */
> .title[href]{} /* class 속성값이 title이면서 href 속성이 있는 요소 선택 */
> ```
> 클래스 선택자 └─ 속성 선택자
>
> 또한, 다음과 같은 코드는 href 속성만 있으면 종류를 가리지 않고 모두 선택합니다.
>
> ```
> [href]{} /* 어떤 요소라도 href 속성만 있으면 선택 */
> ```

5.1.6 문자열 속성 선택자

문자열 속성 선택자는 태그가 가진 속성값이 특정한 문자열과 일치하는 요소를 선택자로 지정하는 방법입니다. 기본 원리는 기본 속성 선택자와 비슷하지만 선택 방법이 조금 다릅니다. 다만, 기본 속성 선택자와 다르게 많이 사용되지 않아서 이 책에서는 자세히 언급하지 않습니다.

다음 표를 참고해서 이런 문자열 속성 선택자가 있다는 것만 가볍게 보고 넘어가 주세요.

TIP ── 문자열 속성 선택자는 MDN 사이트(https://developer.mozilla.org/ko/docs/Web/CSS/Attribute_selectors)에서 자세한 정보를 확인할 수 있습니다.

표 5-1 문자열 속성 선택자 형식

형식	설명
[속성~=문자열]	속성값에 문자열이 포함되어 있으면 선택합니다(단어 기준).
[속성|=문자열]	속성값이 문자열과 같거나 문자열-(하이픈)으로 시작하면 선택합니다.
[속성^=문자열]	속성값이 문자열로 시작하면 선택합니다.
[속성$=문자열]	속성값이 문자열로 끝나면 선택합니다.
[속성*=문자열]	속성값에 문자열이 포함되면 선택합니다(전체 값 기준).

1분 퀴즈 해설 노트 p.593

1. 다음 중 기본 선택자의 종류와 설명이 잘못 짝지어진 것을 고르세요.

① 전체 선택자는 * 기호로 요소를 선택합니다.

② 태그 선택자는 HTML 태그명으로 요소를 선택합니다.

③ 아이디 선택자는 HTML id 속성값으로 요소를 선택합니다.

④ 클래스 선택자는 HTML class 속성값으로 요소를 선택합니다.

⑤ 속성 선택자는 CSS 속성으로 요소를 선택합니다.

5.2

조합 선택자 사용하기

조합 선택자는 기본 선택자와 함께 사용했을 때 선택자의 의미를 더 풍부하게 해 주는 선택자 방법입니다. 앞에서 배운 기본 선택자와 이번에 다룰 조합 선택자를 적절하게 조합해 활용하면 선택자를 활용하는 방법이 매우 다양해집니다.

5.2.1 그룹 선택자

그룹 선택자는 여러 선택자를 하나로 그룹 지을 때 사용합니다. 선택자와 선택자는 , 기호로 구분합니다.

형식   선택자1, 선택자2,⋯ 선택자n{/* CSS 코드 */}

다음과 같이 선택자는 다르지만 선언부는 똑같은 3개의 코드를 예로 들어 봅시다.

```
p{
  color:red;
}
#title{
  color:red;
}
.red{
  color:red;
}
```

선언부가 같기 때문에 그룹 선택자로 묶으면 다음처럼 한 번에 선택자를 지정할 수 있습니다.

05/02/group_selector.html

```
p, #title, .red{
  color:red;
}
```

5.2.2 자식 선택자

자식 선택자는 부모 요소의 하위에 있는 자식 요소에 스타일을 적용할 때 사용합니다. 2개 이상의 선택자가 사용되며, 선택자와 선택자는 > 기호로 구분합니다.

형식　부모 선택자 > 자식 선택자{/* CSS 코드 */}

만약 다음처럼 선택자를 지정했다면 HTML 문서에 존재하는 모든 p 태그로 작성된 요소에 스타일이 적용됩니다.

```
p{}
```

여기에 자식 선택자를 사용해 다음 코드처럼 작성하면 class 속성값이 box인 요소와 자식 관계인 p 태그로 작성된 요소만 선택자로 지정합니다.

TIP — HTML 요소의 부모, 자식, 형제 관계가 기억나지 않는다면 **2.3.2 부모, 자식, 형제 관계**를 다시 살펴보세요.

05/02/child_selector.html

```
class 속성값이 box인 요소와  자식 관계에 있는 p 태그
         │         │ │ │
         ▼         ▼ ▼ ▼
.box > p{
  color:red;
}
```

5.2.3 하위 선택자

하위 선택자는 선택자의 범위를 특정 부모 요소의 하위 요소로 한정하는 방법입니다. 2개 이상의 선택자를 사용하고, 선택자와 선택자는 공백으로 구분합니다.

형식   선택자1 선택자2 선택자3 ...{/* CSS 코드 */}

다음 코드는 div 태그의 하위에 있는 p 태그로 작성된 요소만 선택해 텍스트 색상을 빨간색으로 적용합니다.

05/02/descendant_selector.html

```
<style>
  div p{
    color:red;
  }
</style>
(중략)
<div>
  <p>lorem 1</p>
  <ul>
    <li>
      <p>lorem 2</p>        ▶ div 태그의 하위에 있는(자손인) p 태그에만 적용
    </li>
    <li>
      <p>lorem 3</p>
    </li>
  </ul>
</div>
<p>lorem 4</p>
```

5.2.4 인접 형제 선택자

인접 형제 선택자는 앞에서 지정한 선택자 요소 바로 다음에 있는 형제 관계 요소를 선택자로 지정합니다. 2개 이상의 선택자를 사용하고, 선택자와 선택자는 + 기호로 구분합니다.

형식　이전 선택자 + 대상 선택자{/* CSS 코드 */}

다음 코드는 h1 태그와 인접한 형제 요소인 h2 태그를 선택자로 지정합니다.

05/02/adjacent_sibling.html

```
<style>
  h1 + h2{
    color:red;
  }
</style>
(중략)
<h1>lorem1</h1>
<h2>lorem2</h2>  → h1 태그와 형제 관계이며 인접한 h2 태그에만 적용
<h2>lorem3</h2>
```

> **Note　인접 형제 선택자 사용 시 주의점**
>
> 인접 형제 선택자는 이전 요소 다음에 등장하는 형제 요소를 선택합니다. 따라서 이전 요소보다 먼저 등장한 요소는 선택 대상이 아닙니다. 예를 들면 다음 코드에서 h1 태그와 인접한 h2 태그는 next라는 텍스트가 적힌 요소입니다.
>
> ```
> <h2>prev</h2>
> <h1>former</h1>
> <h2>next</h2>  → 이전 요소 다음에 등장하는 요소에만 적용
> ```

5.2.5 일반 형제 선택자

일반 형제 선택자는 이전 선택자 뒤에 오는 형제 관계 요소를 모두 선택자로 지정합니다. 2개 이상의 선택자를 사용하며, 선택자와 선택자는 ~ 기호로 구분합니다.

형식　이전 선택자 ~ 대상 선택자{/* CSS 코드 */}

다음 코드는 h1 태그와 형제 관계에 있는 모든 요소를 선택자로 지정합니다.

05/02/general_sibling.html

```
<style>
  h1 ~ h2{
    color:red;
  }
</style>
(중략)
<h1>lorem1</h1>
<h2>lorem2</h2>
<h2>lorem3</h2>
```
──▶ 이전 요소 다음에 오는 대상 요소가 형제 관계면 적용

그림 5-2 실행결과

lorem1

lorem2

lorem3

TIP —— 일반 형제 선택자도 인접 형제 선택자와 마찬가지로 이전 요소 다음에 등장하는 형제 관계의 요소를 대상으로 지정합니다. 이전 요소보다 먼저 등장하는 형제 관계의 요소는 선택자 지정 대상이 아니라는 점을 기억하세요.

1분 퀴즈 ═══════════════════════════════════════ 해설 노트 p.593

2. 다음 중 선택자와 구분 기호가 잘못 연결된 것을 고르세요.

① 그룹 선택자 – ,

② 자식 선택자 – 〉

③ 하위 선택자 – /

④ 인접 형제 선택자 – +

⑤ 일반 형제 선택자 – ~

5.3

가상 요소 선택자 사용하기

가상 요소 선택자는 HTML 문서에 명시적으로 작성된 구성 요소는 아니지만, 마치 존재하는 것처럼 취급해 선택하는 선택자 지정 방법을 말합니다. 앞에 :: 기호(콜론 2개)를 붙여서 사용하며, 기준 선택자와 함께 사용합니다. 만약 기준 선택자를 생략하면 전체 선택자가 들어간 것으로 적용됩니다.

> **형식**   기준 선택자::가상 요소 선택자{/* CSS 코드 */}

가상 요소 선택자는 대략 14개 정도 있지만, 전부 알 필요는 없습니다. 이 책에서는 실무에서 자주 사용하는 가상 요소 선택자 2개만 소개하겠습니다.

표 5-2 가상 요소 선택자

종류	설명
::before	콘텐츠 앞의 공간을 선택합니다.
::after	콘텐츠 뒤의 공간을 선택합니다.

TIP ── 전체 가상 요소 선택자가 궁금하다면 https://developer.mozilla.org/ko/docs/Web/CSS/Pseudo-elements를 참고하세요.

::before 선택자는 기준 선택자 요소 앞의 공간을 선택하고, ::after 선택자는 기준 선택자 요소 뒤의 공간을 선택합니다. 다음 코드에 사용한 content 속성은 ::before 선택자와 ::after 선택자에서만 사용하는 속성으로, 새로운 콘텐츠를 만들거나 추가할 때 사용합니다.

```
<style>
  p::before{
    content:'<before>';
  }
  p::after{
    content:'<after>';
  }
</style>
(중략)
<p>Lorem, ipsum dolor.</p>
```

그림 5-3 실행결과

<before>Lorem, ipsum dolor.<after>

코드를 실행하면 p 태그의 콘텐츠 앞과 뒤에 마치 어떤 요소가 있는 것처럼 선택하고 여기에 content 속성으로 새로운 텍스트를 추가합니다. 그래서 p 태그의 Lorem 앞에는 <before>가, dolor. 뒤에는 <after>가 추가됐습니다.

Note   **content 속성의 응용**

content 속성은 CSS 속성으로 새로운 콘텐츠를 생성할 때 사용합니다. content 속성으로 추가된 콘텐츠는 실제로 HTML 문서에 작성한 콘텐츠처럼 다른 CSS 속성과 함께 활용할 수 있습니다. 예를 들어, 다음 코드처럼 텍스트 색상을 바꿔 주는 color 속성과 함께 사용하면 새로 추가된 콘텐츠의 텍스트 색상은 빨간색이 됩니다.

```
p::before{
  content:'<before>';
  color:red;
}
```

5.4

가상 클래스 선택자 사용하기

가상 클래스 선택자는 요소의 상태를 이용해 선택자를 지정하는 방법입니다.

형식   기준 요소:가상 클래스 선택자{/* CSS 코드 */}

가상 클래스 선택자가 매우 많지만(약 60개), 이 역시 전부 알 필요는 없습니다. 이 책에서는 실무에서 자주 사용하는 가상 클래스 선택자를 카테고리별로 추려서 소개합니다.

5.4.1 링크 가상 클래스 선택자

링크 가상 클래스 선택자는 a 태그에서 발생할 수 있는 링크 상태를 이용해 선택하는 방법입니다.

표 5-3 링크 가상 클래스 선택자

종류	설명
:link	한 번도 방문하지 않은 링크일 때 선택합니다.
:visited	한 번이라도 방문한 적이 있는 링크일 때 선택합니다.

다음 코드는 한 번도 방문한 적이 없는 링크는 주황색으로 표시하고, 한 번 이상 방문한 적이 있는 링크는 초록색으로 표시합니다.

TIP —— 예제 코드를 실행했을 때 링크 색상이 전부 초록색으로 보인다면 한 번이라도 방문한 적이 있는 링크입니다. 웹 브라우저는 사용자의 방문 기록을 웹 브라우저에서 저장합니다. 따라서 웹 브라우저의 방문 기록을 삭제하지 않고 실행했을 때 코드를 실행한 웹 브라우저로 한 번이라도 접속한 적이 있다면 방문한 링크(초록색)라고 표시됩니다.

```
<style>
  a:link{ /* 한 번도 방문한 적이 없는 링크 */
    color:orange;
  }
  a:visited{ /* 한 번이라도 방문한 적이 있는 링크 */
    color:green;
  }
</style>
```

5.4.2 동적 가상 클래스 선택자

동적 가상 클래스 선택자는 사용자의 어떤 행동에 따라 동적으로 변하는 상태를 이용해 선택자를 지정하는 방법입니다. 대표적으로 두 가지 동적 상태가 있습니다.

표 5-4 동적 가상 클래스 선택자

종류	설명
:hover	요소에 마우스를 올리면 해당 태그가 선택자로 지정됩니다.
:active	요소를 마우스로 클릭하고 있는 동안 해당 태그가 선택자로 지정됩니다.

:hover 선택자는 요소에 마우스를 올리면 해당 요소가 선택자로 지정되므로 다음 코드는 p 태그로 작성한 요소에 마우스를 올렸을 때 콘텐츠의 텍스트가 빨간색이 됩니다.

```
<style>
  p:hover{
    color:red;
  }
</style>
```

:active 선택자는 태그를 마우스로 클릭하면 해당 태그가 선택자로 지정됩니다. 따라서 button 태그를 클릭할 때마다 button 태그의 텍스트 색상에 빨간색이 적용됩니다.

```
<style>
  button:active{
    color:red;
  }
</style>
```

5.4.3 입력 요소 가상 클래스 선택자

입력 요소의 특정 상태를 이용해 선택자로 지정하는 방법입니다. 여러 종류가 있지만, 여기서는 자주 사용하는 4가지만 다루겠습니다.

TIP —— 표 5-5에서는 입력 요소와 상호작용 요소, 체크박스를 구분해서 설명합니다. 입력 요소는 사용자가 텍스트를 입력하는 input 태그와 textarea 태그로 생성되는 요소이고, 상호작용 요소는 입력 요소와 체크박스를 포함하는 모든 상호작용이 가능한 요소를 의미합니다. 그리고 체크박스는 input 태그의 type 속성 값이 checkbox인 요소를 말합니다.

표 5-5 입력 요소 가상 클래스 선택자

종류	설명
:focus	입력 요소에 커서가 활성화되면 선택자로 지정합니다.
:checked	체크박스가 표시되어 있으면 선택자로 지정합니다.
:disabled	상호작용 요소가 비활성되면(disabled 속성이 사용되면) 선택자로 지정합니다.
:enabled	상호작용 요소가 활성화되면(disabled 속성이 사용되지 않은 상태면) 선택자로 지정합니다.

● :focus

:focus 선택자는 입력 요소에 커서가 활성화되면 스타일을 적용합니다. 다음 코드는 입력 요소에 커서를 올리면 텍스트에 빨간색을 적용합니다.

05/04/ input_pseudo.html

```
<style>
  input:focus{
    color:red;
  }
</style>
```

:checked

:checked 선택자는 체크박스가 표시되어 있으면 스타일을 적용합니다. 다음 코드는 체크박스가 선택되어 있으면 인접한 형제 요소인 label 태그의 텍스트에 빨간색 스타일을 적용합니다.

05/04/checkbox_pseudo.html

```
<style>
  input:checked + label{
    color:red;
  }
</style>
```

:disabled

:disabled 선택자는 상호작용 요소가 비활성화되어 있으면 스타일을 적용합니다. 다음 코드는 입력 요소에 disabled 속성이 있으므로 입력 요소의 배경색(background-color)에 회색(#ccc)을 적용합니다.

05/04/disabled_pseudo.html

```
<style>
  input:disabled,
  button:disabled{
    background-color:#ccc;
  }
</style>
(중략)
<input type="text" disabled>
<button disabled>버튼</button>
```

:enabled

:enabled 선택자는 :disabled 선택자와 반대로 상호작용 요소가 활성화되어 있으면 스타일을 적용합니다. 즉, disabled 속성이 사용되지 않은 상호작용 요소를 선택합니다. 따라서 다음 코드에서는 disabled 속성이 적용되지 않은 버튼의 배경색에 회색을 적용합니다.

```
<style>
  input:enabled,
  button:enabled{
    background-color:#ccc;
  }
</style>
(중략)
<input type="text">
<button>버튼</button>
```

5.4.4 구조적 가상 클래스 선택자

구조적 가상 클래스 선택자는 HTML 태그의 사용 위치, 다른 태그와의 관계에 따라 요소를 선택하는 방법입니다.

표 5-6 구조적 가상 클래스 선택자

종류	설명
E:first-child	E 요소의 첫 번째 자식 요소를 선택자로 지정합니다.
E:last-child	E 요소의 마지막 자식 요소를 선택자로 지정합니다.
E:nth-child(n)	E 요소가 부모 요소의 자식 요소 중 n번째 순서가 맞으면 선택합니다.
E:nth-last-child(n)	E 요소가 부모 요소의 자식 요소 중 마지막에서 n번째 순서가 맞으면 선택합니다.
E:nth-of-type(n)	부모 요소의 자식 요소 중 n번째로 등장하는 E 요소를 선택합니다.
E:nth-last-of-type(n)	부모 요소의 자식 요소 중 마지막에서 n번째로 등장하는 E 요소를 선택합니다.
E:first-of-type	부모 요소의 자식 요소 중 첫 번째로 등장하는 E 요소를 선택합니다.
E:last-of-type	부모 요소의 자식 요소 중 마지막으로 등장하는 E 요소를 선택합니다.

구조적 가상 클래스는 헷갈릴 만한 내용이 많으니 차근히 살펴보겠습니다.

:first-child와 :last-child

:first-child 선택자는 부모인 E 요소의 첫 번째 자식 요소를 선택하고, :last-child 선택자
는 마지막 자식 요소를 선택합니다. 다음 코드는 li 태그의 자식 요소 중에서 첫 번째와 마지막
요소를 선택해 텍스트를 빨간색으로 적용합니다.

05/04/first&last-child.html

```
<style>
  li:first-child{
    color:red;
  }
  li:last-child{
    color:red;
  }
</style>
```

:nth-child(n)과 :nth-last-child(n)

:nth-child(n) 선택자는 E 요소가 부모의 모든 자식 요소 중 n번째 자식 요소가 맞으면 선택
합니다. 만약 다음과 같이 선택자를 작성하면 부모 요소의 첫 번째 자식 요소가 p 태그일 때 선
택합니다.

05/04/nth-child.html

```
<style>
  p:nth-child(1){
    color:red;
  }
</style>
</head>
<body>
  <p>lorem 0</p> /* 부모인 body 태그의 첫 번째 자식 요소가 p 태그이므로 스타일 적용 */
  <div>
    <p>lorem 1</p> /* 부모인 div 태그의 첫 번째 자식 요소가 p 태그이므로 스타일 적용 */
    <p>lorem 2</p>
  </div>
  <div>
    <p>lorem 3</p> /* 부모인 div 태그의 첫 번째 자식 요소가 p 태그이므로 스타일 적용 */
    <p>lorem 4</p>
  </div>
</body>
```

161

:nth-last-child(n) 선택자는 선택자를 찾는 기준이 부모 요소의 끝에서부터라는 것만 빼면 :nth-child(n) 선택자와 똑같습니다. 예를 들어, 다음과 같이 선택자를 작성하면 부모 요소에서 끝에서부터 두 번째 자식 요소가 p 태그일 때 선택합니다.

05/04/nth-last-child.html

```html
<style>
  p:nth-last-child(2){
    color:red;
  }
</style>
(중략)
<body>
  <p>lorem 0</p> /* 부모인 body 태그의 자식 중 끝에서 두 번째 요소가 아니므로 적용 안 됨 */
  <div>
    <p>lorem 1</p> /* 부모인 div 태그의 자식 중 끝에서 두 번째 요소가 p 태그이므로 스타일 적용 */
    <p>lorem 2</p>
  </div>
  <div>
    <p>lorem 3</p> /* 부모인 div 태그의 자식 중 끝에서 두 번째 요소가 p 태그이므로 스타일 적용 */
    <p>lorem 4</p>
  </div>
</body>
```

:nth-of-type(n)과 :nth-last-of-type(n)

:nth-of-type(n) 선택자는 부모 요소의 자식 요소 중 n번째로 등장하는 E 요소를 선택합니다. 만약 다음과 같이 선택자를 작성하면 부모 요소의 자식 요소 중 두 번째로 등장하는 p 태그에 스타일을 적용합니다.

05/04/nth-of-type.html

```html
<style>
  p:nth-of-type(2){
    color:red;
  }
</style>
(중략)
<body>
  <p>lorem 0</p>
```

```
<div>
  <p>lorem 1</p>
  <span>span 1</span>
  <p>lorem 2</p> /* 부모인 div 태그의 자식 요소 중 두 번째 p 태그에 스타일 적용 */
</div>
<div>
  <p>lorem 3</p>
  <span>span 2</span>
  <span>span 3</span>
  <p>lorem 4</p> /* 부모인 div 태그의 자식 요소 중 두 번째 p 태그에 스타일 적용 */
</div>
</body>
```

:nth-last-of-type(n) 선택자도 부모 요소의 자식 요소 중 끝에서부터 찾는다는 점만 빼고 :nth-of-type(n) 선택자와 똑같습니다. 예를 들어, 다음과 같이 선택자를 작성하면 부모 요소의 자식 요소 중 끝에서부터 첫 번째로 등장하는 p 태그를 선택합니다.

05/04/nth-last-of-type.html

```
<style>
  p:nth-last-of-type(1){
    color:red;
  }
</style>
```

:first-of-type과 :last-of-type

:first-of-type 선택자는 부모의 자식 중에서 첫 번째로 등장하는 E 요소를 선택하고, :last-of-type 선택자는 부모의 자식 중에서 마지막에 나오는 E 요소를 선택합니다.

다음과 같이 작성하면 부모의 자식 요소 중 첫 번째로 등장하는 p 태그를 선택합니다.

05/04/fisrt-of-type.html

```
<style>
  p:first-of-type{
    color:red;
  }
</style>
```
(중략)

```
<body>
  <span>span 0</span>
  <p>lorem 0</p> /* 부모인 body 태그의 자식 중 첫 번째 p 태그에 스타일 적용 */
  <div>
    <span>span 1</span>
    <p>lorem 1</p> /* 부모인 div 태그의 자식 중 첫 번째 p 태그에 스타일 적용 */
    <p>lorem 2</p>
  </div>
  <span>span 2</span>
  <span>span 3</span>
  <p>lorem 3</p>
  <p>lorem 4</p>
</body>
```

또한, 다음과 같이 작성하면 부모의 자식 요소 중 마지막에 나오는 p 태그를 선택합니다.

05/04/last-of-type.html

```
<style>
  p:last-of-type{
    color:red;
  }
</style>
(중략)
<body>
  <span>span 0</span>
  <p>lorem 0</p>
  <div>
    <p>lorem 1</p>
    <p>lorem 2</p> /* 부모인 div 태그의 자식 중 마지막 p 태그에 스타일 적용 */
    <span>span1</span>
  </div>
  <span>span 2</span>
  <p>lorem 3</p>
  <p>lorem 4</p> /* 부모인 body 태그의 자식 중 마지막 p 태그에 스타일 적용 */
  <span>span 3</span>
</body>
```

그림 5-4 실행결과

span 0

lorem 0

lorem 1

lorem 2

span 1
span 2

lorem 3

lorem 4

span 3

CSS 5장 CSS 선택자 다루기

해설 노트 p.593

1분 퀴즈

3. 다음 중 가상 클래스 선택자가 <u>아닌</u> 것을 고르세요.

   ① :last-of-type

   ② :first-letter

   ③ :nth-child(n)

   ④ :nth-last-of-type(n)

   ⑤ :first-of-type

5.5

다양한 선택자 조합하기

지금까지 배운 것처럼 선택자의 목적은 스타일을 지정할 대상 요소를 선택하는 것이고, 선택자를 지정하는 방법도 상당히 많습니다. 아직 배우는 단계라서 다양한 선택자를 종류별로 나눠서 다루었지만, 원래는 서로 조합해서 사용할 수 있습니다.

다음과 같은 선택자 조합은 실무에서도 흔하게 사용하며 문법적으로도 허용됩니다.

```
div.box{} /* class 속성값이 box인 div 태그 */
section#main /* id 속성값이 main인 section 태그 */
```

일반적이진 않지만, 다음과 같은 형태도 가능합니다.

```
#main.box{} /* id 속성값이 main이고, class 속성값이 box인 요소 */
```

또는 가상 클래스와 하위 선택자, 자식 선택자를 조합한 형태도 가능합니다.

```
div:hover button{} /* div 태그에 마우스를 올린(hover) 상태일 때, 해당 div 태그 하위에
있는 button 태그 선택 */
div:hover > button{} /* div 태그에 마우스를 올린(hover) 상태일 때, 해당 div 태그와 자
식 관계에 있는 button 태그 선택 */
```

이처럼 선택자를 조합하는 방법은 무척 다양합니다. 앞으로 CSS를 사용하는 데 익숙해지면 자연스럽게 여러 선택자를 조합해 사용할 수 있을 겁니다. 일단은 선택자를 다양하게 조합해 사용할 수 있다는 점만 알아 두고 넘어가겠습니다.

마무리

이 장에서 배운 내용을 정리해 보겠습니다.

1. 선택자

선택자는 CSS 속성을 적용할 대상을 선택하는 문법으로, 다양한 종류의 선택자를 지원합니다.

2. 기본 선택자

① **전체 선택자** 모든 태그를 선택자로 지정합니다.

② **태그 선택자** 태그명으로 선택자를 지정합니다.

③ **아이디 선택자** id 속성값으로 선택자를 지정합니다.

④ **클래스 선택자** class 속성값으로 선택자를 지정합니다.

⑤ **기본 속성 선택자** HTML 태그에서 사용할 수 있는 속성과 값으로 선택자를 지정합니다.

⑥ **문자열 속성 선택자** 태그의 속성값이 특정한 문자열과 일치하는 요소를 선택자로 지정합니다.

3. 조합 선택자

조합 선택자는 기본 선택자와 조합해서 사용했을 때 선택자의 의미를 더 풍부하게 하는 역할을 합니다.

① **그룹 선택자** 여러 선택자를 , 기호로 구분해 선택자를 그룹으로 묶어 지정합니다.

② **자식 선택자** 선택자 범위를 자식 관계로 제한하고, > 기호를 구분자로 사용합니다.

③ **하위 선택자** 선택자 범위를 자식 및 자손 관계로 제한하고, 공백을 구분자로 사용합니다.

④ **인접 형제 선택자** 특정 태그와 가장 인접한 형제 관계 태그를 선택자로 지정하고, + 기호를 구분자로 사용합니다.

⑤ **일반 형제 선택자** 특정 태그와 형제 관계에 있는 모든 태그를 선택자로 지정하고, ~ 기호를 구분자로 사용합니다.

4. 가상 요소 선택자

실제로 존재하는 요소는 아니지만, 존재한다고 가정하고 선택하는 방법입니다. 가상 요소 선택자 앞에는 :: 기호(콜론 2개)를 붙입니다.

① ::before 요소의 맨 앞 선택

② ::after 요소의 맨 뒤 선택

5. 가상 클래스 선택자

가상 클래스 선택자는 요소의 상태를 이용해 선택자를 지정하는 방법입니다. 가상 클래스 선택자 앞에는 : 기호를 붙입니다.

① 링크 가상 클래스 선택자

- :link 링크를 한 번도 방문한 적 없는 상태
- :visited 링크를 한 번 이상 방문한 적이 있는 상태

② 동적 가상 클래스 선택자

- :hover 마우스를 올린 상태
- :active 마우스로 클릭한 상태

③ 입력 요소 가상 클래스 선택자

- :focus 입력 요소에 커서가 활성화된 상태
- :checked 체크박스 요소에 체크한 상태
- :disabled 상호작용 요소가 비활성화된 상태
- :enabled 상호작용 요소가 활성화된 상태

④ 구조적 가상 클래스 선택자

- :first-child, :last-child 첫 번째 자식 태그와 마지막 자식 태그
- :nth-child(n), :nth-last-child(n) n번째 자식 태그와 끝에서 n번째 자식 태그
- :nth-of-type(n), :nth-last-of-type(n) n번째 특정 자식 태그와 끝에서 n번째 특정 자식 태그
- :first-of-type, :last-of-type 부모의 첫 번째 특정 자식 태그와 마지막 특정 자식 태그

지금까지 배운 선택자를 활용해 다음 문장에 나온 조건에 맞게 선택자를 작성해 보세요.

1. p 태그를 모두 선택합니다.

2. id 속성값이 title인 태그를 선택합니다.

3. class 속성값이 box이면서 id 속성값이 title인 태그를 선택합니다.

4. section 태그의 하위에 있는 모든 div 태그를 선택합니다.

5. label 태그와 인접한 형제 관계인 input 태그를 선택합니다.

6. 링크 대상 경로가 https://www.naver.com인 a 태그의 하위에 있는 span 태그를 모두 선택합니다.

MEMO

코딩
자율학습

6장
CSS 필수 속성 다루기

5장에서 배운 선택자를 제대로 활용하려면 선언부에서 사용할 수 있는 스타일 관련 속성과 속성에서 사용할 수 있는 속성값을 배워야 합니다. 선언부에서 사용할 수 있는 스타일을 배우고 나면 HTML로 작성한 문서를 아름답게 꾸밀 수 있습니다.

CSS를 처음 배우는 사람은 속성을 배울 때 속성명과 값 기억하는 것을 무척 어려워합니다. CSS에는 정말로 많은 속성이 있고 속성별로 사용할 수 있는 값들이 다르며 종류도 많기 때문이죠. 하지만 너무 걱정하지 마세요. 다행히도 CSS 속성과 값은 굉장히 직관적입니다.

예를 들어, 앞에서 많이 사용한 color 속성도 속성명대로 텍스트의 색상(color)을 지정하는 속성이었고, 속성값들도 red와 blue처럼 색상의 영문명을 그대로 사용합니다. 그리고 요새는 코드 에디터가 많이 발전해서 웬만한 CSS 속성과 값들은 자동 완성 기능으로 지원합니다.

따라서 다양한 스타일 속성과 값 때문에 너무 두려워하거나 겁먹지 말고 편안한 마음으로 학습하세요. 이 책을 끝낼 때쯤이면 자유자재로 스타일을 사용하는 자신의 모습을 볼 수 있을 테니까요.

수코딩의 조언	CSS에서 제공하는 스타일 관련 속성은 생각보다 정말 많아서 책에서 모두 소개하는 건 현실적으로 아주 어렵습니다. 그래서 이 책에서는 실무에서 자주 활용하는 스타일 속성 위주로 다룹니다. 그러나 걱정하지 마세요. 이 책에 나온 스타일 속성만 알아도 실무에서 활용하는 데 부족함이 없습니다.

6.1

CSS의 특징 살펴보기

본격적으로 스타일을 공부하기 전에 CSS 언어가 가진 몇 가지 특징을 살펴보겠습니다.

6.1.1 기본 스타일 시트

hn 태그를 배울 때, 단순히 태그만 사용했는데도 웹 브라우저에는 텍스트가 다양한 크기와 굵기로 표시됐습니다.

그림 6-1 hn 태그 예시

HTML 태그는 태그 자체에 꾸밈을 담당하는 역할이나 기능이 없습니다. 그런데도 웹 브라우저에서 hn 태그가 각각 다르게 표시된 이유는 웹 브라우저 자체에 **기본 스타일 시트**가 내장되어 있기 때문입니다. 여기서 기본 스타일 시트란 웹 브라우저에 기본으로 내장되어 웹 브라우저에 표시되는 요소들의 글꼴이나 크기, 색상, 굵기, 문단 설정과 같은 스타일이 미리 정의된 파일 또는 문서 양식을 말합니다.

요컨대, IE, 엣지, 크롬, 사파리, 파이어폭스 등 우리가 사용하는 웹 브라우저는 전부 독자적으로 스타일이 정의된 기본 스타일 시트가 있습니다. 그래서 hn 태그도 웹 브라우저에 내장된 기본 스타일 시트에 영향을 받아 크기와 굵기가 각각 다르게 표시된 것입니다.

6.1.2 적용 우선순위와 개별성

웹 브라우저는 기본 스타일 시트를 내장하고 있어서 몇 개의 태그는 이미 스타일이 적용된 상태로 표시됩니다. 대표적으로 hn 태그가 그랬죠. 여기에 사용자가 별도로 스타일 속성을 정의하면 어떻게 될까요? h1 태그에 텍스트의 크기와 굵기를 변경하는 스타일 속성을 사용해 보겠습니다.

─────────────── 06/01/specificity-1.html

```
h1{
  font-size:16px;
  font-weight:normal;
}
```

그림 6-2 실행결과

> **h1 tag**

코드를 실행하면 그림과 같이 사용자가 정의한 스타일 속성이 적용된 상태로 표시됩니다. 원래 h1 태그는 텍스트 크기가 더 크고 굵었습니다. 그런데 이렇게 바뀌었다는 것은 기본 스타일 시트에 정의된 스타일 속성보다 사용자가 정의한 스타일 속성이 우선 적용됨을 의미합니다.

예제를 하나 더 살펴볼까요? 다음 코드에는 하나의 p 태그에 여러 스타일을 사용하고 있습니다. 이처럼 똑같은 p 태그를 여러 선택자로 지정하고 있다면 어떤 스타일이 적용될까요?

─────────────── 06/01/specificity-2.html

```
p{color:red;}
p{color:blue;}
p{color:orange;}
```

그림 6-3 실행결과

> specificity

코드를 실행하면 마지막에 작성한 orange 값이 적용됨을 확인할 수 있습니다. 이처럼 기본 스타일 시트보다 사용자가 정의한 스타일 속성이 우선 적용되고, 같은 태그 요소의 선택자가 여럿일 때도 한 속성만 적용되는 이유는 바로 CSS가 Cascading Style Sheets, 즉 단계적으로 적용되는 스타일을 뜻하는 언어이기 때문입니다. 여기서 말하는 **단계적 적용**은 같은 태그에 여러 스타일이 적용되더라도 단계적으로 적용되어 결국 마지막에 영향을 주는 하나의 스타일만 적용된다는 뜻입니다. 이때 어떤 스타일이 마지막에 영향을 주는지는 CSS의 개별성(specificity) 규칙에 따라 결정됩니다.

앞에서 살펴본 예제 코드도 사용자가 정의한 스타일이 기본 스타일 시트에 정의된 속성보다 우선순위가 높고, 마지막에 작성한 스타일 속성이 셋 중에서 우선순위가 높아 적용된 것으로 보입니다. 그러나 사실은 모두 개별성 규칙에 따른 점수에 의해 계산된 결과입니다. 개별성 규칙에 대한 점수는 다음 표와 같습니다.

표 6-1 개별성 규칙의 점수

선택자	예	점수
전체 선택자	*	0
태그 선택자	div, p, h1	1
가상 요소 선택자	::before, ::after	1
클래스 선택자	.box, .title	10
가상 클래스 선택자	:hover, :visited, :link	10
아이디 선택자	#title, #main	100
인라인 스타일	style="color:red"	1,000

점수를 어떻게 계산하는지를 시각적으로 표현하면 다음과 같습니다. 이는 사용된 선택자 종류를 파악해 점수를 계산하는 방식인데, 그림처럼 선택자를 분류해서 개수를 세고 점수를 곱해 합을 구하면 됩니다.

그림 6-4 개별성 규칙에 따른 점수 계산

예제를 보면서 개별성 규칙에 따라 어떻게 점수를 계산하는지 자세히 살펴봅시다. 다음 코드는 서로 다른 선택자 방식으로 h1 태그에 color 속성을 적용하고 있습니다. 하지만 결국 h1 태그에 적용된 색상은 파란색(blue)입니다. 파란색이 적용된 이유는 개별성 규칙에 따라 클래스 선택자는 0010(10점), 태그 선택자는 0001(1점)이 되어 점수가 높은 클래스 선택자가 적용됐기 때문입니다.

```
<style>
  .title{color:blue} /* 0, 0, 1, 0 */
  h1{color:red} /* 0, 0, 0, 1 */
</style>
</head>
<body>
  <h1 class="title">h1</h1>
</body>
```

선택자에 따른 개별성 점수를 표시하는 예제를 몇 개 더 살펴봅시다. 개별성 규칙은 선택자 문법에서 각 선택자가 몇 번 사용됐는지에 따라 점수를 계산하므로 다음과 같은 결과가 나옵니다.

```
<style>
  nav > h2{}    /* 0, 0, 0, 2 */
  nav .title{}  /* 0, 0, 1, 1 */
  #main .sub{}  /* 0, 1, 1, 0 */
  a:hover{}     /* 0, 0, 1, 1 */
  a:hover span::first-letter{} /* 0, 0, 1, 3 */
</style>
```

다음 예제에서는 특히 인라인 점수가 1,000점이라서 다른 선택자들보다 큰 영향을 미칩니다. 그런데 이 코드에는 표 6-1에는 소개하지 않았지만, !important라는 특별한 문법이 있습니다. 이 문법의 점수는 무려 10,000점이어서 비교적 점수가 높은 아이디 선택자와 클래스 선택자에 인라인 조합이 사용되어도 다른 선택자를 모두 압도하고 이 스타일이 우선 적용됩니다.

```
<style>
  p{
    color:blue !important; /* 1, 0, 0, 0, 0 */
  }
  #main #sub .title{ /* 0, 2, 1, 0 */
    color:red;
  }
</style>
</head>
<body>
```

175

```
  <div id="main">
    <div id="sub">
      <!-- 1, 0, 0, 0 -->
      <p class="title" style="color:green">important</p>
    </div>
  </div>
<body>
```

이처럼 CSS는 같은 태그에 중복해서 스타일이 지정되더라도 개별성 규칙 점수에 의해 적용될 스타일이 결정된다는 사실을 기억하세요.

TIP — 개별성 규칙 점수를 계산해 주는 https://specificity.keegan.st 사이트를 활용하면 점수를 쉽게 확인할 수 있습니다.

수코딩의 조언

CSS의 선택자를 지정할 때 일일이 개별성 규칙 점수를 계산하는 건 현실적으로 매우 어렵습니다. 그래서 실무에서는 선택자를 최대한 자세하게 적을수록 점수가 더 높다고 생각하고 선택자를 지정하면 편합니다. 예를 들어, 다음과 같은 HTML 태그 구조가 있다고 합시다.

```
  <div id="main">
    <div class="sub">
      <p>lorem</p>
    </div>
  </div>
```

p 태그를 선택할 때 단순하게 p{}라고 지정하는 것보다는 .sub p{}라고 지정하는 것이 점수가 더 커서(클래스 선택자 점수 + 태그 선택자 점수) 우선순위가 높습니다. 그리고 .sub p{}보다 #main .sub p{}가 훨씬 더 우선순위가 높고요. 따라서 하나의 태그를 선택할 때는 부모 선택자부터 하위 선택자나 자식 선택자 조합으로 자세하게 적으면 우선순위가 높아지게 됩니다.

6.1.3 상속

또 다른 CSS 주요 특징으로 **상속**(inherit)이 있습니다. 상속은 부모 요소에 적용된 스타일을 자식 요소가 그대로 물려받아 적용되는 현상을 말합니다. 상속이 어떤 건지 다음 예제 코드로 알아보겠습니다.

```
<style>
  div{
    color:red;
  }
</style>
</head>
<body>
  <div>
    <p>inherit</p>
  </div>
</body>
```

그림 6-5 실행결과

inherit

텍스트에 빨간색이 적용됩니다. 텍스트를 직접 감싸는 p 태그에 적용한 스타일이 아닌데도 텍스트에 스타일이 적용된 이유가 무엇일까요? 이러한 현상이 바로 CSS의 상속이라는 특징입니다.

p 태그에는 color 속성이 없지만, p 태그의 부모인 div 태그는 color 속성이 있습니다. 이럴 때 자식인 p 태그는 부모인 div 태그의 스타일을 그대로 물려받습니다. 그래서 그림과 같은 결과가 나오게 됩니다.

이처럼 CSS 속성은 상속됩니다. 여기서 하나 더 알아 둘 건 모든 속성이 전부 상속되지는 않는다는 점입니다. 상속되는 속성이 있고 안 되는 속성이 있지만, 이를 구분해서 외울 필요는 없습니다. 단지 CSS 속성은 상속됨을 아는 것이 중요합니다.

TIP —— 상속되는 속성과 안 되는 속성이 궁금하다면 https://www.w3.org/TR/CSS21/propidx 사이트를 참고하기 바랍니다. 해당 사이트에서 Inherited? 열의 값이 yes인 속성만 상속됩니다.

6.1.4 단위

CSS 속성에는 다양한 단위의 값을 사용할 수 있는데, 단위는 절대 단위와 상대 단위로 나뉩니다. 절대 단위는 어떤 환경이라도 동일한 크기로 보이는 단위를 말하고, 상대 단위는 부모 요소 또는 웹 브라우저의 창 크기에 따라 상대적으로 결정되는 단위를 말합니다. 앞으로 자주 사용하게 될 CSS 단위를 살펴봅시다.

177

● 절대 단위

절대 단위는 px(pixel) 한 가지로, 모니터의 화면을 구성하는 사각형 1개의 크기를 의미합니다. CSS에서 사용할 수 있는 크기 단위 중 가장 기본입니다. 웹 브라우저에서 다른 단위로 값을 지정하더라도 결국 px 단위로 환산되어 계산됩니다.

● 상대 단위

CSS에서 자주 사용하는 상대 단위는 다음과 같습니다.

표 6-2 상대 단위

단위	설명
%	해당 속성의 상위 요소 속성값에 상대적인 크기를 가집니다.
em	부모 요소의 텍스트 크기에 상대적인 크기를 가집니다.
rem	html 태그의 텍스트 크기에 상대적인 크기를 가집니다.
vw	뷰포트의 너비를 기준으로 상대적인 크기를 가집니다.
vh	뷰포트의 높이를 기준으로 상대적인 크기를 가집니다.

각 단위의 사용법은 font-size 속성을 예시로 설명하겠습니다. font-size 속성은 텍스트 크기를 지정하는 속성입니다.

%

% 단위는 부모 요소의 속성값에 따라 상대적인 크기를 가집니다. 그래서 어떤 속성을 사용했는지에 따라 기준이 다르게 잡힙니다. 만약 다음과 같이 자식 요소의 font-size 속성값을 80%라고 지정했다면 자식 요소는 부모 요소 font-size 속성값의 80%에 해당하는 크기로 설정됩니다.

```
.parent{
  font-size:16px;
}
.child{
  font-size:80%; /* 16px(부모 font-size 크기) * 0.8 = 12.8px */
}
.child-to-child{
  font-size:80%; /* 12.8px(부모 font-size 크기) * 0.8 = 10.24px */
}
```

em

em 단위는 부모 요소의 텍스트 크기(font-size)를 기준으로 상대적인 크기를 가집니다. % 단위는 사용되는 속성에 따라 기준이 달라지지만, em 단위는 오로지 텍스트 크기를 기준으로 삼습니다. 만약 값을 2em으로 지정했다면 자식 요소의 크기는 부모 요소의 font-size 속성값의 2배가 됩니다.

```
.parent{
    font-size:16px;
}
.child{
    font-size:2em; /* 16px(부모 font-size 크기) * 2em = 32px */
}
.child-to-child{
    font-size:2em; /* 32px(부모 font-size 크기) * 2em = 64px */
}
```

rem

rem 단위는 html 태그의 텍스트 크기에 대한 상대적인 값으로, 1rem은 html 태그의 텍스트 크기의 1배입니다. 현대적인 웹 브라우저는 모두 html 태그의 텍스트 크기가 16px이라서 1rem은 16px과 같습니다.

```
html{
    font-size:1rem;
}
.parent{
    font-size:1rem; /* 16px * 1rem = 16px */
}
.child{
    font-size:2rem; /* 16px * 2rem = 32px */
}
```

vw

vw 단위는 뷰포트 너비를 기준으로 상대적인 크기를 가집니다. 뷰포트는 간단히 말해 코드가 보이는 대상이라고 생각하면 됩니다. 따라서 웹이나 모바일에서는 웹 브라우저 창의 너비가 뷰포트 너비가 됩니다. 1vw는 뷰포트 너비의 1/100 크기를 의미합니다.

```
/* 기준 뷰포트 너비 900px */
.parent{
  font-size:1vw; /* 900px * 1/100 = 9px */
}
.child{
  font-size:2vw; /* 900px * 2/100 = 18px */
}
```

vh

vh 단위는 뷰포트 높이를 기준으로 상대적인 크기를 말하며, 1vh는 뷰포트 높이의 1/100 크기를 의미합니다.

```
/* 기준 뷰포트 높이 400px */
.parent{
  font-size:1vh; /* 400px * 1/100 = 4px */
}
.child{
  font-size:2vh; /* 400px * 2/100 = 8px */
}
```

6.1.5 색상 표기법

CSS의 스타일 속성 중에서 색상을 값으로 사용하는 속성이 여러 개 있습니다. 앞에서 예로 든 color 속성도 색상을 값으로 사용하는 속성 중 하나입니다. CSS에서 색상을 표기하는 방법은 여러 가지가 있는데 자세히 살펴봅시다.

● 키워드 표기법

키워드 표기법은 색상의 영문명을 속성값으로 사용하는 방법입니다. 이 책에서 지금까지 빈번히 등장한 color 속성의 red도 색상의 영문명을 속성값으로 사용한 키워드 표기법입니다. 그런데 실무에서 사용하는 일이 의외로 적습니다.

CSS에서 사용할 수 있는 색상 키워드의 종류는 150여 개 이상입니다. 우리가 생각할 수 있는 색은 전부 지원한다고 봐도 무방하죠. 다행히도 VSCode에서 속성값 자동 완성 기능으로 사용 가능한 키워드 색상을 보여 주기 때문에 색상을 모두 외울 필요는 없습니다.

TIP — CSS에서 사용 가능한 키워드 속성을 모두 보고 싶으면 W3C에서 정리한 https://www.w3.org/wiki/CSS/Properties/color/keywords를 참고하세요.

그림 6-6 VSCode의 속성값 자동 완성 기능

● **RGB 색상 표기법**

RGB 색상 표기법에서 RGB는 Red, Green, Blue를 의미하는데, 빨간색, 초록색, 파란색을 이용해 특정 색을 표현하는 방법입니다. 여기에 추가로 색의 투명도를 의미하는 알파(alpha) 값을 사용할 수도 있습니다.

그림 6-7 RGB 색상 표기법의 rgb와 rgba 형식

```
rgb(red, green, blue)
rgba(red, green, blue, alpha)
```

rgb나 rgba 형식은 RGB 값을 256개 숫자(0~255)로 표기합니다. 가장 낮은 색 값은 0이고 높은 색 값은 255입니다. 그리고 알파 값은 0.1처럼 0부터 1 사이의 소수점으로 표기합니다. 이때 앞의 정수 부분 0은 생략할 수 있어서 .1로 표기해도 됩니다.

rgb와 rgba 형식을 사용했을 때 색상이 어떻게 표시되는지 확인해 봅시다.

```
h1{
  color:rgb(255, 0, 0);
}
```

```
h2{
  color:rgba(0, 255, 0, .5);
}
```

그림 6-8 실행결과

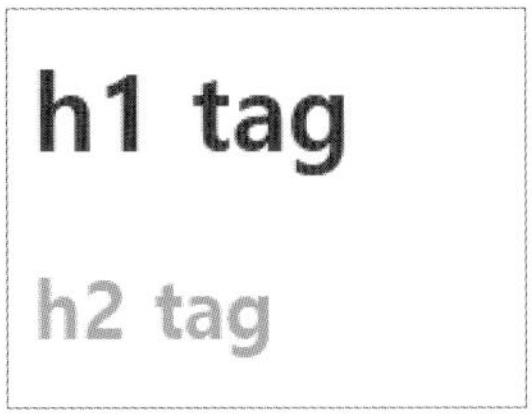

h1 tag

h2 tag

실행결과를 보면 h1 태그는 rgb 표기법 중 red에 해당하는 값이 최곳값이므로 빨간색이 적용됩니다. h2 태그는 green에 해당하는 값이 최곳값이므로 초록색이 적용되는데, 이때 알파 값에 의해 0.5의 투명도를 가지게 됩니다.

● HEX 표기법

HEX 표기법은 Red, Green, Blue에 해당하는 값을 각각 16진수로 변환해 00~ff로 나타내는 표기법입니다. 16진수 표기법이라고도 하며, 실무에서 가장 많이 사용하는 색상 표기법입니다.

그림 6-9 HEX 표기법

#RRGGBB

HEX 표기법은 앞에 #을 붙이는 것이 특징입니다. 00이 가장 낮은 값이고 ff가 가장 높은 값이어서 #ff0000은 빨간색, #00ff00은 초록색, #0000ff는 파란색을 의미합니다. 그리고 R, G, B에 해당하는 16진수가 같다면 줄여서 표기할 수도 있습니다. 예를 들어 #ff0000은 #f00으로 표기할 수 있고, #335533은 #353으로 표기할 수 있습니다.

> **수코딩의 조언**
> 색상 표기법에는 HLS 표기법도 있습니다. 하지만 실무에서 사용하는 일이 거의 없어 이 책에서는 설명하지 않습니다.

6.2

텍스트 속성으로 텍스트 꾸미기

웹 페이지에서 가장 많이 보는 구성 요소는 텍스트입니다. 이 절에서는 텍스트와 관련한 스타일 속성을 배워 보겠습니다.

6.2.1 font-family 속성

font-family 속성을 사용하면 글꼴을 지정할 수 있습니다. 속성값으로는 글꼴명을 적으면 되는데 쉼표(,)로 구분하고 1개 이상의 글꼴을 나열해 지정합니다. 이때, 한글로 된 글꼴이나 공백이 있는 글꼴명은 큰따옴표("")로 항상 감싸야 합니다.

형식　font-family:〈글꼴1〉, 〈글꼴2〉, ...〈글꼴 유형〉;

예를 들어, 바탕체 글꼴과 타임스 뉴 로먼 글꼴을 적용하고 싶다면 다음과 같이 작성합니다. 이처럼 여러 글꼴을 쉼표로 구분해 나열하면 맨 앞에 작성한 글꼴부터 적용 가능 여부를 판단합니다.

―――――――――――― 06/02/font-family.html

```
font-family:BatangChe, "Times New Roman";
```

단, font-family 속성은 반드시 **글꼴 유형**(generic-family)을 작성하도록 권장합니다. 글꼴 유형은 글꼴의 개념이 아니라 글꼴의 형태를 의미합니다. 따라서 다른 글꼴처럼 못 불러온다는 개념이 없습니다. 이러한 특징 때문에 font-family 속성으로 명시한 글꼴을 불러오지 못할 경우를 대비해 다음과 같이 불러오려고 한 글꼴과 가장 유사한 형태의 글꼴 유형을 마지막에 항상 지정

183

해야 합니다. 그러면 지정한 글꼴을 전부 불러오지 못하더라도 텍스트가 유사한 형태로 보여져서 사용자가 웹 사이트에서 느끼는 경험을 최대한 일정하게 유지할 수 있습니다.

```
font-family:BatangChe, "Times New Roman", serif;
```

사용할 수 있는 글꼴 유형은 표와 같습니다.

표 6-3 글꼴 유형

글꼴 유형	설명
serif	삐침이 있는 명조 계열의 글꼴
sans-serif	삐침이 없고 굵기가 일정한 고딕 계열의 글꼴
monospace	텍스트 폭과 간격이 일정한 글꼴
fantasy	화려한 글꼴
cursive	손으로 쓴 것 같은 필기체 계열의 글꼴

6.2.2 font-size 속성

font-size 속성은 텍스트 크기를 변경하고 싶을 때 사용하는 속성입니다. 속성값으로는 단위를 포함한 크기를 넣습니다.

> **형식**   font-size:<크기>;

웹 브라우저의 기본 스타일 시트에 따로 텍스트 크기가 지정된 경우(hn 태그)가 아니면 일반적인 텍스트 크기는 16px입니다. 예를 들어, p 태그의 텍스트 크기를 14px로 지정하고 싶으면 다음처럼 작성하면 됩니다.

———————————————————————————————— 06/02/font-size.html

```
p{
    font-size:14px;
}
```

6.2.3 **font-weight 속성**

font-weight 속성은 텍스트의 굵기를 지정하는 데 사용합니다. 굵기를 나타내는 속성값에는 숫자 표기법과 키워드 표기법을 사용할 수 있습니다.

> **형식** font-weight:<숫자 표기법>|<키워드 표기법>;

● **숫자 표기법**

숫자 표기법은 숫자 100 단위로 텍스트 굵기를 표기하는 방법으로, 100부터 900까지의 값을 사용합니다. 100이 가장 얇고 900이 가장 굵게 표시됩니다.

06/02/font-weight.html

```
font-weight:100; /* 최소 굵기 */
font-weight:900; /* 최대 굵기 */
```

● **키워드 표기법**

텍스트 굵기를 키워드로 표시하는 방법인데, 여기서 키워드는 lighter, normal, bold, bolder 를 의미합니다.

```
font-weight:lighter; /* normal, bold, bolder */
```

normal은 숫자 표기법에서 400과 같은 굵기이고, bold는 700과 같은 굵기입니다. lighter와 bolder는 상대적인 값으로, lighter는 부모 요소의 굵기보다 얇게 지정되고, bolder는 부모 요소의 굵기보다 굵게 지정됩니다. 실무에서는 normal이나 bold를 주로 사용합니다.

6.2.4 **font-style 속성**

font-style 속성은 글꼴의 스타일을 지정할 때 사용합니다.

> **형식** font-style:<속성값>;

사용하는 속성값은 다음과 같습니다.

표 6-4 font-style 속성값

속성값	설명
normal	기본 형태로 표시합니다.
italic	이탤릭체로 표시합니다.
oblique	기울임꼴로 표시합니다.

이 중에서 italic과 oblique은 실제로 사용해 보면 크게 차이가 나지 않습니다.

06/02/font-style.html

```
.italic{
    font-style:italic;
}
.oblique{
    font-style:oblique;
}
```

그림 6-10 실행결과

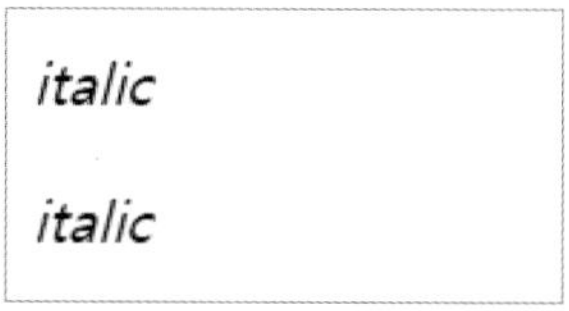

italic

italic

코드를 실행하면 두 속성값 모두 텍스트가 기울어져 표시됩니다. 그러나 엄밀히 말하면 italic
은 글꼴에서 지원하는 이탤릭체를 적용한 값이고, oblique은 단순히 글자를 기울여서 보여 주
는 겁니다. 웹 브라우저에서는 크게 차이가 나지 않으므로 이 정도만 알고 넘어가면 됩니다.

6.2.5 font-variant 속성

font-variant 속성은 영문 텍스트를 크기가 작은 대문자로 변경할 때 사용합니다.

형식   font-variant:<속성값>;

사용하는 속성값은 다음과 같습니다.

표 6-5 font-variant 속성값

속성값	설명
normal	텍스트를 변환하지 않습니다.
small-caps	텍스트를 크기가 작은 대문자로 변환합니다.

font-variant 속성을 사용해 두 번째 p 태그만 변환해 보겠습니다.

06/02/font-variant.html

```
<style>
  .variant{
    font-variant:small-caps;
  }
</style>
</head>
<body>
  <p>Lorem ipsum dolor sit.</p>
  <p class="variant">Lorem ipsum dolor sit.</p>
</body>
```

그림 6-11 실행결과

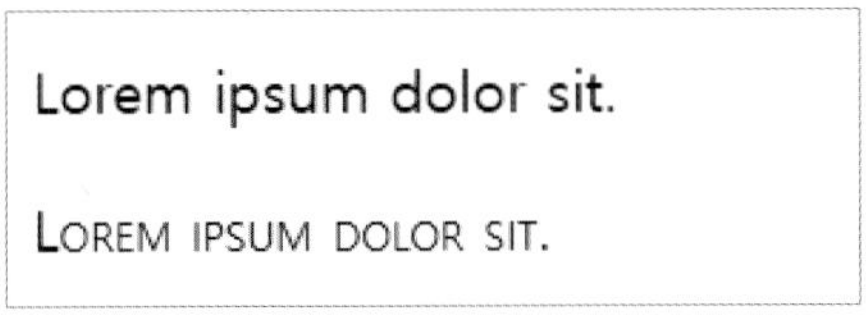

Lorem ipsum dolor sit.

LOREM IPSUM DOLOR SIT.

코드를 실행하면 두 번째 줄만 소문자 텍스트가 작은 크기의 대문자로 표시됩니다. 속성이 적용되지 않은 첫 번째 줄과 비교하면 텍스트 크기가 줄고 소문자가 대문자로 변한 것을 확인할 수 있습니다.

6.2.6 color 속성

color 속성은 텍스트의 색상을 지정할 때 사용합니다. 속성값에는 색상을 표현하는 값을 적으면 됩니다.

형식   color:<속성값>;

예를 들어, p 태그에 color 속성값으로 red를 적용하면 텍스트 색상이 빨간색으로 지정됩니다.

———————————————————————————————————— 06/02/color.html

```
p{
  color:red;
}
```

6.1.5 색상 표기법에서 색상을 표현하는 여러 방법을 배웠으니 다른 표기법으로도 색상을 적용해 보세요.

6.2.7 text-align 속성

text-align 속성은 텍스트를 정렬할 때 사용합니다.

형식   text-align:<속성값>;

사용하는 속성값은 다음과 같습니다.

표 6-6 text-align 속성값

속성값	설명
left	텍스트를 왼쪽 정렬합니다.
center	텍스트를 중앙 정렬합니다.
right	텍스트를 오른쪽 정렬합니다.
justify	텍스트를 양쪽 정렬합니다.

만약 p 태그에 사용된 텍스트를 오른쪽으로 정렬하고 싶다면 다음과 같이 CSS 코드를 작성합니다.

```
p{
  text-align:right;
```

```
    }
```

속성값 중에서 justify가 조금 생소할 수 있어서 예제로 살펴보겠습니다.

06/02/text-align.html

```
<style>
p{
    text-align:justify;
  }
</style>
</head>
<body>
  <p>Lorem ipsum dolor sit amet consectetur adipisicing elit. Autem, error! Id
  dolore officiis commodi est ad enim earum magnam possimus assumenda velit qui
  dignissimos eos nihil mollitia distinctio.</p>
</body>
```

그림 6-12 실행결과

> Lorem ipsum dolor sit amet consectetur adipisicing
> elit. Autem, error! Id dolore officiis commodi est ad
> enim earum magnam possimus assumenda velit qui
> dignissimos eos nihil mollitia distinctio.

코드를 실행하면 그림처럼 텍스트가 양쪽 정렬됩니다. 단, 정렬 기준이 양쪽이다 보니 웹 브라우저 크기에 맞춰 텍스트와 텍스트 사이의 간격을 임의로 늘려서 표시합니다. 웹 브라우저 크기를 바꿔 보면서 이 점을 확인해 보고 실제로 사용할 때 유의하기 바랍니다.

6.2.8 text-decoration 속성

text-decoration 속성은 텍스트를 꾸며 주기 위해 사용합니다. 여기서 꾸민다는 것은 텍스트에 선을 긋는 것을 말합니다.

형식   text-decoration:<속성값>;

사용할 수 있는 속성값은 다음 표와 같습니다.

표 6-7 text-decoration 속성값

속성값	설명
none	텍스트 장식을 모두 지웁니다.
line-through	텍스트 중간을 관통하는 선을 긋습니다.
overline	텍스트 위에 선을 긋습니다.
underline	텍스트 아래에 선을 긋습니다.

a 태그를 사용하면 기본으로 텍스트 아래에 선이 그어지던 것을 기억하나요? 이는 기본 스타일
시트에 의해 a 태그에 이미 text-decoration 속성값으로 underline을 적용했기 때문입니다.

그림 6-13 a 태그의 웹 브라우저 표시 모습

여기서 a 태그의 밑줄을 제거하고 싶으면 text-decoration 속성을 none 값으로 지정하면 됩니다.

06/02/text-decoration.html

```
a{
    text-decoration:none;
}
```

6.2.9 letter-spacing 속성

letter-spacing 속성은 자간을 조절할 때 사용합니다. 자간은 글자 사이의 간격을 말하며, 속
성값으로 normal 또는 크기를 넣을 수 있습니다. normal을 사용하면 웹 브라우저에서 정한 기
본값을 적용합니다.

형식   letter-spacing:normal|<크기>;

190

06/02/letter-spacing.html

```
  <style>
    p{
      letter-spacing:15px;
    }
  <style>
</head>
<body>
  <p>Lorem ipsum dolor sit amet consectetur adipisicing elit. Odit, porro
adipisci?</p>
</body>
```

그림 6-14 실행결과

```
L o r e m   i p s u m
d o l o r   s i t   a m e t
c o n s e c t e t u r
a d i p i s i c i n g   e l i t .
O d i t ,   p o r r o
a d i p i s c i ?
```

코드를 실행하면 자간이 늘어나서 표시됩니다. 이때 속성값에 사용하는 크기를 너무 크게 잡으면 실행결과처럼 읽기 불편할 정도로 자간이 벌어질 수 있으니 적절히 사용해야 합니다.

6.2.10 line-height 속성

line-height 속성은 텍스트 한 줄의 높이를 지정할 때 사용하는 속성입니다.

형식 `line-height:normal|<속성값>;`

속성값으로 normal이나 숫자, 퍼센트, 크기 등을 넣을 수 있습니다.

표 6-8 line-height 속성값

속성값	설명
normal	웹 브라우저에서 정한 기본값을 적용합니다.
숫자	현재 font-size 값에 입력한 숫자를 곱한 값을 적용합니다.
퍼센트	현재 font-size 값에 입력한 비율을 곱한 값을 적용합니다.
크기	입력한 크기를 적용합니다.

속성값은 다음과 같이 정의할 수 있습니다.

```
line-height:normal; /* 웹 브라우저에서 정한 기본값, 보통 1.2 */
line-height:1;      /* 현재 font-size 값의 1배 */
line-height:1.5;    /* 현재 font-size 값의 1.5배 */
line-height:200%;   /* 현재 font-size 값의 2배 */
line-height:16px;
```

웹 브라우저에 표시되는 텍스트는 다음과 같이 구성됩니다.

그림 6-15 텍스트 상세

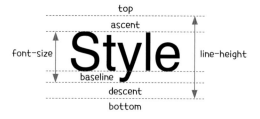

우리가 알고 있는 font-size 속성은 말 그대로 글자 자체의 크기를 지정합니다. 그러나 모든 텍스트는 웹 브라우저에 표시될 때 위쪽과 아래쪽으로 일정 크기의 여유 공간을 가지고 있습니다. 그리고 이러한 여유 공간을 전부 포함한 글줄 사이의 간격을 **행간**이라고 하며 line-height 속성으로 제어할 수 있습니다.

다음 예제처럼 line-height가 font-size보다 작으면 윗줄과 아랫줄의 텍스트가 겹쳐 보이면서 가독성이 떨어질 수 있으므로 line-height는 속성값을 항상 font-size보다 크게 지정하는 편이 좋습니다.

```
<style>
  p{
    line-height:10px; /* 텍스트 크기(16px)보다 작게 지정 */
  }
</style>
</head>
<body>
  <p>Lorem ipsum dolor sit amet consectetur adipisicing elit. Quisquam corrupti
sunt inventore distinctio earum quod ea labore nisi accusamus commodi repellat
nihil ullam ad in hic, laboriosam incidunt minima eius.</p>
</body>
```

그림 6-16 실행결과

Lorem ipsum dolor sit amet consectetur adipisicing
elit. Quisquam corrupti sunt inventore distinctio
earum quod ea labore nisi accusamus commodi
repellat nihil ullam ad in hic, laboriosam incidunt
minima eius.

1분 퀴즈 ━━━━━━━━━━━━━━━━━━━━━━━━━ 해설 노트 p.594

1. 다음 중 텍스트 속성이 <u>아닌</u> 것을 고르세요.

① font-style

② font-family

③ font-color

④ font-variant

⑤ font-weight

6.3

박스 모델을 구성하는 속성 다루기

HTML 문서에서 사용된 각각의 요소가 어떤 원리로 웹 브라우저에 배치되어 표시되는지 이해하려면 **박스 모델**(box model)을 알아야 합니다. 박스 모델은 모든 HTML 요소가 사각형의 박스로 둘러 쌓여 있다는 개념입니다. 박스 형태의 요소들을 하나씩 원하는 곳에 배치해 원하는 모양으로 만들어 나가는 것이 결국 웹 페이지를 만드는 본질입니다. 평범한 물건을 현미경으로 바라보면 평소에는 보지 못한 작은 것까지 보이는 것처럼 웹 브라우저에 표시되는 외적인 요소들을 자세히 들여다보면 박스 모델이 있다고 이해하면 됩니다.

그림 6–17 박스 모델

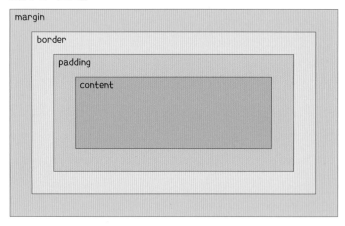

박스 모델은 크게 다음과 같은 4가지 요소로 구성됩니다.

표 6-9 박스 모델의 구성 요소

구성 요소	설명
margin	요소의 외부 여백을 의미합니다.
border	요소의 테두리(경계선)를 의미합니다.
padding	요소의 내부 여백을 의미합니다.
content	요소의 내용을 의미합니다.

그러면 지금까지 태그로 만든 요소들이 박스 모델로 구성됐는지 확인해 볼까요? 예제 코드 하나 (06/03/box-model.html)를 실행해 웹 브라우저에 표시한 뒤에 크롬 브라우저의 개발자 도 구([F12])를 열어보세요. 그러면 개발자 도구가 그림처럼 웹 브라우저의 오른쪽에 생깁니다.

그림 6-18 크롬 브라우저의 개발자 도구

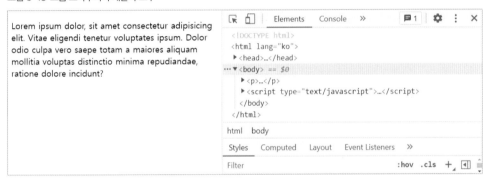

개발자 도구를 원하는 위치에 열리게 할 수도 있습니다. 그림 6-19처럼 개발자 도구의 오른쪽 위에 보이는 **점 3개짜리 아이콘**을 클릭하면 맨 위에 **Dock side**라는 메뉴가 보입니다. 메뉴의 각 아이콘을 클릭하면 왼쪽부터 순서대로 '창 모드', '왼쪽', '아래쪽', '오른쪽'으로 개발자 도구의 위치가 바뀝니다.

그리고 개발자 도구 왼쪽 위를 보면 **화살표 모양의 아이콘**이 있습니다. 이 아이콘을 클릭하면 웹 브라우저에 표시되는 요소를 선택할 수 있습니다.

그림 6-19 개발자 도구의 Dock Side와 요소 선택 도구

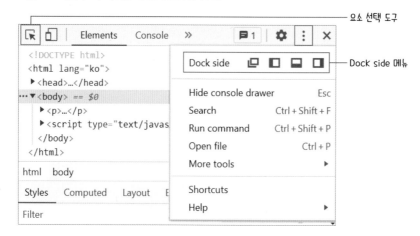

요소 선택 도구를 선택한 상태로 자세히 보고 싶은 요소를 클릭하면 해당 요소가 선택되고 개발자 도구 아래쪽에서 선택한 요소의 박스 모델을 보여 줍니다.

그림 6-20 원하는 요소를 선택해 박스 모델 확인

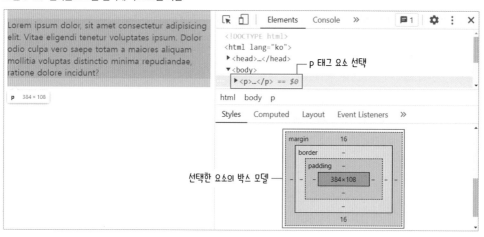

이처럼 개발자 도구를 사용해, HTML 태그로 작성된 요소들이 박스 모델을 가지고 있음을 확인할 수 있습니다. 박스 모델을 적절하게 제어하면 HTML 요소를 원하는 위치에 배치할 수 있습니다. 지금부터 자세히 배워 보겠습니다.

6.3.1 margin 영역

첫 번째로 배울 영역은 margin입니다. margin은 박스 모델에서 가장 외부에 있는 영역으로, 요소의 외부 여백을 담당합니다.

그림 6-21 margin 영역

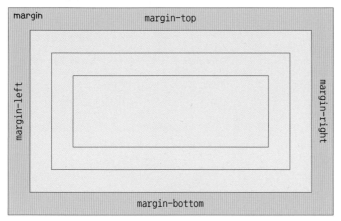

박스 모델은 사각형 모양이라서 각 방향에 해당하는 속성이 독립적으로 존재합니다. margin 영역을 다룰 때 사용할 수 있는 속성으로는 margin-top, margin-right, margin-bottom, margin-left가 있고, 모든 방향을 통합해 margin 속성으로 사용할 수도 있습니다. 속성값에는 크기를 넣으면 됩니다.

형식
```
margin-top:<크기>;
margin-right:<크기>;
margin-bottom:<크기>;
margin-left:<크기>;
margin:<margin-top> <margin-right> <margin-bottom> <margin-left>;
margin:<margin-top> <margin-right> <margin-bottom>;
margin:<margin-top & margin-bottom> <margin-right & margin-left>;
margin:<margin-top & margin-right & margin-bottom & margin-left>;
```

각 방향에 해당하는 속성은 형식이 비교적 간단하지만, 네 방향을 한 번에 정할 수 있는 margin 속성은 속성값을 작성하는 방법에 따라 적용되는 방식이 달라집니다. margin 속성값을 공백으로 구분해 4개를 적으면 순서대로 margin-top, margin-right, margin-bottom, marginleft의 값을 의미합니다. 그리고 3개를 적으면 순서대로 margin-top, margin-right, margin-bottom의 값이고, 생략된 margin-left 값은 마주 보는 margin-right와 같은 값을 적용합니다. 2개를 적으면 margin-top과 margin-bottom, margin-left와 margin-right가 그룹으로 묶여 같은 값으로 지정됩니다. 마지막으로 값을 1개 적으면 모든 방향이 같은 값을 가지게 됩니다.

다음 예제는 p 태그로 작성된 두 요소의 간격을 20px만큼 벌리기 위해 margin-bottom 속성을 적용합니다.

06/03/margin.html

```
<style>
  p{
    margin-bottom:20px;
  }
</style>
</head>
<body>
  <p>lorem1</p>
  <p>lorem2</p>
</body>
```

그림 6-22 실행결과

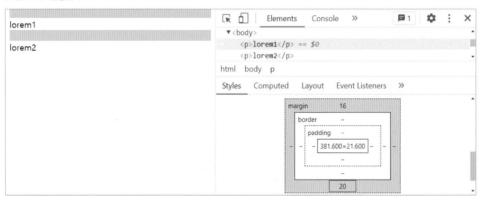

코드를 실행해 개발자 도구에서 p 태그로 작성한 요소를 보면 margin-bottom 속성에 20px이 적용되어 있습니다. 참고로 크롬 브라우저에서 주황색으로 보이는 영역이 margin 영역입니다.

그런데 실행결과를 보면 아래쪽 말고 위쪽에도 margin이 적용됐습니다. 이러한 결과가 나타나는 이유는 기본 스타일 시트에 의해 p 태그에 이미 속성값(16px)이 적용됐기 때문입니다. 다만,

기본 스타일 시트에 정의된 스타일 속성보다 사용자가 정의한 스타일 속성이 우선순위가 더 높아서 아래쪽은 20px로 변경된 것뿐입니다.

예제를 하나 더 살펴볼까요? 다음 예제는 margin 속성으로 위쪽과 아래쪽, 왼쪽과 오른쪽 값을 지정합니다.

```
p{
    margin:10px 20px; /* 위쪽과 아래쪽은 10px, 왼쪽과 오른쪽은 20px 외부 여백 적용 */
}
```

그림 6-23 실행결과

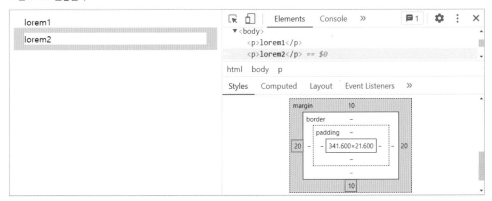

속성값이 2개이므로 공백을 기준으로 첫 번째는 위쪽과 아래쪽, 두 번째는 왼쪽과 오른쪽의 margin 값이 됩니다. 속성값을 3개, 4개로 바꿔 가면서 어떻게 적용되는지 직접 확인해 보세요.

● margin 겹침 현상

margin 영역을 다루다 보면 흔하게 겪는 일 중 하나가 바로 **margin 겹침 현상**(margin collapse)입니다. margin 겹침 현상은 인접한 margin 값이 둘 중 더 큰 값으로 통일되는 것을 말합니다. 어떤 두 요소가 있는데 첫 번째 요소에는 margin 값이 아래쪽에 20px이 적용됐고, 두 번째 요소에는 margin 값이 위쪽으로 30px이 적용됐다고 가정해 보겠습니다. 이를 그림으로 표현하면 다음과 같습니다.

그림 6-24 margin 겹침 현상

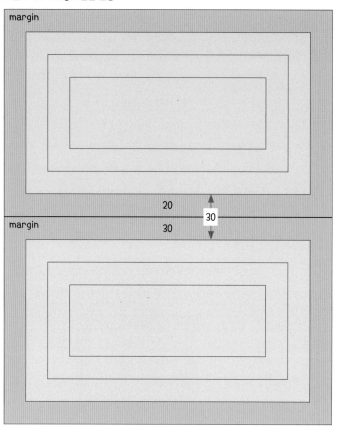

두 요소 사이의 간격은 20px과 30px을 합한 50px이 될 것 같지만, 실제로는 30px이 적용됩니다. 이러한 현상이 바로 **margin 겹침 현상**입니다. 이는 같은 레벨(형제 관계)에 있는 요소들의 margin 영역이 중첩되면 더 큰 값을 가진 margin 영역으로 병합되어 출력되는 현상입니다.

margin 겹침 현상을 예제로 확인해 봅시다.

06/03/margin-collapse.html

```
<style>
  .first{
    margin-bottom:20px;
  }
  .second{
    margin-top:30px;
  }
</style>
</head>
<body>
```

```
    <p class="first">lorem1</p>
    <p class="second">lorem2</p>
</body>
```

그림 6-25 실행결과

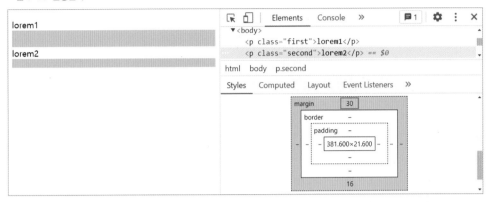

코드를 실행하면 속성값이 더 큰, 아래 요소의 값이 적용되어 두 요소 사이의 간격은 30px이
됨을 확인할 수 있습니다.

6.3.2 border 영역

두 번째 영역은 border입니다. border 영역은 margin보다 안쪽에 있으며, 요소의 테두리(경
계선)를 담당합니다.

그림 6-26 border 영역

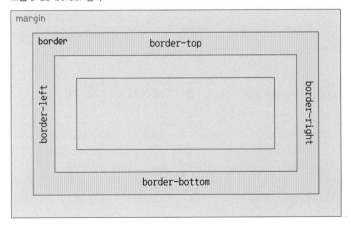

border 영역도 margin 영역과 똑같이 위쪽, 아래쪽, 오른쪽, 왼쪽 방향에 해당하는 속성이 있습니다. border-top, border-right, border-bottom, border-left 속성인데, 역시 모든 방향을 한 번에 똑같은 값으로 적용하고 싶다면 border 속성을 사용하면 됩니다. 다만, border 속성은 margin 속성과 달리 여러 속성값이 복합적으로 사용됩니다.

> **형식**　border:<border-width> <border-style> <color>;

border 속성과 border-<방향> 속성 모두 똑같이 border-width, border-style, color 속성값을 사용합니다. 그러면 각 속성값이 어떤 값인지 알아보겠습니다. 단, color 속성은 텍스트 속성에서 다룬 color 속성과 동일하므로 **6.2.6 color**를 참고하면 됩니다.

TIP — 앞으로 배우는 스타일 속성 중에는 border 속성처럼 속성값으로 다른 속성의 값을 사용하는 속성들이 있습니다. 이 속성들은 여러 개의 다른 속성을 하나의 속성으로 축약해서 작성한다고 해서 **단축 속성** 또는 **축약 속성**이라고 합니다. 이 책에서는 단축 속성이라고 표현합니다.

● border-width 속성

border-width 속성은 테두리 굵기를 지정합니다. 속성값으로는 단위를 포함한 크기를 사용합니다.

> **형식**　border-width:<크기>;

다음과 같이 작성하면 테두리 굵기를 2px로 지정합니다.

```
border-width:2px;
```

● border-style 속성

border-style 속성은 테두리 모양을 지정합니다.

> **형식**　border-style:<속성값>;

사용할 수 있는 속성값은 다음과 같습니다.

표 6-10 border-style 속성값

속성값	설명
none	테두리를 그리지 않습니다.
hidden	테두리를 화면에서 감춥니다.
solid	테두리를 실선으로 그립니다.
double	테두리를 이중 실선으로 그립니다.
dotted	테두리를 점선으로 그립니다.
dashed	테두리를 dotted보다 긴 점선으로 그립니다.
groove	테두리가 파인 것처럼 그립니다.
ridge	테두리가 튀어나온 것처럼 그립니다.
inset	테두리를 요소가 파인 것처럼 그립니다.
outset	테두리를 요소가 튀어나온 것처럼 그립니다.

각 속성값을 적용한 결과는 다음과 같습니다.

그림 6-27 border-style 속성값에 따른 웹 브라우저 표시(크롬일 때)

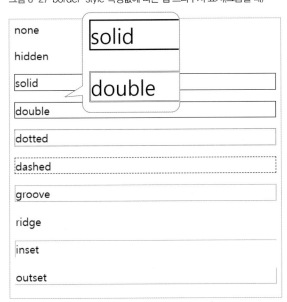

TIP —— border-style 속성은 웹 브라우저마다 보이는 모습이 조금씩 차이가 있습니다. 그래서 사용자 경험을 중요시하는 웹 페이지를 제작한다면 웹 브라우저별로 표시되는 모습을 미리 확인하는 것이 좋습니다.

border 속성은 앞에서 알아본 세 가지 속성의 속성값을 값으로 사용하므로 다음과 같이 지정할 수 있습니다.

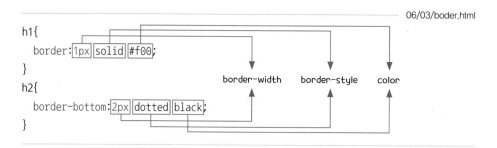

06/03/boder.html

그림 6-28 실행결과

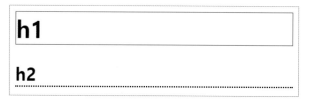

수코딩의 조언

border 속성은 앞에서 설명한 것처럼 값이 border-width, border-style, color 속성으로 구성되는데, 속성값에 사용한 속성들도 각 속성만의 방향성을 가집니다.

그림 6-29 border-style 속성의 방향성

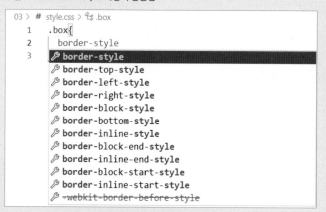

그러나 실무에서 정확하게 한 방향을 콕 집어서 사용하는 경우는 거의 없으니 다양한 방향으로 속성을 지정할 수 있다는 정도만 알고 있으면 됩니다.

6.3.3 **padding 영역**

padding 영역은 margin, border 영역보다 안쪽에 있으며 요소의 내부 여백을 담당합니다.

그림 6-30 padding 영역

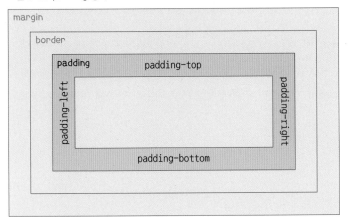

padding 영역에서 사용할 수 있는 속성은 margin 영역에서 사용하는 속성과 형식이 매우 비슷합니다.

형식
```
padding-top:<크기>;
padding-right:<크기>;
padding-bottom:<크기>;
padding-left:<크기>;
padding:[padding-top] [padding-right] [padding-bottom] [padding-left];
padding:[padding-top] [padding-right] [padding-bottom];
padding:[padding-top & padding-bottom] [padding-right & padding-left];
padding:[padding-top & padding-right & padding-bottom & padding-left];
```

속성의 사용 방법이나 속성값의 적용 원리는 margin 영역과 똑같으니 **6.3.1 margin 영역**을 참고하면 됩니다. 여기서는 예시 하나만 살펴보고 넘어가겠습니다.

다음 코드는 p 태그에 border 속성과 padding 속성을 적용합니다.

```
p{
    border:1px solid black;
    padding:10px;
}
```

그림 6-31 실행결과

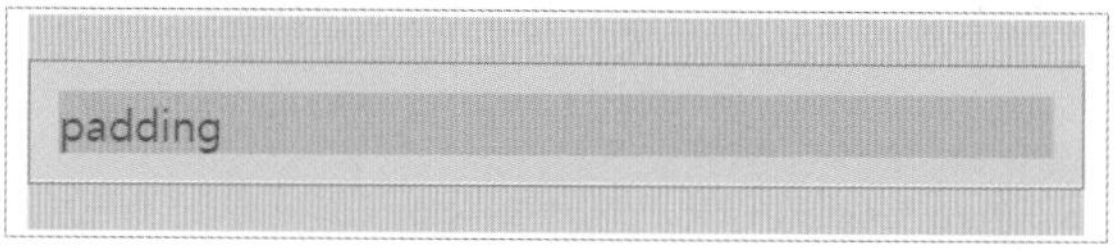

padding

코드를 실행해 개발자 도구로 p 태그를 선택합니다. 그 상태로 박스 모델을 보면 주황색이 margin, 초록색이 padding, 파란색이 content 영역입니다. 여기서 초록색의 padding 영역 은 박스 모델에서 margin, border 영역보다 안쪽에 있으므로 테두리 안쪽에 여백이 지정됨을 확인할 수 있습니다.

6.3.4 content 영역

2.1.3 문법에서 배운 HTML의 기본 문법이 기억나죠? 이때 시작 태그와 종료 태그 사이에 작성 하는 것이 콘텐츠였습니다. 박스 모델에서도 content 영역은 시작 태그와 종료 태그 사이에 사 용된 콘텐츠가 속하는 영역입니다. 그래서 다른 박스 모델의 구성 요소와는 다르게 content 영 역은 content 영역 자체를 다루는 속성은 없습니다. 다만, **6.2 텍스트 속성으로 텍스트 꾸미기**에 나온 텍스트 관련 스타일 속성이면 모두 content 영역을 제어하는 속성이라고 할 수 있습니다. 여기에 추가로 content 영역을 제어하는 속성처럼 content 영역에 영향을 주는 width 속성과 height 속성이 있습니다.

● **width와 height 속성**

width 속성은 content 영역의 너비를, height 속성은 content 영역의 높이를 지정하는 데 사 용합니다. 속성값으로는 단위를 포함한 크기를 넣습니다.

형식
```
width:<크기>;
height:<크기>;
```

width와 height 속성을 사용해 div 태그의 너비와 높이를 다음과 같이 지정할 수 있습니다. 너 비와 높이가 더 잘 보이도록 border 속성으로 테두리도 지정합니다.

```
div{
  width:100px;
  height:100px;
  border:1px solid black;
}
```

그림 6-32 실행결과

TIP —— width 속성으로 HTML 요소의 너비를 줄였을 때, 다음 코드처럼 margin 속성을 적용하면 수평 방향으로 중앙에 HTML 요소가 위치하게 됩니다.

```
margin-left:auto;
margin-right:auto;
/* 또는 margin:<크기> auto; */
```

코드를 실행하면 그림과 같이 div 태그의 너비와 높이가 100px만큼 지정되어 표시됩니다.

box-sizing 속성

width와 height 속성은 content 영역에 직접 영향을 주는 속성이라서 때로는 의도치 않게 작동한다고 느껴질 때가 있습니다. 다음 코드가 그런 상황입니다.

03/06/box-sizing.html

```
div{
  width:100px;
  height:100px;
  padding:10px;
  border:1px solid black;
  margin:10px;
}
```

div 요소의 width와 height 속성을 각각 100px로 지정했으므로 화면에 표시되는 div 태그의 너비와 높이는 각각 100px이라고 생각하게 됩니다. 그런데 코드를 실행해 개발자 도구로 요소의 너비와 높이를 확인해 보면 조금 다른 결과가 나타납니다.

그림 6-33 요소의 너비와 높이 오차 예시

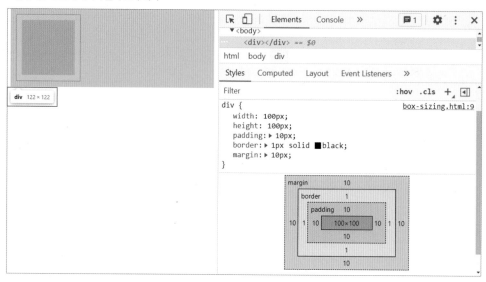

width와 height 속성에 100px을 적용했는데도 웹 브라우저에 표시된 요소의 너비와 높이는 122px입니다. 왜 100px이 아니라 122px이 나올까요? 그 이유는 웹 브라우저가 요소를 화면에 렌더링할 때 border, padding, content 영역의 너비와 높이를 종합적으로 계산하기 때문입니다. 즉, 화면에 보이는 요소의 너비와 높이는 외부 여백인 margin 영역을 제외하고 border, padding, content 영역을 전부 포함한 크기가 됩니다. 그래서 화면에 표시되는 요소의 너비는 border 영역과 padding 영역까지 포함해 width 속성의 100px, padding 속성의 왼쪽 10px, 오른쪽 10px, border 속성의 왼쪽 1px, 오른쪽 1px을 모두 더한 122px(100px + 10px + 10px + 1px + 1px)로 계산됩니다. 높이도 너비와 같은 방식으로 계산되고요.

그림 6-34 width 속성을 적용한 요소의 너비 계산

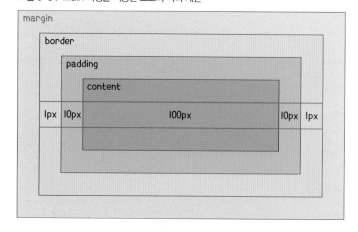

그러면 어떤 요소를 화면에 표시할 때 처음 의도한 것처럼 100px로 표시하려면 어떻게 해야 할까요? 가장 간단한 방법은 width 속성값을 border, padding 영역 크기를 제외한 78px로 설정하는 겁니다. 그러면 요소의 너비와 높이는 100px(1px + 10px + 78px + 10px + 1px)이 되겠죠.

그림 6-35 요소의 너비와 높이 조정 예시

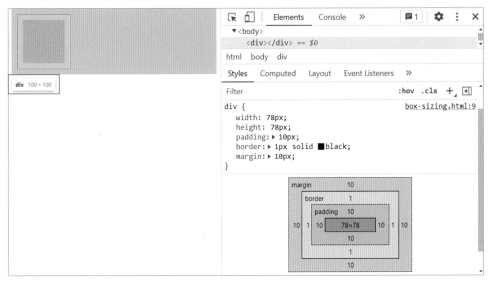

하지만 이 방법은 항상 content 영역의 너비와 높이를 계산해야 하고, padding이나 border의 값이 달라지면 다시 계산해야 한다는 불편함이 있습니다. 그래서 content 영역을 제어할 때 이런 불편한 계산 방식을 개선한 box-sizing 속성을 사용합니다.

형식 box-sizing:⟨속성값⟩;

속성값으로는 content-box와 border-box가 있습니다.

표 6-11 box-sizing 속성값

속성값	설명
content-box	width, height 속성의 적용 범위를 content 영역으로 제한합니다.
border-box	width, height 속성의 적용 범위를 border 영역으로 제한합니다.

box-sizing 속성은 width, height 속성의 적용 기준을 지정합니다. 이 속성은 기본으로 content-box 값이 적용된 상태여서 width, height 속성으로 지정되는 영역을 content 영

역으로 제한합니다. 따라서 값을 border-box로 정의하면 width, height 속성의 지정 영역을 border 영역으로 바꿀 수 있습니다.

기존 코드에서 width, height 속성값을 수정하는 대신 box-sizing 속성을 추가하고 값으로 border-box를 지정해 봅시다.

06/03/box-sizing-modify.html

```
div{
    width:100px;
    height:100px;
    padding:10px;
    border:1px solid black;
    margin:10px;
    box-sizing:border-box; /* width, height 속성의 적용 기준을 바꿈 */
}
```

그림 6-36 실행결과

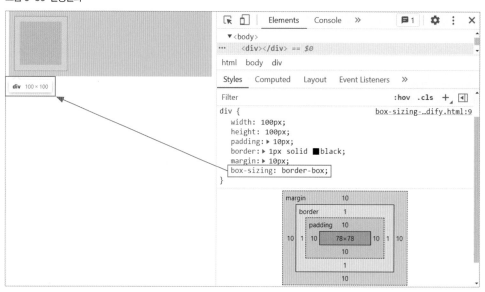

코드를 실행하면 요소의 너비와 높이는 122px이 아니라 정확히 width, height 속성에 지정한 크기만큼 표시되는 것을 볼 수 있습니다.

box-sizing 속성을 border-box 값으로 지정하면 width, height 속성에 지정한 크기에 요소를 맞추기 위해 내부 content 영역의 너비와 높이가 자동으로 조절됩니다. 따라서 box-sizing 속성값을 border-box로 지정하고 요소의 너비와 높이를 다루면 훨씬 편하게 제어할 수 있습니다.

210

6.3.5 박스 모델의 성격과 display 속성

앞에서 살펴봤듯이 HTML의 모든 태그는 박스 모델을 가지고 있습니다. 그런데 이를 자세히 들여다보면 박스 모델도 블록, 인라인, 인라인 블록이라는 서로 다른 성격이 존재합니다.

● 블록 성격

블록 성격은 hn, p, div 태그를 사용했을 때 요소의 너비가 콘텐츠 유무와 상관없이 항상 가로한 줄을 다 차지하는 것을 말합니다. 그래서 hn, p, div 태그를 여러 번 사용하면 무조건 줄 바꿈됩니다.

● 인라인 성격

인라인 성격은 a, span, strong 태그를 사용했을 때 요소의 너비를 콘텐츠 크기만큼만 차지하는성격을 말합니다. 그래서 a, span, strong 태그를 여러 번 사용할 때 웹 브라우저의 수평 공간이남아 있으면 한 줄로 배치됩니다.

● 인라인 블록 성격

인라인 블록 성격은 인라인 성격처럼 요소의 너비가 콘텐츠의 크기만큼만 차지하지만, 그 외의성격은 블록 성격을 가지는 복합적인 성격을 말합니다. 그래서 img 태그를 사용할 때 웹 브라우저의 수평 공간이 남아 있으면 한 줄로 배치됩니다.

● 블록 vs 인라인 vs 인라인 블록

박스 모델의 3가지 성격은 박스 모델의 구성 요소와 관련한 속성을 적용할 때 조금씩 차이가 있습니다. 블록 성격이나 인라인 블록 성격은 width, height, margin, padding 속성이 전부 적용되지만, 인라인 성격은 width, height 속성은 적용되지 않고 padding과 margin 속성은 각각 왼쪽과 오른쪽 방향만 적용됩니다. 실제로 인라인 성격인 span 태그에 width 속성이나 height 속성을 지정하면 너비와 높이가 설정되지 않습니다. padding 속성과 margin 속성도 위쪽과 아래쪽은 적용되지 않습니다.

● display 속성

HTML 태그가 기본으로 가지고 있는 박스 모델의 성격은 display 속성을 사용하면 변경할 수있습니다. 속성값으로는 block, inline, inline-block을 사용합니다. 예를 들어, 블록 성격인 태그를 인라인 성격으로 바꾸고 싶다면 display 속성값을 inline으로 지정하면 됩니다.

06/03/display.html

```
h1, h2{
  display:inline;
}
```

반대로 인라인 성격인 태그를 블록 성격이나 인라인 블록 성격으로 바꾸고 싶다면 display 속성값을 block 또는 inline-block으로 지정하면 됩니다.

```
a{
  display:inline-block;
}
img{
  display:block;
}
```

1분 퀴즈 해설 노트 p.594

2. 다음 코드를 보고 요소의 너비와 높이를 계산해 보세요.

```
div{
  width:100px;
  height:100px;
  border-top:5px solid red;
  border-bottom:10px solid red;
  border-right:10px solid red;
  border-left:20px solid red;
  margin:10px 20px;
  padding:10px 20px;
}
```

너비: ____ px, 높이: ____ px

6.4

배경 속성으로 요소의 배경 설정하기

모든 HTML 태그는 박스 모델을 가지고 있습니다. 박스 모델에서 padding과 content 영역은 요소의 배경을 나타내는 영역인데, 이러한 박스 모델의 배경에는 색상이나 이미지와 같은 스타일을 지정할 수 있습니다.

6.4.1 background-color 속성

background-color 속성을 사용하면 요소의 배경에 색상을 넣을 수 있습니다. 속성값으로는 색상값을 사용하면 됩니다.

형식 background-color:〈색상값〉;

만약 div 태그로 작성된 요소의 배경을 빨간색으로 지정하고 싶다면 다음처럼 작성하면 됩니다.

06/04/background-color.html

```
div{
    width:100px;
    height:100px;
    background-color:red;
}
```

그림 6-37 실행결과

코드를 실행하면 그림과 같이 div 요소의 배경에 빨간색이 적용되어 표시됩니다.

213

6.4.2 background-image 속성

요소의 배경에 background-image 속성을 사용하면 이미지를 넣을 수 있습니다. 속성값은 삽입할 이미지의 경로를 url() 함수로 지정하면 됩니다.

형식   background-image:url('이미지 경로');

div 요소의 배경에 이미지를 넣어 보겠습니다.

06/04/background-image.html

```
div{
    width:160px;
    height:120px;
    background-image:url('images/coffee.jpg');
}
```

그림 6-38 실행결과

코드를 실행하면 div 요소에 이미지가 삽입된 상태로 표시됩니다. 그런데 background-image 속성을 사용할 때 두 가지 주의사항이 있습니다.

첫째, 요소의 배경 크기가 반드시 있어야 합니다. background-image 속성은 요소의 배경에 이미지를 삽입하는 원리이기 때문에 요소 배경의 너비와 높이를 지정하지 않으면 이미지가 보이지 않습니다. 예제 코드에서 background-image 속성에 width와 height 속성을 같이 사용한 이유가 바로 이 때문입니다. 이 주의사항은 background-color 속성도 해당합니다.

둘째, 이미지의 크기가 요소의 배경 크기와 맞지 않으면 어색하게 보입니다. 예를 들어, 앞의 코드에 사용한 이미지 크기는 가로 160px, 세로 120px입니다. 그래서 코드에서 width와 height 속성을 이미지의 크기와 똑같이 지정했습니다. 그런데 요소의 배경 크기가 이미지보다 작거나 크면 어떻게 될까요? 요소의 배경이 삽입하려는 이미지보다 작은 경우부터 살펴봅시다.

06/04/background-image-small.html

```
div{
    width:80px; /* 이미지 크기보다 1/2 작게 설정 */
    height:60px; /* 이미지 크기보다 1/2 작게 설정 */
    background-image:url('images/coffee.jpg');
}
```

그림 6-39 실행결과

원본 이미지가 일부 잘립니다. 앞의 실행결과와 비교하니 차이가 확연합니다. 이와 반대로 요소의 배경이 삽입하려는 이미지보다 크면 어떻게 될까요?

—— 06/04/background-image-big.html

```
div{
    width:320px; /* 이미지 크기보다 2배 크게 설정 */
    height:120px;
    background-image:url('images/coffee.jpg');
}
```

그림 6-40 실행결과

실행결과를 보면 요소의 배경 너비에 맞추기 위해 이미지가 가로 방향으로 반복되어 채워집니다.

6.4.3 background-repeat 속성

앞에서 봤듯이 요소의 배경 크기가 삽입하려는 이미지보다 크면 이미지를 자동으로 반복해서 채웁니다. 이때 이미지 반복 설정을 바꾸려면 background-repeat 속성을 사용합니다.

형식   background-repeat:<속성값>;

속성값에 따라 바뀌는 설정은 다음과 같습니다.

표 6-12 background-repeat 속성값

속성값	설명
no-repeat	이미지를 반복하지 않습니다.
repeat-x	이미지를 가로 방향으로 반복합니다.
repeat-y	이미지를 세로 방향으로 반복합니다.

● 계속

속성값	설명
repeat	이미지를 가로와 세로 방향으로 반복합니다.
round	이미지를 반복하되 이미지가 요소에 딱 맞도록 크기를 자동 조절합니다.
space	이미지가 잘리지 않도록 반복합니다.

만약 앞의 코드에서 이미지를 반복하고 싶지 않다면 no-repeat 값을 사용하면 됩니다.

06/04/background-repeat.html

```
div{
    width:320px;
    height:120px;
    background-image:url('images/coffee.jpg');
    background-repeat:no-repeat;
    border:1px solid black; /* 요소의 배경 크기가 잘 보이게 테두리 설정 */
}
```

그림 6-41 실행결과

코드를 실행해 보면 이미지가 더 이상 반복되지 않습니다.

6.4.4 background-size 속성

요소의 배경 크기가 이미지보다 크면 background-repeat 속성으로 해결할 수 있지만, 요소의 배경 크기가 이미지보다 작을 때 이미지가 잘려 보이는 문제는 해결할 수 없습니다. 그 대신 이 문제는 background-size 속성으로 이미지 크기를 지정해서 처리할 수 있습니다.

형식   background-size:auto|cover|contain|<너비 높이>;

속성값은 auto, cover, contain을 사용하거나 크기를 직접 지정해도 됩니다.

표 6-13 background-size 속성값

속성값	설명
auto	이미지 크기를 유지합니다.
cover	이미지의 가로 세로 비율을 유지하면서 크기를 확대하거나 축소해 요소의 배경에 꽉 채웁니다.
contain	이미지의 가로 세로 비율을 유지하면서 이미지가 배경 요소 안에 들어가도록 크기를 확대하거나 축소합니다.
⟨너비 높이⟩	이미지 크기를 직접 지정합니다.

cover와 contain은 비슷해 보이지만, 서로 다르게 작동하는 속성값입니다. 다음 그림을 보면 속성값이 cover일 때 아래쪽 이미지가 일부 잘립니다. contain일 때도 비율을 유지하면서 이미지가 배경 요소에 꽉 차도록 확대하지만, 배경의 가로와 세로 중 한 부분이 가득 차면 그 상태에서 멈춥니다. 그리고 못 채운 부분은 이미지를 반복해서 채웁니다. 다음 그림을 보면 세로는 가득 찼지만, 가로가 덜 차서 가로로 그림을 반복해서 채웠습니다.

그림 6-42 속성값 적용 시

| 요소 배경보다 작은 이미지 | cover 적용 시 | contain 적용 시 |

또는 다음처럼 너비와 높이를 직접 지정해도 됩니다.

――――――――――――――――――――――――――――――――――――― 06/04/background-size.html

```
div{
    width:80px; /* 이미지 크기보다 1/2 작게 설정 */
    height:60px; /* 이미지 크기보다 1/2 작게 설정 */
    background-image:url('images/coffee.jpg');
    background-size:80px 60px; /* 이미지의 너비, 높이를 80px, 60px로 지정 */
}
```

코드를 실행하면 이미지가 잘려 보이지 않고 배경에 딱 맞게 표시됩니다.

6.4.5 background-position 속성

background-position 속성으로 삽입하려는 이미지의 위치도 결정할 수 있습니다.

> **형식** background-position:<x 위치> <y 위치>;

위치별로 사용할 수 있는 속성값은 다음 표와 같습니다.

표 6-14 background-position 속성값

위치	속성값	설명
x	left, center, right	x축(가로) 방향의 위치를 지정합니다.
y	top, center, bottom	y축(세로) 방향의 위치를 지정합니다.
공통	px, rem, em, %	위치를 직접 지정합니다.

background-position 속성값은 1개만 사용해도 되고 2개를 사용해도 됩니다. 값을 1개만 사용하면 지정한 값은 x축 값이 되고, y축 값은 기본으로 center가 됩니다. 2개를 사용하면 각각 x축과 y축 값으로 지정됩니다.

앞에서 사용한 예제에 background-position 속성값을 추가해 봅시다.

06/04/background-position.html

```
div{
    width:320px; /* 이미지 크기보다 2배 크게 설정 */
    height:240px; /* 이미지 크기보다 2배 크게 설정 */
    border:1px solid black; /* 요소의 배경 크기가 잘 보이게 테두리 설정 */
    background-image:url('images/coffee.jpg');
    background-repeat:no-repeat;
    background-position:100%;
}
```

그림 6-43 실행결과

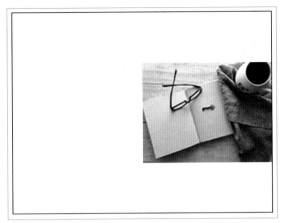

요소의 배경 크기는 삽입하려는 이미지보다 2배 큽니다. 이 상태에서 이미지를 반복하지 않고 background-position 속성으로 x축 값만 100%로 지정했습니다. 이렇게 하면 자동으로 y축 값은 center가 됩니다. 참고로 100%는 비율에서 가장 큰 값이기 때문에 x축에 사용하면 가장 오른쪽, y축에 사용하면 가장 아래쪽을 의미합니다. 따라서 실행결과처럼 이미지가 배경의 오른쪽 끝 가운데 위치하게 됩니다.

TIP —— background-position 속성은 background-size 속성값을 cover로 지정해서 같이 사용하면 효과가 좋습니다. background-size 속성의 cover 값은 이미지의 가로와 세로 비율을 유지하면서 요소 배경을 꽉 채울 때까지 이미지를 확대하는 방식인데, 이때 background-position 속성값을 center로 지정하면 이미지가 정중앙에 있는 것처럼 보이기 때문입니다.

6.4.6 **background-attachment 속성**

background-attachment 속성은 요소에 삽입된 이미지를 스크롤할 때, 이미지의 작동 방식을 결정합니다.

형식   background-attachment:<속성값>;

사용할 수 있는 속성값은 다음과 같습니다.

표 6-15 background-attachment 속성값

속성값	설명
local	삽입된 이미지가 요소와 웹 브라우저에서 모두 스크롤됩니다.
scroll	삽입된 이미지가 요소에서는 고정되지만, 웹 브라우저에서는 스크롤됩니다.
fixed	삽입된 이미지가 요소와 웹 브라우저에서 모두 고정됩니다.

background-attachment 속성값은 작동 방식이 조금 복잡해서 실습하면서 확인해 보겠습니다. 예제 파일은 3개지만, background-attachment 속성값이 다른 것만 빼고는 나머지는 같습니다.

06/04/background-attachment-scroll(fixed, local).html

```
<style>
  body{
    height:1000px;
  }
  .parent{
    width:320px;   /* 이미지 크기보다 2배 크게 설정 */
    height:240px; /* 이미지 크기보다 2배 크게 설정 */
    border:1px solid black; /* 요소의 배경 크기가 잘 보이게 테두리 설정 */
    overflow:scroll;
  }
  .children{
    height:2000px;
    background-image:url('images/coffee.jpg');
    background-attachment:scroll; /* local, fixed */
  }
</style>
</head>
<body>
  <div class="parent">
    <div class="children"></div>
  </div>
</body>
```

이미지는 class 속성값이 children인 div 태그에 삽입합니다. 그리고 웹 브라우저와 요소에서 삽입된 이미지가 스크롤되도록 body 태그 요소와 children 클래스를 가진 div 태그 요소의 높이를 이미지가 삽입된 parent 클래스를 가진 div 태그 요소보다 크게 정의합니다. 이 코드를 실

220

행하면 웹 브라우저와 요소가 각각 다음과 같이 표시됩니다.

그림 6-44 실행결과

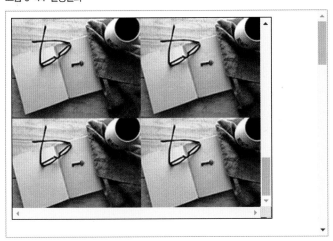

이미지가 삽입된 요소에도 스크롤 바가 생겼고, 웹 브라우저에도 스크롤 바가 생겼습니다. 그러나 웹 브라우저에서만 이미지가 스크롤되고 요소 안에서는 스크롤해도 이미지가 고정되어 있습니다.

background-attachment 속성값을 local로 바꾸면 요소와 웹 브라우저 모두 스크롤할 경우 이미지도 같이 스크롤됩니다. 그리고 속성값을 fixed로 바꾸면 요소와 웹 브라우저에서 모두 이미지가 고정됩니다. background-attachment 속성은 실행해 봐야 이해되므로 직접 확인해 보길 바랍니다.

6.4.7 background 속성으로 한 번에 지정하기

앞에서 배운 배경 속성들은 background 속성으로 한 번에 지정할 수 있습니다. 속성값을 나열하는 순서는 정해져 있지 않지만, background-size 속성만은 항상 background-position 속성값을 먼저 작성하고 나서 슬래시(/)로 구분한 후 사용해야 합니다.

> **형식** background:<color 속성값> <image 속성값> <repeat 속성값> <position 속성값/size 속성값> <attachment 속성값>;

예를 들어, 다음과 같이 여러 속성을 사용하는 코드가 있습니다.

```
div{
  background-color:red;
  background-image:url('images/coffee.jpg');
  background-repeat:no-repeat;
  background-position:center;
  background-size:100% 100%;
  background-attachment:fixed; `
}
```

앞의 코드는 다음처럼 단축 속성인 background 속성으로 한 번에 지정할 수 있습니다.

06/04/background.html

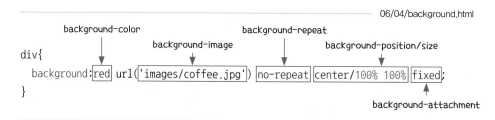

수코딩의 조언	background 속성은 background-position 속성 뒤에 background-size 속성만 슬래시로 구분해 넣는 것 말고는 background-url 속성값을 먼저 나열하든 background-attachment 속성값을 먼저 나열하든 상관없습니다. 그래서 속성값의 의미를 한눈에 파악하기가 어렵습니다. 그러므로 되도록 background 속성을 사용하지 말고 속성을 하나씩 작성해서 사용하기를 권합니다.

1분 퀴즈 ━━━━━━━━━━━━━━━━━━━━━━━━ 해설 노트 p.594

3. 다음 중 요소의 배경에 넣을 이미지 크기를 지정하는 속성을 고르세요.

① background-image

② background-repeat

③ width, height

④ background-size

⑤ background-attachment

6.5

위치 속성으로 HTML 요소 배치하기

CSS에서 제공하는 속성 중에는 HTML 요소를 **기본 흐름**에서 벗어나서 원하는 곳에 배치할 수 있는 속성이 있습니다. 이 속성들은 요소의 위치에 관여한다고 해서 **위치 속성**이라고 합니다.

> **TIP** — HTML 태그의 박스 모델 성격에 따라 블록 성격이면 줄 바꿈, 인라인 성격이면 수평으로 요소가 배치되는 것을 기본 흐름에 따라 배치한다고 표현합니다.

6.5.1 position 속성

position 속성은 HTML 요소를 기본 흐름에서 벗어나 좌푯값에 따라 배치할 때 사용합니다.

> **형식** position:〈속성값〉;

사용할 수 있는 속성값은 다음과 같습니다.

표 6-16 position 속성값

속성값	설명
static	요소를 기본 흐름에 따라 배치합니다.
relative	요소를 기본 흐름에 따라 배치하지만, 좌표 속성을 사용할 수 있습니다.
absolute	요소를 기본 흐름에서 벗어나 절대적인 좌표 위치에 따라 배치합니다.
fixed	요소를 기본 흐름에서 벗어나 절대적인 좌표 위치에 따라 배치합니다. 단, 스크롤해도 해당 위치에 고정되어 있습니다.
sticky	요소를 static 값처럼 기본 흐름에 따라 배치하지만, 지정한 좌표의 임계점에 이르면 fixed 값처럼 화면에 고정됩니다.

223

위치와 관련한 속성값은 매우 중요하므로 자세히 살펴보겠습니다.

static

position 속성값을 static으로 지정하면 아무런 변화가 없습니다. 좌표 속성을 사용할 수 없으며 위치 속성을 사용하지 않았을 때와 같습니다.

> **Note** **기본값**
>
> 위치 속성을 사용하지 않을 때와 같다면 왜 이런 값이 존재할까요? 바로 static과 같은 값이 기본값이기 때문입니다. **6.1.1 기본 스타일 시트**에서 웹 브라우저는 기본 스타일 시트를 가지고 있다고 했습니다. 이때 기본 스타일 시트에 정의된 속성과 값을 **기본값**이라고 합니다.

relative

position 속성값을 relative로 지정하면 요소를 좌표 속성에 따라 배치할 수 있습니다. CSS에서 사용할 수 있는 좌표 속성은 다음과 같습니다.

표 6-17 좌표 속성

속성명	설명
top	위쪽을 기준으로 좌푯값을 지정합니다.
right	오른쪽을 기준으로 좌푯값을 지정합니다.
bottom	아래쪽을 기준으로 좌푯값을 지정합니다.
left	왼쪽을 기준으로 좌푯값을 지정합니다.

좌표 속성에 따라 요소를 배치하는 원리를 이해하려면 좌표계를 알아야 합니다. **좌표계**는 요소가 웹 브라우저에 표시될 때 x축, y축, z축에 따라 요소가 배치되는 개념입니다. 좌표계에는 항상 좌표의 기준이 되는 기준점이 존재하는데, 기준점은 각각 x축, y축, z축의 좌푯값을 쉼표로 구분해 순서대로 나열한 (0, 0, 0) 형태로 작성합니다.

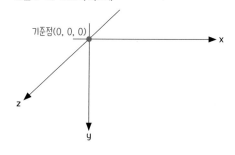

그림 6-45 CSS의 좌표계

224

position 속성값이 relative일 때는 기준점이 요소의 왼쪽 위 모서리가 됩니다.

그림 6-46 relative 값의 기준점

기준점(0, 0, 0)

설명만으로는 이해하기 어려우니 예제를 살펴봅시다. 다음 코드는 div 태그 3개를 각각 가로 100px, 세로 100px로 지정하고 배경색도 서로 다르게 지정합니다. 그리고 class 속성값이 green-box인 요소의 position 속성값을 relative로 하고, 좌표 속성 중 left를 사용해 왼쪽을 기준으로 좌푯값을 지정합니다.

06/05/relative.html

```
<style>
  .box{
    width:100px;
    height:100px;
  }
  .red-box{
    background-color:red;
  }
  .green-box{
    background-color:green;
    position:relative;
    left:100px;
  }
  .blue-box{
    background-color:blue;
  }
</style>
</head>
<body>
  <div class="box red-box"></div>
  <div class="box green-box"></div>
  <div class="box blue-box"></div>
</body>
```

그림 6-47 실행결과

100px

실행결과는 그림과 같이 표시됩니다. 요소의 왼쪽 위 모서리가 기준점이고 여기에 left 속성값 100px을 적용하므로 기준점의 좌푯값이 왼쪽을 기준으로 100px 이동되어 요소가 오른쪽으로 밀려나게 됩니다.

앞의 코드에 top 속성을 추가해 보겠습니다.

06/05/relative.html

```css
.green-box{
    background-color:green;
    position:relative;
    left:100px;
    top:100px;
}
```

그림 6-48 실행결과

이번에는 추가로 기준점이 위쪽을 기준으로 100px 이동해 요소가 아래로 밀려나게 됩니다. 이처럼 position 속성값이 relative로 지정된 요소는 원래 있던 위치(기준점)를 기준으로 좌표 속성에 따라 요소의 위치가 움직이게 됩니다.

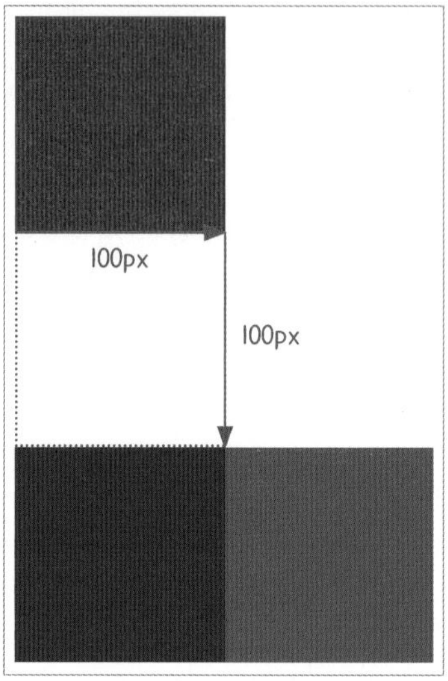

absolute

position 속성값을 absolute로 지정하면 relative와 마찬가지로 요소가 기본 흐름에서 벗어나 좌표 속성에 따라 배치됩니다. 다만, 기준점이 다릅니다. relative일 때는 기준점이 **요소의 왼쪽 위 모서리**지만, absolute일 때는 **웹 브라우저의 왼쪽 위 모서리**입니다.

그림 6-49 absolute 값의 기준점

웹 브라우저는 기본 스타일 시트에 따라 body 태그에 margin 속성이 적용되어 있습니다. 그래서 relative.html 파일의 실행결과를 보면 요소와 웹 브라우저 사이에 여백이 있습니다. 그런데 absolute 값의 기준점은 웹 브라우저의 왼쪽 위 모서리이므로 웹 브라우저에서 표시될 때 기준점이 헷갈리지 않도록 body 태그의 margin 속성값을 0으로 지정하겠습니다. 그리고 position 속성값을 relative에서 absolute로 바꾸면 전혀 다르게 동작합니다.

06/05/absolute.html

```
body{
  margin:0;
}
(중략)
.green-box{
  background-color:green;
  position:absolute;
  left:100px;
}
```

그림 6-50 실행결과

100px

absolute 값일 때 top, bottom 속성을 사용하지 않으면 요소는 원래 있던 위치에서 가로로만 움직임

relative 값일 때는 요소가 이동하더라도 요소가 원래 위치에 있는 것처럼 유지됩니다. 하지만 absolute 값일 때는 요소를 움직이면 요소가 원래 있던 공간은 빈 공간으로 인식됩니다. 그래서 파란색 요소가 초록색 요소가 원래 있던 위치로 올라옵니다.

227

그런데 초록색 요소만 보면 이동한 위치가 position 속성값이 relative일 때와 다르지 않습니다. absolute는 기준점이 웹 브라우저의 왼쪽 위라고 했는데, 왜 빨간색 요소 옆으로 가지 않고 relative 때처럼 원래 위치에서 오른쪽으로만 이동했을까요?

그 이유는 position 속성값이 absolute일 때 top이나 bottom 속성을 지정하지 않으면 left나 right 속성은 원래 위치에서 x축(가로) 방향으로만 움직이기 때문입니다. 그럼 여기에 top 속성을 추가해 어떻게 달라지는지 확인해 봅시다.

────────────────────────────── 06/05/absolute.html

```
.green-box{
  background-color:green;
  position:absolute;
  left:100px;
  top:100px;
}
```

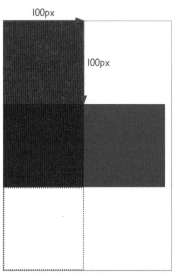

그림 6-51 실행결과

실행결과를 보면 이전과 달라진 것이 없어 보입니다. 그러나 실제로는 top 속성이 사용되어 기준점이 아래로 이동했습니다. position 속성값이 relative일 때 같은 속성을 적용한 예제에서 초록색 요소가 파란색 요소 옆으로 내려간 것과 비교해 보면 차이점을 확실히 알 수 있습니다.

● **fixed**

position 속성값을 fixed로 지정하면 해당 요소는 지정된 위치에 고정됩니다. 실행하면 absolute와 똑같이 작동하는 것처럼 보이지만, 스크롤했을 때 차이가 나타납니다. 기존 코드에서 position 속성값을 fixed로 적용하고, body 태그의 높이를 크게 지정해 웹 브라우저에서 스크롤할 수 있게 만들어 봅시다.

────────────────────────────── 06/05/fixed.html

```
body{
  margin:0;
  height:4000px;
}
(중략)
```

228

```
.green-box{
  background-color:green;
  position:fixed;
  left:100px;
  top:100px;
}
```

그림 6-52 실행결과

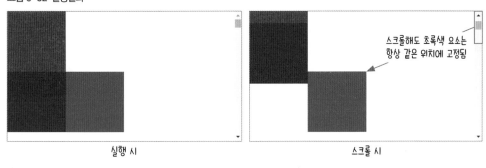

실행 시   스크롤 시

스크롤해도 초록색 요소는
항상 같은 위치에 고정됨

코드를 실행해 보면 fixed 값이 설정된 요소는 웹 브라우저를 스크롤하더라도 항상 같은 위치
에 있음을 확인할 수 있습니다.

● **sticky**

position 속성값이 sticky일 때는 스크롤하는 중에 일정 지점(임계점)이 되면 요소가 fixed 값
처럼 작동합니다. 기존 코드에서 초록색 요소의 position 속성값을 sticky로 바꾸고 좌표 속성
은 top 속성값만 0으로 지정합니다.

06/05/sticky.html

```
.green-box{
  background-color:green;
  position:sticky;
  top:0;
}
```

그림 6-53 실행결과

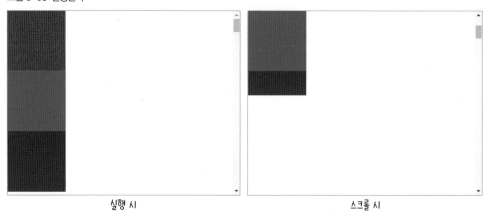

| 실행 시 | 스크롤 시 |

실행결과를 보면 요소들이 static 값일 때처럼 표시됩니다. 그러나 웹 브라우저를 스크롤해 보면 화면에서 사라지는 빨간색과 파란색 요소와 다르게 초록색 요소는 top 속성값이 0인 위치에 고정되어 있습니다.

> **Note   sticky 사용 시 유의사항**
>
> sticky 값은 W3C에서 초안(working draft) 상태이므로 정식 표준은 아닙니다. 그래서 구형 웹 브라우저에서는 지원하지 않으며 IE 11에서도 지원하지 않습니다. 하지만 최신 웹 브라우저에서는 아주 유용하게 사용할 수 있어서 소개합니다.

● z-index 속성

z-index 속성을 사용하면 position 속성으로 배치한 요소의 z축 위치를 결정할 수 있습니다. 속성값으로는 하나의 정숫값이 옵니다.

형식   z-index:<정숫값>;

position 속성이 static 값이 아닐 때는 좌표 속성에 따라 요소를 배치할 수 있습니다. 그런데 이때 요소와 요소가 겹치는 문제가 발생할 수 있습니다. 예제로 살펴봅시다. 다음 예제에서는 빨간색 요소의 position 속성값을 relative로, 초록색 요소의 position 속성값을 absolute로 적용합니다.

```
<style>
  .box{
    width:100px;
    height:100px;
  }
  .red-box{
    background-color:red;
    position:relative;
  }
  .green-box{
    background-color:green;
    position:absolute;
    left:0;
    top:0;
  }
</style>
</head>
<body>
  <div class="box red-box"></div>
  <div class="box green-box"></div>
</body>
```

그림 6-54 실행결과

코드를 실행하면 초록색 요소가 빨간색 요소보다 위에 표시됩니다. position 속성은 다른 요소
들이 배치되면 나중에 작성된 요소가 앞에 표시되어서 그렇습니다. 이때 요소들의 앞뒤 배치를
바꾸고 싶다면 z축 값을 지정하는 z-index 속성을 사용합니다. 속성값의 숫자가 클수록 요소가
더 앞쪽에 배치됩니다. 모든 요소는 기본으로 z-index 속성값이 0이므로 0보다 크게 설정하면
됩니다.

```
.red-box{
  background-color:red;
  position:relative;
  z-index:10;
}
```

그림 6-55 실행결과

z축의 값이 더 높은 빨간색 요소가 앞에 표시됩니다.

6.5.2 float 속성

요소를 화면에 배치하는 또 다른 방법으로는 float 속성이 있습니다.

형식   float:⟨속성값⟩;

사용할 수 있는 속성값은 다음과 같습니다.

표 6-18 float 속성값

속성값	설명
none	float 속성을 적용하지 않습니다.
left	대상 요소를 공중에 띄워 왼쪽에 배치하면서 다음에 오는 요소를 주변에 자연스럽게 배치합니다.
right	대상 요소를 공중에 띄워 오른쪽에 배치하면서 다음에 오는 요소를 주변에 자연스럽게 배치합니다.

float는 우리말로 '뜨다, 떠가다'인데, 실제로 float 속성은 대상 요소를 공중에 띄워 다음에 오는 요소를 주변에 자연스럽게 배치하기 위한 용도로 사용합니다. float 속성은 보통 다음과 같은 상황에서 사용할 수 있습니다.

● 이미지 요소와 텍스트 요소 배치하기

이미지 요소와 텍스트 요소가 함께 사용될 때 float 속성의 특징을 적용하면 다음과 같은 레이아웃을 만들 수 있습니다.

—————————————————————————————— 06/05/float-img.html

```
<style>
  img{
```

```
        float:left;
        margin-right:1rem;
      }
    </style>
  </head>
  <body>
    <img src="images/coffee.jpg" alt="커피">
    <p>Lorem, ipsum dolor ... </p>
  </body>
</html>
```

그림 6-56 실행결과

Lorem, ipsum dolor sit amet consectetur adipisicing elit. Corrupti ut dolor ratione blanditiis iste, harum fugit, soluta eum obcaecati, expedita perspiciatis quam culpa? Doloribus repellendus labore sed inventore iusto eveniet. Lorem, ipsum dolor sit amet consectetur adipisicing elit. Maiores at natus aliquid numquam vitae nisi, voluptates laudantium saepe error sapiente nobis adipisci et accusamus molestiae commodi consequuntur earum, ut dicta? Lorem ipsum dolor sit amet consectetur, adipisicing elit. Id molestiae perspiciatis non temporibus voluptates alias ducimus libero esse recusandae placeat, natus quo mollitia sint enim? Ex numquam non officia ipsam?

실행결과를 보면 float 속성값을 left로 지정한 이미지 요소는 왼쪽으로 배치되고, 다음 요소인 p 태그로 작성한 텍스트는 이미지 요소 주변으로 자연스럽게 배치됩니다.

반대로 이미지 요소에 float 속성값을 right로 적용하면 이미지 요소가 오른쪽에 배치되고 텍스트 요소는 이미지 요소 주변을 흐르는 형태로 배치됩니다.

그림 6-57 이미지 요소에 float 속성값을 right로 지정했을 때

Lorem, ipsum dolor sit amet consectetur adipisicing elit. Corrupti ut dolor ratione blanditiis iste, harum fugit, soluta eum obcaecati, expedita perspiciatis quam culpa? Doloribus repellendus labore sed inventore iusto eveniet. Lorem, ipsum dolor sit amet consectetur adipisicing elit. Maiores at natus aliquid numquam vitae nisi, voluptates laudantium saepe error sapiente nobis adipisci et accusamus molestiae commodi  consequuntur earum, ut dicta? Lorem ipsum dolor sit amet consectetur, adipisicing elit. Id molestiae perspiciatis non temporibus voluptates alias ducimus libero esse recusandae placeat, natus quo mollitia sint enim? Ex numquam non officia ipsam?

● 블록 성격 요소를 인라인 성격 요소처럼 배치하기

float 속성의 작동 원리를 이용해 블록 성격 요소를 인라인 성격 요소처럼 배치할 수 있습니다.

06/05/float-layout.html

```html
<style>
  div{
    color:white;
  }
  .red-box{
    background-color:red;
  }
  .blue-box{
    background-color:blue;
  }
</style>
</head>
<body>
  <div class="red-box">red-box</div>
  <div class="blue-box">blue-box</div>
</body>
```

그림 6-58 실행결과

```
red-box
blue-box
```

div 태그는 블록 성격이라서 width 속성을 따로 사용하지 않아도 그림처럼 가로 한 줄을 전부
차지합니다. 이 상태에서 빨간색 요소의 float 속성값을 left로 지정해 보겠습니다.

06/05/float-layout.html

```css
.red-box{
  background-color:red;
  float:left;
}
```

그림 6-59 실행결과

```
red-boxblue-box
```

화면으로는 빨간색 요소와 파란색 요소가 나란히 배치된 것처럼 보이지만, 개발자 도구로 확인해 보면 파란색 요소 일부가 빨간색 요소 밑에 깔려 있습니다.

그림 6-60 개발자 도구로 요소 배치 확인

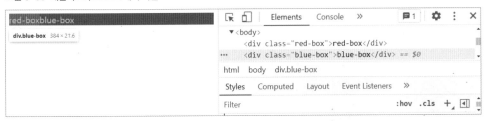

이렇게 작동하는 것은 float 속성이 적용 대상을 공중에 띄워 배치하기 때문에 대상이 있던 위치를 빈 공간으로 인식해서 그렇습니다. 그래서 파란색 요소는 마치 빨간색 요소가 없는 것처럼 인식하고 해당 공간을 파란색 요소의 배경이 차지합니다. 다만, 다음에 오는 요소를 대상 요소 주변에 흐르듯이 배치한다는 float 속성의 특징 때문에 blue-box라는 글씨는 빨간색 요소의 옆으로 배치될 뿐입니다.

그리고 float 속성이 적용된 대상은 별도로 width 속성이 지정되지 않으면 요소가 가지고 있는 콘텐츠만큼 너비가 자동으로 조정됩니다. 그래서 빨간색 요소는 원래 가로 한 줄을 다 차지하는 너비였지만, red-box 텍스트가 차지한 너비만큼으로 줄어들었습니다.

이 특징을 이용해 블록 성격 요소를 한 줄로 배치할 수 있습니다. 파란색 요소에도 float 속성을 적용해 빨간색 요소와 마찬가지로 공중에 띄우면 됩니다. 즉, float 속성이 적용된 대상끼리는 서로의 위치를 제대로 인식할 수 있습니다.

———————————————————————————— 06/05/float-layout.html

```
.blue-box{
  background-color:blue;
  float:left;
}
```

그림 6-61 실행결과

red-boxblue-box

두 요소는 텍스트가 차지한 크기만큼 너비가 조정되어 한 줄로 나란히 배치됩니다. 이렇게 float 속성으로 블록 성격 요소를 인라인 성격 요소처럼 한 줄로 배치할 수 있습니다.

● float 속성 사용 시 문제점

float 속성을 사용할 때 몇 가지 주의할 점이 있습니다. div 태그로 작성된 빨간색 요소와 초록색 요소가 있다고 해 봅시다. 이 상태에서 빨간색 요소의 float 속성값을 left로 지정하면 실행 결과가 다음 그림의 오른쪽처럼 바뀝니다.

그림 6-62 float 속성 사용 예시

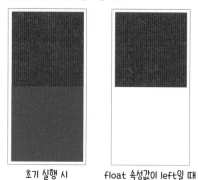

초기 실행 시   float 속성값이 left일 때

오른쪽 그림을 보면 초록색 요소가 보이지 않습니다. 초록색 요소는 어디로 사라졌을까요? 개발자 도구로 보면 초록색 요소는 빨간색 요소 밑에 들어가 있습니다.

그림 6-63 개발자 도구로 초록색 요소 확인

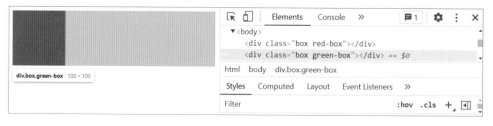

이런 결과가 나오는 이유는 앞에서 설명했듯이 float 속성이 적용 대상의 원래 위치를 보장하지 않기 때문입니다. 이러한 특징은 다음과 같은 레이아웃을 만들 때 더 도드라집니다.

그림 6-64 만들려는 레이아웃

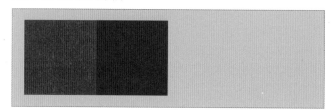

그림과 같은 레이아웃을 만들기 위해 다음 코드를 작성합니다.

```
<style>
  .container{
    width:400px;
    padding:1rem;
    margin:0 auto;
    border:1px solid black;
    background-color:#ccc;
  }
  .box{
    width:100px;
    height:100px;
  }
  .red-box{
    background-color:red;
  }
  .blue-box{
    background-color:blue;
  }
</style>
</head>
<body>
  <div class="container">
    <div class="box red-box"></div>
    <div class="box blue-box"></div>
  </div>
</body>
```

그림 6-65 실행결과

237

코드를 실행하면 웹 브라우저에 그림과 같이 표시됩니다. 이 상태에서 빨간색 요소와 파란색 요소를 float 속성으로 나란히 배치해 보겠습니다.

06/05/float-ex1.html

```
.box{
  width:100px;
  height:100px;
  float:left;
}
```

그림 6-66 실행결과

예상과 달리 부모 요소가 자식인 빨간색과 파란색 요소의 공간을 제대로 인식하지 못하고 있습니다. 즉, float 속성을 적용하면 해당 자식 요소를 부모 요소가 제대로 인식하지 못합니다. 바로 이런 현상 때문에 웹 페이지의 레이아웃을 구성할 때 예기치 못한 문제가 발생할 수 있습니다. 이를 해결하는 방법은 두 가지입니다. clear 속성을 사용하거나 overflow 속성을 사용하는 겁니다.

6.5.3 clear 속성

clear 속성은 float 속성을 해제할 때 사용하는 속성입니다. 앞에서 알아본 float 속성에서 문제가 발생하는 원인은 float 속성이 대상 요소의 다음 요소에 영향을 주기 때문입니다. 따라서 영향을 주지 않도록 float 속성을 해제해야 합니다.

형식   clear:<속성값>;

사용하는 속성값은 다음과 같습니다.

표 6-19 clear 속성값

속성값	설명
left	float 속성의 left 값을 해제합니다.
right	float 속성의 right 값을 해제합니다.
both	float 속성의 left와 right 값을 모두 해제합니다.

clear 속성은 float 속성이 마지막으로 적용된 요소 다음에 사용합니다. 예제 코드를 보면서 사용 방법을 알아보겠습니다.

06/05/clear.html

```html
<style>
  .box{
    width:100px;
    height:100px;
  }
  .red-box{
    background-color:red;
    float:left;
  }
  .green-box{
    background-color:green;
    float:left;
  }
  .blue-box{
    background-color:blue;
  }
</style>
</head>
<body>
  <div class="box red-box"></div>
  <div class="box green-box"></div>
  <div class="box blue-box"></div>
</body>
```

그림 6-67 실행결과

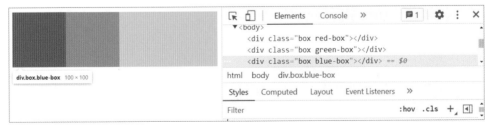

코드에서 파란색 요소만 float 속성을 적용하지 않았습니다. 실행결과를 개발자 도구로 살펴보면 그림처럼 표시됩니다. 파란색 요소가 사라진 것이 아니라 빨간색 요소 밑에 있습니다. float

239

속성이 적용된 요소는 자신의 원래 위치를 보장받지 못하기 때문입니다.

파란색 요소를 정상적으로 보이게 하려면 파란색 요소 바로 전에 있는 초록색 요소에 적용된 float 속성을 해제해야 합니다. 다음 코드처럼 파란색 요소에 clear 속성을 추가합니다. 이때 초록색 요소의 float 속성값이 left이니 clear 속성에도 left 값을 적용합니다.

— 06/05/clear-solved.html

```
.blue-box{
    background-color:blue;
    clear:left;
}
```

그림 6-68 실행결과

이제 파란색 요소는 다른 요소의 float 속성에 영향을 받지 않아 정상적으로 표시됩니다.

만약 그림 6-64처럼 자식 요소가 부모 요소에 감싸져 있는 형태라면 ::after 가상 요소 선택자로 clear 속성을 적용할 수도 있습니다.

```
.parent::after{
    content:""; /* 빈 콘텐츠를 만듭니다. */
    display:block; /* 박스 모델 성격을 블록 성격으로 변경합니다. */
    clear:left; /* clear 속성으로 float 속성의 left 값을 해제합니다. */
}
```

이 방식으로 float-ex1.html 파일의 문제를 해결해 보겠습니다.

— 06/05/clear-solved-2.html

```
.container::after{
    content:"";
    display:block;
    clear:both;
}
```

그림 6-69 실행결과

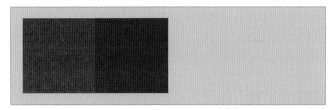

코드를 실행해 보면 부모 요소가 자식 요소를 제대로 인식합니다.

1분 퀴즈 해설 노트 p.594

4. 다음 코드의 float 속성을 초기화하는 clear 속성값을 고르세요.

```
float:right;
```

① top

② bottom

③ left

④ right

⑤ justify

6.6

전환 효과 속성 적용하기

6.6.1 전환이란

CSS에서 한 요소에 적용된 스타일 속성값을 다른 속성값으로 변하게 하는 것을 **전환**(transition)
이라고 합니다. 전환이 어떤 건지 다음 코드를 보며 이해해 봅시다.

06/06/transition.html

```
<style>
  .red-box{
    width:100px;
    height:100px;
    background-color:red;
  }
  .red-box:hover{
    background-color:blue;
  }
</style>
</head>
<body>
  <div class="red-box"></div>
</body>
```

그림 6-70 실행결과

초기 실행 시　　요소에 마우스를 올렸을 때

코드를 실행하면 빨간색 요소가 보입니다. 빨간색 요소에 마우스를 올리면 :hover 가상 클래스
선택자 때문에 파란색으로 변합니다. 이처럼 전환은 기존 속성값이 다른 값으로 변경되는 것을

말합니다. 그리고 CSS3에서 이런 전환이 발생할 때, 전환 효과를 직접 속성으로 지정할 수 있는 전환 효과 속성이 새로 추가됐습니다.

6.6.2 transition-property 속성

transition-property 속성은 전환 효과를 적용할 대상 속성을 지정합니다.

형식 transition-property:<속성값>;

속성값에는 전환 효과의 대상이 되는 속성명을 적거나 미리 정해진 키워드를 넣습니다. 속성값에 사용할 수 있는 키워드는 다음과 같습니다.

표 6-20 transition-property 속성값

속성값	설명
none	전환 효과 속성을 지정하지 않습니다.
all	모든 속성을 전환 효과 대상으로 지정합니다.

예를 들어, background-color 속성에 전환 효과를 주고 싶다면 다음과 같이 작성하면 됩니다.

```
transition-property:background-color;
```

전환 효과를 여러 속성에 지정하고 싶다면 쉼표로 구분해 작성하면 됩니다.

```
transition-property:background-color, color, width;
```

개별 속성이 아닌 모든 속성에 전환 효과를 넣고 싶으면 all로 지정하면 됩니다.

```
transition-property:all;
```

6.6.3 transition-duration 속성

transition-duration 속성은 전환 효과의 지속 시간을 설정하는 데 사용합니다. 속성값으로는 초 단위 값을 사용합니다.

형식 transition-duration:<시간>;

예를 들어, 다음 코드를 실행하면 전환 효과가 1초 동안 발생합니다.

```
transition-duration:1s;
```

여러 속성을 쉼표로 구분해 전환 효과를 지정할 때는 transition-property와 transition-duration 속성을 각각 지정할 수 있습니다. 만약 다음과 같이 코드를 작성한다면 background-color 속성은 1초(1s), color 속성은 0.5초(500ms), width 속성은 2초(2s) 동안 각 속성의 지속 시간이 지정되어 전환 효과가 발생하게 됩니다.

TIP — 어떤 요소에 전환 효과를 지정하려면 반드시 transition-property 속성과 transition-duration 속성을 함께 사용해야 합니다. 둘 중 한 속성이라도 빠지면 전환 효과가 제대로 적용되지 않습니다.

```
transition-property:background-color, color, width;
transition-duration:1s, 500ms, 2s;
```

6.6.4 transition-delay 속성

transition-delay 속성을 사용하면 전환 효과의 발생을 지연할 수 있습니다. 속성값으로는 transition-duration 속성과 마찬가지로 지연하고 싶은 시간을 적으면 됩니다.

06/06/transition-delay.html

```
.red-box{
  (중략)
  transition-delay:1s;
}
```

예제 코드처럼 transition-delay 속성값을 1s라고 적으면 빨간색 요소에 마우스를 올렸을 때 파란색으로 바로 바뀌지 않고 1초 뒤에 전환 효과가 발생합니다.

6.6.5 transition-timing-function 속성

transition-timing-function 속성은 전환 효과의 진행 속도를 지정합니다. 속성값으로는 정해진 키워드와 cubic-bezier() 함수를 사용할 수 있습니다.

표 6-21 transition-timing-function 속성값

속성값	설명
linear	처음 속도와 마지막 속도가 일정합니다.
ease	처음에는 속도가 점점 빨라지다가 중간부터 점점 느려집니다.
ease-in	처음에는 속도가 느리지만 완료될 때까지 점점 빨라집니다.
ease-out	처음에는 속도가 빠르지만 완료될 때까지 점점 느려집니다.
ease-in-out	처음에는 속도가 느리지만 점점 빨라지다가 다시 점점 느려집니다.
cubic-bezier(p1, p2, p3, p4)	사용자가 정의한 속도로 진행합니다.

예를 들어, 다음과 같이 전환 효과가 5초 동안 발생하도록 지정했다고 합시다.

```
.container .bar{
  width:10px;
  transition-property:width;
  transition-duration:5s;
}
.container:hover .bar{
  width:110px;
}
```

bar 클래스가 있는 태그의 너비가 처음에는 10px인데, 5초 뒤에는 110px이 됩니다. 그러면 5초 동안 100px이 증가(110px – 10px)하므로 이론상 1초에 20px씩 증가하면 됩니다. 이때, 증가하는 값의 속도를 transition-timing-function 속성이 제어합니다.

다음 코드는 같은 시간 동안 같은 값으로 발생하는 전환 효과가 서로 다른 속도로 진행되도록 제어합니다.

```
.bar:nth-child(1){ /* 첫 번째 bar 클래스 요소 선택 */
  transition-timing-function:linear;
}
.bar:nth-child(2){ /* 두 번째 bar 클래스 요소 선택 */
  transition-timing-function:ease;
}
.bar:nth-child(3){ /* 세 번째 bar 클래스 요소 선택 */
  transition-timing-function:ease-in;
}
.bar:nth-child(4){ /* 네 번째 bar 클래스 요소 선택 */
  transition-timing-function:ease-out;
}
.bar:nth-child(5){ /* 다섯 번째 bar 클래스 요소 선택 */
  transition-timing-function:ease-in-out;
}
```

그림 6-71 실행결과(전환 효과가 진행 중인 화면)

완료 시점은 똑같은데 완료까지 전환 효과의 속도가 다릅니다.

기본으로 제공되는 속성값의 속도 방식이 마음에 들지 않는다면 cubic-bezier() 함수로 직접 정할 수도 있습니다. 다만, 전환 속도를 직접 정하려면 복잡하므로 크롬의 개발자 도구나 별도의 외부 사이트에서 계산하는 것이 편합니다.

● 크롬 개발자 도구에서 속도 조절하기

크롬의 개발자 도구에서 transition-timing-function 속성이 적용된 요소를 선택하면 그림과 같이 나옵니다. 그림에서 보라색 아이콘을 클릭하면, 사용자가 직접 곡선을 조정할 수 있는 화면이 나옵니다.

그림 6-72 개발자 도구에서 함수 속도 조절하기

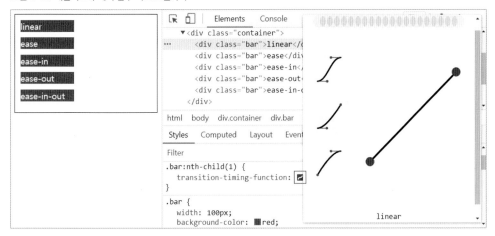

여기서 전환 효과가 완료될 때까지의 속도를 정할 수 있습니다. 곡선의 두 점을 움직일 때마다 화면 위에 결과가 미리 보입니다. 원하는 효과대로 곡선을 조정하고 나면 곡선 아래 cubic-bezier( ) 값이 보이는데, 이 값을 복사해 속성값으로 넣으면 됩니다.

그림 6-73 곡선 조정 후

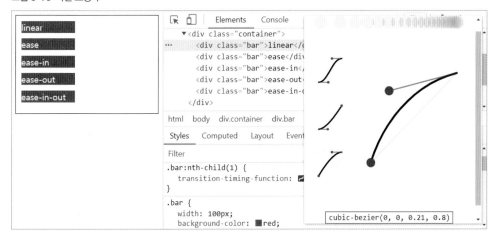

● 외부 사이트 이용하기

cubic-bezier( ) 값을 구해 주는 사이트도 있습니다. https://cubic-bezier.com에 접속하면 다음과 같은 화면이 보이는데, 여기서 곡선을 조정하면 cubic-bezier( ) 값을 확인할 수 있습니다.

그림 6-74 cubic-bezier() 값을 구해 주는 사이트

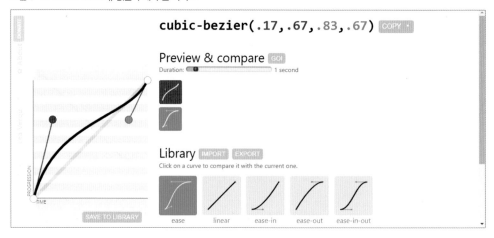

6.6.6 transition 속성으로 한 번에 지정하기

앞에서 배운 모든 전환 효과 속성은 단축 속성인 transition 속성으로 한 번에 작성할 수 있습니다.

> **형식** transition:⟨property⟩, ⟨duration⟩, ⟨timing-function⟩, ⟨delay⟩;

다음과 같이 전환 효과를 작성한 코드가 있다고 합시다.

```
transition-property:width;
transition-duration:1s;
transition-timing-function:ease-in;
transition-delay:1s;
```

이 코드는 다음과 같이 줄여 쓸 수 있습니다.

```
transition:width, 1s, ease-in, 1s;
```

Note **전환 효과가 가능한 속성**

CSS의 모든 속성이 전환 효과를 사용할 수 있는 것은 아닙니다. 전환 효과는 다음 표에 나와 있는 CSS 속성에서만 사용할 수 있습니다.

표 6-22 전환 효과가 가능한 속성

background-color	background-position	border-bottom-color
border-bottom-width	border-left-color	border-left-width
border-right-color	border-right-width	border-spacing
border-top-color	border-top-width	bottom
clip	color	font-size
font-weight	height	left
letter-spacing	line-height	margin-bottom
margin-left	margin-top	margin-right
max-width	min-width	opacity
outline-color	outline-width	padding-bottom
padding-left	padding-right	padding-top
right	text-indent	text-shadow
top	vertical-align	visibility
width	word-spacing	z-index

1분 퀴즈 ▬▬▬▬▬▬▬▬▬▬▬▬▬▬▬▬▬▬▬▬▬▬▬▬▬▬▬▬▬▬▬▬▬▬▬▬▬▬▬ 해설 노트 p.594

5. 다음 중 틀린 설명을 고르세요.

① 전환 효과 속성은 어떤 요소의 속성값이 다른 값으로 변경되는 효과를 지정하는 속성을 말합니다.

② 전환 효과 속성을 지정하는 데 필요한 최소 속성은 transition-property, transition-duration, transition-timing-function 속성입니다.

③ transition-property 속성에는 전환 효과를 지정할 속성명을 값으로 적습니다.

④ transition-delay 속성은 전환 효과를 지연할 때 사용합니다.

⑤ transition 속성은 transition-property, transition-duration, transition-delay, transition-timing-function 속성을 한 번에 사용할 수 있습니다.

애니메이션 속성으로 전환 효과 제어하기

애니메이션(animation) 속성은 전환 효과 속성과 함께 CSS3에서 새로 추가됐는데, 전환 효과 속성보다 더 정확하고 부드럽게 전환 효과를 제어할 수 있습니다.

애니메이션 속성의 주요 문법 구성은 애니메이션을 적용할 스타일 속성과 키 프레임(@keyframes)입니다. 전환 효과 속성보다 더 많은 기능이 있는 애니메이션 관련 속성을 배워 보겠습니다.

6.7.1 키 프레임 정의하기

애니메이션은 정지된 이미지를 연속적으로 보여 줘서 움직이는 것처럼 보이게 합니다. 애니메이션 속성은 이런 애니메이션 효과를 전환 효과에 부여합니다. 그래서 애니메이션 속성은 전환 효과 속성과 다르게 키 프레임(@keyframes)을 정의해서 실행해야 합니다. 키 프레임은 애니메이션이 진행되는 과정에서 특정 시점에서 발생해야 하는 여러 작업을 정의하는 문법입니다. 따라서 키 프레임에는 시작과 종료에 해당하는 최소 2개 시점에 대한 스타일이 정의되어야 합니다.

형식
```
@keyframes <키 프레임명>{
    0%{/* CSS 코드 */}
    n%{/* CSS 코드 */}
    100%{/* CSS 코드 */}
}
```

다음 키 프레임은 애니메이션의 시작 시점에는 배경색이 빨간색이지만, 종료 시점으로 갈수록 초록색으로 변하도록 정의합니다.

```
@keyframes bgchange{
    0%{background-color:red;}
    100%{background-color:green;}
}
```

특정 시점은 0%, 100%처럼 시간에 대한 퍼센트로 지정합니다. 또는 애니메이션 시작을 의미하는 0%와 종료를 의미하는 100%를 from과 to 키워드로 대체해 작성할 수도 있습니다.

```
@keyframes bgchange{
    from{background-color:red;}
    to{background-color:green;}
}
```

또한, 중간에 얼마든지 시점을 정해 스타일 속성을 정의할 수 있습니다. 예를 들어, 다음 코드는 애니메이션이 진행되는 과정 중에 0%, 25%, 50%, 100% 시점에 각각 배경색을 변경하도록 정의합니다.

───────────────── 06/07/animation-basic.html

```
@keyframes bgchange{
    0%{background-color:red;}
    25%{background-color:orange;}
    50%{background-color:yellow;}
    100%{background-color:green;}
}
```

6.7.2 animation-name 속성

animation-name 속성은 특정 요소에서 적용할 키 프레임명을 지정합니다.

형식   animation-name:<키 프레임명>;

예를 들어, bgchange라는 이름의 키 프레임을 지정하고 싶다면 다음과 같이 작성합니다.

251

```
animation-name:bgchange;
```

6.7.3 animation-duration 속성

animation-duration 속성은 애니메이션을 지속할 시간을 설정합니다. 속성값으로는 초(s)나
밀리초(ms) 단위의 시간을 넣으면 됩니다.

> **형식** animation-duration:〈지속 시간〉;

다음은 div 태그 요소의 배경색을 5초 동안 변경하는 예제 코드입니다.

06/07/animation-duration.html

```
div{
  width:100px;
  height:100px;
  background-color:red;
  animation-name:bgchange;
  animation-duration:5s;
}
@keyframes bgchange{
  0%{background-color:red;}
  25%{background-color:orange;}
  50%{background-color:yellow;}
  100%{background-color:green;}
}
```

그림 6-75 실행결과

코드를 실행하면 div 요소의 배경색이 처음에는 빨간색이었다가 키 프레임에 정의된 시점에 따
라 주황색, 노란색, 초록색 순으로 변경됩니다. 애니메이션을 사용한 전환 효과는 5초 동안 실
행됐다가 다시 요소의 초기색인 빨간색으로
돌아갑니다. 애니메이션 속성이 한 번 실행하
고 나면 실행되기 전 상태로 돌아가기 때문입
니다.

TIP —— 애니메이션은 키 프레임, animation-name 속성,
animation-duration 속성만 있으면 전환 효과를 적용할 수
있습니다. 그러나 3가지 중 하나라도 빠지면 전환 효과는 적용
되지 않습니다. 3가지를 기본으로 나머지 애니메이션 속성을
추가하면 효과를 더 세부적으로 제어할 수 있습니다.

6.7.4 **animation-delay 속성**

animation-delay 속성을 사용하면 애니메이션 실행을 지연할 수 있습니다. 속성값으로는 초나 밀리초 단위의 시간을 넣으면 됩니다.

형식   animation-delay:<지연 시간>;

예를 들어, 다음 코드를 실행하면 애니메이션을 3초 뒤에 실행합니다.

```
animation-delay:3s;
```

6.7.5 **animation-fill-mode 속성**

애니메이션이 끝나도 원래 상태로 돌아가지 않고 애니메이션이 종료된 시점의 상태를 유지하길 원할 수도 있습니다. 이럴 때는 animation-fill-mode 속성을 사용하면 됩니다. animation-fill-mode 속성은 애니메이션이 실행되기 전과 후의 스타일을 지정합니다. 사용할 수 있는 속성값은 다음 표와 같습니다.

표 6-23 animation-fill-mode 속성값

속성값	상태	설명
none	실행 전	시작 시점(0%, from)의 스타일을 적용하지 않고 대기합니다.
	실행 후	실행되기 전의 스타일 적용 상태로 돌아갑니다.
forwards	실행 전	시작 시점(0%, from)의 스타일을 적용하지 않고 대기합니다.
	실행 후	키 프레임에 정의된 종료 시점(100%, to)의 스타일을 적용하고 대기합니다.
backwards	실행 전	키 프레임에 정의된 시작 시점(0%, from)의 스타일을 적용하고 대기합니다.
	실행 후	실행되기 전의 스타일 적용 상태로 돌아갑니다.
both	실행 전	키 프레임에 정의된 시작 시점(0%, from)의 스타일을 적용하고 대기합니다.
	실행 후	키 프레임에 정의된 종료 시점(100%, to)의 스타일을 적용하고 대기합니다.

animation-fill-mode 속성은 대부분 애니메이션이 종료된 후에 상태 유지를 목적으로 사용하기 때문에 forwards 속성값을 가장 많이 사용합니다. **6.7.3 animation-duration**에서 사용한 예제 코드에 다음과 같이 animation-fill-mode 속성을 추가하면 애니메이션 종료 후에도 종료 시점의 상태를 유지하게 합니다.

06/07/animation-fill-mode.html

```
div{
    width:100px;
    height:100px;
    background-color:red;
    animation-name:bgchange;
    animation-duration:5s;
    animation-fill-mode:forwards;
}
```

그림 6-76 실행결과

애니메이션이 종료되어도 요소의 배경색이 초기 상태인 빨간색으로 돌아가지 않고 종료 시점의 상태인 초록색이 유지됩니다.

6.7.6 **animation-iteration-count 속성**

애니메이션은 기본으로 1회 실행하고 종료됩니다. 이때 animation-iteration-count 속성을 사용하면 실행 횟수를 조절할 수 있습니다.

형식　animation-iteration-count:<횟수>;

예를 들어, 애니메이션을 3회 반복하고 싶다면 다음과 같이 코드를 작성합니다.

06/08/animation-iteration-count.html

```
animation-iteration-count:3;
```

또한, 무한으로 반복하게 하는 infinite 값도 사용할 수 있습니다.

```
animation-iteration-count:infinite;
```

6.7.7 animation-play-state 속성

animation-play-state 속성은 애니메이션의 재생 상태를 지정합니다. 속성값으로는 다음 키워드를 사용할 수 있습니다.

표 6-24 animation-play-state 속성값

속성값	설명
paused	애니메이션의 실행을 일시 정지합니다.
running	애니메이션을 실행합니다.

전환 효과 속성과 다르게 애니메이션 속성은 실행 도중에 일시 정지하거나 일시 정지했다가 다시 재생할 수 있습니다. 하지만 이렇게 작업하려면 순수 HTML과 CSS 코드만으로는 불가능하고 자바스크립트도 함께 사용해야 합니다. 아직은 자바스크립트를 배우기 전이므로 적용 모습만 예제 코드로 확인해 보세요.

06/07/animation-play-state.html

```
<style>
  div{
    width:100px;
    height:100px;
    background-color:red;
    position:relative;
    animation-name:move;
    animation-duration:10s;
    animation-fill-mode:forwards;
    animation-play-state:paused;
  }
  @keyframes move{
    from{
      left:0;
    }
    to{
      left:300px;
    }
  }
</style>
</head>
```

255

```
<body>
  <div></div>
  <button id="start">start</button>
  <button id="paused">paused</button>
  <script>
    const box = document.querySelector("div");
    document.getElementById("start").addEventListener("click", function(){
      box.style.animationPlayState = "running";
    });
    document.getElementById("paused").addEventListener("click", function(){
      box.style.animationPlayState = "paused";
    })
  </script>
</body>
</html>
```

그림 6-77 실행결과

animation-play-state 속성값을 paused로 설정했기 때문에 코드를 실행해도 애니메이션이 실행되지 않습니다. 이때 화면의 start 버튼을 누르면 div 요소에서 애니메이션이 시작되고 paused 버튼을 누르면 일시 정지됩니다.

6.7.8 animation-direction 속성

animation-direction 속성은 애니메이션의 진행 방향을 지정합니다.

형식 animation-direction:<속성값>;

사용할 수 있는 속성값은 다음 표와 같습니다.

표 6-25 animation-direction 속성값

속성값	설명
normal	애니메이션의 진행 방향을 키 프레임에 정의된 시간 순서대로 진행합니다(from → to).
reverse	애니메이션의 진행 방향을 키 프레임에 정의된 시간 순서의 역으로 진행합니다(to → from).
alternate	애니메이션이 1회 이상 실행될 경우 홀수 번째는 normal로, 짝수 번째는 reverse로 진행합니다.
alternate-reverse	애니메이션이 1회 이상 실행될 경우 홀수 번째는 reverse로, 짝수 번째는 normal로 진행합니다.

애니메이션은 키 프레임에 정의한 순서대로 진행됩니다. 그런데 키 프레임을 어떠한 이유로 건드리지 못할 때, 애니메이션의 진행 방향은 수정하고 싶다면 animation-direction 속성을 사용합니다. 예를 들어, 다음처럼 속성을 정의하면 애니메이션의 진행 방향이 from(100%)에서 to(0%), 즉 키 프레임의 역순이 됩니다.

```
animation-direction:reverse;
```

> **Note**   **animation-timing-function 속성**
>
> 이 속성은 애니메이션의 속도를 지정할 때 사용합니다. 작동 방식이 transition-timing-function 속성과 똑같아서 여기서는 자세한 설명을 생략합니다. https://developer.mozilla.org/en-US/docs/Web/CSS/animation-timing-function을 참고해 주세요.

6.7.9 animation 속성으로 한 번에 지정하기

마지막으로 앞에서 살펴본 모든 애니메이션 속성은 단축 속성인 animation 속성으로 한 번에 작성할 수 있습니다.

형식   animation:<name> <duration> <timing-function> <delay> <iteration-count>
<direction> <fill-mode> <play-state>;

257

속성값을 전부 다 적을 필요는 없고 한 번에 적용하고 싶은 애니메이션 속성만 적으면 됩니다. 예를 들어, 다음 코드는 bgchange 키 프레임에 정의된 속성을 ease-in 속도로 3회 실행합니다.

```
animation:bgchange 5s 3 ease-in;
```

해설 노트 p.594

1분 퀴즈

6. 다음 애니메이션 속성에 관한 설명 중 틀린 것을 고르세요.

① 애니메이션 속성은 @keyframes에 정의된 CSS 속성을 실행합니다.

② 애니메이션 속성은 시간의 흐름에 따라 별도로 제어할 수 있습니다.

③ 애니메이션 효과의 지속 시간은 animation-delay 속성으로 지정합니다.

④ animation-play-state 속성을 사용하면 재생 중인 애니메이션을 일시 정지할 수 있습니다.

⑤ 애니메이션은 기본으로 1회 실행되고 나면 실행되기 전 상태로 돌아갑니다.

6.8

변형 효과 적용하기

전환 효과 속성이나 애니메이션 속성은 요소의 속성을 변하게 하는 데 주 목적이 있는 속성들입니다. 그런데 요소의 크기를 변경하거나 위치를 이동하거나 회전시키는 것처럼 요소 자체를 변하게 하려면 **변형**(transform) 효과 속성을 사용해야 합니다. 변형 효과 속성은 CSS3에서 새로 추가된 속성으로, 단순하게 2D에서의 변형뿐만 아니라 3D에서의 변형도 가능합니다.

TIP ── 이 책에서는 실무에서 자주 사용하는 2D 변형만 살펴봅니다. 만약 3D 변형도 궁금하다면 https://developer.mozilla.org/ko/docs/Web/CSS/transform을 참고해 주세요.

6.8.1 transform 속성

transform 속성을 사용하면 요소에 특정 변형 효과를 지정할 수 있습니다. 속성값에는 변형 효과가 정의된 다양한 함수를 사용 목적에 맞게 넣으면 됩니다.

형식   transform:〈함수〉;

속성값에 사용하는 함수들은 다음과 같습니다.

표 6-26 transform 속성값 사용 함수

함수	설명
translate(x, y)	요소를 현재 위치에서 x(x축)와 y(y축)만큼 이동합니다.
translateX(n)	요소를 현재 위치에서 n만큼 x축으로 이동합니다.
translateY(n)	요소를 현재 위치에서 n만큼 y축으로 이동합니다.
scale(x, y)	요소를 x(x축)와 y(y축)만큼 확대 또는 축소합니다.

● 계속

함수	설명
scaleX(n)	요소를 n만큼 x축으로 확대 또는 축소합니다.
scaleY(n)	요소를 n만큼 y축으로 확대 또는 축소합니다.
skew(xdeg, ydeg)	요소를 x축과 y축으로 xdeg, ydeg(각도)만큼 기울입니다.
skewX(deg)	요소를 deg(각도)만큼 x축 방향으로 기울입니다.
skewY(deg)	요소를 주어진 deg(각도)만큼 y축 방향으로 기울입니다.
rotate(deg)	요소를 deg(각도)만큼 회전합니다.

다음 예제 코드에 transform 속성값을 하나씩 적용하며 사용 방법을 알아보겠습니다.

06/08/transform-basic.html

```
<style>
  div{
    width:100px;
    height:100px;
    background-color:red;
  }
</style>
</head>
<body>
  <div></div>
</body>
```

● 2차원 좌표 이동하기

translate() 함수는 요소를 현재 위치에서 일정 거리만큼 이동하고 싶을 때 사용합니다. translate() 함수는 x축과 y축, 두 방향으로 동시에 이동합니다. 한 방향으로만 이동하고 싶다면 각각 translateX() 또는 translateY() 함수를 사용하면 됩니다. 각 함수의 인자로는 숫자를 넣는데, 값만큼 x축 또는 y축 방향으로 이동합니다. 이때 인자를 양수로 주면 x축은 오른쪽으로, y축은 아래쪽으로 이동합니다. 왼쪽이나 위쪽으로 이동하고 싶다면 값을 음수로 주면 됩니다.

예를 들어, 다음 코드는 div 태그로 작성된 요소를 x축에서 오른쪽으로 100px, y축에서 아래쪽으로 200px 이동하게 합니다.

260

```
div:hover{
    /* 오른쪽으로 100px, 아래쪽으로 200px 이동 */
    transform:translate(100px, 200px);
}
```

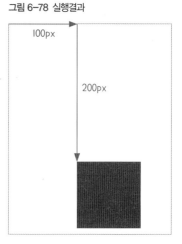

그림 6-78 실행결과

● 2차원 확대 또는 축소하기

scaleX() 함수는 요소를 x축 방향으로 확대하거나 축소할 수 있습니다. 예를 들어, 요소를 x축 방향으로 2배 확대하고 싶다면 다음과 같이 코드를 작성합니다. 만약 숫자를 0.2처럼 0보다 크고 1보다 작은 소수점을 적으면 요소크기가 축소됩니다.

```
div:hover{
    /* x축 방향으로 2배 확대 */
    transform:scaleX(2);
}
```

그림 6-79 실행결과

방향을 바꿔 y축 방향으로 2배 확대하고 싶다면 scaleY() 함수를 사용합니다.

```
div:hover{
    /* y축 방향으로 2배 확대 */
    transform:scaleY(2);
}
```

그림 6-80 실행결과

CSS 6장 CSS 필수 속성 더 보기

261

또한, x축과 y축 방향으로 동시에 2배만큼 확대하고 싶다면, 즉 요소 크기를 2배 확대하고 싶다면 다음과 같이 scale( ) 함수로 코드를 작성하면 됩니다. 이때 x축과 y축의 값이 같으면 scale(2)라고 적어도 됩니다.

———————————————————————— 06/08/transform-scale.html

```
div:hover{
    transform:scale(2, 2);
}
```

그림 6-81 실행결과

● 2차원 기울이기

요소를 기울이고 싶을 때는 skew( ) 함수를 사용합니다. skew( ) 함수에는 각도를 인자로 넣는데, 음수로 넣으면 양수로 적었을 때와 반대 방향이라고 보면 됩니다. skew( ) 함수는 x축과 y축 방향을 한 번에 지정합니다. 만약 한 방향으로만 기울이고 싶다면 skewX( ) 또는 skewY( ) 함수를 사용합니다.

다음과 같이 작성하면 div 요소에 마우스를 올렸을 때 요소가 skew( ) 함수로 x축과 y축 방향으로 각각 30도씩 기울어집니다.

———————————————————————— 06/08/transform-skew.html

```
div:hover{
    transform:skew(30deg, 30deg);
}
```

그림 6-82 실행결과

초기 실행 시   요소에 마우스를 올렸을 때

● **2차원 회전하기**

rotate() 함수를 속성값으로 사용하면 요소를 회전할 수 있습니다. 인자로 각도를 넣는데, 양수 값을 넣으면 오른쪽으로 회전하고, 음수 값을 넣으면 왼쪽으로 회전합니다. 이번에는 다음에 배우는 transform-origin 속성에서도 사용하기 위해 새로운 예제 코드를 작성합니다.

06/08/transform-rotate.html

```
<style>
  .container{
    border:1px solid black;
    display:inline-block;
    margin:20px;
  }
  .box{
    width:100px;
    height:100px;
    background-color:red;
  }
  .box:hover{
    transform:rotate(30deg);
    /* 오른쪽으로 회전 */
  }
</style>
</head>
<body>
  <div class="container">
    <div class="box"></div>
  </div>
</body>
```

그림 6-83 실행결과

코드를 실행해 빨간색 요소에 마우스를 올리면 요소가 오른쪽으로 30도 회전합니다.

6.8.2 transform-origin 속성

앞에서 설명한 rotate() 함수는 작동 원리가 매우 간단합니다. 그런데 여기서 회전의 중심을 눈여겨봐야 합니다. 실행결과를 보면 요소가 회전할 때 요소의 중심을 기준으로 회전합니다. 이처럼 변형 관련 속성값들은 변형을 시작하는 기준점이 있습니다. 이 기준점은 항상 요소의 중

심입니다. 그래서 기준점을 바꾸면 변형 효과가 다르게 적용됩니다. 변형 기준점은 transform-origin 속성으로 변경할 수 있습니다.

> **형식**　transform-origin:〈x축 위치〉 〈y축 위치〉;

속성값에는 x축의 기준 위치와 y축의 기준 위치를 넣습니다. 위치는 % 단위나 정해진 키워드를 넣으면 되는데, 해당 속성에서 사용할 수 있는 키워드는 다음 표와 같습니다.

표 6-27 transform-origin 속성값

축	속성값	설명
x축	left	왼쪽을 기준점으로 잡습니다.
	center	중앙을 기준점으로 잡습니다.
	right	오른쪽을 기준점으로 잡습니다.
y축	top	위쪽을 기준점으로 잡습니다.
	center	중앙을 기준점으로 잡습니다.
	bottom	아래쪽을 기준점으로 잡습니다.

왼쪽 위 모서리를 기준으로 삼고 싶다면 다음과 같이 코드를 추가합니다.

06/08/transform-origin.html

```
.box:hover{
  transform:rotate(30deg);
  /* 오른쪽으로 회전 */
  transform-origin:top left;
  /* 왼쪽 위 모서리를 기준으로 지정 */
}
```

그림 6-84 실행결과

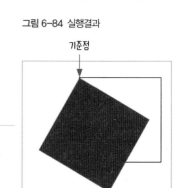

코드를 실행하면 변경한 기준점에서 요소가 회전하는 것을 볼 수 있습니다.

6.9

웹 폰트와 아이콘 폰트 사용하기

마지막으로 **6.2 텍스트 속성으로 텍스트 꾸미기**에서 배운 텍스트 속성과 연계해서 사용할 수 있는 웹 폰트(web font)와 아이콘 폰트(icon font)를 알아보겠습니다.

6.9.1 구글 폰트 적용하기

우리가 **6.2.1 font-family 속성**에서 웹 브라우저에 표시되는 텍스트에 글꼴을 지정하는 방법을 배웠습니다. 글꼴은 시스템에 기본으로 설치된 것도 많지만, 시스템에 없는 글꼴도 많습니다. 보통 실무에서는 시스템에 없는 글꼴이면 웹 폰트 방식으로 추가해서 사용합니다.

웹 폰트는 인증된 기관 또는 회사에서 웹 서버에 올려 놓은 폰트를 말합니다. 사용자가 웹 서버에서 폰트를 참조해서 사용하므로 시스템에 글꼴이 없어도 모든 사용자가 같은 글꼴을 사용할 수 있다는 장점이 있습니다.

웹 폰트를 제공하는 사이트나 회사가 많은데, 대표적으로 구글에서 운영하는 구글 폰트(Google Fonts)가 있습니다. 구글 폰트에는 수백 가지의 다양한 글꼴이 있으며 사용하기도 쉽습니다. 구글 폰트는 검색 엔진에서 '구글 웹 폰트'로 검색하거나 주소창에 https://fonts.google.com을 직접 입력해 들어갈 수 있습니다.

그러면 최종 프로젝트에서 사용할 'Varela Round'와 'Poppins' 글꼴을 구글 폰트로 적용해 보겠습니다. 먼저 구글 폰트의 검색창에 Poppins를 입력해서 검색하세요. 원하는 글꼴이 나오면 클릭해 상세 페이지로 이동합니다.

그림 6-85 구글 폰트에서 글꼴 검색

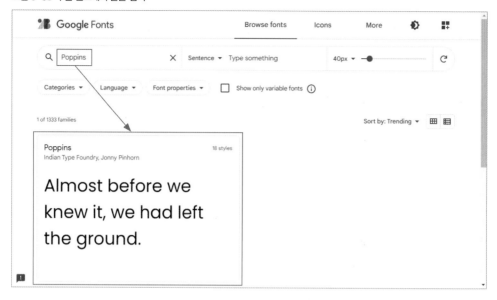

글꼴마다 지원하는 굵기가 제 각각입니다. Poppins는 다양한 굵기를 지원하지만, Varela Round는 400 굵기만 지원합니다. 이 책에서는 Poppins 400과 800 굵기를 선택합니다. 굵기 옆에 있는 **Select this style**을 클릭(①)하면 됩니다. Varela Round도 같은 방식으로 400 굵기를 선택해 주세요. 글꼴 선택이 끝나면 페이지의 우측 상단의 메뉴를 클릭(②)합니다.

그림 6-86 글꼴 상세 페이지

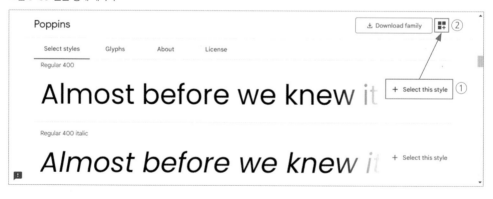

그러면 선택한 글꼴을 사용할 수 있는 방법이 나옵니다. 구글 폰트를 사용하는 방법으로 link 태그와 @import 문이 있습니다. 여기서는 @import 문을 사용하겠습니다.

그림 6-87 글꼴 사용

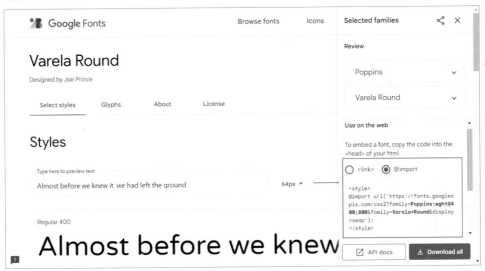

@import 문의 코드를 그대로 복사해서 style 태그의 최상단에 넣어 주세요. 만약 외부 스타일 시트 방법을 사용한다면 확장자가 css로 끝나는 파일의 최상단에 넣으면 됩니다. 그러면 아래쪽에 나와 있는 font-family 속성을 사용해 폰트를 적용할 수 있습니다.

06/09/webfont.html

```
<style>
  @import url('https://fonts.googleapis.com/css2?family=Poppins:wght@400;700&-
family=Varela+Round&display=swap');
  .poppins{
    font-family:"Poppins", sans-serif;
  }
  .varela{
    font-family:"Varela Round", sans-serif;
  }
</style>
(중략)
<p class="poppins">Lorem ipsum dolor, sit amet consectetur adipisicing elit.</p>
<p class="varela">Lorem ipsum, dolor, sit amet consectetur adipisicing elit.</p>
```

그림 6-88 실행결과

Lorem ipsum dolor, sit amet consectetur adipisicing elit.

Lorem ipsum, dolor, sit amet consectetur adipisicing elit.

코드를 실행하면 p 태그에 각각 Poppins와 Varela Round 글꼴이 적용되어 표시됩니다.

6.9.2 아이콘 폰트 적용하기

아이콘 폰트는 다양한 아이콘을 웹 폰트를 사용하는 것처럼 간단하고 쉽게 사용하는 기술입니다. 다양한 아이콘을 이미지 파일(jpeg, png)이 아니라 CSS를 적용하는 방식으로 간단하게 사용할 수 있어서 실무에서 대단히 활용도가 높습니다.

대표적인 아이콘 폰트로는 Font Awesome과 Material Icon이 있는데, 이 책에서는 Font Awesome을 사용합니다. Font Awesome을 적용하는 방법은 두 가지입니다. Font Awesome 사이트에서 아이콘 폰트 라이브러리를 내려받아 추가하는 방법과 CDN(Content Delivery Network)을 사용해 서버에 올려진 파일을 참조하는 방법입니다.

여기서는 CDN 방법으로 진행하고, CDNJS에서 제공하는 파일을 참조하겠습니다. 해당 사이트에서 제공하는 Font Awesome 라이브러리 주소는 https://cdnjs.com/libraries/font-awesome입니다.

그림 6-89 CDNJS에서 제공하는 Font Awesome 라이브러리

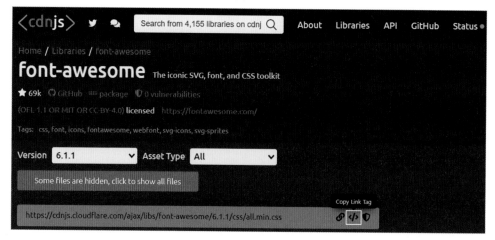

해당 주소로 가서 화면 중간에 보이는 CDN 주소를 복사합니다. 그리고 복사된 코드를 HTML 파일의 head 태그 안에 붙여 넣습니다.

―――――― 06/09/fontawesome.html

```html
<head>
  <title>Font Awesome</title>
  <link rel="stylesheet" href="https://cdnjs.cloudflare.com/ajax/libs/
font-awesome/6.1.1/css/all.min.css" integrity="sha512-KfkfwYDsLkIlwQp6LF
nl8zNdLGxu9YAA1QvwINks4PhcElQSvqcyVLLD9aMhXd13uQjoXtEKNosOWaZqXgel0g=="
crossorigin="anonymous" referrerpolicy="no-referrer">
</head>
```

Font Awesome은 무료/유료 버전을 제공하는데, 이 책에서는 무료 버전을 사용하겠습니다. Font Awesome 사이트(https://fontawesome.com/icons)로 가서 검색창에서 6.1.1 버전을 선택합니다. 해당 버전을 선택해야 무료 아이콘만 검색됩니다. 검색창에 검색어(여기서는 facebook)를 입력합니다.

TIP ―― Font Awesome 버전이 올라가면 사이트 구성과 무료 아이콘의 i 태그 코드가 달라질 수 있습니다. 참고해 주세요.

그림 6-90 아이콘 찾기

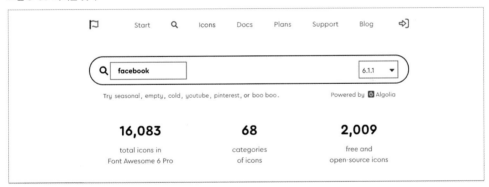

검색된 아이콘 중에서 원하는 아이콘을 클릭하면 다음과 같은 아이콘 상세 페이지가 팝업으로 뜹니다. 여기서 HTML 탭에 보이는 i 태그를 클릭하면 코드가 복사됩니다.

그림 6-91 아이콘 상세 페이지

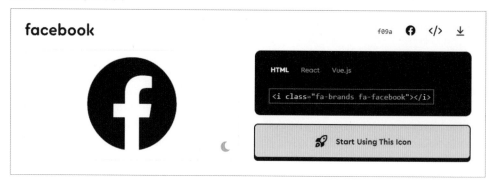

복사한 태그를 HTML 문서에 붙여 넣으면 웹 페이지에서 해당 아이콘이 보입니다.

—————————————————————————————— 06/09/fontawesome.html

```
<body>
  <i class="fa-brands fa-facebook"></i>
</body>
```

그림 6-92 실행결과

아이콘 폰트는 웹에서 텍스트로 취급되기 때문에 **6.2 텍스트 속성으로 텍스트 꾸미기**에서 배운 속성을 적용할 수 있습니다. 예를 들어, font-size 속성이나 color 속성으로 아이콘 폰트의 크기를 키우거나 색을 변경할 수 있습니다.

—————————————————————————————— 06/09/fontawesome.html

```
<style>
  i{
    font-size:30px;
    color:#4267B2;
  }
</style>
```

그림 6-93 실행결과

270

마무리

이 장에서 배운 내용을 정리해 보겠습니다.

1. CSS 특징

① 기본 스타일 시트는 웹 브라우저에 기본으로 내장된 스타일 시트를 말합니다.

② 적용 우선순위는 같은 태그에 스타일 속성이 중복으로 작성됐을 때, 어느 속성을 적용할지 결정하는 기준입니다. 적용 우선순위는 개별성 규칙의 점수에 따라 계산됩니다.

③ 상속은 부모 요소의 속성을 자식 요소가 물려받는 것을 말합니다.

④ CSS에는 px, em, rem, %, vw, vh와 같은 다양한 단위가 있습니다.

⑤ 색상 표기법에는 키워드 표기법과 RGB 표기법, HEX 표기법이 있습니다.

2. 텍스트 속성

텍스트를 꾸미는 다양한 속성이 있습니다.

속성명	설명
font-family	글꼴을 지정합니다.
font-size	텍스트 크기를 지정합니다.
font-weight	텍스트 굵기를 지정합니다.
font-style	글꼴 스타일을 지정합니다.
font-variant	영문 소문자를 크기가 작은 대문자로 변경합니다.
color	텍스트 색상을 지정합니다.
text-align	텍스트 정렬을 지정합니다.
text-decoration	텍스트 꾸밈을 지정합니다.
letter-spacing	자간을 지정합니다.
line-height	행간을 지정합니다.

3. 박스 모델

박스 모델은 모든 태그가 사각형 모양으로 구성됐다는 개념입니다. 박스 모델은 margin, border, padding, content 영역으로 구성되며 각 영역마다 영역을 제어하는 속성이 있습니다.

영역	속성
margin	margin, margin-top, margin-right, margin-bottom, margin-left
border	border, border-top, border-right, border-bottom, border-left
padding	padding, padding-top, padding-right, padding-bottom, padding-left
content	width, height

4. 배경 속성

요소의 배경을 제어하는 속성입니다.

속성	설명
background-color	배경색을 지정합니다.
background-image	배경에 이미지를 삽입합니다.
background-repeat	배경 이미지의 반복 여부를 지정합니다.
background-size	배경 이미지의 크기를 지정합니다.
background-position	배경 이미지의 위치를 지정합니다.
background-attachment	배경 이미지를 스크롤할 때의 모습을 결정합니다.
background	모든 배경 속성을 한 번에 사용할 수 있는 단축 속성입니다.

5. 위치 속성

요소를 기본 흐름에서 벗어나 원하는 곳에 배치하기 위한 속성입니다.

속성	속성값
position	static, relative, absolute, fixed, sticky
float	none, left, right
clear	left, right, both

6. 전환 효과 속성

어떤 속성의 값이 다른 값으로 변경되는 것을 전환이라고 하며, 이런 효과를 지정하는 속성들을 전환 효과 속성이라고 합니다.

속성	설명
transition-property	전환 효과의 대상 속성명을 값으로 지정합니다.
transition-duration	전환 효과가 진행되는 시간을 지정합니다.
transition-delay	전환 효과가 지연되는 시간을 지정합니다.
transition-timing-function	전환 효과 속도를 지정합니다.
transition	모든 전환 효과 속성을 한 번에 지정할 수 있는 단축 속성입니다.

7. 애니메이션 속성

애니메이션 속성은 HTML 요소에 적용된 스타일을 다른 스타일로 부드럽게 전환하게 합니다. 전환 효과 속성과 비슷하지만, 세부적으로 더 많은 기능을 내포하고 있습니다.

속성	설명
@keyframes	애니메이션의 전체 속성을 정의합니다.
animation-name	애니메이션을 지정할 키 프레임명 지정합니다.
animation-duration	애니메이션의 지속 시간을 지정합니다.
animation-delay	애니메이션의 지연 시간을 지정합니다.
animation-fill-mode	애니메이션 실행 전과 종료 후의 상태를 지정합니다.
animation-iterator-count	애니메이션의 반복 횟수를 지정합니다.
animation-play-state	애니메이션의 진행/정지 상태를 정의합니다.
animation-direction	애니메이션의 진행 방향을 지정합니다.
animation-timing-function	애니메이션의 속도를 지정합니다.
animation	모든 애니메이션 관련 속성을 지정합니다.

8. 변형 효과 속성

① 어떤 요소에 위치 이동, 회전, 확대, 축소, 기울이기와 같은 효과를 지정해 변형하는 속성입니다.

② transform 속성을 사용하며 속성값에 변형 효과를 나타내는 함수를 지정합니다.

함수	설명
translate(x, y)	요소를 현재 위치에서 x와 y만큼 이동합니다.
translateX(n)	요소를 현재 위치에서 n만큼 x축으로 이동합니다.
translateY(n)	요소를 현재 위치에서 n만큼 y축으로 이동합니다.
scale(x, y)	요소를 x와 y만큼 확대 또는 축소합니다.
scaleX(n)	요소를 n만큼 x축으로 확대 또는 축소합니다.
scaleY(n)	요소를 n만큼 y축으로 확대 또는 축소합니다.
skew(xdeg, ydeg)	요소를 x축과 y축으로 xdeg, ydeg(각도)만큼 기울입니다.
skewX(deg)	요소를 deg(각도)만큼 x축 방향으로 기울입니다.
skewY(deg)	요소를 주어진 deg(각도)만큼 y축 방향으로 기울입니다.
rotate(deg)	요소를 deg(각도)만큼 회전합니다.

③ 변형 효과의 기준점을 변경할 때는 transform-origin 속성을 사용합니다.

셀프체크

1. 지금까지 배운 스타일 속성을 이용해서 3장에서 만든 포스트잇에 스타일 속성을 적용해 보세요. 다음 그림을 참고해 최대한 비슷하게 만들면 됩니다.

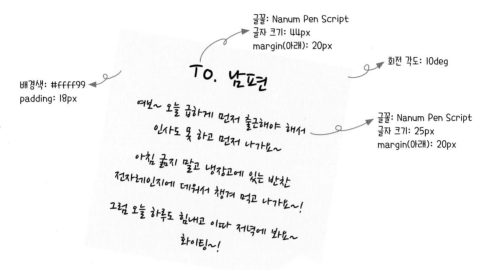

글꼴: Nanum Pen Script
글자 크기: 44px
margin(아래): 20px

회전 각도: 10deg

배경색: #ffff99
padding: 18px

TO. 남편

여보~ 오늘 급하게 먼저 출근해야 해서
인사도 못 하고 먼저 나가요~

아침 굶지 말고 냉장고에 있는 반찬
전자레인지에 데워서 챙겨 먹고 나가요~!

그럼 오늘 하루도 힘내고 이따 저녁에 봐요~
화이팅~!

글꼴: Nanum Pen Script
글자 크기: 25px
margin(아래): 20px

2. 지금까지 배운 스타일 속성을 이용해서 3장에서 만든 로그인 화면 UI에 스타일을 적용해 보세요. 다음 그림을 참고해 최대한 비슷하게 만들면 됩니다.

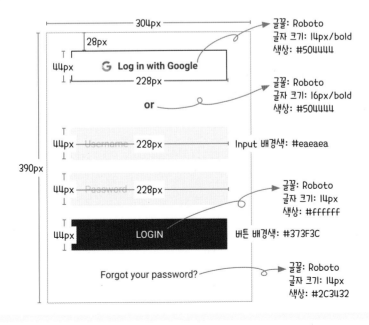

304px

28px

44px   G Log in with Google

228px

글꼴: Roboto
글자 크기: 14px/bold
색상: #504444

or

글꼴: Roboto
글자 크기: 16px/bold
색상: #504444

390px

44px   Username   228px

Input 배경색: #eaeaea

44px   Password   228px

글꼴: Roboto
글자 크기: 14px
색상: #ffffff

44px   LOGIN

버튼 배경색: #373F3C

Forgot your password?

글꼴: Roboto
글자 크기: 14px
색상: #2C3432

275

3. 지금까지 배운 스타일 속성을 이용해서 3장에서 만든 같은 위키백과의 목차에 스타일을 적용해 보세요. 다음 그림을 참고해 최대한 비슷하게 만들면 됩니다.

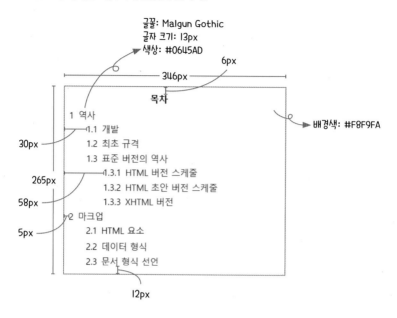

Note **list-style 속성**

3.3 목록 만들기에서 ul이나 ol 태그를 사용하면 글머리 기호나 숫자가 자동으로 붙는데, 이를 **리스트 스타일**(list style)이라고 합니다. 리스트 스타일은 list-style 속성으로 없앨 수 있습니다. 다음 코드처럼 list-style 속성값을 none으로 지정하면 됩니다.

```
li{
  list-style:none;
}
```

이 외에도 CSS 속성을 사용해 리스트 스타일을 다르게 지정하는 방법도 있지만, 실무에서는 기본 리스트 스타일을 없애는 경우가 더 많고 다른 방법은 활용도가 낮아서 이 책에서는 설명하지 않습니다.

7장

효과적인 레이아웃을 위한
CSS 속성 다루기

웹 페이지를 만들 때 가장 먼저 해야 할 일은 무엇일까요? 태그를 작성하는 것? CSS 속성을 적용하는 것? 이보다 먼저 해야 할 일은 바로 화면의 레이아웃을 설계하는 겁니다. 실무에서도 레이아웃을 설계한다는 말을 정말 많이 듣게 됩니다. 그러면 레이아웃이란 무엇일까요?

HTML과 CSS 관점에서 레이아웃(layout)이란 HTML 태그로 작성한 구성 요소를 제한된 공간 안에 효과적으로 배열하는 일을 의미합니다. 그리고 HTML과 CSS는 항상 레이아웃을 효과적으로 설계할 수 있는 방향으로 발전했습니다.

HTML5와 CSS3가 등장하기 전에는 레이아웃을 위해, HTML에서는 div와 span 태그가 있었고 CSS에서는 position과 float 속성이 있었습니다. 이런 태그와 속성으로 레이아웃을 설계하는 방법은 현재도 많이 사용합니다.

하지만 HTML5에서는 시맨틱 태그, CSS3에서는 플렉스 박스와 그리드 레이아웃이 새로 추가되면서 현대적인 웹의 레이아웃을 설계하는 작업이 많이 발전했습니다. 시맨틱 태그로 더욱 의미 있게 태그를 작성할 수 있게 됐고, 플렉스 박스와 그리드 레이아웃으로 더욱 편리하게 구성 요소를 배치할 수 있게 됐습니다.

이 장에서는 CSS3에 새로 추가된 레이아웃 속성인 플렉스 박스와 그리드를 자세히 배워 보겠습니다.

TIP — 이 장에서 배우는 신규 레이아웃 속성은 CSS3에 새롭게 추가된 속성이고 아직 표준으로 정해지지 않은 속성이라서 구 버전의 웹 브라우저에서는 지원하지 않는 경우가 많습니다. 하지만 최신 웹 브라우저에서는 유용하게 사용할 수 있습니다.

7.1

플렉스 박스 레이아웃으로
1차원 레이아웃 설계하기

플렉서블 박스 레이아웃(flexible box layout)은 **1차원 방식**으로 효과적으로 레이아웃을 설계할 수 있도록 고안된 스타일 속성입니다. 여기서 1차원 방식이란 가로(row)나 세로(column) 중 한 방향으로만 레이아웃을 설계하는 방식을 말합니다. 플렉서블(flexible)은 우리말로 '신축성 있는, 유연한'이라는 뜻이므로 다양한 상황에서 유연하게 레이아웃을 구성할 수 있도록 다양한 속성들을 제공한다는 의미입니다. 플렉서블 박스 레이아웃은 **플렉스 박스 레이아웃**(flex box layout)이라고 하기도 하고 이 용어를 더 흔하게 사용합니다. 따라서 이 책에서는 플렉스 박스 레이아웃이라고 하겠습니다.

7.1.1 플렉스 박스 레이아웃 살펴보기

플렉스 박스 레이아웃을 다루기 전에 미리 알아 둘 내용을 살펴보겠습니다.

● 구성 요소

플렉스 박스 레이아웃에서만 사용하는 다음과 같은 구성 요소들이 있습니다.

그림 7-1 플렉스 박스 레이아웃의 구성 요소

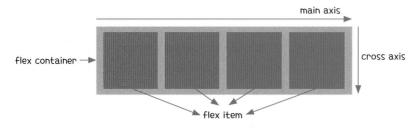

- **주축**(main axis): 플렉스 박스의 진행 방향과 수평한 축을 말합니다.

- **교차축**(cross axis): 주축과 수직한 축을 말합니다.

- **플렉스 컨테이너**(flex container): display 속성값으로 flex나 inline-flex가 적용된 요소를 말합니다.

- **플렉스 아이템**(flex item): 플렉스 컨테이너와 자식 관계를 이루는 태그 구성 요소를 말합니다.

● 레이아웃 확인 방법

웹 브라우저에서 지원하는 방법으로 플렉스 박스 레이아웃을 확인할 수 있습니다. 크롬 브라우저에서는 개발자 도구를 사용합니다.

소스 코드 중에서 flex.html 파일을 실행해 개발자 도구의 **Elements** 탭으로 갑니다. 플렉스 박스 레이아웃이 적용된 HTML 요소는 옆에 ⌜flex⌟ 아이콘이 보입니다. 이 아이콘을 클릭하면 파란색으로 변하면서 해당 요소의 플렉스 박스 레이아웃을 시각적으로 확인할 수 있습니다.

그림 7-2 크롬 브라우저에서 플렉스 박스 레이아웃 확인

● 기본 예제 코드

앞으로 플렉스 박스 레이아웃을 학습하는 데 사용할 기본 예제 코드를 소개합니다.

07/01/flex-basic.html

```
<head>
  (중략)
  <link rel="stylesheet" href="flex-basic.css">
</head>
<body>
  <div class="flex-container">
    <div class="flex-item">item-1</div>
    <div class="flex-item">item-2</div>
    <div class="flex-item">item-3</div>
```

```
    <div class="flex-item">item-4</div>
  </div>
</body>
```

플렉스 박스 레이아웃은 크게 플렉스 컨테이너와 플렉스 아이템으로 구성됩니다. 그래서
HTML 요소도 flex-container 클래스와 flex-item 클래스를 지정해 직관적으로 구성했습니다. CSS는 외부 스타일 시트로 분리했습니다. 외부 스타일 시트로 분리한 부분은 단순히 초기
시각 효과를 위한 용도입니다. 이 장에서 다루는 플렉스 박스 레이아웃 속성만 내부 스타일로
작성해 더 집중하기 위해서입니다.

CSS는 다음 코드처럼 단순하게 초기 레이아웃을 보여 주기 위한 기본적인 스타일 속성이 정의
되어 있습니다. 보면 충분히 이해할 수 있으므로 따로 설명하지 않습니다.

—— 07/01/flex-basic.css

```css
.flex-container{
  width:300px;
  height:200px;
  background-color:#c4c4c4;
  border:1px solid black;
}
.flex-item{
  color:white;
  background-color:#ff5252;
}
.flex-item:nth-child(2n){
  background-color:#bf5e5e;
}
```

그림 7-3 실행결과

예제 코드를 실행하면 실행결과처럼 나옵니다.

7.1.2 플렉스 박스 레이아웃의 기본 속성

플렉스 박스 레이아웃에 적용할 수 있는 기본 속성을 살펴보겠습니다.

◉ display 속성

모든 플렉스 박스 레이아웃은 display 속성값을 flex나 inline-flex로 지정하는 것에서 시작합니다.

형식   display:flex; /* inline-flex */

flex는 적용된 요소의 다음 요소가 항상 줄 바꿈되고, inline-flex는 다음 요소가 주변에 배치되게 합니다. 그리고 display 속성이 지정된 요소는 플렉스 컨테이너가 되고, 자식 요소는 플렉스 아이템이 됩니다. 기본 예제 코드에 다음 코드를 추가하고 실행해 봅시다.

07/01/flex.html

```
<style>
  .flex-container{
    display:flex;
  }
</style>
```

그림 7-4 실행결과

item-1item-2item-3item-4

실행결과처럼 플렉스 박스 레이아웃의 기본 특징은 플렉스 아이템이 수직(세로)에서 수평(가로) 방향으로 배치된다는 것입니다. 이때, 플렉스 아이템이 원래 가지고 있던 박스 성격(인라인/인라인 블록/블록)은 무시됩니다.

◉ flex-direction 속성

flex-direction 속성은 플렉스 박스 레이아웃의 주축 방향을 결정합니다.

형식   flex-direction:<속성값>;

사용하는 속성값은 다음과 같습니다.

281

표 7-1 flex-direction 속성값

속성값	설명
row	주축 방향을 왼쪽에서 오른쪽으로 지정합니다.
row-reverse	주축 방향을 오른쪽에서 왼쪽으로 지정합니다.
column	주축 방향을 위쪽에서 아래쪽으로 지정합니다.
column-reverse	주축 방향을 아래쪽에서 위쪽으로 지정합니다.

플렉스 박스 레이아웃은 기본으로 flex-direction 속성값이 row로 적용됩니다. 주축을 변경하고 싶으면 flex-direction 속성값을 다른 값으로 지정하면 됩니다.

———— 07/01/flex-direction.html

```
.flex-container{
  display:flex;
  flex-direction:row; /* row-reverse, column, column-reverse */
}
```

flex-direction 속성값에 따라 주축 방향과 플렉스 아이템 배치가 다음 그림처럼 달라집니다.

TIP —— 플렉스 아이템은 항상 주축의 시작 방향에서부터 배치됩니다. flex-direction 속성값을 바꿔 보면서 플렉스 아이템이 어떻게 배치되는지 눈으로 직접 확인해 보세요.

그림 7-5 flex-direction 속성값에 따른 주축 방향과 플렉스 아이템 배치

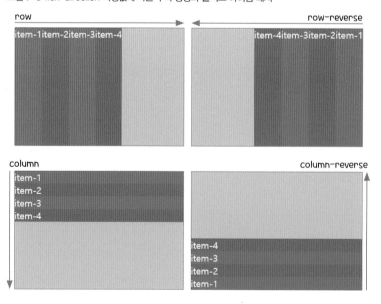

● flex-wrap 속성

flex-wrap 속성은 플렉스 아이템이 플렉스 컨테이너 영역을 벗어날 때 어떻게 처리할지를 결정합니다. 플렉스 박스 레이아웃은 flex-wrap 속성값이 nowrap으로 기본 적용됩니다.

형식 flex-wrap:⟨속성값⟩;

사용할 수 있는 속성값은 다음과 같습니다.

표 7-2 flex-wrap 속성값

속성값	설명
nowrap	플렉스 아이템이 플렉스 컨테이너를 벗어나도 무시합니다.
wrap	플렉스 아이템이 플렉스 컨테이너를 벗어나면 줄 바꿈합니다.
wrap-reverse	플렉스 아이템이 플렉스 컨테이너를 벗어나면 wrap의 역방향으로 줄 바꿈합니다.

플렉스 박스 레이아웃은 다음 코드처럼 플렉스 아이템의 개수를 늘려 플렉스 컨테이너를 초과하게 해도 플렉스 아이템이 절대로 줄 바꿈되지 않습니다.

———————————————————— 07/01/flex-wrap.html

```html
<body>
  <div class="flex-container">
    <div class="flex-item">item-1</div>
    (중략)
    <div class="flex-item">item-10</div>
    <div class="flex-item">item-11</div>
  </div>
</body>
```

그림 7-6 실행결과

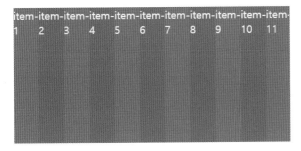

그런데 플렉스 아이템이 줄 바꿈되게 하고 싶다면 flex-wrap 속성값을 wrap 또는 wrap-reverse 로 지정합니다.

07/01/flex-wrap.html

```css
.flex-container{
  display:flex;
  flex-wrap:wrap; /* wrap-reverse */
}
```

그림 7-7 실행결과

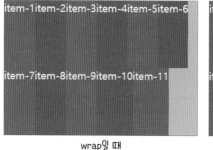 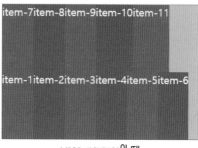

wrap일 때   wrap-reverse일 때

● flex-flow 속성

flex-flow 속성은 flex-direction 속성과 flex-wrap 속성을 한 번에 사용할 수 있는 단축 속 성입니다.

> **형식** flex-flow:⟨flex-direction⟩ ⟨flex-wrap⟩;

다음처럼 작성된 flex 속성이 있다고 해 봅시다.

```css
flex-direction:column;
flex-wrap:nowrap;
```

이럴 때 다음과 같이 flex-flow 속성으로 한 번에 적용할 수 있습니다.

07/01/flex-flow.html

```css
flex-flow:column nowrap;
```

7.1.3 플렉스 박스 레이아웃의 정렬 속성

플렉스 아이템을 정렬할 수 있는 속성을 살펴보겠습니다.

justify-content 속성

justify-content는 플렉스 아이템을 주축 방향으로 정렬할 때 사용하는 속성입니다.

> **형식** justify-content:<속성값>;

사용할 수 있는 속성값은 다음과 같습니다.

표 7-3 justify-content 속성값

속성값	설명
flex-start	주축 방향의 시작을 기준으로 정렬합니다.
flex-end	주축 방향의 끝을 기준으로 정렬합니다.
center	주축 방향의 중앙에 정렬합니다.
space-between	플렉스 아이템 사이의 간격이 균일하도록 정렬합니다.
space-around	플렉스 아이템의 둘레(around)가 균일하도록 정렬합니다.
space-evenly	플렉스 아이템 사이와 양끝의 간격이 균일하도록 정렬합니다.

justify-content 속성값에 따른 정렬 방식은 다음 코드의 실행결과를 참고하면 됩니다.

07/01/justify-content.html

```
.flex-container{
  display:flex;
  justify-content:flex-start; /* flex-end, center, space-between, space-around,
space-evenly */
}
```

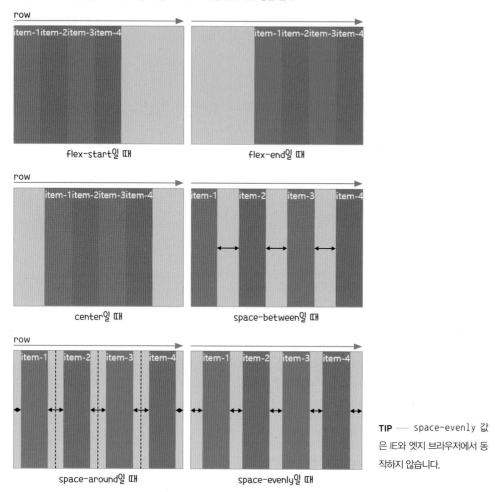

그림 7-8 주축의 방향이 row일 때 justify-content 속성값에 따른 정렬 결과

TIP —— space-evenly 값
은 IE와 엣지 브라우저에서 동
작하지 않습니다.

● **align-items, align-content, align-self 속성**

align-items 속성은 플렉스 아이템을 교차축 방향으로 정렬할 때 사용합니다.

형식 align-items:⟨속성값⟩;

사용할 수 있는 속성값은 다음 표와 같습니다.

표 7-4 align-items의 속성값

속성값	설명
stretch	교차축 방향으로 플렉스 아이템의 너비나 높이가 늘어납니다.
flex-start	교차축 방향의 시작을 기준으로 정렬합니다.
flex-end	교차축 방향의 끝을 기준으로 정렬합니다.
center	교차축 방향의 중앙을 기준으로 정렬합니다.
baseline	플렉스 아이템의 baseline을 기준으로 정렬합니다.

플렉스 박스 레이아웃은 기본으로 align-items 속성에 stretch 값이 적용되어 있습니다. 그래서 단순하게 display 속성에 flex나 inline-flex 값만 적용해도 플렉스 아이템이 플렉스 컨테이너의 높이만큼 가득 차게 늘어납니다.

align-items 속성의 각 값이 어떻게 적용되는지 다음 코드의 실행결과에서 확인할 수 있습니다.

07/01/align-items.html

```
.flex-container{
  display:flex;
  align-items:stretch; /* flex-start, flex-end, center, baseline */
}
```

그림 7-9 주축의 방향이 row일 때, align-items 속성값에 따른 정렬 결과

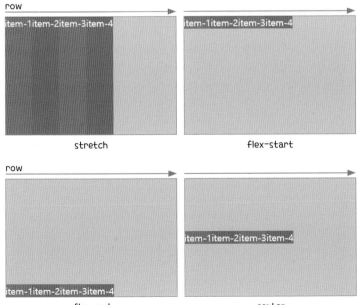

287

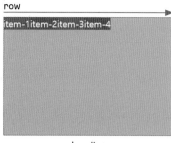

baseline

align-content 속성도 플렉스 아이템을 교차축 방향으로 정렬할 때 사용합니다. 그러나 align-items 속성과 다르게 플렉스 아이템이 flex-wrap 속성 때문에 두 줄 이상이 됐을 때만 사용합니다.

07/01/align-content.html

```
.flex-container{
    display:flex;
    flex-wrap:wrap;
    align-content:center;
}
```

또한, align-items 속성으로 플렉스 아이템을 한 번에 정렬하지 않고 각각 정렬하고 싶을 때는 align-self 속성을 사용하면 됩니다.

07/01/align-self.html

```
.flex-container{
  display:flex;
}
.flex-item:nth-child(1){
  align-self:flex-start;
}
.flex-item:nth-child(2){
  align-self:flex-end;
}
.flex-item:nth-child(3){
  align-self:center;
}
.flex-item:nth-child(4){
  align-self:baseline;
}
```

1분 퀴즈

해설 노트 p.600

1. 플렉스 컨테이너에 속한 플렉스 아이템이 한 번에 수평과 수직 방향으로 중앙 정렬하도록 플렉스 박스 레이아웃 속성을 사용한 것을 고르세요.

① display:flex, justify-content:flex-start, align-content:flex-start

② display:flex, justify-content:center, align-content:flex-start

③ display:flex, justify-content:center, align-self:flex-start

④ display:flex, justify-content:flex-end, align-content:center

⑤ display:inline-flex, justify-content:center, align-items:center

7.2

그리드 레이아웃으로 2차원 레이아웃 설계하기

그리드 레이아웃(Grid Layout) 속성은 웹 페이지에서 **2차원 방식**으로 레이아웃을 설계할 수 있도록 고안된 스타일 속성입니다. 여기서 2차원 방식이란 가로(row)와 세로(column)를 같이 사용해 레이아웃을 설계하는 방식입니다. 그리드를 사용하면 1차원 레이아웃인 플렉스 박스보다 더 폭넓게 레이아웃을 설계할 수 있습니다.

> **TIP** —— 플렉스 박스 레이아웃과 그리드 레이아웃은 서로 비슷한 속성이 많아서 플렉스 박스 레이아웃 속성을 알고 있다면 이해하기 쉽습니다.

7.2.1 그리드 레이아웃 살펴보기

그리드 레이아웃을 배우기 전에 미리 알아 둘 내용을 살펴보겠습니다.

● 구성 요소

그리드 레이아웃에서 사용하는 구성 요소는 다음과 같습니다.

그림 7-10 그리드 레이아웃 구성 요소

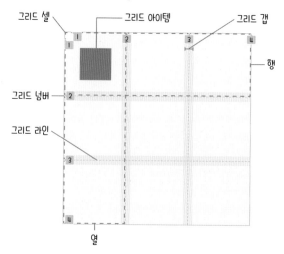

- **행**(row): 그리드 레이아웃에서 가로줄을 의미합니다.

- **열**(column): 그리드 레이아웃에서 세로줄을 의미합니다.

- **그리드 셀**(grid cell): 행과 열이 만나 이루어지는 하나의 공간을 나타냅니다.

- **그리드 갭**(grid gap): 그리드 셀과 그리드 셀 사이의 간격을 나타냅니다.

- **그리드 아이템**(grid item): 그리드 셀 안에서 표현되는 콘텐츠를 의미합니다.

- **그리드 라인**(grid line): 그리드 행과 열을 그리는 선을 의미합니다.

- **그리드 넘버**(grid number): 그리드 라인에 붙는 번호입니다.

- **그리드 컨테이너**(grid container): 그리드 레이아웃의 전체 내용을 담고 있는 최상위 부모 요소입니다. 그리드와 관련한 내용은 모두 그리드 컨테이너 안에 표현됩니다.

> **TIP** — 행과 열은 포괄적인 용어로 그리드 트랙(grid track)이라고 하기도 합니다. 그러나 이 책에서는 행과 열로 정확히 구분해서 부릅니다.

● 레이아웃 확인 방법

그리드 레이아웃도 플렉스 박스처럼 레이아웃을 시각적으로 확인하려면 크롬 브라우저의 개발자 도구를 이용합니다. 개발자 도구의 **Elements** 탭에서 그리드 컨테이너로 지정된 태그를 보면 `grid` 아이콘이 보입니다. 이 아이콘을 누르면 파란색으로 바뀌면서 웹 브라우저에서 그리드 레이아웃의 구성 요소를 시각적으로 확인할 수 있습니다.

그림 7-11 크롬 브라우저에서 그리드 레이아웃 확인

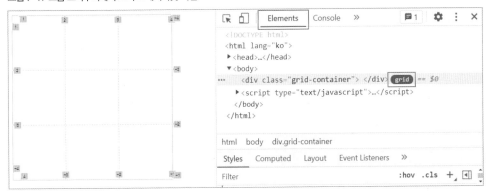

● 기본 예제 코드

앞으로 그리드 레이아웃을 학습할 때 사용할 기본 예제 코드를 소개합니다. 코드를 보면 알겠지만, 플렉스 박스 레이아웃의 기본 예제 코드와 클래스명만 다르고 나머지는 거의 같습니다.

```
<head>
  (중략)
  <link rel="stylesheet" href="grid-basic.css">
</head>
<body>
  <div class="grid-container">
    <div class="grid-item">item-1</div>
    <div class="grid-item">item-2</div>
    <div class="grid-item">item-3</div>
    <div class="grid-item">item-4</div>
  </div>
</body>
```

그리드 레이아웃에서도 HTML 파일과 CSS 파일을 분리합니다. CSS도 단순히 초기 레이아웃을 보여 주기 위한 기본적인 스타일 속성이 정의되어 있습니다.

```
.grid-item{
  color:white;
  background-color:#ff5252; /* 기본 배경색 */
}
.grid-item:nth-child(2n){
  background-color:#bf5e5e;
}
```

그림 7-12 실행결과

item-1
item-2
item-3
item-4

기본 예제 코드를 실행하면 그리드 아이템에 번갈아가면서 색상이 적용됩니다.

7.2.2 그리드 레이아웃의 기본 속성

그리드 레이아웃의 핵심은 행과 열입니다. HTML에서 표를 만들 때 행과 열을 생각하면 이해하기 쉽습니다.

● display 속성

그리드 레이아웃은 항상 display 속성값을 grid나 inline-grid로 지정하는 것에서 시작합니다.

형식   `display:grid; /* inline-grid */`

해당 속성이 지정된 요소는 그리드 컨테이너가 되고, 자식 요소는 그리드 아이템이 됩니다.

─── 07/02/grid.html

```
.grid-container{
  display:grid;
}
```

기본 개념은 플렉스 박스 레이아웃의 display 속성과 같아서 자세한 설명은 생략합니다.

● grid-template-columns와 grid-template-rows 속성

그리드 컨테이너의 기본 구성 요소는 **행**과 **열**입니다. 따라서 행과 열을 생성하고, 행과 열을 지정해 **그리드 셀**을 생성해야 합니다. 열은 grid-template-columns 속성으로, 행은 grid-template-rows 속성으로 생성합니다. 속성값은 공백으로 구분해 순서대로 작성하는데, 앞에서부터 1행 또는 1열의 값이 됩니다.

형식   `grid-template-columns:<1열값> <2열값> ...;`
       `grid-template-rows:<1행값> <2행값> ...;`

예를 들어, 다음과 같이 코드를 작성하면 각각 100px 크기의 행과 열이 2개씩 만들어집니다.

─────────────────────────────────────── 07/02/grid-template.html

```
<style>
  .grid-container{
    display:grid;
    grid-template-columns:100px 100px;
```

```
      grid-template-rows:100px 100px;
    }
  </style>
```

그림 7-13 실행결과

코드를 실행한 후 개발자 도구로 확인하면 그림과 같이 100px 크기의 2행 × 2열 그리드를 볼수 있습니다.

속성값에 auto 값도 사용할 수 있는데, auto 값을 지정하면 해당하는 행과 열의 크기를 그리드컨테이너에 맞춰 자동으로 지정합니다. 따라서 다음과 같이 코드를 작성하면 2열의 너비가 그리드 컨테이너에 맞춰집니다.

```
.grid-container{
    display:grid;
    grid-template-columns:100px auto;
    grid-template-rows:100px 100px;
}
```

그림 7-14 실행결과

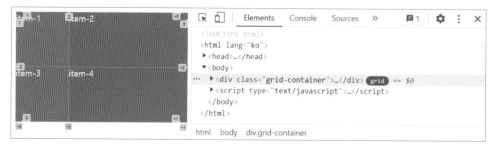

grid-template-columns 속성과 grid-template-rows 속성은 다양한 방법으로 값을 적을 수 있습니다. 예를 들어, 두 열이나 행이 같은 크기일 때는 repeat() 함수로 반복해서 지정할 수 있습니다.

```
grid-template-columns:repeat(2, 100px); /* 100px 100px */
grid-template-rows:repeat(2, 50px); /* 50px 50px */
```

아니면 minmax() 함수로 열 또는 행 크기의 최솟값과 최댓값을 지정할 수도 있습니다.

```
grid-template-columns:minmax(10px, 100px) 100px; /* (최소 10px~최대 100px) 100px */
grid-template-rows:minmax(10px, 50px) 50px; /* (최소 10px~최대 50px) 50px */
```

또는 두 함수를 함께 사용할 수도 있습니다.

```
grid-template-columns:repeat(2, minmax(50px, 100px)); /* 두 열 최소 50px~최대
100px */
grid-template-rows: repeat(2, minmax(10px, 50px)); /* 두 행 최소 10px~최대 50px */
```

여러 방법 중에서 하나를 골라 원하는 행과 열의 크기를 지정하면 됩니다.

● row-gap과 column-gap 속성

그림 7-10에 나온 그리드 레이아웃 구성 요소를 보면 **그리드 갭**이 있습니다. 그리드 갭은 행과 열이 만나 이루어지는 그리드 셀과 그리드 셀 사이의 간격인데, 행과 행 사이의 간격은 row-gap, 열과 열 사이의 간격은 column-gap 속성으로 지정할 수 있습니다.

형식   row-gap:<크기>;
         column-gap:<크기>;

다음과 같이 코드를 작성하면 행과 행 사이의 간격은 10px, 열과 열 사이의 간격은 20px이 됩니다.

```
.grid-container{
  (중략)
  row-gap:10px;
  column-gap:20px;
}
```

그림 7-15 실행결과

20px

TIP ─── row-gap과 column-gap은 유용한 속성이지만, 아쉽게도 IE에서는 지원하지 않습니다.

7.2.3 그리드 레이아웃의 정렬 속성

그리드 아이템을 정렬할 수 있는 속성을 살펴보겠습니다.

● **align-items와 align-self 속성**

align-items 속성을 사용하면 그리드 셀의 높이가 그리드 아이템보다 클 때 각 **그리드 아이템을 각 그리드 셀의 세로 방향으로 정렬**할 수 있습니다. 사용하는 속성값은 다음 표와 같습니다.

표 7-5 align-items 속성값

속성값	설명
stretch	그리드 아이템이 그리드 셀을 꽉 채우도록 크기를 늘립니다.
start	그리드 아이템을 그리드 셀의 맨 위에 배치합니다.
center	그리드 아이템을 그리드 셀의 세로 방향 중간에 배치합니다
end	그리드 아이템을 그리드 셀의 맨 아래에 배치합니다.

다음은 align-items 속성을 적용한 예제 코드입니다.

07/02/grid-align-items.html

```
.grid-container{
  (중략)
  align-items:stretch; /* start, center, end */
}
```

속성값에 따른 그리드 아이템의 정렬 상태는 다음과 같습니다.

그림 7-16 align-items 속성값에 따른 실행결과

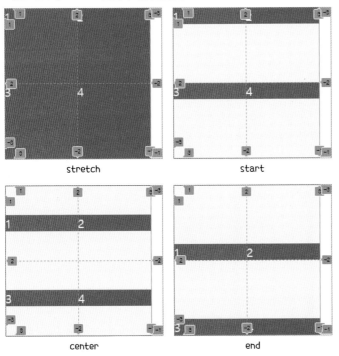

또한, align-items 속성으로 그리드 아이템을 한 번에 정렬하지 않고 그리드 아이템을 각각 정렬하고 싶다면 align-self 속성을 사용합니다. 속성값은 align-items 속성과 같습니다.

justify-items와 justify-self 속성

justify-items 속성은 **그리드 아이템을 각 그리드 셀의 가로 방향으로 정렬**합니다. 사용할 수 있는 속성값은 align-items 속성과 같고 정렬 방향만 다릅니다.

표 7-6 justify-items 속성값

속성값	설명
stretch	그리드 아이템을 그리드 셀이 꽉 차도록 늘립니다.
start	그리드 아이템을 그리드 셀의 왼쪽 끝에 배치합니다.
center	그리드 아이템을 그리드 셀의 가로 방향 중간에 배치합니다.
end	그리드 아이템을 그리드 셀의 오른쪽 끝에 배치합니다.

다음은 justify-items 속성을 적용한 예제 코드입니다.

07/02/grid-justify-items.html

```
.grid-container{
  (중략)
  justify-items:stretch; /* start, center, end */
}
```

속성값에 따른 그리드 아이템의 정렬 상태는 다음과 같습니다.

그림 7-17 justify-items 속성값에 따른 실행결과

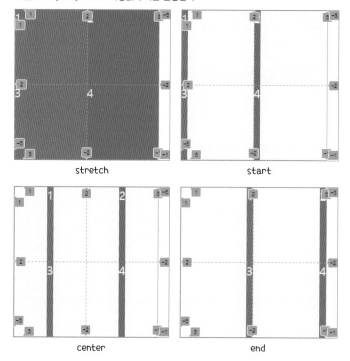

justify-self 속성도 그리드 아이템을 개별로 정렬할 때 사용하는 속성입니다. align-self 속성과 정렬 방향만 다릅니다. 속성값은 justify-items 속성과 같습니다.

● place-items와 place-self 속성

place-items 속성은 align-items와 justify-items 속성을, place-self 속성은 align-self와 justify-self 속성을 한 번에 사용할 수 있는 단축 속성입니다.

> **형식** place-items:⟨align-items⟩ ⟨justify-items⟩;
> place-self:⟨align-self⟩ ⟨justify-self⟩;

사용 방법은 다음과 같습니다.

```
place-items:center end; /* align-items:center, justify-items:end */
place-self:center end; /* align-self:center, justify-self:end */
```

7.2.4 그리드 레이아웃의 배치 속성

● grid-template-areas와 grid-area 속성

grid-template-areas 속성은 그리드 레이아웃의 행과 열을 이름으로 지정할 수 있습니다. 다음과 같이 배치된 그리드 레이아웃을 만든다고 합시다.

그림 7-18 그리드 레이아웃 예시

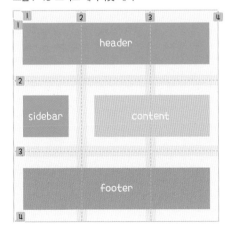

이때 다음처럼 grid-template-areas 속성을 사용하면 그리드 컨테이너에 그리드 레이아웃에 표시된 행 이름을 지정할 수 있습니다.

07/02/grid-template-areas.html

```
.grid-container{
  display:grid;
  grid-template-areas:
  "header header header"
  "sidebar content content"
  "footer footer footer";
}
```

grid-template-areas 속성으로 이름을 지정하고 나면 grid-area 속성으로 이름을 그리드 아이템에 배치할 수 있습니다.

형식 grid-area:〈행과 열 이름〉;

따라서 그림 7-18처럼 그리드 레이아웃을 만들려면 다음과 같이 코드를 작성합니다.

07/02/grid-template-areas.html

```
<style>
  .grid-container{
    (중략)
  }
  #header{
    grid-area:header;
  }
  #sidebar{
    grid-area:sidebar;
  }
  #content{
    grid-area:content;
  }
  #footer{
    grid-area:footer;
  }
</style>
</head>
```

```
<body>
  <div class="grid-container">
    <p id="header">header</p>
    <p id="sidebar">sidebar</p>
    <p id="content">content</p>
    <p id="footer">footer</p>
  </div>
</body>
```

● **grid-column-start, grid-column-end, grid-row-start, grid-row-end 속성**

그리드 컨테이너를 구성하는 행과 열을 그리는 선을 **그리드 라인**이라고 합니다. 그리드 라인에는
각각 고유한 번호가 있는데, 이를 **그리드 넘버**라고 합니다. 다음 그림에서 1~4까지의 숫자가 그
리드 넘버입니다.

그림 7-19 그리드 넘버

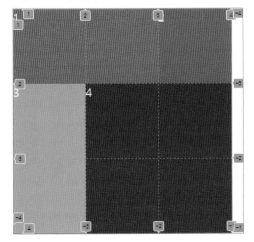

grid-column-start, grid-column-end 속성은 그리드 넘버를 이용해 그리드 아이템의 열 시작
위치와 종료 위치를 지정합니다. 그리고 grid-row-start, grid-row-end 속성은 그리드 아이템
의 행 시작 위치와 종료 위치를 지정합니다. 그러면 4가지 속성을 조합해 그리드 아이템의 배치
를 지정할 수 있습니다. 만약 앞의 그림처럼 그리드 아이템을 배치하고 싶다면 다음과 같이 코
드를 작성합니다.

```
.grid-container{
  display:grid;
  grid-template-columns:100px 100px 100px;
  grid-template-rows:100px 100px 100px;
}
.grid-item:nth-child(1){
  grid-column-start:1;
  grid-column-end:3;
}
.grid-item:nth-child(2){
  grid-column-start:3;
  grid-column-end:4;
}
.grid-item:nth-child(3){
  grid-row-start:2;
  grid-row-end:4;
}
.grid-item:nth-child(4){
  grid-column-start:2;
  grid-column-end:4;
  grid-row-start:2;
  grid-row-end:4;
}
```

⬤ grid-column과 grid-row 속성

grid-column 속성은 grid-column-start, grid-column-end 속성을, grid-row 속성은 grid-row-start, grid-row-end 속성을 한 번에 사용할 수 있는 단축 속성입니다.

> **형식** grid-column:\<start\> \<end\>;
> grid-row:\<start\> \<end\>;

또는 시작 번호부터 몇 개의 그리드 셀을 차지할지를 적어도 됩니다.

> **형식** grid-column:\<start\>/span \<열 개수\>;
> grid-row:\<start\>/span \<행 개수\>;

302

다음과 같이 grid-column-start와 grid-column-end 속성, grid-row-start와 grid-row-end 속성을 모두 사용한 코드가 있다고 합시다.

```
grid-column-start:1;
grid-column-end:3;
grid-row-start:1;
grid-row-end:3;
```

이 코드를 다음처럼 간단하게 작성할 수 있습니다.

```
grid-column:1/3; /* 또는 grid-column:1/span 2; */
grid-row:1/3; /* 또는 grid-row:1/span 2; */
```

> **수코딩의 조언**
>
> 그리드 레이아웃에는 책에서 나열한 속성 외에도 많은 속성이 있습니다. 나머지 속성도 알고 싶다면 MDN 사이트(https://developer.mozilla.org/ko/docs/Web/CSS/grid)를 참고하세요.

1분 퀴즈 ━━━━━━━━━━━━━━━━━━━━━━━━━━━━━━ 해설 노트 p.600

2. 다음 중 그리드 레이아웃에서 지원하지 <u>않는</u> 속성을 고르세요.

① grid-template-columns

② align-items

③ place-items

④ row-gap

⑤ grid-grow

7.3

반응형 웹을 위한 미디어 쿼리 사용하기

반응형 웹(responsive web)은 현대적인 웹 페이지에서 빠질 수 없는 중요한 트렌드입니다. 반응형 웹을 만드는 주요 기술 중 하나가 **미디어 쿼리**(media query)입니다. 미디어 쿼리가 무엇이고 왜 필요한지, 어떻게 사용하는지 알아보겠습니다.

7.3.1 미디어 쿼리란

미디어 쿼리는 사이트에 접속하는 미디어 타입과 특징, 해상도에 따라 다른 스타일 속성을 적용하게 하는 기술입니다. 다음은 모질라(Mozilla)의 홈페이지(https://www.mozilla.org/ko)입니다. 미디어 쿼리로 반응형 웹을 처리해서 화면의 해상도에 따라 서로 다른 스타일 속성이 적용되는 것을 볼 수 있습니다.

그림 7-20 모질라 사이트의 반응형 웹

데스크톱

모바일

304

모바일에서 웹 페이지가 어떻게 보이는지 확인하는 방법이 있습니다. 크롬 브라우저에서 개발자 도구를 엽니다. 상단에 **Toggle Device toolbar** 아이콘이 있는데, 이 아이콘을 누르면 웹 브라우저가 모바일 기기로 보는 것처럼 화면이 전환됩니다.

그림 7-21 크롬 개발자 도구의 기기 전환 기능

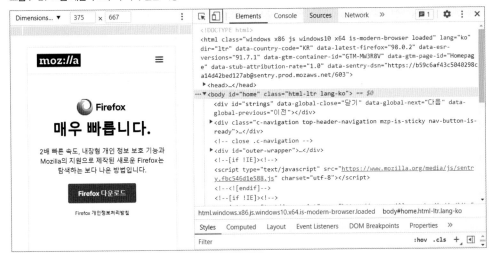

7.3.2 뷰포트 알아보기

뷰포트(viewport)는 웹 페이지가 접속한 기기에서 보이는 실제 영역의 크기를 의미합니다. 예를 들어, 해상도가 980px인 화면에서 보는 1px의 크기와 해상도가 360px인 화면에서 보는 1px의 크기는 다릅니다. 그러나 HTML 문서는 어떤 기기에서 접속하더라도 기본으로 980px 크기를 기준으로 보여 주게 설정되어 있습니다. 그래서 스마트폰처럼 해상도가 작은 기기로 웹 페이지에 접속하면 다음 그림처럼 보입니다.

그림 7-22 해상도가 작은 기기에서 보이는 화면

스마트폰의 해상도는 360px인데 HTML 문서에서는 해상도를 980px로 잡고 있어서 글씨가 좁쌀처럼 보이게 됩니다. 이러한 현상을 해결하려면 기기의 해상도를 인식할 수 있게 HTML 코드로 뷰포트를 설정해 줘야 합니다. 이를 처리하는 것이 바로 meta 태그의 viewport 값입니다. meta 태그의 name 속성값을 viewport로 지정하고 content 속성에 width=device-width 값을 추가하면 됩니다.

```
<meta name="viewport" content="width=device-width, initial-scale=1.0">
```

width=device-width는 HTML 문서의 너비(width)를 기기의 너비(device-width)로 설정하라는 의미입니다. 그러면 이 값 때문에 어떤 기기로 접속하더라도 뷰포트는 접속한 기기의 해상도를 올바르게 인식하게 됩니다.

그림 7-23 뷰포트 적용 후 화면

meta 태그의 content 속성에 사용할 수 있는 속성값은 다음 표와 같습니다.

306

표 7-7 content 속성값

속성값	설명
width	뷰포트의 너비를 설정합니다. 보통 device-width로 설정합니다.
height	뷰포트의 높이를 설정합니다. 잘 사용하지 않습니다.
initial-scale	뷰포트의 초기 배율을 설정합니다. 1이 기본값이며 1보다 작으면 축소 값, 1보다 크면 확대 값으로 설정됩니다.
minimum-scale	뷰포트의 최소 축소 비율을 설정합니다. 기본으로 0.25가 적용되어 있습니다.
maximum-scale	뷰포트의 최대 확대 비율을 설정합니다. 기본으로 5.0이 적용되어 있습니다.
user-scalable	뷰포트의 확대 또는 축소 여부를 설정합니다. yes 또는 no로 지정하는데, no로 지정하면 화면을 확대 또는 축소할 수 없습니다.

7.3.3 미디어 쿼리의 기본 문법

미디어 쿼리는 다음 형식으로 작성합니다.

형식
```
@media <not|only> <mediatype> and (<media feature>) <and|or|not> (<media feature>){
   /* CSS 코드; */
}
```

미디어 쿼리는 @media 문법으로 시작합니다. 그리고 여러 조건과 상태를 정의해 미디어 쿼리가 적용되는 기준을 만들면 됩니다. 뒤에 오는 조건들을 하나씩 살펴보겠습니다.

not/only

- **not** 뒤에 오는 모든 조건을 부정합니다.
- **only** 미디어 쿼리를 지원하는 기기만 미디어 쿼리를 해석하라는 의미입니다.

mediatype

미디어 쿼리가 적용될 미디어 타입을 명시합니다. 생략 가능하며, 생략할 경우 all로 인식합니다. 생략하지 않으면 반드시 다음에 and 연산자가 와야 합니다. 사용할 수 있는 미디어 타입은 다음과 같습니다.

표 7-8 미디어 타입 종류

타입	설명
all	모든 기기
print	인쇄 장치(예 프린터기)
screen	컴퓨터 화면 장치 또는 스마트 기기
speech	스크린 리더기 같은 보조 프로그램으로 웹 페이지를 소리 내어 읽어 주는 장치

media feature

미디어 쿼리가 적용될 미디어 조건을 적습니다. 사용할 수 있는 조건은 18가지인데, 실무에서 자주 사용하는 몇 가지만 추려 소개합니다. **TIP** — 모든 조건 형식을 알고 싶다면 https://www.w3.org/TR/mediaqueries-4/#mq-features 페이지를 참고하세요.

표 7-9 미디어 조건 종류

조건	값	설명
min-width	〈화면 너비〉	미디어 쿼리가 적용될 최소 너비
max-width	〈화면 너비〉	미디어 쿼리가 적용될 최대 너비
orientation	portrait	세로 모드, 뷰포트의 세로 높이가 가로 너비보다 큰 경우
orientation	landscape	가로 모드, 뷰포트의 가로 너비가 세로 높이보다 큰 경우

다음과 같이 미디어 쿼리를 사용하면 어떤 조건에서 실행될까요?

```
@media only screen and (min-width:360px) and (max-width:720px){
  /* CSS 코드 */
}
```

미디어 쿼리를 적용할 수 있는 기기(only)이면서 컴퓨터 화면 장치 또는 스마트 기기(screen) 일 때 그리고(and) 뷰포트의 너비가 최소 360px(min-width)이고 최대 720px(max-width)이면 CSS 코드가 실행됩니다. 그리고 only와 미디어 타입은 생략할 수 있으므로 다음처럼 간단하게 적어도 됩니다.

```
@media (min-width:360px) and (max-width:720px){
  /* CSS 코드 */
}
```

한 가지 예를 더 볼까요?

```
@media only all and (min-width:360px) {
  /* CSS 코드 */
}
```

미디어 쿼리를 적용할 수 있는 기기(only)이면서 모든 기기(all)를 대상으로 하며 최소 너비가 360px이면 CSS 코드가 실행됩니다. 여기서도 only와 미디어 타입은 생략할 수 있습니다.

미디어 쿼리를 화면에 적용해 보겠습니다. div 태그의 너비와 높이를 100px로, 배경색을 빨간색으로 지정합니다. 그리고 컴퓨터 화면 장치 또는 스마트 기기이면서 뷰포트의 최소 너비가 420px이면 배경색을 파란색으로 바꾸도록 미디어 쿼리를 설정합니다.

07/03/mediaquery.html

```
div{
  width:100px;
  height:100px;
  background-color:red;
}
@media only screen and (min-width:420px){
  div{
    background-color:blue;
  }
}
```

코드를 실행하면 뷰포트의 너비가 420px 이상일 때는 파란색, 미만일 때는 빨간색으로 표시됩니다.

그림 7-24 실행결과

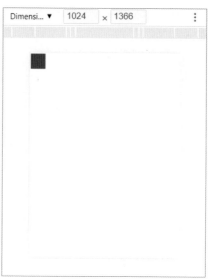

너비가 420px보다 작은 경우　　　　　　　　　너비가 420px보다 큰 경우

이처럼 미디어 쿼리를 이용하면 해상도에 따라 원하는 스타일 속성을 입혀 반응형 웹으로 만들
수 있습니다.

1분 퀴즈 ━━━━━━━━━━━━━━━━━━━━━━━━━━━━ 해설 노트 p.600

**3. 다음 중 화면 너비가 360px 이상일 때 CSS 코드가 적용될 수 있도록 미디어 쿼리를 작성한 것을 고르
세요.**

① `@media only all and (min-width:360px){}`

② `@media only all and (max-width:360px){}`

③ `@media only all and (width:360px){}`

④ `@media only all and (width-max:360px){}`

⑤ `@media only all and (width-min:360px){}`

마무리

이 장에서 배운 내용을 정리해 보겠습니다.

1. 플렉스 박스 레이아웃

플렉스 박스 레이아웃은 1차원 레이아웃 설계를 위해 CSS3에서 추가된 개념입니다. 플렉스 박스 레이아웃의 구성 요소는 다음과 같습니다.

구성 요소	설명
주축(main axis)	플렉스 박스의 진행 방향과 수평한 축입니다.
교차축(cross axis)	주축과 수직하는 축입니다.
플렉스 컨테이너(flex container)	display 속성값으로 flex나 inline-flex가 적용된 요소입니다.
플렉스 아이템(flex item)	플렉스 컨테이너와 자식 관계를 이루는 태그 요소입니다.

2. 플렉스 박스 레이아웃의 기본 속성

속성	설명
display	flex, inline-flex 값을 지정하면 해당 요소가 플렉스 컨테이너가 됩니다.
flex-direction	플렉스 박스 레이아웃의 주축 방향을 지정합니다.
flex-wrap	플렉스 아이템의 자동 줄 바꿈 여부를 지정합니다.
flex-flow	flex-direction과 flex-wrap 속성을 한 번에 사용할 수 있는 단축 속성입니다.

3. 플렉스 박스 레이아웃의 정렬 속성

속성	설명
justify-content	플렉스 아이템을 모두 주축 방향으로 정렬합니다.
align-items	플렉스 아이템을 모두 교차축 방향으로 정렬합니다.
align-self	각각의 플렉스 아이템을 교차축 방향으로 정렬합니다.
align-content	플렉스 아이템이 두 줄 이상일 때 교차축 방향으로 정렬합니다.

4. 그리드 레이아웃

그리드 레이아웃은 2차원 레이아웃 설계를 위해 CSS3에서 추가된 개념입니다. 그리드 레이아웃의 구성 요소는 다음과 같습니다.

구성 요소	설명
행(row)	그리드 레이아웃에서 가로줄을 의미합니다.
열(column)	그리드 레이아웃에서 세로줄을 의미합니다.
그리드 셀(grid cell)	행과 열이 만나서 이루어지는 하나의 공간을 의미합니다.
그리드 갭(grid gap)	그리드 셀과 그리드 셀 사이의 간격을 나타냅니다.
그리드 아이템(grid item)	그리드 셀 안에 포함되는 콘텐츠를 의미합니다.
그리드 라인(grid line)	그리드 행과 열을 그리는 선을 의미합니다.
그리드 넘버(grid number)	그리드 라인에 붙는 번호를 의미합니다.
그리드 컨테이너(grid container)	그리드 아이템을 묶는 부모 요소입니다.

5. 그리드 레이아웃의 기본 속성

속성	설명
display	속성의 값을 grid, inline-grid로 지정하면 그리드 레이아웃을 만들 수 있습니다.
grid-template-rows, grid-template-columns	그리드 레이아웃의 행과 열을 지정합니다.
row-gap, column-gap	그리드 셀과 셀 사이의 간격을 지정합니다.

6. 그리드 레이아웃의 정렬 속성

속성	설명
align-items	그리드 아이템 전체를 셀의 세로 방향으로 정렬합니다.
align-self	각각의 그리드 아이템을 셀의 세로 방향으로 정렬합니다.
justify-items	그리드 아이템 전체를 셀의 가로 방향으로 정렬합니다.
justify-self	각각의 그리드 아이템을 셀의 가로 방향으로 정렬합니다.
place-item	align-items와 justify-items 속성을 한 번에 사용할 수 있는 단축 속성입니다.
place-self	align-self와 justify-self 속성을 한 번에 사용할 수 있는 단축 속성입니다.

7. 그리드 레이아웃의 배치 속성

속성명	설명
grid-template-areas	그리드 레이아웃에서 행과 열을 이름으로 지정합니다.
grid-area	그리드 아이템에 이름을 지정합니다.
grid-column-start, grid-column-end	그리드 레이아웃에서 열의 시작 번호와 끝 번호를 지정합니다.
grid-row-start, grid-row-end	그리드 레이아웃에서 행의 시작과 끝 번호를 지정합니다.
grid-column	grid-column-start와 grid-column-end 속성을 한 번에 사용할 수 있는 단축 속성입니다.
grid-row	grid-row-start와 grid-row-end 속성을 한 번에 사용할 수 있는 단축 속성입니다.

8. 미디어 쿼리

미디어 쿼리는 사이트에 접속하는 미디어 타입과 특징, 해상도에 따라 다른 스타일 속성을 적용할 수 있게 하는 기술입니다.

형식
```
@media <not|only> <mediatype> and (<media feature>) <and|or|not> (<media feature>){
  /* CSS 코드; */
}
```

1. 07/selfcheck/ing/self1.html 파일을 사용해 다음과 같은 플렉스 박스 레이아웃을 만들어 보세요.

2. 07/selfcheck/ing/self2.html 파일을 사용해 다음과 같은 그리드 레이아웃을 만들어 보세요.

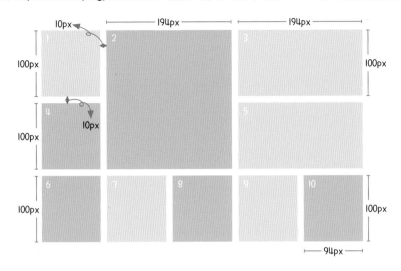

3. 2번 문제의 정답 코드를 이용해 해상도가 500px 이하일 때만 다음처럼 보이게 만들어 보세요.

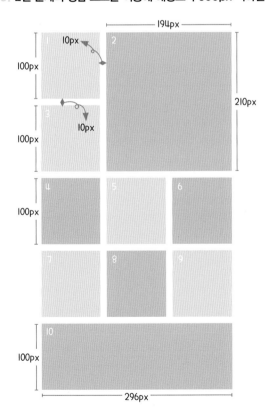

코딩
자율학습

Part 3

자바스크립트로
웹 동작 구현하기

8장

자바스크립트 시작하기

웹 페이지의 기본 원리는 웹 브라우저가 HTML과 CSS로 작성된 파일을 불러와 코드를 해석하고 해석된 내용을 표시하는 것입니다. 웹 브라우저는 HTML과 CSS 파일의 코드가 직접 수정되기 전까진 항상 같은 내용을 표시하는데, 이러한 방식을 **정적 웹**(static web)이라고 합니다.

흔히 모던 웹이라고 하는 현대적인 웹에서는 정적 웹 말고도 이미 해석이 끝나 웹 브라우저에 표시된 내용을 인위적으로 조작하거나 상호작용하게 할 수 있습니다. 이러한 웹을 정적 웹과 대비해 **동적 웹** (dynamic web)이라고 합니다.

HTML과 CSS는 정적 웹만 구현할 수 있는 언어라서 이미 웹 브라우저에서 한 번 해석되어 화면에 표시되고 나면 수정할 수 없습니다. 이를 동적 웹처럼 작동하게 하려면 HTML과 CSS 외에 자바스크립트 (Javascript)라는 언어를 사용해야 합니다. 이 장부터 자바스크립트가 어떤 언어이고 어떻게 사용하는지를 단계적으로 배워 보겠습니다.

8.1

자바스크립트 코드 작성 방법

웹 브라우저에 표시할 HTML 문서에 자바스크립트를 적용하고 싶다면 HTML 문서와 자바스크립트 파일을 연결해야 합니다. 웹 브라우저에서 어떤 역할을 하는 것이 아니고 단순히 자바스크립트 코드를 실행하는 것이 목적이라면 콘솔창이나 에디터를 사용해도 됩니다.

8.1.1 HTML 파일과 자바스크립트 연결하기

HTML 문서와 자바스크립트 파일을 연결하는 방법은 내부 스크립트와 외부 스크립트 2가지입니다.

● 내부 스크립트 방법

내부 스크립트(internal script)는 HTML 파일에서 script 태그의 콘텐츠 영역에 자바스크립트 코드를 작성하는 방법입니다. 다음과 같이 HTML 파일을 생성하고 예제 코드를 실행하면 웹 브라우저 화면에 자바스크립트 코드로 작성한 내부 스크립트 방법이라는 글자가 표시됩니다.

TIP —— 예제 코드에 나온 document.write() 메서드는 웹 브라우저 화면에 글자를 표시해 주는 자바스크립트 코드입니다. 자세한 내용은 **12.3.1 콘텐츠 조작하기**에서 다룹니다.

08/01/internal_script.html

```html
<body>
  <script>
    document.write("내부 스크립트 방법");
  </script>
</body>
```

그림 8-1 실행결과

```
내부 스크립트 방법
```

외부 스크립트 방법

외부 스크립트(external script)는 js 확장자로 된 별도의 파일을 생성하고 생성한 파일에 자바스크립트 코드를 작성한 뒤, HTML 문서와 연결하는 방법입니다. 프로젝트 폴더에 script.js 파일을 생성하고 다음 코드를 작성해 보세요.

———————————————————————— 08/01/script.js

```
document.write("외부 스크립트 방법");
```

그리고 HTML 문서를 생성해 script.js 파일과 연결합니다. 다음 코드처럼 script 태그에 이미지 경로를 입력할 때 사용한 src 속성을 사용해 연결하려는 파일 경로를 입력하면 됩니다.

———————————————————————— 08/01/external_script.html

```
<body>
  <script src="script.js"></script>
</body>
```

그림 8-2 실행결과

```
외부 스크립트 방법
```

예제 코드를 실행하면 웹 브라우저 화면에 script.js 파일에서 작성한 자바스크립트 코드 내용인 외부 스크립트 방법이 표시됩니다.

TIP —— 만약 외부 스크립트 파일(script.js)에서 작성한 코드가 실행되지 않으면 script.js 파일의 경로를 올바르게 작성했는지 확인해 주세요. 경로를 지정하는 방법은 **3.4.2 img 태그**를 참고하세요.

script 태그 사용 위치

script 태그는 항상 body 태그의 종료 태그 바로 전에 사용합니다. 이는 내부 스크립트와 외부 스크립트 방법 모두 동일합니다.

```
<body>
  <!-- 외부 스크립트 -->
  <script src="script.js"></script>
```

```
<!-- 내부 스크립트 -->
<script></script>
</body>
```

body 요소의 종료 태그 전에 script 태그를 작성하는 이유는 style 태그에서와 같습니다. 웹 브라우저는 HTML 문서를 첫 번째 줄부터 순차적으로 해석합니다. 사용자에게 당장 보여 줘야 하는 영역은 HTML과 CSS가 가장 관련도가 큽니다. 만약 head 태그 안에 script 태그를 사용했는데 파일을 해석하는 데 10초가 걸리면 어떻게 될까요? 웹 브라우저는 10초 동안 다음 줄을 해석하지 못하고 대기합니다. 그러면 웹 브라우저에 내용이 표시되는 전체 시간도 길어집니다.

자바스크립트는 화면에 표시되는 웹 구성 요소에 동적 효과를 부여하는 데 더 큰 목적이 있어서 웹 브라우저에 구성 요소를 처음 표시할 때 당장 실행할 필요가 없습니다. 그러므로 HTML과 CSS 해석이 끝나는 시점인 body 요소의 종료 태그 전에 script 태그를 사용하는 것이 적절합니다.

> **수코딩의 조언** 두 방법 중 실무에서는 주로 외부 스크립트 방법을 사용합니다. 여러 이유가 있지만, 가장 큰 이유는 유지 보수가 편하기 때문입니다. 따라서 학습 목적으로 작성하는 경우가 아니라면 항상 외부 스크립트 방법으로 작성해야 한다고 보면 됩니다.

8.1.2 자바스크립트 코드 실행하기

웹 브라우저에서 작동하는 것과 별개로 단순하게 자바스크립트 코드만 실행하고 싶다면 웹 브라우저의 콘솔창을 이용하거나 VSCode의 확장 프로그램을 이용하면 됩니다.

● 콘솔창 사용하기

자바스크립트는 웹 브라우저에서 실행되는 언어이므로 웹 브라우저의 콘솔창에서 자바스크립트 코드를 바로 작성해 실행할 수 있습니다. 이를 확인해 보겠습니다.

크롬 브라우저에서 주소창에 about:blank를 입력해 빈 페이지를 엽니다. 그리고 F12를 눌러 개발자 도구를 열고 콘솔창(Console)으로 이동합니다(다른 웹 브라우저를 사용해도 상관없지만, 실행결과가 조금 다를 수 있습니다).

그림 8-3 크롬 브라우저의 콘솔창

그러면 콘솔창에 커서가 깜박거리며 사용자 입력을 대기하는 상태가 됩니다. 여기에 자바스크립트 코드를 작성하면 됩니다. 앞에서 작성한 document.write() 메서드를 콘솔창에 입력하고 Enter를 누르면 자바스크립트 코드가 실행되어 웹 브라우저에 텍스트를 표시하는 것을 볼 수 있습니다.

그림 8-4 콘솔창에서 자바스크립트 코드 실행하기

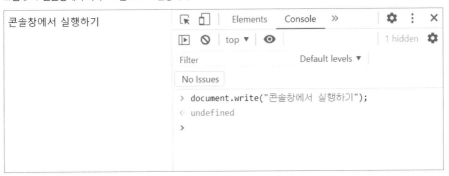

참고로 콘솔창에서 자바스크립트 코드를 작성하다 보면 이전에 입력한 코드 내역이 남아서 자동 완성되어 보이는 경우가 있습니다. 이럴 때 그림 8-5처럼 콘솔창 내부에서 마우스 오른쪽을 클릭하면 콘텍스트 메뉴가 나옵니다. 이 중에서 **Clear console**은 콘솔창의 내용을 지우는 기능이고, **Clear console history**는 콘솔창에 입력한 모든 코드 기록을 지우는 기능입니다. 두 기능을 사용하면 이전에 입력한 코드 내역이 완전히 사라집니다.

그림 8-5 코드 내역 지우기

콘솔창에서 실행하기

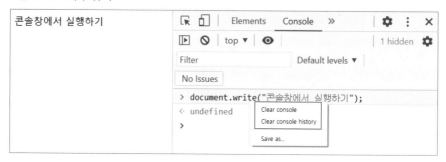

> **Note** **undefined**
>
> 웹 브라우저의 콘솔창은 기본으로 입력과 출력이 한쌍으로 묶여 작동합니다. 사용자가 자바스크립트 코드를
> 입력했을 때 결과로 반환해야 하는 값이 있으면 그 값을 보여 주고, 없으면 undefined가 나옵니다. 앞의 코
> 드에서 document.write( ) 메서드는 웹 브라우저에 텍스트를 표시하는 코드일 뿐, 어떤 결과를 반환해야
> 하는 코드가 아니어서 undefined가 반환됐습니다.

🌐 확장 프로그램 사용하기

VSCode에서 Code Runner 확장 프로그램을 사용하면 에디터 내부에서 자바스크립트 코드
의 실행결과를 바로 확인할 수 있습니다. Code Runner를 설치(**1.1.2 VSCode 확장 프로그램 설치
하기** 참고)한 후 자바스크립트 파일을 열면 화면 오른쪽 위에 다음과 같이 실행 버튼이 보입니다.

그림 8-6 Code Runner 실행 버튼

자바스크립트 파일에 코드를 작성하고 실행 버튼을 누르면 실행되는데, 다음과 같이 에디터 하단에 작성한 코드의 실행결과가 출력됩니다.

그림 8-7 Code Runner 실행결과

콘솔창에 출력할 때 사용한 document.write( ) 메서드는 웹 브라우저에 텍스트를 표시해 주는 코드입니다. 그런데 확장 프로그램을 사용하면 웹 브라우저 없이 에디터에서 바로 실행하므로 에디터에서 실행할 때는 document.write( ) 메서드 대신 console.log( ) 메서드를 사용합니다.

이때 실행결과가 그림 8-7처럼 보이지 않고 알아보기 힘든 문자가 나오거나 글자가 깨져 보인다면 Node.js를 설치해 주세요. Node.js 사이트(https://nodejs.org/ko)로 가서 화면에 보이는 최신 LTS 버전(집필 당시 16.14.0 LTS 버전)의 파일을 내려받아 설치합니다. 설치 방법은 어렵지 않습니다. 계속 [Next] 버튼을 누르다가 [Finish] 버튼이 나오면 끝납니다. 설치가 끝나면 컴퓨터를 재부팅한 후 VSCode를 다시 실행해 보세요.

> **수코딩의 조언**
>
> VSCode의 확장 프로그램으로 자바스크립트 코드를 실행하는 방법은 제약사항이 꽤 많습니다. 자바스크립트 언어에 내장된 기능은 확장 프로그램으로 실행할 수 있지만, 11장과 12장에서 배우는 웹 브라우저와 직접 관련 있는 기능은 VSCode와 같은 코드 에디터에서 실행할 수 없습니다. 그리고 코드를 실행할 때 발생하는 오류 메시지도 웹 브라우저와 차이가 있습니다. 그래도 에디터 안에서 바로 간단하게 실행결과를 볼 수 있다는 점은 유용하므로 적절하게 활용하길 바랍니다.

8.2

프로그래밍 시작 전 알아 두기

8.2.1 주석

HTML과 CSS와 마찬가지로 자바스크립트에도 주석이 있습니다. 자바스크립트의 주석은 한 줄일 때와 여러 줄일 때 사용 방법이 다릅니다.

한 줄만 주석으로 처리할 때는 // 기호(슬래시 2개)를 사용합니다.

```
// 한 줄 주석은 슬래시 2개로 표시합니다.
```

여러 줄을 주석으로 처리하고 싶을 때는 /* 기호와 */ 기호 사이에 내용을 작성합니다. 그러면 사이에 있는 모든 내용이 주석으로 처리됩니다.

```
/*
  자바스크립트는 여러 줄 주석도
  간단하게 처리할 수 있습니다.
*/
```

자바스크립트 오류 확인 방법

프로그래밍 언어를 실행하는 방법에는 크게 컴파일(compile) 방식과 인터프리터(interpreter) 방식이 있습니다. 컴파일 방식은 코드를 실행하기 전에 모든 코드를 컴퓨터가 이해할 수 있는 기계어로 한 번 변환한 후 실행하는 방식이고, 인터프리터 방식은 코드를 한 번에 한 줄씩 실행하는 방식입니다.

자바스크립트는 인터프리터 방식으로 실행되는데, 코드를 한 번에 한 줄씩 실행하다 보니 오류가 발생하면 오류가 발생한 시점과 줄 번호를 알려 주고, 오류 발생 시점부터 실행을 멈춥니다. 따라서 자바스크립트 코드를 작성하고 실행했는데 의도한 대로 실행되지 않는다면 오류가 발생한 건 아닌지 확인해야 합니다.

자바스크립트에서 오류가 발생하면 크롬의 개발자 도구에서 가장 먼저 확인할 수 있습니다. 오류가 발생하는 상황을 확인하기 위해 다음과 같이 index.html 파일을 작성합니다.

———————————————————————————————— 08/02/error.html

```
<body>
  <script>
    // 오류 발생을 위해 오타 넣기(console -> consol)
    consol.log('Hello, Javascript!');
  </script>
</body>
```

console.log()를 일부러 consol.log()로 입력해 오류를 유발했습니다. 작성한 index.html 파일을 웹 브라우저로 실행하고 콘솔창을 보면 다음과 같이 표시됩니다.

그림 8-8 Uncaught ReferenceError 발생

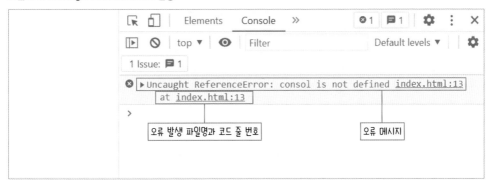

327

웹 브라우저의 콘솔창은 그림처럼 오류 내용을 직관적으로 보여 줍니다. 콘솔창에 표시되는 오류 내용에는 오류 메시지와 오류 발생 파일명, 코드의 줄 번호를 포함합니다. 그림에 표시된 오류 메시지는 'Uncaught ReferenceError'가 index.html 파일의 13번째 줄에서 발생했다는 의미입니다. 이때 파일명과 줄 번호를 마우스로 클릭하면 코드에서 오류가 발생한 위치로 이동합니다.

TIP — 자바스크립트에서 발생할 수 있는 오류 메시지와 해결 방법을 더 알고 싶으면 https://developer.mozilla.org/ko/docs/Web/JavaScript/Reference/Errors 페이지를 참고하세요.

그림 8-9 오류 발생 위치로 이동

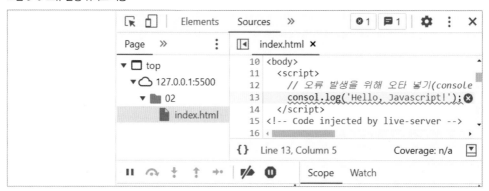

마무리

이 장에서 배운 내용을 정리해 보겠습니다.

1. 자바스크립트 코드 작성 방법

① 자바스크립트를 웹 브라우저에 적용하는 방법은 크게 2가지입니다.

- 내부 스크립트 방법(internal script): HTML 문서 안에서 script 태그의 콘텐츠 영역에 자바스크립트 코드를 작성하는 방법입니다.
- 외부 스크립트 방법(external script): 별도의 js 확장자 파일을 만들어 자바스크립트 코드를 작성하고 이 파일을 HTML 문서에서 script 태그로 연결하는 방법입니다.
- script 태그의 사용 위치: script 태그는 웹 브라우저에 화면이 표시되는 것에 영향을 미치지 않도록 body 태그가 끝나기 전에 사용합니다.

② 자바스크립트를 단순히 실행할 목적이라면 다음과 같은 방법을 사용합니다.

- 웹 브라우저의 개발자 도구에서 지원하는 콘솔창 활용하기
- VSCode의 Code Runner 확장 프로그램 활용하기

2. 주석

① 한 줄 주석은 // 기호(슬래시 2개)로 작성합니다.

② 여러 줄 주석은 /* 기호와 */ 기호 사이에 작성합니다.

3. 오류 확인 방법

자바스크립트는 코드가 한 번에 한 줄씩 실행되는 인터프리터 기반의 언어입니다. 그래서 오류가 발생하면 그 즉시 실행을 멈추고 오류 메시지와 오류가 발생한 줄 번호를 웹 브라우저의 콘솔창에 출력합니다. 따라서 모든 오류 관련 메시지는 웹 브라우저의 콘솔창에서 확인할 수 있습니다.

코딩
자율학습

9장

자바스크립트 기초 문법 살펴보기

프로그래밍 언어(programming language)는 컴퓨터(기계)에 명령 또는 연산을 수행하게 할 목적으로 설계한 언어로, 사람이 컴퓨터와 의사소통할 수 있게 해 줍니다. 프로그래밍 언어를 공부하려면 각 언어에서 제공하는 기초 문법부터 배워야 합니다. 기초 문법의 대표적인 예로 변수와 상수, 자료형, 연산자, 조건문, 반복문, 예외 처리 등이 있습니다. 이 개념들은 꼭 자바스크립트가 아니라도 형식이 조금씩 다를 뿐 대다수 프로그래밍 언어에 공통으로 존재합니다. 그럼 자바스크립트에서는 이런 문법들을 어떻게 다루는지 배워 보겠습니다.

9.1

변수와 상수

프로그래밍 언어를 공부할 때 가장 먼저 배우는 개념은 데이터 처리입니다. 데이터를 처리하려면 데이터를 저장할 공간이 필요합니다. 자바스크립트에서는 데이터를 저장하는 공간을 **변수**와 **상수**라고 합니다.

9.1.1 변수

변수(variant)는 변하는 수를 뜻합니다. 그래서 자바스크립트에서는 값이 변하는 데이터를 저장하고 관리하기 위한 공간으로 변수를 만듭니다. 변수라는 공간을 만들려면 자바스크립트의 정해진 문법에 맞춰 코드를 작성해야 합니다. 예를 들어, 자바스크립트에서 변수를 생성하고 10 + 20을 계산한 결과를 저장하고 싶다면 다음과 같이 코드를 작성합니다.

```
var num = 10 + 20;
```

생각보다 문법이 매우 간단해 보입니다. 문법을 조금 더 자세하게 분석해 볼까요?

그림 9-1 변수 문법

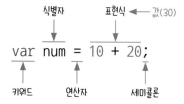

간단해 보였던 문법이 자세히 들여다보니 그림처럼 여러 용어로 구분됩니다. 앞으로 자주 등장할 테니 하나씩 자세하게 살펴보겠습니다.

● 키워드

키워드(keyword)란 자바스크립트 프로그래밍 언어에서 어떤 역할이나 기능이 정해진 특별한 단어입니다. 다른 용어로 **예약어**(reserved word)라고도 합니다. 예를 들어, 변수라는 공간을 생성할 때는 var 키워드를 사용합니다. 이 외에 자바스크립트에서 사용할 수 있는 키워드는 다음 표에 나와 있습니다.

표 9-1 자바스크립트의 키워드

async	await	break	case	catch
class	const	continue	debugger	default
delete	do	else	enum	export
extends	false	finally	for	function
if	implement	important	in	instanceof
interface	let	new	null	package
private	protected	public	return	static
super	switch	this	throw	try
ture	typeof	void	while	with
yield				

> **수코딩의 조언**
>
> 자바스크립트의 키워드는 표 9-1처럼 많지만, 이를 다 암기할 필요는 없습니다. 키워드는 모두 자바스크립트 문법에서 사용하는 단어이므로 자바스크립트 문법을 공부하다 보면 자연스럽게 기억될 겁니다.

● 식별자

식별자(identifier)는 자바스크립트 내부에서 변수, 함수 등에 부여되는 이름을 의미합니다. 변수는 컴퓨터의 메모리(memory)라는 곳에 저장되는데, 메모리가 굉장히 추상적이기 때문에 사람이 이해하고 사용하기 쉽게 특정 공간을 식별할 수 있는 식별자를 사용해 나타냅니다.

식별자는 앞에 사용된 키워드의 역할에 따라 다르게 부르기도 합니다. 예를 들어, 변수를 생성하는 var, let, const 등의 키워드와 함께 사용하면 식별자라는 용어보다는 **변수명**이라고 합니다. 그리고 키워드는 식별자로 사용할 수 없습니다.

◉ 연산자

연산자(operator)는 이름 그대로 어떠한 연산 작업을 하는 데 사용하는 기호입니다. 앞에서 변수를 생성할 때 생성된 공간에 데이터를 저장하려고 = 기호를 연산자로 사용했습니다. 자바스크립트에서 = 기호는 우변에 있는 데이터를 좌변에 할당하는 역할을 하기 때문에 **할당 연산자**라고 합니다. 연산자는 **9.3 연산자**에서 좀 더 자세하게 배웁니다.

◉ 표현식

표현식(expression)이란 **평가**(evaluation, 표현식을 실행해 하나의 값을 만드는 과정)되어 하나의 값을 반환하는 식 또는 코드를 의미합니다. 앞에 나온 10 + 20이 표현식이라고 할 수 있습니다.

◉ 값

값(value)은 더 이상 평가할 수 없는 데이터를 의미합니다. 예를 들어, 10 + 20은 30이라는 결괏값으로 평가하기 때문에 표현식이지만, 표현식의 결과로 도출된 30은 더 이상 평가할 수 없기 때문에 값이 됩니다.

◉ 세미콜론

세미콜론(semicolon)은 자바스크립트에서 하나의 **문**(statement, 문법)이 끝났음을 의미합니다. 프로그래밍 언어는 컴퓨터에게 명령 또는 연산을 수행하게 할 목적의 언어라고 했죠? 그래서 자바스크립트 문법은 1개의 명령을 하나의 문법이라고 보고 끝에 ; 기호를 붙여 하나의 명령문이 끝났음을 명시적으로 표현하기를 권장합니다.

◉ 선언, 할당, 초기화

변수를 생성하고 값을 저장하는 문법에서 var 키워드나 이후에 배우는 let, const 키워드를 사용해 변수의 식별자를 지정하는 행위를 **변수를 선언한**다고 합니다. 그리고 할당 연산자인 = 기호로 우변에 있는 값을 변수 공간에 대입(저장)하는 것을 **값을 할당한**다고 합니다.

변수는 초기에 값을 할당하지 않고 선언만 할 수 있습니다. 예를 들어, 다음과 같이 작성해도 변수 선언입니다.

```
var num;
```

또는 처음에 나왔던 코드처럼 선언과 할당을 같이 하는 것도 가능한데, 선언과 할당을 한 번에 하면 **변수를 초기화한다**고 합니다.

```
var num = 10 + 20; // 변수 num을 초기화합니다.
```

여기서 살펴본 키워드, 식별자, 연산자, 표현식, 값, 세미콜론, 선언, 할당, 초기화 등의 용어는 앞으로도 자주 등장하므로 기억해 두면 좋습니다.

> **수코딩의 조언**
>
> 변수를 선언하고 할당할 때 코드를 다음과 같이 적었습니다.
>
> ```
> var num = 10 + 20;
> ```
>
> 그런데 다음처럼 붙여 써도 됩니다.
>
> ```
> var num=10+20; // 단, 키워드와 식별자는 꼭 한 칸 띄어 써야 합니다.
> ```
>
> 두 코드는 단순히 가독성 차이만 있을 뿐 문법적으로 어떻게 쓰라고 강제하는 부분이 없습니다. 따라서 어떻게 작성하든 맞고 틀리다고 할 수 없습니다. 하지만 필자는 보통 첫 번째 방식으로 코드를 작성합니다.

9.1.2 새로운 변수 선언 키워드 let

변수를 선언하는 키워드는 var 말고도 let이 있습니다. let 키워드는 ES6(자바스크립트 표준화인 ECMAScript의 6번째 버전)에서 새로 추가됐습니다.

```
let num = 10 + 20;
```

그냥 보면 var 키워드를 let 키워드가 대체한 것처럼 보입니다. 그러나 var 키워드보다 여러 기능이 개선되었을 뿐입니다.

1. 변수명 중복이 불가능합니다.

var 키워드로 선언한 변수명은 중복해서 생성할 수 있습니다. 그래서 다음처럼 코드를 작성해도 문제없습니다.

```
var num = 10 + 20;
var num = 50;
```

이 코드는 컴퓨터 메모리에 num이라는 변수 공간을 생성하고 10 + 20 표현식의 평가 결과를 할당합니다. 그리고 num이라는 공간이 다시 생성되면서 기존에 할당된 데이터가 사라지고 50이라는 새로운 값이 할당됩니다. 이미 존재하는 변수명을 중복해서 생성했을 때 기존 값을 덮어버리는 작동 방식은 장점처럼 보일 수 있습니다. 그러나 이는 크나큰 오산입니다.

예를 들어, 하나의 프로젝트에서 A 개발자가 모든 숫자의 합을 저장하기 위해 sum이라는 변수명을 사용했습니다. 그런데 B 개발자가 이 사실을 모르고 sum이라는 변수를 다시 선언하고 재할당합니다. 그러면 A 개발자 입장에서는 자신이 사용하던 변수명 sum이 의도치 않게 다른 용도로 변경됐지만, 자바스크립트 문법에서는 오류가 아니므로 아무런 경고도 발생하지 않습니다. A 개발자로서는 생각만 해도 끔찍하겠죠?

let 키워드는 변수명을 중복 선언하지 못하게 해서 다음과 같은 코드가 정상적으로 실행되지 않습니다.

```
let num = 10 + 20;
let num = 50;
```

실행결과

```
Uncaught SyntaxError: Identifier 'num' has already been declared
```

코드를 실행하면 num 식별자가 이미 선언됐다는 오류 메시지가 발생합니다. 이렇게 키워드 자체에서 중복 선언을 불가능하게 함으로써 다른 사람이 선언한 변수명을 실수로 재선언하는 경우가 없어졌습니다.

2. 호이스팅되지 않습니다.

호이스팅(hoisting)은 var 키워드로 변수를 선언하고 할당했을 때, 변수 선언을 자바스크립트의 스코프(scope) 맨 위로 올려 실행하는 것을 말합니다. 스코프는 나중에 배우는 개념이므로 우선 다음 코드로 내용만 이해하세요(스코프에 관해서는 **10.4.1 스코프**에서 자세히 설명하니 미리 보고 와도 됩니다).

```
console.log(num);
var num = 10;
```

실행결과

```
undefined
```

실행결과를 얼핏 보면 조금 이상합니다. 변수를 선언하고 할당하는 초기화 전에 num이라는 변수를 출력하고 있습니다. 당연히 출력할 때는 num이라는 변수가 선언되지 않았으므로 오류가 발생해야 맞지만, 오류가 아니라 undefined라는 값을 출력합니다. 이 배경에 호이스팅 개념이 있습니다. 실제로는 호이스팅에 의해 다음 코드처럼 작동합니다.

```
var num; // 선언이 최상위로 올라옴
console.log(num);
num = 10; // 할당은 원래 자리에 있음
```

호이스팅에 의해 선언부가 최상위로 올라갑니다. 그래서 num이라는 변수를 출력할 때는 값이 없을 뿐, 선언은 된 상태라서 오류가 발생하지 않습니다.

그런데 let 키워드는 호이스팅이 일어나지 않습니다. 그래서 같은 코드를 작성하고 실행하면 num 변수가 정의되지 않았다는 오류가 발생합니다.

```
console.log(num);
let num = 10;
```

```
Uncaught ReferenceError: num is not defined
```

3. 스코프의 범위가 다릅니다.

var 키워드와 let 키워드는 참조하는 스코프가 조금 다릅니다. 이 차이점 때문에 실무에서는 되도록 let 키워드로 선언하기를 권장합니다. 그러나 let 키워드는 ES6에서 추가됐기 때문에 모든 웹 브라우저에서 완벽하게 지원하지 않습니다. 그래서 트랜스컴파일러(transcompiler)가 적용된 프로젝트가 아니라면 사용하는 데 어려움이 있습니다. 이 책을 쓰는 시점에도 IE6~IE10 버전과 오페라 미니(Opera mini) 브라우저에서는 let 키워드를 지원하지 않습니다.

그림 9-2 웹 브라우저별 let 키워드 지원 현황[1]

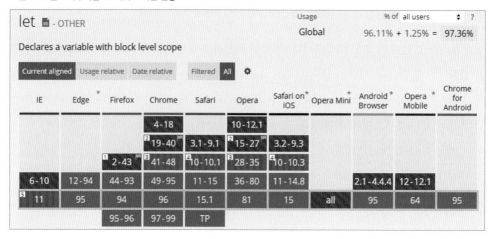

---

1 https://caniuse.com/?search=let

9.1.3 상수

변수를 선언할 때 사용하는 키워드로 const도 있습니다. const 키워드는 let 키워드와 같이 ES6에서 추가됐습니다. 기본 내용은 let 키워드와 같습니다. 그래서 변수명을 중복으로 선언하는 것과 호이스팅이 안 되고, 스코프도 차이가 있습니다. const 키워드가 let 키워드와 다른 점은, const 키워드는 재할당이 안 된다는 점입니다.

상수(constant)는 보통 변하지 않는 수를 의미하는데, const 키워드는 재할당이 안 되는 특징 때문에 **상수 변수**(constant variable)를 선언할 때 사용하는 키워드라고 하기도 합니다. 예를 들어, 다음과 같이 let 키워드(그리고 var 키워드일지라도)는 변수를 선언하고 다른 값으로 재할당할 수 있습니다.

09/01/let_variable.js

```
let num = 10;
num = 30;
console.log(num);
```

실행결과

```
30
```

하지만 const 키워드는 재할당할 수 없어서 다음 같이 오류가 발생합니다.

09/01/constant_variable.js

```
const num = 10;
num = 30;
console.log(num);
```

실행결과

```
Uncaught TypeError: Assignment to constant variable.
```

재할당이 안 되기 때문에 선언을 먼저하고 할당을 나중에 하는 것도 안 됩니다.

09/01/constant_variable_error.js

```
const num; // 선언을 먼저 하고
num = 10;  // 할당을 나중에 해도 오류가 납니다.
```

```
Uncaught SyntaxError: Missing initializer in const declaration
```

다만, 자바스크립트에서는 이를 상수라고 말하기도 딱히 어렵습니다. 이 부분은 **11.2.5 객체의 데이터 관리 방법 이해하기**에서 다시 자세하게 설명합니다.

9.1.4 식별자 명명 규칙

변수나 상수를 선언하고 식별자를 지정할 때 몇 가지 규칙이 있습니다. 이 규칙은 언어적 차원에서 강제적인 것도 있고, 관용적인 것도 있습니다. 강제 규칙은 지키지 않을 경우 프로그래밍언어 자체에서 오류를 발생시킵니다. 따라서 표 9−2에 나온 내용은 꼭 지켜야 합니다.

표 9−2 강제적 식별자 명명 규칙

규칙	불가능 예
식별자에 키워드 사용 불가	var, let, const
식별자에 공백 포함 불가	my School, like food
식별자의 첫 글자는 영문 소문자, _(언더스코어), $ 기호만 사용	*name, #age, @email

관용 규칙은 지키지 않아도 프로그래밍 언어에서 오류를 발생시키진 않지만, 되도록 지키는 것이 좋습니다.

표 9−3 관용적 식별자 명명 규칙

규칙	좋은 예	나쁜 예
식별자는 영문으로만 작성	name, age	이름, 나이
식별자는 의미 있는 단어로 작성	name, age(이름과 나이 저장 시)	a, b(이름과 나이 저장 시)

자바스크립트에서 식별자를 표기하는 방법은 대표적으로 카멜 표기법(camel case), 언더스코어 표기법(underscore case), 파스칼 표기법(pascal case)이 있습니다.

표 9-4 식별자 표기법

표기법	설명	예
카멜 표기법	변수명과 함수명 작성 시 사용	firstName, lastName
언더스코어 표기법	상수명 작성 시 사용	FIRST_NAME, last_name
파스칼 표기법	생성자 함수명 작성 시 사용	FirstName, LastName

카멜 표기법

카멜 표기법은 마치 낙타(camel)의 혹처럼 글자 높이가 내려갔다가 올라간다고 해서 이름 지어진 표기법입니다. 첫 글자는 영문 소문자로 시작하고, 2개 이상의 단어가 조합되면 각 단어의 첫 글자는 대문자로 표기합니다. 주로 변수명이나 함수명, 객체의 속성명을 지을 때 사용합니다.

TIP — 함수와 객체는 이후에 배우지만, 변수의 식별자를 설명하기 위해 잠시 언급했습니다. 자세한 내용은 **10장 자바스크립트 함수 다루기**와 **11장 자바스크립트 객체 다루기**에서 설명합니다.

언더스코어 표기법

언더스코어 표기법은 2개 이상의 단어가 조합될 때, 각 단어를 _ 기호로 연결해 표기하는 방법입니다. 상수의 식별자를 지을 때 사용합니다.

파스칼 표기법

파스칼 표기법은 각 단어의 첫 글자를 대문자로 작성하는 방법입니다. 자바스크립트에서 생성자 함수명을 지을 때 사용합니다.

1분 퀴즈 ━━━━━━━━━━━━━━━━━━━━━━━━━━━ 해설 노트 p.602

1. 변수 score를 선언해서 데이터 10을 할당하는 코드를 작성해 보세요.

9.2

자료형

자료형(data type)이란 자바스크립트에서 사용할 수 있는 데이터의 종류를 의미합니다. 자바스크립트의 자료형은 **기본 자료형**과 **참조 자료형**으로 구분합니다. 기본(primitive) 자료형으로는 문자(string), 숫자(number), 논리(boolean), undefined, null, Symbol 자료형이 있고, 참조(reference) 자료형에는 객체(object)가 있습니다.

9.2.1 문자열

자바스크립트에서 문자열은 "Hello, Javascript"나 'Hello, Javascript'처럼 큰따옴표("")나 작은따옴표('')로 둘러싸인 값의 형태를 의미합니다.

09/02/string_type.js

```
let string1 = "Hello, World!";
let string2 = 'Hello, World!';
console.log(string1);
console.log(string2);
```

실행결과

```
Hello, World!
Hello, World!
```

문자열 데이터를 정의할 때 주의할 점은 큰따옴표로 시작했으면 반드시 큰따옴표로 끝나야 하고, 작은따옴표로 시작했으면 작은따옴표로 끝나야 한다는 점입니다. 다음과 같이 시작과 끝의

따옴표가 다르면 오류가 납니다.

```javascript
let string1 = "Hello, World!';
let string2 = 'Hello, World!";
```

```
Uncaught SyntaxError: Invalid or unexpected token
```

그래서 작성하려는 문자열에 작은따옴표나 큰따옴표가 있다면 문자열을 정의할 때 주의해야 합니다.

● 문자열에 따옴표가 포함된 경우

문자열을 따옴표로 감쌀 때 다음과 같이 문자열 안에 따옴표가 포함되어 있으면 문자열을 정의할 때 조금 복잡해집니다.

큰따옴표로 시작하는데, 문자열 안에 큰따옴표가 있어서 문자열 정의로 인식됨

```javascript
let string1 = "문자열은 큰따옴표(")로 감싸면 됩니다.";      ← 따옴표의 짝이 맞지 않아서
let string2 = '문자열은 작은따옴표(')로 감싸면 됩니다.';     ← 문법 오류 발생
```

작은따옴표로 시작하는데, 문자열 안에 작은따옴표가 있어서 문자열 정의로 인식됨

```
Uncaught SyntaxError: Unexpected token ')'
```

이런 경우에는 작성하려는 문자열에 포함되지 않은 따옴표로 문자열을 감싸서 정의합니다. 문자에 작은따옴표가 포함되어 있다면 큰따옴표로 감싸고, 큰따옴표가 포함되어 있다면 작은따옴표로 감쌉니다.

09/02/string_type_wrap.js

```javascript
let string1 = '문자열은 큰따옴표(")로 감싸면 됩니다.';
let string2 = "문자열은 작은따옴표(')로 감싸면 됩니다.";
console.log(string1);
console.log(string2);
```

문자열은 큰따옴표(")로 감싸면 됩니다.
문자열은 작은따옴표(')로 감싸면 됩니다.

다만, 문자열에 큰따옴표와 작은따옴표 둘 다 포함되어 있으면 이런 방법으로도 해결되지 않습니다.

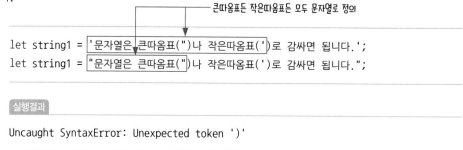

Uncaught SyntaxError: Unexpected token ')'

어떤 따옴표를 사용하든지 중간에 문자열이 정의되어서 항상 오류가 발생합니다. 이때는 문자열 연결 연산자(+) 또는 이스케이프 문자로 해결합니다.

문자열 연결 연산자

문자열 연결 연산자(+)는 우리가 알고 있는 덧셈 기호와 같습니다. 자바스크립트는 문자열과 문자열을 덧셈 기호로 연산하면 서로 연결되는 특징이 있습니다.

───────────────────────────── 09/02/string_type_operator.js

```
let string = '문자열' + " 연결 연산자";
console.log(string);
```

문자열 연결 연산자

이 방법으로 문자열에 큰따옴표와 작은따옴표가 함께 있는 경우를 해결할 수 있습니다.

───────────────────────────── 09/02/string_type_operator2.js

```
let string = '문자열은 큰따옴표(")나' + " 작은따옴표(')로 감싸면 됩니다.";
console.log(string);
```

문자열은 큰따옴표(")나 작은따옴표(')로 감싸면 됩니다.

● 이스케이프 문자

이스케이프 문자는 웹 브라우저가 사용자 의도와 다르게 문자열을 해석할 때 사용합니다. 자바스크립트에서는 역슬래시(\)를 붙여 이스케이프 문자로 사용합니다. 예를 들어, 웹 브라우저는 문자열에 들어 있는 큰따옴표나 작은따옴표에 역슬래시를 붙이면 일반적인 따옴표로 인식합니다.

다음 코드처럼 작은따옴표로 문자열을 정의할 때 문자열 중간에 작은따옴표가 나오면 의도하지 않게 문자열 정의로 인식되어서 오류가 발생해야 합니다. 그런데 중간에 나오는 작은따옴표 앞에 역슬래시를 붙이면 작은따옴표가 문자열을 정의할 때 사용하는 기호가 아니라 순수하게 작은따옴표라는 문자로 인식합니다.

— 09/02/string_type_escape.js

원래는 문자열을 정의할 때 사용하는 기호지만, 역슬래시를 붙이면 순수한 문자로 인식함

```
let string = '문자열은 큰따옴표(")나 작은따옴표(\')로 감싸면 됩니다.';
```

문자 인식 외에도 이스케이프 문자를 사용해 다양한 기능을 표현할 수 있습니다. 자바스크립트에서 이스케이프 문자를 써서 표현할 수 있는 주요 기능은 다음과 같습니다.

표 9-5 이스케이프 문자를 사용한 주요 기능

이스케이프 문자 사용 시	설명
\'	작은따옴표(single quotes)
\"	큰따옴표(double quotes)
\n	줄 바꿈(new line)
\t	수평 탭(horizontal tab)
\\	역슬래시(backslash)

문자열을 줄 바꿈해서 출력할 때 다음처럼 코드를 작성하면 오류가 발생합니다.

```
let string = "이스케이프 문자를 이용해서
줄 바꿈하고 싶어요";
```

이럴 때 이스케이프 문자 중 줄 바꿈을 의미하는 문자를 사용합니다.

— 09/02/string_type_escape2.js

```
let string = "이스케이프 문자를 이용해서\n줄 바꿈하고 싶어요";
console.log(string);
```

실행결과

```
이스케이프 문자를 이용해서
줄 바꿈하고 싶어요
```

● 템플릿 문자열

ES6에서 추가된 템플릿 문자열은 백틱(`)으로 문자열을 정의하는 방법입니다. 템플릿 문자열은
기존 문자열 정의 방식처럼 큰따옴표나 작은따옴표로 문자열을 정의하지 않기 때문에 문자열에
큰따옴표나 작은따옴표가 있어도 영향을 받지 않습니다.

```
let string = `문자열은 큰따옴표(")나 작은따옴표(')로 감싸면 됩니다.`;
```

템플릿 문자열은 기존 문자열과는 다른 특징이 있습니다.

첫째, Enter 를 눌렀을 때 줄 바꿈이 적용됩니다. 그래서 이스케이프 문자를 사용하지 않아도 됩
니다.

— 09/02/template_string.js

```
let string = `문자열은 큰따옴표(")나
작은따옴표(')로 감싸면 됩니다.`;
console.log(string);
```

실행결과

```
문자열은 큰따옴표(")나
작은따옴표(')로 감싸면 됩니다.
```

둘째, ${} 문법을 이용해 문자열에 변수 또는
식을 넣을 수 있습니다. 다음 코드를 보면 템플
릿 문자열의 ${} 안에 외부에 미리 정의한 변수

TIP ── 템플릿 문자열은 기존 문자열 정의 방법의 여러 단
점을 모두 개선한 방식입니다. 그래서 ES6 문법을 사용할 수
있는 개발 환경에서는 템플릿 문자열을 사용하는 것이 여러
모로 이득입니다.

또는 표현식을 넣어 연산한 값을 변수에 할당합니다.

09/02/template_string_ex.js

```javascript
let dan = 3;
let gugu = 8;
let string = `${dan} 곱하기 ${gugu}은 ${dan * gugu}입니다.`;
console.log(string);
```

실행결과

3 곱하기 8은 24입니다.

9.2.2 숫자형

자바스크립트는 정수와 실수를 구분하지 않고 전부 하나의 숫자 자료형(숫자형)으로 취급합니다. 예를 들어, 10이나 0.1이나 자바스크립트는 같은 숫자형입니다.

09/02/number_type.js

```javascript
let num1 = 10;
let num2 = 0.1;
console.log(num1);
console.log(num2);
```

실행결과

```
10
0.1
```

다만, 실수를 사용할 때는 주의해야 합니다. 자바스크립트는 실수를 부동 소수점 방식으로 표현하는데, 실수를 부동 소수점 방식으로 표현하면 실수 계산이 정확하지 않습니다.

다음 코드처럼 실수 0.1과 0.2를 합한 결과를 sum 변수에 할당해서 출력한다면 어떨까요? 당연히 0.3이 출력될까요? 코드를 실행해 보면 전혀 다른 결과가 나옵니다.

09/02/number_type_add.js

```javascript
let sum = 0.1 + 0.2;
console.log(sum);
```

0.30000000000000004

따라서 실수를 계산하는 프로그램을 만들 때는 이 점을 고려해야 합니다.

> **수코딩의 조언**
>
> 컴퓨터는 모든 데이터를 0과 1의 이진수로 표현하기 때문에 프로그래밍 언어에서 실수를 표현하는 방법은 항상 골칫거리입니다. 소수점이 있는 실수도 정수처럼 이진수로 표현해야 하기 때문이죠. 그래서 컴퓨터에서 실수를 표현하기 위한 여러 방식이 연구됐습니다. 그중에서 가장 많이 사용하는 방식은 고정 소수점 방식과 부동 소수점 방식인데, 자바스크립트는 부동 소수점 방식으로 실수를 표현합니다. 고정 소수점과 부동 소수점을 완전히 이해하려면 수학 지식이 필요하므로 여기서는 자세히 설명하지 않습니다. 다만, 부동 소수점 방식으로 실수를 표현하는 프로그래밍 언어는 항상 실수 계산이 정확하지 않다는 점만 기억해 주세요.

9.2.3 논리형

논리 자료형(논리형)은 참 또는 거짓에 해당하는 논리 값인 true, false를 의미합니다. 문자열이나 숫자는 해당 자료형을 정의하는 값이 무수히 많지만, 논리형은 오직 true와 false 두 값만 있습니다.

— 09/02/boolean_type.js

```
let boolean1 = true;
let boolean2 = false;
console.log(boolean1); // true
console.log(boolean2); // false
```

또한, 논리형의 독특한 점은 논리적인 연산으로 구할 수 있다는 점입니다. 다음과 같은 코드를 예로 들어 봅시다.

— 09/02/boolean_type_ex.js

```
let boolean1 = 10 < 20;
let boolean2 = 10 > 20;
console.log(boolean1); // true
console.log(boolean2); // false
```

10이 20보다 작다는 표현식은 논리적으로 참입니다. 그래서 boolean1 변수에는 논리형 값인 true가 할당됩니다. 마찬가지로 10이 20보다 크다는 논리적으로 거짓입니다. 그래서 boolean2 변수는 false가 할당됩니다.

9.2.4 **undefined**

변수나 상수를 컴퓨터 메모리 공간에 선언하면 반드시 생성한 공간에 저장할 데이터를 할당해야 합니다. 할당하지 않을 경우 자바스크립트 내부적으로 변수와 상수 공간에 임시로 데이터를 할당하는데, 이때 할당되는 값이 undefined입니다. 자바스크립트의 undefined는 다른 자료형과는 다르게 사용자가 임의로 정의하고 할당하는 자료형이 아닙니다.

———————————————————————————— 09/02/undefined_type.js

```
let empty;
console.log(empty); // undefined
```

9.2.5 **null**

null 자료형은 null 값 하나만 있으며, 변수나 상수를 선언하고 의도적으로 선언한 공간을 비워 둘 때 할당합니다.

TIP —— undefined와 null을 묶어서 **특수 자료형**이라고도 합니다.

———————————————————————————— 09/02/null_type.js

```
let empty = null;
console.log(empty); // null
```

9.2.6 **객체**

객체(object)는 자바스크립트의 핵심적인 자료형입니다. 앞에서 언급한 기본 자료형을 제외하고 자바스크립트에서 거의 모든 데이터와 자료구조는 객체라고 봐야 합니다. 객체 자료형에서 파생되는 자료형으로 배열, 객체 리터럴, 함수가 있습니다. 여기서는 배열과 객체 리터럴을 알아보고, 10장에서 함수를 다루겠습니다.

● 배열

배열(array)은 복수의 데이터를 정의할 수 있는 자료형입니다. 지금까지 배운 자료형은 한 번에 하나의 데이터만 정의할 수 있었습니다. 예를 들어, 학생 한 명의 국어, 영어, 수학, 과학 점수를 저장하는 변수를 만든다고 가정해 봅시다. 기존 자료형으로는 다음 코드처럼 하나의 변수에 하나의 숫자형 데이터를 할당해서 코드를 작성합니다.

```
let koreanScore = 80;
let englishScore = 70;
let mathScore = 90;
let scienceScore = 60;
```

그러나 배열을 사용하면 하나의 자료형에 여러 개의 데이터를 정의할 수 있습니다.

```
let studentScore = [80, 70, 90, 60]; // 국어, 영어, 수학, 과학 점수
```

이렇게 배열로 정의한 데이터를 **요소**라고 합니다. 그리고 배열 요소에 접근하려면 **인덱스**(index)를 이용합니다. 인덱스는 배열에서 각 데이터가 있는 위치를 가리키는 숫자라고 생각하면 됩니다. 단, 자바스크립트에서는 숫자가 0부터 시작합니다. 그래서 영어 점수에 접근하고 싶다면 다음과 같이 코드를 작성해야 합니다.

09/02/array.js

```
let studentScore = [80, 70, 90, 60]; // 국어, 영어, 수학, 과학 점수
console.log(studentScore[1]); // 70, 1번 인덱스의 데이터에 접근
```

인덱스 숫자는 0부터 시작하므로 0번은 국어 점수, 1번은 영어 점수가 됩니다. 이처럼 배열이 할당된 변수명에 대괄호([ ])를 이용해 인덱스 숫자를 넣으면 원하는 위치의 데이터에 접근할 수 있습니다.

> **Note   배열은 모든 자료형을 저장할 수 있습니다.**
>
> 배열에는 숫자형 외에도 자바스크립트의 모든 자료형을 정의할 수 있습니다.
>
> ```
> let array = ['abc', 10, true, undefined, null, [], {}, function(){}];
> ```
>
> 또한, 다음처럼 비어 있는 배열을 정의할 수도 있습니다.
>
> ```
> let array = [];
> ```
>
> 비어 있는 배열은 나중에 데이터를 동적으로 추가하려고 할당하는데, 이러한 배열을 **빈 배열**이라고 합니다.

객체 리터럴

객체 리터럴은 객체를 정의하는 가장 간단한 방법입니다. 객체 리터럴은 객체를 정의할 때 중괄호({})를 사용하며, 중괄호 안에는 **키**(key)와 **값**(value)의 한쌍으로 이루어진 **속성**(property)이 들어갑니다.

그림 9-3 객체의 구성 요소 명칭

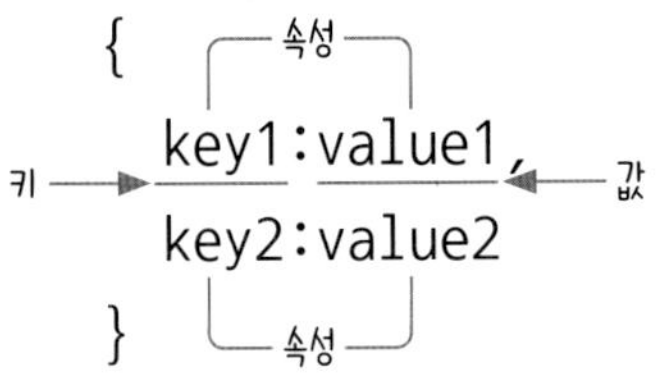

객체 리터럴로 정의한 객체는 배열보다 장점이 많은데, 그중 하나는 값을 키로 구분한다는 점입니다. 학생의 점수를 배열에 담은 코드를 다시 보겠습니다.

```
let studentScore = [80, 70, 90, 60];
```

배열은 하나의 자료형에 여러 데이터를 담을 수 있다는 장점이 있지만, 배열에 담긴 값들이 어떤 값인지 명확하게 알 수 없다는 단점도 있습니다. 막상 앞의 코드처럼 어떤 학생의 점수를 국어, 영어, 수학, 과학 순서로 담은 배열이라고 하더라도 다른 개발자가 보면 배열 안에 담긴 값들이 어떤 값인지 쉽게 알 수 없습니다.

하지만 객체 리터럴은 다릅니다. 배열처럼 여러 값을 하나로 묶을 수 있지만, 배열과는 다르게 값을 키로 구분합니다. 똑같은 국어, 영어, 수학, 과학 점수를 할당한다고 해도 객체 리터럴은 키가 있기 때문에 각 값의 의미를 바로 파악할 수 있습니다.

09/02/object_literal.js

```javascript
let studentScore = {
  koreanScore:80,
  englishScore:70,
  mathScore:90,
  scienceScore:60
};
console.log(studentScore.koreanScore);      // 80
console.log(studentScore['englishScore']); // 70
```

실행결과

```
80
70
```

객체 리터럴의 각 값에 접근할 때도 배열처럼 대괄호([ ])를 사용하고, 추가로 마침표(.)도 사용할 수 있습니다. 이에 관한 내용은 **11장 자바스크립트 객체 다루기**에서 자세히 살펴봅니다.

1분 퀴즈 해설 노트 p.602

2. 다음 중 데이터의 종류와 자료형이 잘못 짝지어진 것을 고르세요.

① 문자열 – "Hello, Javascript"

② 숫자형 – 0.111121212

③ 논리형 – true

④ undefined – undefined

⑤ 배열 – {}

9.3

연산자

변수나 상수에 데이터를 할당할 때 = 기호를 사용했죠? 이처럼 어떤 연산을 처리하는 데 사용하도록 미리 정의된 기호를 자바스크립트에서는 **연산자**(operator)라고 합니다. = 기호는 데이터를 할당하는 연산을 수행하기 때문에 **할당 연산자**라고 합니다. 자바스크립트에는 이 외에도 많은 연산자가 있는데, 하나씩 살펴보겠습니다.

9.3.1 산술 연산자

산술 연산자는 덧셈, 뺄셈, 곱셈, 나눗셈과 같은 수학 연산을 수행하는 연산자를 말합니다. 자바스크립트에서 사용할 수 있는 산술 연산자는 이항 산술 연산자, 단항 산술 연산자, 단항 부정 연산자가 있습니다.

TIP ── 연산자가 연산을 수행하는 데 필요한 연산 대상을 **피연산자**라고 합니다. 예를 들어, 10 + 20에서 +는 연산자, 10과 20은 피연산자입니다.

표 9-6 산술 연산자

구분	연산자	예	설명
이항 산술	+	x + y	x에 y를 더합니다.
	−	x − y	x에서 y를 뺍니다.
	*	x * y	x에 y를 곱합니다.
	/	x / y	x를 y로 나눕니다.
	%	x % y	x를 y로 나누어 나머지를 구합니다.
	**	x ** y	x의 y 거듭제곱을 구합니다.

● 계속

구분	연산자	예	설명
단항 산술	++	x++ (후치 연산) ++x (전치 연산)	x를 1 증가시킵니다.
	--	x-- (후치 연산) --x (전치 연산)	x를 1 감소시킵니다.
단항 부정	-	-x	x의 부호를 부정합니다(음수 → 양수, 양수 → 음수)

● 이항 산술 연산자

이항 산술 연산자는 연산을 수행하는 데 피연산자가 2개 필요한 연산자입니다. 우리가 이미 알고 있는 수학에서의 산술 연산과 같으니 예제 코드를 보면 쉽게 이해할 겁니다.

```
let sum = 10 + 20; // 30
let sub = 20 - 10; // 10
let multi = 10 * 20; // 200
let div = 10 / 2; // 5
let remain = 10 % 3; // 1
let expon = 2 ** 3; // 8(2의 3승)
```

다른 연산자는 쉽게 이해하더라도 나머지 연산자는 생소할 수 있습니다. 나머지 연산자인 %는 왼쪽 피연산자를 오른쪽 피연산자로 나누어 남은 나머지를 구합니다.

TIP ── +는 **9.2.1 문자열**에서 배운 것처럼 문자열 연결 연산자로도 사용합니다.

● 단항 산술 연산자

단항 산술 연산자는 연산을 수행하는 데 피연산자가 1개만 필요한 연산자를 의미합니다. ++ 연산자는 값을 1 증가시키고, -- 연산자는 값을 1 감소시킵니다. 두 연산자를 합쳐서 **증감 연산자**(증가/감소 연산자)라고 하기도 합니다.

09/03/in_de_crement.js

```
let increment = 10;
increment++;
let decrement = 10;
decrement--;
console.log(increment); // 11
console.log(decrement); // 9
```

단항 산술 연산자는 앞의 코드처럼 변수나 상수에 할당된 데이터로만 연산할 수 있고, 다음과 같이 숫자에 바로 사용하는 건 안 됩니다.

```
let increment = 10++;
```

```
Uncaught SyntaxError: Invalid left-hand side expression in postfix operation
```

연산 방식은 단항 산술 연산자를 앞에 사용했는지, 뒤에 사용했는지에 따라 결과가 달라집니다. 보통 앞에 사용하면 **전치 연산**, 뒤에 사용하면 **후치 연산**이라고 합니다. 전치 연산은 항상 '~하기 전에' 증감합니다. 따라서 다음 코드는 변수에 값을 **할당하기 전에** 1부터 증가시킵니다. 그래서 subNum 변수를 출력하면 11이 나옵니다.

09/03/pre_indecrement.js

```
let num = 10;
let subNum = ++num; // 앞에 사용했으므로 전치 연산 방식
console.log(subNum); // 11
```

그러나 후치 연산은 '~한 후에' 증감합니다. 그래서 변수에 대입할 때 후치 연산을 사용한다면 값을 먼저 **할당한 후에** 증감 연산을 합니다. 그래서 코드를 실행해 보면 subNum 변수에 num 변수 값인 10을 먼저 할당한 후에 1을 증가시키므로 subNum 변수를 출력하면 10이 나옵니다.

09/03/after_indecrement.js

```
let num = 10;
let subNum = num++; // 뒤에 사용했으므로 후치 연산 방식
console.log(subNum); // 10
```

● 단항 부정 연산자

단항 부정 연산자는 항상 피연산자 앞에 위치하며 피연산자의 부호를 부정하는 연산을 수행합니다. 쉽게 말해, 음수는 양수로 변환하고 양수는 음수로 변환하는 연산을 수행합니다. 따라서 숫자형 데이터가 할당된 변수에만 사용할 수 있습니다.

```
let num = -10;
num = -num;
console.log(num); // 10
```

9.3.2 대입 연산자와 복합 대입 연산자

대입 연산자는 데이터를 대입(할당)하는 연산을 수행하는 연산자를 말합니다. 이미 변수와 상수를 공부하면서 많이 사용했죠. 복합 대입 연산자는 산술 연산자와 대입 연산자를 함께 사용해 산술과 할당을 한 번에 수행하는 연산자를 말합니다.

표 9-7 복합 대입 연산자

구분	연산자	예	설명
대입 연산자	=	x = y	x에 y를 대입합니다.
복합 대입 연산자	+=	x += y	x에 x + y를 대입합니다.
	-=	x -= y	x에 x - y를 대입합니다.
	*=	x *= y	x에 x * y를 대입합니다.
	/=	x /= y	x에 x / y를 대입합니다.
	%=	x %= y	x에 x % y를 대입합니다.
	**=	x **= y	x에 x ** y를 대입합니다.

대입과 복합 대입 연산자는 어려운 내용이 아니므로 바로 예제 코드를 살펴보겠습니다.

```
let x = 10;
x += 5; // 15(x = x + 5)
let y = 10;
y -= 5; // 5(y = y - 5)
let z = 10;
z *= 5; // 50(z = z * 5)
let u = 10;
u /= 5; // 2(u = u / 5)
let v = 10;
v %= 3; // 1(v = v % 3)
```

```
let t = 10;
t **= 2; // 100(t = t ** 2)
```

이해하기 어려운 내용이 아니니 꼭 실행해서 확인하고 넘어가기 바랍니다.

| 수코딩의 조언 | 복합 대입 연산자는 정해진 표현식을 간단히 표현할 수 있어서 편리하지만, 한편으로는 코드의 가독성을 떨어뜨리는 점도 있습니다. 개발자마다 다르겠지만 z *= 5보다 z = z * 5가 더 직관적이라고 보는 사람도 있습니다. 필자 또한 그런 사람 중 한 명이고요. 그래서 필자는 특별한 경우가 아니라면 굳이 복합 대입 연산자로 식을 작성하지 않습니다. |

9.3.3 비교 연산자

비교 연산자는 피연산자를 비교한 뒤, 논리형 값인 참(true), 거짓(false)을 반환하는 연산을 수행합니다.

표 9-8 비교 연산자

연산자	예	설명
==	x == y	x와 y의 값이 같으면 true를 반환합니다.
===	x === y	x와 y의 값과 자료형이 같으면 true를 반환합니다.
!=	x != y	x와 y의 값이 다르면 true를 반환합니다.
!==	x !== y	x와 y의 값과 자료형이 다르면 true를 반환합니다.
〈	x 〈 y	x가 y보다 작으면 true를 반환합니다.
〈=	x 〈= y	x가 y보다 작거나 같으면 true를 반환합니다.
〉	x 〉 y	x가 y보다 크면 true를 반환합니다.
〉=	x 〉= y	x가 y보다 크거나 같으면 true를 반환합니다.

비교 연산자 중에서 동등 연산자(==)와 일치 연산자(===), 부등 연산자(!=)와 불일치 연산자(!==)를 비교해 보겠습니다. 다음 코드처럼 숫자형 10과 문자열 10을 비교하면 동등 연산자는 true, 일치 연산자는 false를 반환합니다.

```
10 == '10';  // true
```

357

```
10 === '10'; // false
```

부등 연산자와 불일치 연산자도 마찬가지입니다. 부등 연산자는 값만 비교하기 때문에 숫자형 10과 문자열 10이 다른지 비교하면 같다고 판단합니다. 10 != '10'은 마치 '숫자형 10과 문자열 10은 값이 다르니?'라고 묻는 것과 같습니다. 다르면 true, 같으면 false를 반환합니다. 또한, 10 !== '10'은 '숫자형 10과 문자열 10은 값과 자료형이 모두 다르니?'라고 묻는 것과 같습니다.

```
10 != '10';  // false(아니, 똑같아)
10 !== '10'; // true(응, 달라)
```

나머지 비교 연산자가 수행하는 연산도 다음 코드로 간단히 확인할 수 있습니다.

```
10 < 10;  // false
10 <= 10; // true
10 > 10;  // false
10 >= 10; // true
```

9.3.4 논리 연산자

논리 연산자는 피연산자를 논리적으로 평가한 뒤, 조건에 맞는 피연산자를 반환하는 연산을 수행합니다.

표 9–9 논리 연산자

연산자	예	설명
&&	x && y	x가 참이면 y를 반환하고, 거짓이면 x를 반환합니다.
||	x || y	x가 참이면 x를 반환하고, 거짓이면 y를 반환합니다.
!	!x	x가 참이면 false를 반환하고, 거짓이면 true를 반환합니다.

AND 연산자(&&)는 피연산자를 왼쪽부터 평가해 평가 결과가 거짓이면 거짓이 나온 피연산자를 즉시 반환하고, 거짓이 아니면 마지막에 평가되는 피연산자를 반환합니다.

```
true && true; // true
true && false && true; // false
```

그런데 논리 연산자에는 한 가지 특징이 있습니다. 어떤 피연산자든 모두 논리형으로 평가하는 것이죠. 숫자형을 쓰거나 문자열을 쓰거나 전부 논리 값으로 평가합니다. 자바스크립트의 자료형 중 ""(빈 문자열), undefined, 0, null만 거짓으로 평가되고 나머지는 참으로 평가됩니다. AND 연산자는 연산 결과가 거짓으로 평가되면 거짓으로 평가된 피연산자를 반환하므로 다음과 같은 결과가 나옵니다.

```
"" && "cat"; // ""
undefined && "cat"; // undefined
0 && "cat"; // 0
null && "cat"; // null
```

논리 연산자가 반드시 true, false를 반환하는 것이 아니라 평가 결과에 따라 피연산자를 반환하는 특징을 다시 생각해 보면 다음과 같은 값도 구할 수 있습니다.

```
"cat" && "dog"; // "dog"
"cat" && "dog" && "bird"; // "bird"
```

OR 연산자(||)는 피연산자를 왼쪽부터 평가해 참으로 평가된 피연산자를 즉시 반환합니다. 만약 모든 피연산자가 참으로 평가되지 않으면 마지막에 평가된 피연산자를 반환합니다.

```
false || true || false; // true
false || false; // false
false || "cat"; // "cat"
"" || "cat";    // "cat"
"dog" || "cat"; // "dog"
```

NOT 연산자(!)는 피연산자나 식을 평가한 논리 값의 반대 값(true → false, false → true)을 반환합니다.

```
!false; // true
!(10 < 20); // false
!(10 < 20 && 20 < 10); // true
```

다만, NOT 연산자는 괄호로 식을 어떻게 묶는지에 따라 결과가 다를 수 있습니다. 예를 들어, !true && false와 !(true && false)는 결과가 다릅니다. 괄호의 위치에 따라 연산 순서가 다음처럼 바뀌기 때문입니다.

그림 9-4 괄호에 따른 연산 순서 차이

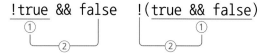

9.3.5 삼항 연산자

삼항 연산자는 세 항 중 가장 왼쪽에 있는 피연산자의 참, 거짓에 따라 나머지 두 항에 있는 피연산자를 선택적으로 반환하는 연산을 수행합니다.

표 9-10 삼항 연산자

연산자	예	설명
?:	x ? y : z	x가 참이면 y를 반환하고, x가 거짓이면 z를 반환합니다.

———————————————————————————— 09/03/ternary_operator.js

```
let score = 90;
let grade = score >= 90 ? 'A+' : 'B';
console.log(grade); // A+
```

삼항 연산자를 사용하면 나중에 배우는 조건문을 사용하지 않아도 간단한 조건식을 처리할 수 있습니다.

9.3.6 연산자 우선순위

자바스크립트의 모든 연산자에는 연산자 우선순위가 있습니다. 연산자 우선순위는 연산자를 여러 개 사용했을 때 어떤 연산자를 먼저 연산할지를 결정하는 기준입니다. 우선순위가 같은 연산자들을 사용했으면 결합 순서에 따라 연산이 수행됩니다. 다음은 연산자 우선순위와 결합 순서를 정리한 표입니다.

표 9-11 연산자 우선순위와 결합 순서

우선순위	연산자 종류	기호	결합 순서
1	그룹 연산자	()	좌 → 우
	대괄호 연산자	[]	좌 → 우
	마침표 연산자	.	좌 → 우
2	증가 연산자	++	우 → 좌
	감소 연산자	--	우 → 좌
	단항 부정 연산자	-	우 → 좌
	NOT 연산자	!	우 → 좌
	delete 연산자	delete	우 → 좌
	new 연산자	new	우 → 좌
	typeof 연산자	typeof	우 → 좌
3	나눗셈 연산자	/	좌 → 우
	곱셈 연산자	*	좌 → 우
	나머지 연산자	%	좌 → 우
4	덧셈 연산자	+	좌 → 우
	뺄셈 연산자	-	좌 → 우
5	비교 연산자	<=, <, >, >=	좌 → 우
6	동등, 일치, 부등, 불일치	==, ===, !=, !==	좌 → 우
7	AND 연산자	&&	좌 → 우
8	OR 연산자	||	좌 → 우
9	삼항 연산자	?:	좌 → 우

○ 계속

우선순위	연산자 종류	기호	결합 순서
10	대입(할당) 연산자	=	우 → 좌
	복합 대입 연산자	+=, -=, *=, /=, %=, **=	우 → 좌
11	멀티 연산자	,	좌 → 우

우선순위가 도드라지게 나타나는 것이 바로 산술 연산자입니다. 예를 들어, 다음과 같은 코드는 연산 결과가 어떻게 나올까요?

09/03/operator-1.js

```
let sum = 10 + 20 * 3;
console.log(sum); // 70
```

연산 결과로 70이 나옵니다. 사칙연산과 마찬가지로 곱셈이 덧셈과 뺄셈보다 연산자 우선순위가 높아서 먼저 연산되기 때문입니다.

그림 9-5 연산자의 우선순위

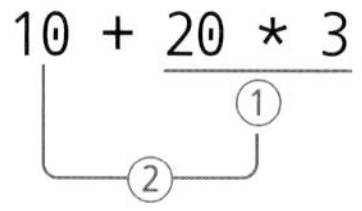

```
10 + 20 * 3
```

이럴 때 그룹 연산자인 ( )로 식을 묶어 주면 우선순위를 변경할 수 있습니다. 그룹 연산자는 산술 연산자보다 우선순위가 높기 때문입니다.

```
let sum = (10 + 20) * 3;
console.log(sum); // 90
```

그림 9-6 우선순위 변경

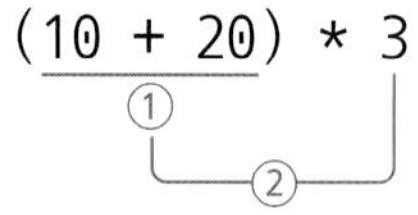

```
(10 + 20) * 3
```

만약 우선순위가 같은 연산자만 사용하면 어떻게 될까요? 이럴 때는 결합 순서에 의해 결정됩니다. 예를 들어, 다음과 같은 코드가 있습니다.

```
let num = 10;
let result = num *= 3;
console.log(result); // 30
```

코드에서 눈여겨볼 부분은 둘째 줄입니다. 대입과 복합 대입 연산자를 사용했는데, 두 연산자는 우선순위가 같습니다. 이러면 연산자의 우선순위는 판별할 수 없으므로 결합 순서에 의해 연산 순서가 결정됩니다. 대입 연산자와 복합 대입 연산자는 모두 결합 순서가 **우 → 좌**에 해당하므로 그림처럼 연산됩니다.

그림 9-7 결합 순서에 의한 연산 순서

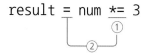

> **수코딩의 조언**
>
> 연산자 우선순위는 생각보다 종류도 많고, 결합 순서도 조금씩 다르기 때문에 이 모두를 외워서 사용하기는 현실적으로 어렵습니다. 그래서 가능한 한 우선순위가 가장 높은 그룹 연산자를 사용해 식의 우선순위를 단순하게 정리하는 것이 좋습니다.

9.3.7 형 변환

연산자를 공부할 때 같이 이해하면 좋은 개념이 바로 **형 변환**입니다. 형 변환은 데이터의 자료형이 다른 자료형으로 바뀌는 것을 말합니다. 자바스크립트에는 크게 암시적 형 변환과 명시적 형 변환이 있습니다.

● 암시적 형 변환

코드를 보며 형 변환을 이해해 보겠습니다.

```
const result = 10 + "10";
console.log(result); // 1010
```

코드를 실행하면 숫자 10과 문자열 10을 덧셈 연산자로 연산하는데, 문자열 연결 연산자처럼 1010이 출력됩니다. 문자열 연결 연산자는 문자열과 문자열을 + 기호로 연결하는 연산인데, 앞의 코드에서는 왜 + 기호가 문자열 연결 연산자로 처리됐을까요?

이는 자바스크립트가 내부적으로 숫자형 데이터를 문자열 데이터로 형 변환했기 때문입니다. 암시적 형 변환은 이처럼 사용자가 형 변환을 의도하지 않았지만, 자바스크립트에서 자체적으로 형 변환하는 것을 말합니다. 코드에서는 서로 다른 자료형 데이터를 + 기호로 연산하므로 숫자형 데이터를 문자열 데이터로 암시적 형 변환해서 연산을 수행했습니다.

암시적 형 변환은 연산자로 연산을 수행할 때 알게 모르게 많이 사용됩니다. 다음 코드도 문자열이 숫자형으로 암시적 형 변환되기 때문에 비교가 가능합니다.

———————————————————— 09/03/typeConversion2.js

```javascript
let num = 10;
let strNum = "10";
if(num == strNum){ // 문자열을 숫자형으로 형 변환
  console.log(`equals`);
}
```

● 명시적 형 변환

명시적 형 변환은 이름 그대로 드러나게 형 변환을 처리하는 겁니다. 예를 들어, 다음 코드처럼 String() 메서드를 사용하면 숫자형을 문자열로 명시적 형 변환을 할 수 있습니다.

———————————————————— 09/03/typeConversion3.js

```javascript
let num = 10;
let strNum = "10";
if(String(num) == strNum){
  console.log(`equals`);
}
```

| 수코딩의
조언 | 자바스크립트는 어떤 연산을 처리하는 과정에서 자료형이 다를 경우 자료형을 자동으로 변환하려는 암시적 형 변환 특성이 있습니다. 이러한 암시적 형 변환은 어떻게 보면 편리한 기능인 것 같지만, 개발자가 놓친 부분이라는 의미이므로 암시적 형 변환이 발생하지 않도록 코드에 형 변환을 명확하게 표시하는 것이 좋습니다. |

3. q1, q2, q3의 출력 값을 순서대로 작성한 것을 고르세요.

```
let q1 = 10 + 10 * 2;
let q2 = 10 === 10 || 10 !== "10";
let q3 = !(10 < 20) && 10 < 20;
console.log(q1);
```

① 40, false, true

② 40, true, false

③ 40, false, false

④ 30, true, false

⑤ 30, false, true

9.4

조건문 다루기

자바스크립트는 조건문을 배우기 시작하면서부터 점점 복잡한 코드를 구현할 수 있게 됩니다. 조건문을 사용하면 특정 조건에 따라 다르게 실행되는 코드를 작성할 수 있기 때문이죠. 자바스크립트의 조건문은 대표적으로 if 문과 switch 문이 있는데 이 절에서 배워 보겠습니다.

9.4.1 if, else, else if 문

if 문

if 문은 if 뒤에 오는 소괄호(())) 안의 조건식이 참으로 평가되면 중괄호 안의 코드를 실행하는 조건문입니다. 조건식은 숫자를 써도, 문자열을 써도, undefined를 써도, null을 써도 무조건 참/거짓으로 평가됩니다. 그리고 평가된 참/거짓에 따라 중괄호({}) 안의 코드를 실행하거나 실행하지 않습니다.

> **형식**
> ```
> if(조건식){
>     // 조건식이 참이면 실행
> }
> ```

예를 들어, 특정 숫자가 짝수인지를 판단하는 프로그램을 작성한다고 해 봅시다. if 문으로 다음과 같이 작성할 수 있습니다.

```
let num = 10;
if(num % 2 === 0){
    console.log("변수 num에 할당된 숫자는 짝수입니다.");
}
```

실행결과

변수 num에 할당된 숫자는 짝수입니다.

숫자를 2로 나머지 연산했을 때, 아무것도 남지 않으면 짝수입니다. 이러한 원리를 이용해 if 문의 소괄호 안에 2로 나눈 나머지가 0과 일치하는지 평가하는 조건식을 작성했습니다. 여기서 는 변수 num에 10이 할당되어 조건식을 만족하므로 참으로 평가되어 중괄호 안 코드가 실행됩 니다.

이와 반대로 짝수가 아닐 때, 즉 조건식이 거짓일 때 홀수라고 알려 주고 싶으면 어떻게 해야 할 까요? 이럴 때는 else 문을 같이 사용하면 됩니다.

> **Note** **블록문**
>
> 블록문(block statement)은 한 개 이상의 자바스크립트 코드를 중괄호로 묶은 것을 말합니다. 다른 말로 **블 록** 또는 **코드 블록**이라고 합니다. 앞에서 if 문을 설명할 때 '조건식이 참이면 중괄호 안 코드를 실행한다'고 했지만, 이를 다르게 말하면 '조건식이 참이면 블록문을 실행한다'고 해도 됩니다. 이후부터 이 책에서는 중괄 호 안 코드를 실행하는 것을 블록문을 실행한다고 표현하겠습니다.

else 문

else 문은 if 문의 조건식이 거짓일 때 실행되는 블록문을 정의합니다.

형식
```
if(조건식){
    // 조건식이 참이면 블록문 실행
}else{
    // 조건식이 거짓이면 블록문 실행
}
```

else 문을 이용하면 숫자가 짝수가 아닐 때 홀수라고 출력하는 코드를 작성할 수 있습니다.

```
let num = 5;
if(num % 2 === 0){
  console.log("변수 num에 할당된 숫자는 짝수입니다.");
}else{
  console.log("변수 num에 할당된 숫자는 홀수입니다.");
}
```

단, else 문은 if 문 없이 단독으로 사용할 수 없으며, 하나의 if 문에는 하나의 else 문만 사용할 수 있습니다.

● else if 문

else if 문은 if 문에 조건을 추가하고 싶을 때 사용합니다. else if 문의 개수에는 제한이 없습니다. 단, else 문과 마찬가지로 단독으로 사용할 수 없고, 항상 if 문 다음에 사용하고 else 문보다는 먼저 사용해야 합니다.

형식
```
if(조건식1){
    // 조건식1이 참이면 블록문 실행
}else if(조건식2){
    // 조건식2가 참이면 블록문 실행
}else{
    // 조건식이 모두 거짓이면 블록문 실행
}
```

else if 문은 다음과 같이 사용합니다.

```
let num = 0;
if(num > 0){
  console.log("양수");
}else if(num < 0){
  console.log("음수");
}else{
  console.log("0");
}
```

0

중첩하기

어떤 조건식을 만족할 때 어떤 블록문을 실행할지 결정하는 것을 **분기 처리**라고 합니다. if 문은 작성하려는 코드의 분기 처리에 따라 중첩해서 사용할 수 있습니다. 이때 중첩 횟수에는 제한이 없습니다. 예를 들어, 다음과 같이 if 문 안에 if 문을 다시 사용할 수 있습니다.

```javascript
if(true){
  if(true){
    // 블록문
  }else{
    // 블록문
  }
}else if(true){
  if(true){
    // 블록문
  }
}else{
  if(true){
    // 블록문
  }else if(true){
    // 블록문
  }else{
    // 블록문
    if(true){
      // 블록문
    }
  }
}
```

이처럼 if 문은 얼마든지 중첩해서 사용할 수 있습니다. 그런데 복잡해 보이죠? 사실 실무에서는 이렇게 코드를 작성하지 않습니다. 이 코드는 if 문이든 else if 문이든 else 문이든 if 문은 중첩 가능하고, 중첩한 if 문에서도 다시 if 문을 중첩할 수도 있음을 보여 주기 위한 예시일 뿐입니다.

9.4.2 switch 문

switch 문은 switch 뒤에 오는 소괄호 안의 값과 일치하는 case 문이 있을 때 해당 코드를 실행하는 조건문입니다. 일치 여부 확인은 일치 연산자(===)를 사용한 비교 연산처럼 값과 자료형을 함께 비교합니다. switch 문에는 하나 이상의 case 문과 default 문, break 문을 사용합니다.

형식
```
switch(key){
    case value1:
        // key가 value1일 때 실행할 블록문
        break;
    case value2:
        // key가 value2일 때 실행할 블록문
        break;
    default:
        // 아무것도 일치하지 않을 때 실행할 블록문
        break;
}
```

다음은 입력한 변수의 값이 과일(fruit)인지 야채(vegetable)인지 알려 주는 조건문입니다.

09/04/switch.js
```
let food = "melon";
switch(food){
  case "melon":
    console.log("fruit");
    break;
  case "apple":
    console.log("fruit");
    break;
  case "banana":
    console.log("fruit");
    break;
  case "carrot":
    console.log("vegetable");
    break;
  default:
    console.log("It's not fruits and vegetables.");
    break;
}
```

```
fruit
```

switch 문의 소괄호 안에 melon이라는 문자열을 넣었습니다. 그러면 melon이라는 문자열과, 값과 자료형이 일치하는 case 문의 코드가 실행됩니다. 이때 실행되는 블록문은 break 문을 만나기 전까지 실행됩니다. 즉, break 문은 코드 실행을 멈춥니다. 마지막에 있는 default 문은 if 문의 else 문과 같습니다. 일치하는 case 문이 없으면 기본으로 실행되는 코드가 default 문입니다.

상황에 따라 break 문을 의도적으로 생략해서 작성하기도 합니다. 앞의 예제 코드에서 소괄호 안의 값이 melon이든, apple이든, banana든 fruit를 출력하게 해 봅시다. 이럴 때는 다음처럼 의도적으로 break 문을 없앱니다.

09/04/switch_default.js

```javascript
let food = "melon";
switch(food){
  case "melon":
  case "apple":
  case "banana":
    console.log("fruit");
    break;
  case "carrot":
    console.log("vegetable");
    break;
  default:
    console.log("It's not fruits and vegetables.");
    break;
}
```

switch 문은 소괄호 안의 값과 일치하는 case 문을 실행하는데, 해당 case 문의 블록문이 비어 있습니다. 그리고 break 문도 없고요. 이럴 때는 break 문을 만날 때까지 case 문을 연속 실행합니다. 따라서 apple 값의 case 문도 실행하고 banana 값의 case 문도 실행하다가 드디어 break 문을 만나 조건문이 종료됩니다. 참고로, default 문은 생략해도 되지만, switch 문에는 case 문과 default 문 중 하나 이상은 있어야 합니다.

의외로 조건문을 공부할 때 중괄호의 위치를 물어보는 사람이 많습니다. 어떤 사람은 다음 코드처럼 중괄호를 작성합니다.

```
if(true){
    // 블록문
}
```

또는 다음 코드처럼 작성하는 사람도 있고요.

```
if(true)
{
    // 블록문
}
```

문법적으로 제한하지 않으니 어떤 것이 맞고 어떤 것이 틀리다고 할 수 없습니다. 어떤 방식으로 표기하든 일관되게만 작성하면 됩니다. 참고로 필자는 첫 번째처럼 if 문, switch 문 다음에 중괄호를 바로 표기하는 방식을 즐겨 사용합니다.

9.4.3 if 문과 조건식

if 문은 조건에 식을 사용합니다. 그래서 앞에서 배운 논리 연산자나 비교 연산자를 식에 이용할 수 있습니다. 예를 들어, 점수가 90점 이상이면 A++ 학점이라고 출력하는 조건문은 다음과 같이 작성합니다.

09/04/if_condition.js

```javascript
let score = 90;
if(score >= 90){
  console.log("A++ 학점");
}
```

그런데 여기에 100점 이하라는 조건을 추가하려면 어떻게 해야 할까요? 앞에서 배운 논리 연산자로 식과 식을 연결해 작성하면 됩니다.

```
let score = 90;
if(score >= 90 && score <= 100){
  console.log("A++ 학점");
}
```

AND 연산자는 피연산자를 평가해 모두 참이면 마지막에 평가되는 피연산자를 반환한다고 했죠? score 변수의 값은 90이므로 조건식에서 피연산자 score >= 90와 score <= 100는 모두 참입니다. 따라서 AND 연산자의 결과로 피연산자 score <= 100가 반환됩니다. score <= 100는 참이므로 결국 if 문의 조건식은 참이 됩니다.

9.4.4 if 문 vs switch 문

자바스크립트는 조건문으로 if 문과 switch 문을 제공하는데, 이 둘의 차이는 무엇일까요? 두 조건문의 결정적 차이는 조건의 형태입니다. if 문은 조건에 식(statement)을 사용하고, switch 문은 조건에 값(value)을 사용합니다. 이 때문에 실제로 조건문을 작성할 때 무척 달라집니다. 예를 들어, 90부터 99까지 'A++ 학점'이라고 출력하는 코드를 작성한다고 해 봅시다. if 문으로는 다음과 같이 작성할 수 있습니다.

———————————————————— 09/04/if_case.js

```
let score = 90;
if(score >= 90 && score < 100){
  console.log("A++ 학점");
}
```

엄청 간단하죠? 하지만 같은 조건문이라도 switch 문으로는 다음처럼 작성해야 합니다.

———————————————————— 09/04/switch_case.js

```
let score = 90;
switch(score){
  case 90:
  (중략)
  case 98:
  case 99:
    console.log("A++ 학점");
```

```
            break;
        default:
            break;
    }
```

switch 문은 조건으로 값을 받기 때문에 값이 범위일 때는 모든 값을 일일이 case 문으로 정의해야 합니다. 따라서 범위를 이용한 조건을 작성할 때는 if 문이 적합합니다. 그러나 값이 하나일 때는 switch 문이 더 적합합니다. 이러한 차이점을 기억해 적절히 사용하면 됩니다.

해설 노트 p.602

1분 퀴즈

4. 다음 중 조건문에 대한 설명으로 옳은 것을 고르세요.

① if 문은 반드시 else 문과 함께 사용해야 합니다.

② if 문은 1개 이상의 else if 문을 포함해야 합니다.

③ switch 문은 1개 이상의 default 문을 포함해야 합니다.

④ if 문은 조건을 식으로 작성하고 switch 문은 값으로 작성합니다.

⑤ switch 문의 case 문에는 반드시 break 문을 함께 사용해야 합니다.

9.5

반복문 다루기

조건문과 더불어 자바스크립트의 핵심 문법으로 **반복문**(loop)이 있습니다. 반복문은 지정한 조건이 참(true)으로 평가되는 동안 지정한 블록문을 반복해서 실행하는 문법입니다. 반복문에는 대표적으로 while, do...while, for 문이 있습니다.

> **Note 루프(loop)**
>
> 반복문을 영어로 루프(loop)라고 합니다. 그래서 while, do...while, for 문을 while 루프, do...while 루프, for 루프로 부르기도 합니다.

9.5.1 while 문

자바스크립트의 반복문 중 기본은 while 문입니다. while 문은 특정 조건을 만족하는 동안 블록문을 실행합니다.

형식
```
while(조건식){
    // 조건식이 참이면 실행
}
```

1부터 5까지 출력하는 코드를 작성해 봅시다.

```
console.log(1);
```

```
console.log(2);
console.log(3);
console.log(4);
console.log(5);
```

이 코드처럼 똑같이 5번 반복해서 작성하면 됩니다. 그런데 만약 1부터 9999까지 출력하는 코드를 작성해야 한다면 어떻게 할까요? 이 코드처럼 작성하면 코드를 9999번 반복해서 작성해야 합니다. 하지만 반복문을 사용하면 다음처럼 간단하게 작성할 수 있습니다.

— 09/05/while.js

```
let num = 1;
while(num <= 9999){
  console.log(num);
  num++;
}
```

코드를 실행하면 1부터 9999까지 숫자가 출력됩니다.

9.5.2 무한 반복문

while 문을 비롯해 앞으로 배울 모든 반복문은 사용할 때 한 가지 주의할 부분이 있는데, 바로 **무한 반복문**입니다. 무한 반복문이란 반복문의 조건이 계속 참으로 평가되어 반복문이 끝나지 않고 무한히 실행되는 것을 말합니다. 앞의 while 문 예제 코드에서 num 변수의 값을 블록문 안에서 증가시키는 것을 눈치챘나요?

```
let num = 1;
while(num <= 9999){
  console.log(num);
  num++; // 코드가 한 번 반복될 때마다 num 변수를 1씩 증가시킵니다.
}
```

이 코드에서 num을 증가시키는 코드가 없다면 변수 num에 할당된 숫자 1은 영원히 1이기 때문에 반복문은 종료되지 않습니다. 이렇게 끝나지 않는 반복문은 프로그램에 치명적인 성능 저하를 일으킬 수 있으므로 항상 반복문의 조건이 거짓(false)이 되는 순간이 있는지 신경 써야 합니다.

9.5.3 do...while 문

do...while 문은 특정 조건이 참으로 평가되는 동안 do 다음에 오는 블록문을 반복 실행합니다.

형식
```
do{
    // 블록문
}while(조건식);
```

while 문은 블록문을 수행하기 전에 조건식을 평가합니다. 반면, do...while 문은 블록문을 한 번 수행한 후에 조건식을 평가한다는 특징이 있습니다.

09/05/do_while.js

```
do{
    console.log("무조건");
    console.log("한 번은 실행");
}while(false);
```

실행결과

```
무조건
한 번은 실행
```

코드를 실행해 보면 while 문의 조건이 항상 false, 즉 거짓으로 평가되는데도 do 블록문이 한 번은 실행되는 것을 확인할 수 있습니다.

9.5.4 for 문

for 문은 횟수를 지정해 지정한 횟수가 끝날 때까지 블록문을 반복 실행하는 반복문으로, 조건식과 증감식이라는 독특한 실행 구조로 되어 있습니다.

형식
```
for(초깃값; 조건식; 증감식){
    // 블록문
}
```

for 문은 **초깃값 → 조건식 → 블록문(조건식이 참일 경우) → 증감식 → 조건식** 순서로 실행됩니다. 이때 초깃값은 최초 1회만 실행됩니다. 다음처럼 단순하게 5번 반복하는 코드가 있습니다.

————————————————————————— 09/05/for.js

```
for(let i = 0; i < 5; i++){
  console.log(i);
}
```

실행결과

```
0
1
2
3
4
```

코드의 실행 순서는 다음과 같습니다.

표 9-12 for 문의 실행 순서

순서	설명
1	반복문이 실행될 때 변수 i의 값을 0으로 초기화합니다.
2	변수 i의 값이 5보다 작은지 평가합니다.
2-1	참이면 3번으로 갑니다.
2-2	거짓이면 반복문을 종료합니다.
3	블록문을 실행합니다.
4	블록문을 실행한 후 변수 i의 값을 1 증가시킵니다.
5	변수 i가 5보다 작은지 다시 평가합니다.
6	평가 결과가 거짓일 때까지 2번부터 4번을 반복합니다.

for 문은 지정한 횟수 동안 이러한 과정을 반복 실행합니다.

● **중첩하기**

for 문도 중첩해서 사용할 수 있습니다.

```
for(let i = 0; i < 2; i++){
  console.log(`i: ${i}`);
  for(let k = 0; k < 2; k++){
    console.log(`k: ${k}`);
  }
}
```

```
i: 0
k: 0
k: 1
i: 1
k: 0
k: 1
```

중첩 반복문의 기본이 되는 반복문은 가장 외부에서 실행되는 for 문입니다. 내부에 중첩된 for 문은 외부 for 문의 실행이 종료되면 같이 종료되기 때문입니다. 가장 외부에 있는 for 문의 초깃값은 반복문이 실행될 때 1번만 설정되지만, 내부 반복문의 초깃값은 외부 블록문이 실행될 때마다 새로 설정됩니다. 따라서 이 코드의 실행 순서를 정리하면 다음과 같습니다.

표 9-13 중첩 반복문의 실행 순서

순서	설명
1	외부 for 문의 초깃값을 설정합니다.
2	외부 for 문의 조건식을 평가합니다.
2-1	참이면 3번으로 갑니다.
2-2	거짓이면 for 문을 종료합니다.
3	외부 블록문을 실행합니다.
4	내부 for 문의 초깃값을 설정합니다.
5	내부 for 문의 조건식을 평가합니다.
5-1	참이면 6번으로 갑니다.
5-2	거짓이면 내부 for 문을 종료합니다.
6	내부 블록문을 실행합니다.
7	내부 for 문의 증감식을 실행합니다.

○ 계속

JavaScript 9장 자바스크립트 기초 문법 살펴보기

순서	설명
8	내부 for 문의 조건식이 참일 동안 5번부터 7번까지 반복합니다.
9	내부 for 문이 종료되면 외부 for 문의 증감식을 실행합니다.
10	외부 for 문의 조건식이 참일 동안 2번부터 9번까지 반복합니다.

다소 복잡해 보일 수 있지만, 내용을 잘 읽고 실행 순서를 한 번 파악하면 중첩 반복문이 어떤 순서로 실행되는지 이해할 수 있습니다.

> **수코딩의 조언**
>
> for 문 외에도 while 문과 do...while 문도 중첩해서 사용할 수 있습니다. 그러나 실무에서는 주로 더 직관적으로 보이는 for 문을 중첩 반복문으로 사용합니다. 또한, 반복문의 중첩 횟수에는 제한이 없지만, 중첩될수록 실행되는 순서가 복잡해지므로 최소한으로만 사용해야 합니다.

9.5.5 for 문과 배열

for 문은 횟수를 지정하는 반복문이라는 특징 때문에 배열과 같은 자료형을 반복 횟수 용도로 사용할 수 있습니다. 다음 코드는 for 문으로 배열 요소에 접근해 값을 출력합니다.

09/05/for_arr.js

```
let arr = ["banana", "apple", "orange"];
for(let i = 0; i < arr.length; i++){
  console.log(arr[i]);
}
```

실행결과

```
banana
apple
orange
```

배열에 length 속성을 사용하면 배열의 데이터 개수(배열의 길이)를 확인할 수 있습니다. 이 예제는 배열의 length 속성과 인덱스를 반복문에 적용해 작성한 코드입니다. 둘을 조합하면 배열 안의 요소가 몇 개든지 상관없이 반복하며 모든 요소에 접근할 수 있습니다.

9.5.6 for...in

ES6에서는 객체 리터럴이나 배열에 반복 접근할 수 있는 반복문이 몇 가지 추가됐습니다. 그중 하나가 for...in 문입니다.

형식
```
for(가변수 in 배열/객체 리터럴){
    // 블록문
}
```

for 문의 소괄호 안에 in 키워드를 두고 키워드의 오른쪽에는 탐색의 대상이 되는 배열 또는 객체 리터럴, 왼쪽에는 배열 또는 객체 리터럴을 탐색해서 키를 저장할 가변수(임시 변수)를 놓습니다.

● 객체 리터럴을 반복할 경우

for...in 문으로 객체 리터럴을 반복 탐색하면 탐색 결과로 가변수에 객체 리터럴의 키가 할당되어 객체 리터럴의 키와 값을 출력할 수 있습니다.

— 09/05/for_in_obj.js

```javascript
let obj = {name:"철수", age:"20"};
for(let key in obj){
  console.log(key + ": " + obj[key]);
}
```

실행결과

```
name: 철수
age: 20
```

● 배열을 반복할 경우

for...in 문으로 배열은 다음과 같이 반복합니다.

09/05/for_in_arr.js

```javascript
let arr = ["orange", "banana", "apple"];
for(let index in arr){
  console.log(index + ": " + arr[index]);
}
```

실행결과

```
0: orange
1: banana
2: apple
```

실행결과를 보면 인덱스 순서대로 배열에 반복 접근한 것처럼 보입니다. 하지만 문법적으로는 for...in 문으로 반복할 때 배열의 순서대로 접근하는 것을 보장하지 않으므로 코드를 작성할 때 주의해야 합니다.

9.5.7 break 문

지금까지 배운 반복문은 특정 조건이 참으로 평가되는 동안, 또는 일정 횟수 동안 반복해서 코드를 실행합니다. 반복문이 종료되려면 조건이 거짓으로 평가되거나 일정 횟수 동안 반복해서 실행을 끝내야 합니다. 그런데 종료 조건을 만족하지 않아도 인위적으로 반복문을 종료하는 방법이 있습니다. 어떤 반복문이라도 break 문을 만나면 반복문이 종료됩니다.

다음 코드는 반복문 때문에 0부터 9까지 출력해야 하지만, 변수 i가 5가 되는 순간 break 문이 실행되어 반복문이 종료됩니다.

09/05/for_break.js

```javascript
for(let i = 0; i < 10; i++){
  console.log(i);
  if(i === 5) break;
}
```

```
0
1
2
3
4
5
```

for...in 문을 사용해도 마찬가지입니다. 가변수에 담기는 값이 age일 때 break 문이 실행되어 반복문이 종료됩니다.

09/05/for_break_ex.js

```
let obj = {name:"철수", age:20};
for(let key in obj){
  if(key === "age") break;
  console.log(obj[key]);
}
```

실행결과

철수

이처럼 break 문으로 반복문을 즉시 종료할 수 있어서 반복문 내부에 break 문을 바로 사용하지 않고 if 문으로 처리하는 것이 일반적입니다.

9.5.8 continue 문

break 문이 반복문을 즉시 종료하는 명령이라면, continue 문은 반복문을 건너뛰고 실행하라는 명령입니다. 반복문의 블록문에서 continue 문을 만나면 해당 반복 실행만 건너뛰게 됩니다.

다음 코드는 1부터 10까지 반복하는데, 홀수일 때는 반복문을 건너뛰고 짝수만 출력합니다.

09/05/for_continue.js

```
for(let i = 1; i <= 10; i++){
  if(i % 2 === 1) continue;
```

```
    console.log(i);
}
```

실행결과

```
2
4
6
8
10
```

1분 퀴즈 ━━━━━━━━━━━━━━━━━━━━━━━━━━━━ 해설 노트 p.603

5. 반복문을 사용해 1부터 100까지의 합을 출력하는 코드를 작성해 보세요.

마무리

이 장에서 배운 내용을 정리해 보겠습니다.

1. 변수와 상수 변수

자바스크립트에서 데이터를 저장할 수 있는 공간을 변수와 상수 변수라고 합니다. 변수는 변할 수 있는 데이터를 저장하는 공간이고, 상수 변수는 재할당할 수 없는 데이터를 저장하는 공간입니다.

2. 자료형

자바스크립트는 데이터의 종류에 따라 다음과 같이 구분합니다.

구분	자료형	설명
기본 자료형	문자열	큰따옴표나 작은따옴표로 둘러싸인 값
	숫자형	정수, 실수를 포함한 모든 숫자
	논리형	논리 값(true, false)
	undefined	변수에 아무런 값도 할당되지 않는 상태를 나타내는 값
	null	변수를 의도적으로 비워 두기 위해 사용하는 값
참조 자료형	객체	배열, 함수, 객체 리터럴 등으로 파생되는 상위 자료형

3. 연산자

연산자는 어떠한 연산을 수행하기 위해 미리 정해져 있는 기호를 말합니다.

종류	기호
산술 연산자	+, −, *, /, %, **, ++, −−
대입 연산자	=
복합 대입 연산자	+=, −=, *=, /=, %=, **=
비교 연산자	==, !=, ===, !==, ⟨, ⟨=, ⟩, ⟩=

○ 계속

종류	기호
논리 연산자	&&, ||, !
삼항 연산자	?:

4. 연산자 우선순위

연산 순서와 관련 있는 연산자의 우선순위와 결합 순서는 다음과 같습니다.

순서	연산자 종류	기호	결합 순서
1	그룹 연산자	()	좌 → 우
	대괄호 연산자	[]	좌 → 우
	마침표 연산자	.	좌 → 우
2	증가 연산자	++	우 → 좌
	감소 연산자	−−	우 → 좌
	단항 부정 연산자	−	우 → 좌
	NOT 연산자	!	우 → 좌
	delete 연산자	delete	우 → 좌
	new 연산자	new	우 → 좌
	typeof 연산자	typeof	우 → 좌
3	나눗셈 연산자	/	좌 → 우
	곱셈 연산자	*	좌 → 우
	나머지 연산자	%	좌 → 우
4	덧셈 연산자	+	좌 → 우
	뺄셈 연산자	−	좌 → 우
5	비교 연산자	⟨=, ⟨, ⟩, ⟩=	좌 → 우
6	동등, 일치, 부등, 불일치	==, ===, !=, !==	좌 → 우
7	AND 연산자	&&	좌 → 우
8	OR 연산자	||	좌 → 우
9	삼항 연산자	?:	좌 → 우
10	대입(할당) 연산자	=	우 → 좌
	복합 대입 연산자	+=, −=, *=, /=, %=, **=	우 → 좌
11	멀티 연산자	,	좌 → 우

5. 조건문

조건문은 특정 조건에 따라 코드를 실행할 때 사용합니다. 자바스크립트는 조건을 식으로 표현하는 if 문과, 조건을 값으로 표현하는 switch 문이 있습니다.

형식   **if 문**

```
if(조건식1){
    // 조건식1이 참이면 블록문 실행
}else if(조건식2){
    // 조건식2가 참이면 블록문 실행
}else{
    // 조건식이 모두 거짓이면 블록문 실행
}
```

형식   **switch 문**

```
switch (key){
  case value1:
    // key가 value1일 때 실행할 블록문
    break;
  case value2:
    // key가 value2일 때 실행할 블록문
    break;
  default:
    // 아무것도 일치하지 않을 때 실행할 블록문
    break;
}
```

6. 반복문

반복문은 특정 조건이 참으로 평가되는 동안 블록문을 반복해서 실행합니다. 자바스크립트의 반복문에는 while, do...while, for, for...in 문 등이 있습니다.

형식   **while 문**

```
while(조건식){
    // 조건식이 참(true)이면 실행
}
```

형식   **do...while 문**

```
do{
   // 블록문
}while(조건식);
```

형식   **for 문**

```
for(초깃값; 조건식; 증감식){
   // 블록문
}
```

형식   **for...in 문**

```
for(가변수 in 배열/객체 리터럴){
   // 블록문
}
```

7. break, continue 문

반복문을 종료할 때는 break 문, 건너뛰게 할 때는 continue 문을 사용합니다.

1. 숫자 1부터 999까지 짝수가 몇 개인지 출력하는 코드를 작성하세요.

   출력 형식　짝수의 개수는 000개입니다.

2. 구구단 1단부터 9단까지 한 번에 출력하는 코드를 작성하세요.

3. 100부터 999까지 정수 중에서 암스트롱 수에 해당하는 숫자를 모두 출력하는 코드를 작성하세요.

   힌트　암스트롱 수란 세 자리의 정수 중 각 자리의 수를 세제곱한 수의 합과 자신이 같은 수를 말합니다. 예를 들어, 153은 (1^3) + (5^3) + (3^3) = 1 + 125 + 27 = 153이므로 암스트롱 수입니다.

코딩
자율학습

10장

자바스크립트 함수 다루기

자바스크립트에서 함수는 객체에서 파생된 자료형 중 하나로 볼 수 있지만, 문법 전반적으로 굉장히 중요한 역할을 하는 개념입니다. 이 장에서는 함수가 무엇이고, 왜 사용해야 하며, 어떻게 사용하는지를 살펴보겠습니다.

함수란

자바스크립트에서 **함수**(function)는 어떤 목적을 가지고 작성한 코드를 모아 둔 블록문입니다. 코드를 함수로 만들면 함수를 호출해 함수 내부에 모아 둔 여러 줄의 코드를 한 번에 실행할 수 있습니다. 그래서 여러 곳에서 재사용하기가 매우 편합니다. 예를 살펴봅시다. 다음과 같이 구구단 3단을 출력하는 코드가 있습니다.

— 10/01/gugudan_console.js

```
console.log('3 * 1 = 3');
console.log('3 * 2 = 6');
(중략)
console.log('3 * 9 = 27');
```

이 방식으로 구구단 한 단을 만들려면 9줄의 코드를 작성해야 합니다. 이를 반복문을 사용해 간단하게 줄이면 다음과 같습니다.

— 10/01/gugudan_for.js

```
for(let i = 1; i <= 9; i++){
  console.log(`3 * ${i} = ${3 * i}`);
}
```

반복문으로 작성하면 3줄이 됩니다. 그런데 이 코드를 프로그램의 여러 군데에서 사용한다고 해 봅시다. 이 상태에서 3단이 아니라 9단을 출력해야 하는 상황이 생기면 어떻게 해야 할까요? 3단을 출력하려고 작성한 코드를 찾아 일일이 수정해야겠죠? 이러면 코드를 유지 보수하기가 굉장히 어려워집니다.

이럴 때 구구단 코드를 다음과 같이 묶으면 편리합니다.

```javascript
function gugudan(){ // 함수 시작
  for(let i = 1; i <= 9; i++){
    console.log(`3 * ${i} = ${3 * i}`);
  }
} // 함수 끝
```

앞에서 함수는 어떤 목적을 가지고 작성한 코드를 모아 둔 블록문이라고 했습니다. 앞의 코드는 구구단 한 단을 출력하기 위한 블록문입니다. 블록문을 function 키워드, 식별자, 소괄호와 함께 묶으면 함수가 생성되는데, 이를 **함수를 정의한다**고 합니다

이렇게 함수를 정의하면 필요할 때마다 코드를 새로 작성할 필요 없이 정의한 함수를 호출하기만 하면 됩니다. 또한, 유지 보수가 필요할 때도 함수 하나만 관리하면 되므로 훨씬 간단합니다. 만약 9단이 필요하다면 3단 함수에서 3을 9로 바꾸기만 하면 됩니다. 이처럼 함수는 유지 보수를 편하게 할 뿐만 아니라 매우 다양하게 활용할 수 있습니다. 그러면 함수를 어떻게 만들고 활용하는지 자세히 알아보겠습니다.

10.2

함수를 정의하는 방법

자바스크립트에서 함수는 **함수 선언문**(function declaration statement), **함수 표현식**(function expression), **화살표 함수**(arrow function) 등을 사용해 정의합니다. 그럼 한 가지씩 살펴보겠습니다.

10.2.1 함수 선언문으로 함수 정의하기

함수 선언문은 function 키워드로 함수를 정의하는 방법입니다. function 키워드 다음에 함수를 식별할 수 있도록 식별자를 붙이면 됩니다. 이때 식별자 뒤에는 소괄호(())를 붙입니다. 식별자의 명명 규칙은 변수명을 생성할 때와 같습니다. 이는 앞에서 구구단 코드를 함수로 만들 때 사용한 방법인데, function 키워드 다음에 gugudan을 식별자로 사용했습니다.

형식   function 식별자(){}

그리고 식별자 뒤에 오는 중괄호({})에는 함수가 호출되면 실행할 코드를 적어줍니다. 코드는 길이, 개수 등의 제한 없이 자유롭게 적으면 됩니다. gugudan() 함수에서는 3단을 출력하는 코드를 넣었습니다.

```
function gugudan(){
  for(let i = 1; i <= 9; i++){
    console.log(`3 * ${i} = ${3 * i}`);
  }
}
```

이렇게 함수를 정의하고 나면 함수의 식별자(함수명)와 소괄호를 열었다가 닫아주는 형식으로 함수를 실행할 수 있습니다.

형식　함수명();

따라서 다음과 같이 작성하면 gugudan() 함수가 실행됩니다.

```
gugudan();
```

10.2.2 함수 표현식으로 함수 정의하기

함수는 객체에서 파생된 자료형입니다. 자바스크립트에서 자료형은 변수에 할당할 수 있어야 합니다. 따라서 함수도 변수에 할당할 수 있는데, 이를 이용한 함수 정의 방법을 함수 표현식이라고 합니다. 함수 표현식은 변수에 할당하는 함수에 식별자가 있으면 **네이밍 함수**(naming function), 없으면 **익명 함수**(anonymous function)로 다시 구분합니다.

형식　　const 변수명 = function(){}; // 익명 함수
　　　　const 변수명 = function 식별자(){}; // 네이밍 함수

앞에서 함수 선언문으로 정의한 gugudan() 함수를 함수 표현식으로 바꾸면 다음과 같습니다.

10/02/naming_func.js

```
const gugudan = function gugudan(){
  for(let i = 1; i <= 9; i++){
    console.log(`3 * ${i} = ${3 * i}`);
  }
};
gugudan(); // 함수 호출
```

단, 함수 선언문과는 다르게 function 키워드 다음에 오는 식별자로 함수를 호출하지 않고, 할당한 변수명으로 호출합니다. 그래서 다음처럼 function 키워드 다음에 식별자가 없는 익명 함수

도 함수를 호출하는 데 아무 문제없습니다.

10/02/anonymous_func.js

```
const gugudan = function(){
  for(let i=1; i<=9; i++){
    console.log(`3 * ${i} = ${3 * i}`);
  }
};
gugudan(); // 함수 호출 문제없음
```

만약 function 키워드 다음에 오는 함수 식별자로 호출하면 어떻게 될까요?

10/02/naming_func_call.js

```
const gugudan = function naming(){
  for(let i = 1; i <= 9; i++){
    console.log(`3 * ${i} = ${3 * i}`);
  }
};
naming(); // 함수 호출
```

실행결과

```
ReferenceError: naming is not defined
```

naming 변수가 정의되지 않았다는 참조 오류가 납니다. 따라서 함수 표현식으로 함수를 정의할 때는 function 키워드 다음에 오는 식별자가 아니라 변수명으로 호출해야 한다는 점을 유의해야 합니다.

함수 표현식으로 함수를 정의할 때는 const 키워드를 주로 사용합니다. var, let 키워드를 사용해도 문제없지만, const 키워드로 정의하는 것이 좋습니다. 보통 함수는 일관된 목적을 가진 코드 집합이라서 재정의해서도, 재할당해서도 안 되는 경우가 많기 때문입니다.

> **수코딩의 조언**
> 함수 표현식으로 함수를 정의할 때는 네이밍 함수로 정의하는 것이 좋습니다. 또한, 네이밍 함수의 식별자를 변수명과 똑같이 만들면 이름을 두 번 생각하지 않아도 되고 호출할 때 헷갈리지 않아서 좋습니다.

10.2.3 화살표 함수로 함수 정의하기

화살표 함수는 ES6에서 추가된 함수 정의 방법으로, 화살표를 사용해 함수를 정의하는 방법입니다.

> **형식**   () => {};

화살표 함수는 익명 함수로만 정의할 수 있어서 함수를 호출하려면 정의된 함수를 변수에 할당하는 방법인 함수 표현식을 사용해야 합니다. 앞의 gugudan() 함수를 화살표 함수로 다시 정의하면 다음과 같습니다.

— 10/02/arrow_func.js

```javascript
const gugudan = () => {
  for(let i = 1; i <= 9; i++){
    console.log(`3 * ${i} = ${3 * i}`);
  }
};
gugudan();
```

처음에는 낯설어 보일 수 있지만, ES6가 지원되는 개발 환경에서는 가장 많이 사용하는 방법이니 잘 기억해 두기 바랍니다.

> **수코딩의 조언**
>
> 함수 선언문을 보면 끝에 세미콜론(;)을 붙이지 않았습니다. 세미콜론은 자바스크립트에서 하나의 문(statement)이 끝났음을 의미합니다. 따라서 원래 모든 문의 끝에는 세미콜론을 붙여야 합니다. 다만, 블록문({})에는 관례상 세미콜론을 생략합니다. 그래서 이 책에서는 if, switch, function 문과 같은 블록문 뒤에는 세미콜론을 생략하는 방식으로 표기를 통일했습니다. 그러나 함수 표현식처럼 변수에 함수가 할당되면 문이 아닌 식으로 보는 것이 더 타당하므로 세미콜론을 붙입니다.

1. 다음 중 코드에서 사용한 함수 정의 방법을 <u>모두</u> 고르세요.

```
const add = function(){};
```

① 함수 표현식

② 함수 선언문

③ 화살표 함수

④ 네이밍 함수

⑤ 익명 함수

10.3

함수 기능 확장하기

10.3.1 매개변수와 인수

gugudan( ) 함수는 3단만 출력할 수 있었습니다. 그런데 3단이 아니라 5단, 8단처럼 다른 단을 출력하려면 어떻게 해야 할까요? 지금까지 배운 내용으로는 다음처럼 각 단을 출력하는 함수를 하나씩 새로 만들어야 합니다.

그런데 함수 내부의 블록문을 보면 빨간색 네모 안의 단수만 다르고 나머지는 똑같습니다. 함수 내부에서 사용되는 단수만 바꿀 수 있다면 함수를 여러 개 생성하지 않아도 될 것 같습니다.

```javascript
function gugudan5(){
  for(let i=1; i<=9; i++){
    console.log(`5 * ${i} = ${5 * i}`);
  }
}
function gugudan8(){
  for(let i=1; i<=9; i++){
    console.log(`8 * ${i} = ${8 * i}`);
  }
}
```

이런 상황에서 사용할 수 있는 개념이 바로 **매개변수**(parameter)와 **인수**(argument)입니다. 매개변수는 함수를 정의할 때 외부에서 전달하는 데이터를 함수에서 받을 수 있도록 정의하는 변수입니다. 그리고 정의한 함수를 호출할 때 소괄호 안에 전달하고 싶은 데이터를 적는데, 이를 인수라고 합니다. 함수 호출 시 전달하는 데이터 즉, 인수는 함수의 매개변수에 자동으로 할당됩니다.

399

매개변수를 포함해 함수를 정의하는 기본 형식은 다음과 같습니다. 여기서 매개변수는 제한 없이 여러 개를 만들 수 있고, 여러 개일 때는 쉼표(,)로 구분해 나열하면 됩니다. 함수를 호출할 때는 인수 또한 매개변수의 개수에 맞춰 작성합니다.

```
형식   // 함수 선언문
       function 함수명(매개변수1, 매개변수2, ..., 매개변수N){}
       // 함수 표현식
       const 함수명 = function 식별자(매개변수1, 매개변수2, ..., 매개변수N){};
       // 화살표 함수
       const 함수명 = (매개변수1, 매개변수2, ..., 매개변수N) => {};
       // 함수 호출
       함수명(인수1, 인수2, ..., 인수N);
```

따라서 gugudan() 함수도 매개변수를 추가해 다음과 같이 바꾸면 함수 하나로 1단부터 9단까지 처리할 수 있습니다.

10/03/gugudan.js

```
                    ┌─ 매개변수
                    ▼
function gugudan(dan){
  for(let i = 1; i <= 9; i++){
    console.log(`${dan} * ${i} = ${dan * i}`);
  }
}           ┌─ 인수
            ▼
gugudan(3); // 3단 출력
gugudan(5); // 5단 출력
gugudan(8); // 8단 출력
```

이처럼 매개변수와 인수를 사용하면 함수를 확장해서 좀 더 폭넓게 사용할 수 있습니다.

10.3.2 매개변수의 특징

● 명명 규칙

매개변수는 일반적으로 변수와 같다고 생각하면 됩니다. 변수의 특징을 그대로 가지고 있으므로 매개변수의 식별자도 변수의 식별자 명명 규칙에 따라 지어주면 됩니다.

● 데이터 전달

함수의 매개변수에 데이터가 전달되는 과정은 다음 그림과 같습니다. 그림처럼 함수를 정의할 때 함께 정의한 매개변수는 함수 호출 시 전달되는 데이터와 일대일로 대응되어 데이터가 할당됩니다. 따라서 첫 번째 인수는 첫 번째 매개변수에 할당되고, 두 번째 인수는 두 번째 매개변수에 할당됩니다.

그림 10-1 데이터 전달 과정

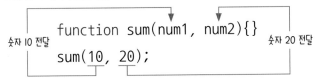

매개변수는 개수 제한이 없기 때문에 여러 개를 생성할 수 있지만, 함수가 지저분해 보일 수 있어서 최소한으로 정의하는 것이 좋습니다.

함수의 매개변수는 함수 호출 시 전달되는 데이터가 기본으로 할당되지만, 함수를 호출할 때 데이터를 전달하지 않는다고 해서 오류가 발생하지는 않습니다. 앞에서 말했듯이 매개변수는 변수의 특징을 그대로 가지고 있습니다. 변수를 선언하고 값을 할당하지 않으면 undefined 값으로 초기화되는 것처럼 매개변수도 함수 호출 시 데이터를 전달하지 않으면 undefined 값이 할당되어 코드를 실행해도 오류가 발생하지 않습니다.

그림 10-2 매개변수에 데이터를 전달하지 않는 경우

```
function sum(num1, num2){}
sum();              undefined undefined
```

그러면 함수를 호출할 때 데이터를 전달하지만, 매개변수가 정의되지 않은 경우에는 어떻게 될까요?

그림 10-3 데이터를 전달하지만 매개변수가 없는 경우

```
function sum(){}        매개변수가 없어도 됩니다.
sum(10, 20);           단, 전달받은 값을 활용할 수 없습니다.
```

이 또한 오류가 발생하진 않지만, 전달한 데이터를 받을 변수가 없어서 값을 전달해도 사용할 수 없습니다.

기본값 할당

앞에서 매개변수를 정의하고 데이터를 전달하지 않으면 매개변수에는 undefined 값이 자동으로 할당된다고 했습니다. 그런데 ES6에서 기본값을 지정하는 방식이 추가됐습니다. 그래서 이제는 매개변수에 직접 데이터를 할당하는 방식으로 단순하게 기본값을 지정할 수 있습니다.

TIP — 매개변수의 기본값 할당은 최신 웹 브라우저에서만 지원합니다.

———————————————————————— 10/03/parameter_default.js

```
function sum(a = 10, b = 10){
  console.log(a, b);
}
sum(); // 10, 10
```

10.3.3 return 문

함수를 호출할 때 데이터를 전달하려면 매개변수를 정의해야 하듯이, 함수 외부로 데이터를 반환할 때는 return 문을 사용해야 합니다.

형식   return 식(또는 값)

다음은 두 매개변수의 합을 구하는 함수입니다. 이 함수는 내부에서 result 변수를 참조해 값을 출력하는데, 코드를 실행해 보면 다음과 같은 결과가 나옵니다.

10/03/add_func.js

```
function sum(num1, num2){
  let result = num1 + num2;
  console.log("inner: " + result);
}
sum(10, 20); // inner: 30
```

이 코드를 다음과 같이 바꾸면 오류가 발생합니다.

10/03/add_func.js

```
function sum(num1, num2){
  let result = num1 + num2;
}
sum(10, 20);
console.log("out: " + result); // ReferenceError: result is not defined
```

오류 메시지를 보면 정의되지 않은 변수라고 나옵니다. 이는 함수 외부에서 함수 내부의 변수를 참조하려고 해서 발생한 오류입니다. 오류가 나지 않게 하려면 다음 코드와 같이 return 문으로 함수 내부 데이터를 함수 외부로 전달해야 합니다.

10/03/add_func_return.js

```
function sum(num1, num2){
  let result = num1 + num2;
  return result;
}
const result = sum(10, 20);
console.log("out: " + result); // out: 30
```

코드를 보면 sum 함수의 내부 변수인 result가 return 문에 작성되어 있습니다. 이와 같이 작성하면 함수 내부 변수인 result에 할당된 값, 즉 데이터가 sum() 함수를 호출한 곳으로 전달됩니다. 이를 **반환한다**고 하며, 이때 반환된 데이터를 **반환값**이라고 합니다.

403

이렇게 반환된 데이터를 함수 외부에서 사용하려면 함수 호출 부분에서 반환값을 다시 변수에 할당해야 합니다. 만약 호출 부분에서 변수에 할당하지 않으면 반환값을 사용할 수 없으므로 return 문을 사용할 필요도 없습니다.

참고로 데이터를 반환할 때 return 문에 꼭 변수를 사용해야 하는 건 아니고 다음처럼 표현식으로도 데이터를 반환할 수 있습니다.

10/03/add_func_return.js

```
function sum(num1, num2){
  return num1 + num2;
}
const result = sum(10, 20);
console.log("out: " + result);
```

또한, return 문은 데이터를 반환하지 않으면 단순히 함수 실행을 종료하는 역할만 하게 됩니다. 다음과 같이 함수 내부에서 데이터를 반환하지 않는 return 문을 만나면 return 문 다음에 코드가 있더라도 함수 실행을 즉시 종료하고 undefined를 반환합니다.

10/03/return_exit.js

```
function sum(num1, num2){
  if(typeof num1 !== "number" || typeof num2 !== "number"){
    return; // 매개변수가 숫자가 아니면 강제 종료
  }
  return num1 + num2;
}
let result = sum("a", "b");
console.log("out: " + result); // out: undefined
```

Note **화살표 함수와 return 문**

화살표 함수에서 {}를 생략하면 화살표 다음에 오는 코드는 return 문으로 처리됩니다. 예를 들어, 다음 코드는 매개변수 num1, num2의 합을 즉시 반환합니다.

10/03/return_arrow.js

```
const sum = (num1, num2) => num1 + num2;
const result = sum(10, 20); // 30
```

2. 코드에서 max 변수의 출력값이 배열 중 가장 큰 숫자가 될 수 있도록 getArrayNumber() 함수를 완성
하세요. 이때, 배열 요소는 반드시 숫자형이라고 가정합니다.

```
function getArrayMaxNumber(arr){ /* 함수 코드를 완성하세요 */ }
const max = getArrayMaxNumber([10, 50, 30]);
console.log(max);
```

10.4

함수의 특징 이해하기

10.4.1 스코프

10.3.3 return 문에서 함수 외부에서 함수 내부의 변수를 참조하려고 해서 오류가 발생했습니다. 이처럼 함수 내부의 변수를 함수 외부에서 참조할 수 없는 이유가 무엇일까요? 이를 이해하려면 **스코프**(scope) 개념을 알아야 합니다. 스코프는 변수나 함수와 같은 참조 대상 식별자를 찾아내기 위한 규칙입니다. 자바스크립트는 기본으로 스코프에 따라 참조하려는 식별자를 찾습니다.

자바스크립트의 스코프는 **함수 스코프**(function scope) 방식이냐 **블록 스코프**(block scope) 방식이냐에 따라, **전역 스코프**(global scope)와 **지역 스코프**(local scope)의 참조 범위가 달라집니다.

함수 스코프

함수 스코프는 함수에서 정의한 블록문만 스코프의 유효 범위로 인정하는 방식입니다. 결국 함수 내부는 지역 스코프, 함수 외부는 전역 스코프 영역이 됩니다. 원래 자바스크립트는 함수 스코프 방식으로 전역 스코프와 지역 스코프를 구분했습니다.

예제를 보며 전역 스코프의 참조 관계를 이해해 봅시다. 코드를 보면 함수 외부에 변수 a를 선언하고, 선언한 변수를 함수 내부와 외부에서 각각 참조합니다.

10/04/global.js

```javascript
let a = 10; // 전역 스코프
function sum(){
  console.log(`함수 내부: ${a}`);
}
sum();
console.log(`함수 외부: ${a}`);
```

```
함수 내부: 10
함수 외부: 10
```

실행결과를 보면 함수 내부와 외부에서 아무런 문제없이 정상적으로 변수 a를 참조해 출력합니다. 이는 함수 외부는 전역 스코프이고, **전역 스코프는 스코프와 상관없이 모두 참조**할 수 있기 때문입니다.

이와 반대로, 다음 코드에서 함수 내부에 선언한 변수 a는 지역 스코프입니다. 따라서 함수 내부가 아닌 외부에서 변수 a를 참조하려고 하면 오류가 발생합니다.

```javascript
function sum(){
    let a = 10; // 지역 스코프
    console.log(`함수 내부: ${a}`);
}
sum();
console.log(`함수 외부: ${a}`);
```

```
함수 내부: 10
ReferenceError: a is not defined
```

블록 스코프

자바스크립트는 원래 함수 스코프를 따르는 언어였지만, ES6에서 let, const 키워드가 추가되면서 블록 스코프도 지원하게 됐습니다. 블록 스코프는 {}로 구성된 블록문 기준으로 스코프의 유효 범위를 나누는 방식입니다. 단, 이 방식은 let과 const 키워드로 선언한 변수에 한해서만 적용됩니다.

다음은 블록 스코프를 이해하기 쉽도록 작성한 예제 코드입니다. 코드를 보면 블록 스코프 외부에 let 키워드로 변수 a를 선언하고, 블록 스코프 내부에 let 키워드로 변수 b를 선언한 뒤 블록 스코프 내부와 외부에서 각각 참조합니다.

```
let a = 10;
{
  let b = 20;
  console.log(`코드 블록 내부 a: ${a}`);
  console.log(`코드 블록 내부 b: ${b}`);
}
console.log(`코드 블록 외부 a: ${a}`);
console.log(`코드 블록 외부 b: ${b}`);
```

실행결과

```
코드 블록 내부 a: 10
코드 블록 내부 b: 20
코드 블록 외부 a: 10
ReferenceError: b is not defined
```

코드를 실행하면 변수 a는 전역 스코프여서 블록문 내부나 외부에서 전부 참조할 수 있습니다. 그러나 변수 b는 블록문 내부에 선언한 지역 스코프여서 블록문 내부에서는 참조에 문제가 없지만, 외부에서는 참조 오류가 발생하는 것을 확인할 수 있습니다.

블록 스코프는 오직 let, const 키워드에서만 발생하므로 같은 코드를 var 키워드로만 바꿔 실행하면 참조 오류가 발생하지 않습니다. var 키워드는 함수 스코프 방식으로만 스코프를 나누기 때문에 다음 코드에서는 변수 a, b 모두 전역 스코프에서 선언한 것과 마찬가지입니다.

TIP ── 전역 스코프에 선언한 변수를 **전역 변수**, 지역 스코프에 선언한 변수를 **지역 변수**라고 합니다.

```
var a = 10;
{
  var b = 20;
  console.log(`코드 블록 내부 a: ${a}`);
  console.log(`코드 블록 내부 b: ${b}`);
}
console.log(`코드 블록 외부 a: ${a}`);
console.log(`코드 블록 외부 b: ${b}`);
```

```
코드 블록 내부 a: 10
코드 블록 내부 b: 20
코드 블록 외부 a: 10
코드 블록 외부 b: 20
```

참조 우선순위

let, const 키워드는 같은 식별자의 중복 선언이 불가능합니다. 하지만 정확하게는 **같은 스코프 영역에서 중복 선언이 불가능**하다고 할 수 있습니다.

다음 코드를 보면 let, const 키워드로 변수 a, b를 함수 외부에 선언하고, 함수 내부에도 똑같이 변수 a, b를 선언했는데 중복 선언 오류가 발생하지 않습니다.

10/04/reference.js

```javascript
let a = 10;
const b = 20;
function sum(){
  let a = 50;
  const b = 70;
  console.log(`함수 내부 a: ${a}`);
  console.log(`함수 내부 b: ${b}`);
}
sum();
```

실행결과

```
함수 내부 a: 50
함수 내부 b: 70
```

전역 스코프와 지역 스코프에 같은 식별자를 가지는 참조 대상이 있다면, 먼저 같은 지역 스코프의 식별자를 참조합니다. 그리고 같은 지역 스코프에서 참조할 식별자를 찾지 못할 때만 전역 스코프에서 찾습니다.

10.4.2 함수 호이스팅

9.1.2 새로운 변수 선언 키워드 let에서 호이스팅을 언급했습니다. 다시 한번 개념을 정리하면, 호이스팅은 코드를 선언과 할당으로 분리해 선언부를 자신의 스코프 최상위로 끌어올리는 것을 말합니다.

— 10/04/hoisting.js

```
console.log(num);
var num = 10;
```

이 코드에서 오류가 발생할 것 같지만, 호이스팅에 의해 다음 코드처럼 작동합니다.

```
var num; // 선언부를 스코프 최상위로 끌어올림
console.log(num); // undefined 출력
num = 10;
```

선언부를 최상위로 끌어올리기 때문에 결과로 undefined가 출력됩니다. 이런 호이스팅은 var 키워드로 선언한 변수에만 적용되고 let과 const 키워드로 선언한 변수에는 적용되지 않습니다. 그런데 함수도 호이스팅됩니다. 다음 코드를 봅시다.

— 10/04/hoisting_func.js

```
printHello();
function printHello(){
  console.log("Hello");
}
```

실행결과

```
Hello
```

printHello() 함수가 정의되기 전에 호출하고 있어서 오류가 나거나 정상적으로 실행되지 않을 것 같지만, 코드를 실행해 보면 함수가 정상적으로 호출되어 Hello라는 값이 출력됩니다. 호이스팅은 선언과 할당을 분리해서 선언부를 스코프 최상위로 올리는 것이라고 했죠? 함수 선언

문으로 정의된 함수는 호이스팅에서 선언부로 봅니다. 그래서 앞의 코드는 코드 실행 시 함수 선언문을 최상위로 끌어올리면서 다음 코드처럼 실행됩니다.

```
function printHello(){ // 함수 선언문을 최상위로 끌어올림
  console.log("Hello");
}
printHello();
```

그러나 함수 표현식으로 정의된 함수는 함수 선언문으로 정의된 함수와는 조금 다르게 작동합니다.

10/04/hoisting_express.js

```
printHello();
var printHello = function printHello(){
  console.log("Hello");
}
```

실행결과

```
TypeError: printHello is not a function
```

함수 표현식에서 선언부는 변수를 선언한 부분입니다. 그래서 실제로는 다음과 같이 실행되어 'printHello는 함수가 아니다'라는 오류 메시지가 나오게 됩니다.

```
var printHello;
printHello();
printHello = function printHello(){
  console.log("Hello");
}
```

화살표 함수 방식으로 정의해도 결국 함수 표현식처럼 변수에 할당하는 것이므로 함수 표현식과 같은 원리로 호이스팅됩니다. 단, 함수 표현식이나 화살표 함수를 let이나 const 키워드로 선언했다면 호이스팅 자체가 되지 않습니다.

3. 다음 중 코드를 실행했을 때 콘솔창에 출력될 값을 고르세요.

```javascript
var text = "outside";
function printScope(){
  console.log(text);
  var text = "inside";
};
printScope();
```

① outside

② inside

③ null

④ undefined

⑤ " "

10.5

즉시 실행 함수 사용하기

함수를 사용하는 방법 중에 즉시 실행 함수(IIFE, Immediately Invoked Function Expression)라는 방법이 있습니다. 즉시 실행 함수는 함수를 정의하면서 동시에 실행까지 하는 함수입니다.

형식　(function(){})();

일반적으로 함수를 선언하면 전역 스코프에 정의됩니다. 그리고 프로그램이 종료되기까지 전역 스코프에 선언한 함수는 메모리에서 사라지지 않습니다. 다음 코드를 보면 함수 표현식으로 정의된 init() 함수가 있습니다. const 키워드에 할당했기 때문에 프로그램이 종료되기 전에는 init 식별자를 재사용할 수 없습니다.

```javascript
const init = function(){
  console.log("initialized!");
}
```

그런데 이 함수는 어차피 한 번만 사용할 함수인데, const 키워드 때문에 init 식별자를 더 이상 사용할 수 없게 됩니다. 이러한 현상을 가리켜 **전역 스코프가 오염됐다**고 표현합니다. 이런 경우에 즉시 실행 함수로 함수를 정의하면 전역 스코프가 오염되는 것을 방지할 수 있습니다.

─────── 10/05/iife.js

```javascript
(function init(){
  console.log("initialized!");
})();
```

즉시 실행 함수는 한 번 실행되고 나면 메모리에 데이터가 남아 있지 않습니다. 그래서 init 식별자는 한 번도 사용되지 않은 것처럼 인식됩니다. 실제로 즉시 실행 함수를 호출한 다음에 재호출하면 참조 오류가 발생하면서 실행되지 않습니다.

```
(function init(){
  console.log("initialized!");
})(); // initialized!
init(); // ReferenceError: init is not define
```

매개변수가 있는 함수도 즉시 실행 함수로 정의해서 실행할 수 있습니다. 코드를 다음과 같이 작성하면 됩니다.

```
(function sum(a, b){
  console.log(a + b);
})(10, 20); // 30
```

해설 노트 p.604

1분 퀴즈

4. 다음 코드를 실행하면 출력될 변수 result의 값을 고르세요.

```
const result = (function(a, b){
  function init(){
    return doSum(a, b);
  }
  function doSum(a, b){
    return a + b;
  }
  return init();
})(10, 20);
console.log(result);
```

① undefined   ② null   ③ 50

④ 30   ⑤ SyntaxError

마무리

이 장에서 배운 내용을 정리해 보겠습니다.

1. 함수

함수(function)는 어떤 목적을 가지고 작성한 코드를 모아 둔 블록문입니다.

2. 함수 정의

함수를 정의하는 방법은 크게 3가지입니다.

```
형식    // 함수 선언문
        function 함수명(){}
        // 함수 표현식
        const 함수명 = function(){}; // 익명 함수
        const 함수명 = function 식별자(){}; // 네이밍 함수
        // 화살표 함수
        const 함수명 = () => {};
```

3. 매개변수

매개변수는 함수가 호출될 때 전달받은 데이터를 할당하기 위해 함수에서 선언하는 변수로, 다음과 같은 특징이 있습니다.

- 매개변수의 기본값은 undefined입니다.
- 함수를 호출하며 데이터를 전달해도 매개변수를 정의하지 않으면 데이터를 전달받지 못합니다. 단, 오류가 발생하지는 않습니다.
- 함수를 호출할 때 전달한 데이터와 매개변수는 일대일 매칭 관계가 형성됩니다.

4. return 문

return 문을 사용하면 함수 내부에서 함수를 호출한 곳으로 데이터를 전달할 수 있습니다.

5. 스코프

① 스코프는 변수나 함수와 같은 참조 대상 식별자를 찾아내기 위한 규칙입니다.

② 스코프는 블록 스코프 방식과 함수 스코프 방식을 기준으로 전역 스코프와 지역 스코프로 구분합니다.

6. 함수 호이스팅

호이스팅은 코드를 선언과 할당으로 나누었을 때, 선언부를 스코프 최상위로 끌어올리는 것을 말합니다. 함수 선언문이나 var 키워드를 사용한 함수 표현식, 화살표 함수 방식은 전부 호이스팅의 대상이 됩니다.

7. 즉시 실행 함수

즉시 실행 함수는 함수를 정의하면서 동시에 실행까지 하는 함수입니다.

> **형식** (function(){})();

1. 원의 넓이를 구하는 공식은 (반지름) × (반지름) × (원주율)입니다. 원주율은 3.14라고 했을 때, 원의 반지름을 이용해 원의 넓이를 반환하는 함수를 만들어 보세요.

2. 매개변수로 배열을 전달받아 배열의 요소 중에서 가장 큰 수를 찾아 반환하는 함수를 만들어 보세요. 이때, 배열 안의 데이터는 모두 0보다 큰 정수라고 가정합니다.

3. 체질량 지수(BMI)를 계산하는 공식은 몸무게를 키(m)의 제곱으로 나눈 값입니다. 사용자에게 키(cm)와 몸무게(kg)에 해당하는 값을 전달받아 체질량 지수를 계산합니다. 체질량 지수가 26점 이상이면 비만, 24~25점은 과체중, 18.5~23점은 정상, 18.5점 미만은 저체중을 반환하는 함수를 만들어 보세요.

코딩
자율학습

11장

자바스크립트 객체 다루기

기본 자료형을 제외한 거의 모든 것이 객체로 구성됐다고 해도 과언이 아닐 정도로 객체는 자바스크립트에서 정말 중요합니다. 객체는 리터럴 방식으로 직접 정의해서 사용하기도 하고, 이미 만들어져서 제공되는 객체도 있습니다. 그리고 자바스크립트가 아니라 웹 브라우저에서 제공하는 객체도 있습니다. 이 장에서는 다양한 객체의 종류와 개념들을 하나씩 배워 보겠습니다.

11.1

객체란

객체라는 용어의 범위는 자바스크립트에서 매우 포괄적이지만, 자료형의 관점에서 보면 **키**(key)
와 값(value)**으로 구성된 속성의 집합**을 의미합니다. 객체는 자바스크립트에서 제공하는 기본 자료
형과는 다르게 여러 개의 값을 가질 수 있고, 다른 자료형의 값도 가질 수 있습니다.

객체는 {}를 이용해 생성할 수 있는데, 이런 방법을 **리터럴**(literal) 방식으로 객체를 생성했다고
표현합니다. 그리고 다음 코드처럼 속성이 한 개도 없는 객체를 **빈 객체**라고 합니다.

```
const person = {};
```

보통 객체를 생성할 때는 빈 객체로 생성하지 않고 처음부터 속성을 지정한 상태로 생성합니다.
만약 사람에 대한 객체를 생성한다면 다음과 같은 속성을 지정해 객체를 생성할 수 있겠죠.

```
const person = {name:"Hong Gildong"};
```

속성은 객체의 의미에 나와 있듯이 키와 값으로 구성됩니다. 앞의 코드를 보면 'name'이 키고
'Hong Gildong'이 값입니다. 객체는 이런 속성을 여러 개 가질 수 있습니다.

참고로 객체에 속성을 추가할 때 앞의 코드처럼 줄 바꿈하지 않아도 되지만, 코드의 가독성을
높이려면 줄 바꿈하는 편이 훨씬 낫습니다.

```
const person = {
  name:"Hong Gildong"
};
```

객체는 데이터의 종류를 가리지 않으므로 모든 자료형의 데이터를 값으로 가집니다. 예를 들어, 배열, 숫자, 논리 데이터를 다음과 같이 한 객체의 속성으로 추가할 수 있습니다.

```javascript
const person = {
  name:["Hong", "Gildong"],
  age:20,
  isAdult:true
};
```

물론 객체 안에 또 다른 객체나 함수가 들어갈 수도 있습니다.

```javascript
const person = {
  name:{
    firstName:"Gildong",
    lastName:"Hong"
  },
  age:20,
  isAdult:true,
  printInfo:function(){
    console.log('printInfo');
  }
};
```

보통 객체의 키는 문자열로 작성하는데, 큰따옴표나 작은따옴표로 표시하지 않아도 문제되지 않습니다. 다만 예제 코드처럼 키에 공백이 들어갈 경우에는 따옴표를 꼭 사용해야 합니다.

```javascript
const person = {
  "phone number":"010-000-0000"
};
```

> **Note** **함수와 메서드**
>
> 객체에서 속성의 값으로 함수가 들어갈 때는 보통 함수라고 하지 않고, **메서드**(method)라고 합니다. 함수라고 하기도 하지만, 메서드를 더 일반적으로 사용합니다. 이 책에서도 객체에 정의된 함수는 메서드로 칭합니다.

11.2

객체 속성 다루기

11.2.1 객체 속성에 접근하기

배열에서는 데이터에 접근할 때 인덱스를 사용했는데, 객체에서는 속성에 어떻게 접근할까요?
자바스크립트에서는 대괄호 연산자와 마침표 연산자를 사용한 두 가지 접근 방법을 제공합니다.

● 대괄호 연산자로 접근하기

대괄호 연산자는 [ ]를 사용해 객체의 속성에 접근하는 방법으로, 배열에서도 사용할 수 있습니다. 객체의 속성에 접근하려면 객체명 뒤에 대괄호를 붙이고 대괄호 안에 키를 넣습니다. 이
때 키는 반드시 큰따옴표나 작은따옴표로 감싼 **문자열 형태로 작성**해야 합니다.

```
const person = {
  name:"Hong Gildong",
  age:20
};
console.log(person["name"]); // Hong GilDong
console.log(person["age"]);  // 20
```

만약 다음과 같이 따옴표를 생략하고 키를 작성하면 객체에서 키가 아닌 name이라는 변수를 찾
게 되어 오류가 발생합니다.

```
const person = {
  name:"Hong Gildong"
};
console.log(person[name]); // ReferenceError: name is not defined
```

그러면 다음과 같이 객체의 속성값이 배열이나 객체 리터럴, 함수라면 어떻게 접근해야 할까요?

11/02/object.js

```
const person = {
  name:{
    firstName:"Gildong",
    lastName:"Hong"
  },
  likes:["apple", "samsung"],
  printHello:function(){
    return "hello";
  }
};
```

원리는 같습니다. 다만, 처음에는 헷갈릴 수 있으니 접근 방법을 같이 확인해 보겠습니다. 속성에 접근하려면 키를 대괄호 안에 문자열로 적는다고 했으니 다음과 같이 작성합니다.

```
console.log(person["name"]); // { firstName:'Gildong', lastName:'Hong' }
```

그러면 키가 name인 속성에 접근하는데, 이 속성의 값은 객체 리터럴입니다. 접근한 값도 객체이므로 다시 대괄호 연산자를 사용해 접근합니다. 따라서 다음과 같이 대괄호를 연속으로 사용해 접근하면 됩니다.

```
// person 객체의 name 속성에 값으로 할당된 객체의 firstName 속성에 접근
console.log(person["name"]["firstName"]); // Gildong
```

속성값이 배열일 때도 마찬가지입니다. 다음처럼 대괄호 연산자에 키를 사용하면 배열인 속성값에도 접근할 수 있습니다.

```
console.log(person["likes"]); // [ 'apple', 'samsung' ]
```

그리고 배열의 요소에는 인덱스로 접근할 수 있었죠? 그래서 객체의 속성값이 배열일 때 배열의
각 데이터에 접근하려면 대괄호 연산자에 인덱스를 사용합니다. 첫 번째 대괄호에 객체 속성의
키를, 두 번째 대괄호에 배열의 인덱스를 넣어 주면 속성값인 배열의 각 데이터에 접근할 수 있
습니다.

```
console.log(person["likes"][0]); // apple
console.log(person["likes"][1]); // samsung
```

속성값이 함수일 때도 마찬가지겠죠? 다음처럼 키를 이용해 접근하면 속성값은 함수가 됩니다.

```
console.log(person["printHello"]); // [Function: printHello]
```

함수를 호출할 때는 ()를 사용하므로 결국 person 객체의 printHello() 함수에는 다음처럼 접
근합니다.

```
console.log(person["printHello"]()); // hello
```

● 마침표 연산자

마침표 연산자는 .를 이용해 객체 속성에 접근합니다. 객체 속성에 접근하려면 접근할 객체명과
객체 속성의 키를 마침표 연산자로 연결하면 됩니다.

11/02/object_dot.js

```
const person = {
  name:{
    firstName:"Gildong",
    lastName:"Hong"
  },
  age:20,
  likes:["apple", "samsung"],
```

```
  printHello:function(){
    return "hello";
  }
};
console.log(person.name.lastName); // Hong
console.log(person.age); // 20
console.log(person.likes[0]); // apple
console.log(person.printHello()); // hello
```

마침표 연산자를 사용할 때는 키를 바로 적어야 합니다. 만약 다음과 같이 객체 속성에 접근할 때 키를 큰따옴표("")나 작은따옴표('')로 감싸면 오류가 발생합니다.

```
const person = {
  name:"Hong Gildong"
};
console.log(person."name"); // SyntaxError: Unexpected string
```

그리고 객체의 키 식별자에 공백이 있다면 마침표 연산자는 사용할 수 없고 대괄호 연산자로만 접근할 수 있습니다. 공백이 있는 키는 큰따옴표나 작은따옴표로 감싸야 하는데, 마침표 연산자 접근 방식에서는 큰따옴표나 작은따옴표를 붙여서 사용할 수 없기 때문입니다.

TIP —— 객체 속성에 접근할 때 대괄호 연산자와 마침표 연산자 중 어느 방법을 사용하더라도 상관없습니다. 이 책에서는 마침표 연산자를 사용합니다.

```
const person = {
  "phone number":"010-000-0000"
};
console.log(person["phone number"]); // 010-000-0000
```

11.2.2 객체 속성 값 변경하기

객체로 정의된 값을 바꾸고 싶다면 키로 속성에 접근해서 값을 재할당하면 됩니다. 다음 코드는 변수 person에 할당된 객체의 속성에 키로 접근해 값을 변경합니다.

```
const person = {
  name:"Hong Gildong"
};
person.name = "Kim"; // 또는 person["name"] = "Kim";
console.log(person.name); // Kim
```

11.2.3 객체 속성 동적으로 추가하기

객체 속성에 키로 접근해 값을 재할당하면 기존 속성값을 변경할 수 있습니다. 그런데 해당 키
가 객체에 없다면 즉, 객체에 없는 속성이라면 해당 키와 값으로 구성된 새로운 속성이 객체에
추가됩니다.

예를 들어 살펴봅시다. 먼저 객체 리터럴 방식으로 빈 객체를 생성하고 변수에 할당합니다. 그
리고 객체의 속성에 접근해 값을 변경할 때처럼 키에 값을 할당합니다. person 객체를 출력해
보면 처음에는 빈 객체였는데, 나중에 name 속성이 추가된 것을 볼 수 있습니다. 이처럼 객체 속
성에 값을 할당해 접근하면 해당 속성이 존재하는지 확인하고, 없는 속성이면 해당 키와 값으로
구성된 새로운 속성을 객체에 추가합니다.

```
const person = {};
console.log(person); // {}
person.name = "Hong Gildong";
console.log(person); // { name: 'Hong Gildong' }
```

정리하면, 객체 식별자와 키에 마침표 연산자를 사용하면 객체의 속성에 접근하게 되고, 속성에
접근해서 할당 연산자로 값을 할당하면 값이 변경되거나 새로운 속성이 추가됩니다.

객체 속성의 값이 함수나 배열, 객체 리터럴일 때도 같은 방법으로 값을 변경하거나 새로운 속
성을 추가할 수 있습니다.

11/02/dynamic_object.js

```
const person = {};
person.name = {
  firstName:"GilDong",
```

426

```
    lastName:"Hong"
};
person.likes = ["apple", "samsung"];
person.printHello = function(){
  return "hello";
}
```

이렇게 이미 만들어진 객체에 나중에 속성을 추가하는 것을 자바스크립트에서는 **속성을 동적으로
추가한다**고 합니다.

11.2.4 객체 속성 동적으로 삭제하기

객체에 속성을 동적으로 추가하듯이 동적으로 삭제할 수도 있습니다. 객체 속성에 접근할 때 앞
에 delete 키워드를 명시하면 해당 속성이 삭제됩니다. 다음처럼 delete 키워드로 person 객체
의 하나뿐인 name 속성을 삭제하고 person 객체를 출력해 보면 빈 객체가 출력됩니다.

```
const person = {
  name:"Hong Gildong"
};
delete person.name; // 또는 delete person["name"]
console.log(person); // {} 출력
```

11.2.5 객체의 데이터 관리 방법 이해하기

객체 속성의 동적 추가와 삭제를 공부하면서 뭔가 이상한 느낌을 받았나요? 그건 아마 const 키
워드 때문일 겁니다. **9.1.3 상수 변수**에서 const 키워드로 선언한 상수 변수는 재할당이 불가능하
다고 배웠습니다. 그런데 앞에서는 const 키워드로 선언한 상수 변수에 할당한 객체에 속성을 추
가하거나 삭제할 수 있었습니다. 이는 객체 자료형의 특성인 **참조**(reference) 때문에 그렇습니다.

자바스크립트에서는 자료형을 크게 기본 자료형과 참조 자료형으로 구분한다고 했죠? 자료형을
기본 자료형과 참조 자료형으로 나누는 이유는 데이터 관리 방식이 다르기 때문입니다.

● 기본 자료형의 데이터 관리: 깊은 복사

기본 자료형은 변수에 데이터를 할당할 때 데이터 그 자체가 할당됩니다.

그림 11-1 기본 자료형의 데이터 할당 방식

이 상태에서 변수에 할당된 데이터를 다른 변수에 다시 할당하면 어떻게 될까요? 코드로 작성하면 다음과 같습니다.

```
let num = 10;
let copyNum = num; // 변수 num의 데이터를 변수 copyNum에 할당
```

변수 num에 할당된 데이터를 변수 copyNum에 다시 할당하면 기본 자료형에서는 자신의 공간에 담고 있던 데이터를 그대로 복사해 전달합니다.

그림 11-2 데이터 복사

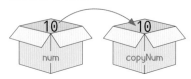

그러면 변수 num과 copyNum은 각각 독립적으로 10이라는 값을 가지고 있는 상태가 됩니다. 이 상태에서 변수 num의 값을 바꾸면 어떻게 될까요?

11/02/primitive_copy.js

```
let num = 10;
let copyNum = num;
num = 20; // 변수 num을 재할당
console.log(num); // 20
console.log(copyNum); // 10
```

실행해 보면 변수 num만 값이 변경되고 변수 copyNum은 변경되지 않습니다. 변수 copyNum은 변

수 num의 값을 복사한 별도의 데이터를 가지고 있기 때문이죠. 즉, 두 데이터는 연동되어 있지 않습니다.

그림 11-3 변수 num 값 변경

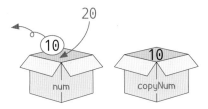

이렇게 복사한 값을 재할당할 때 한쪽 데이터가 변경되어도 서로 영향을 미치지 않게 복사되는 것을 **깊은 복사**(deep copy)라고 합니다.

● 참조 자료형의 데이터 관리: 얕은 복사

기본 자료형과 다르게 객체와 같은 참조 자료형은 변수 공간에 데이터가 할당되는 것이 아니고, 데이터가 위치하고 있는 메모리의 주소 값만 할당됩니다. 자바스크립트에서는 이를 **참조한다**고 표현합니다. 그래서 다음처럼 변수 person에 객체를 저장하면 객체의 데이터는 별도의 메모리에 저장되고, 변수 person은 객체의 데이터가 저장된 메모리 주소만 가지고 있게 됩니다.

```
const person = {
  name:"Hong Gildong"
};
```

예제 코드에서 객체 데이터가 저장된 메모리 주소가 0x00라고 했을 때 변수 person의 상태는 다음 그림과 같습니다.

그림 11-4 참조 자료형의 데이터 할당 방식

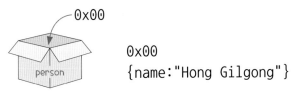

이 상태에서 변수에 다른 객체를 재할당하려고 하면 어떻게 될까요? const 키워드는 재할당이 안 되므로 바로 오류가 발생합니다.

```
const person = {
  name:"Hong Gildong"
};
person = {
  name:"Sucoding"
}; // TypeError: Assignment to constant variable
```

그림 11-5 데이터 재할당 불가능

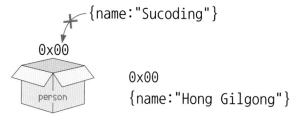

하지만 변수에 할당된 객체에 속성을 추가하거나 값을 변경하는 건 가능합니다.

```
const person = {
  name:"Hong Gildong"
};
person.name = "Hong";
```

변수 person 입장에서는 데이터를 재할당하는 것이 아니기 때문입니다. 다음 그림처럼 변수에 할당된 객체의 주소 값은 그대로이고 주소 값이 참조하는 원본 객체 데이터만 변경되기 때문에 기존 데이터를 변경하거나 새로운 속성을 추가할 수 있습니다.

그림 11-6 원본 객체 데이터 변경 가능

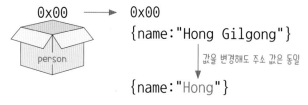

이러한 특징은 변수끼리 데이터를 복사할 때 도드라지게 나타납니다. 다음 코드를 보면 변수 person에 할당된 객체를 변수 copyPerson에 복사합니다. 그리고 나서 변수 person에 할당된 객체의 값만 변경한 뒤 각 변수에 할당된 name 속성의 값을 출력합니다.

11/02/shallow_copy.js

```
const person = {
  name:"Hong Gildong"
};
const copyPerson = person; // 변수 person에 할당된 객체를 변수 copyPerson에 복사
person.name = "Hong"; // 변수 person에 할당된 객체의 값을 변경
console.log(person.name); // Hong
console.log(copyPerson.name); // Hong
```

분명 변수 person에 할당된 객체의 속성값을 변경했는데, 변수 copyPerson에 복사된 객체의 속성값까지 변경됩니다. 이는 객체가 변수에 할당될 때 변수는 주소 값만 가지고 있어서 복사할 때도 주소 값만 복사하기 때문입니다. 그래서 두 변수는 같은 주소 값을 가지게 되고 바라보는 원본 데이터의 위치도 같습니다. 그러므로 변수 person의 데이터를 변경하면 같은 주소를 바라보는 변수 copyPerson의 데이터까지 변경됩니다.

그림 11-7 참조 데이터의 복사

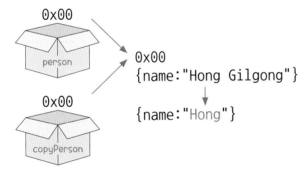

이렇게 데이터를 복사했을 때 한쪽 데이터가 변경되면 다른 쪽 데이터도 변경되어 서로 영향을 받는 것을 **얕은 복사**(shallow copy)라고 합니다.

1. 다음 코드를 실행한 후 마지막에 변수 studentObject에 할당된 객체의 키를 배열로 나열한 값을 고르세요.

```
const studentObj = {
  name:"John",
  age:20,
};
studentObj.gender = "female";
delete studentObj.age;
```

① ['name', 'age', 'gender']

② ['age', 'gender']

③ ['name', 'gender']

④ ['name', 'age']

⑤ ['age']

11.3

표준 내장 객체 사용하기

자바스크립트에는 개발 편의를 위해 수많은 객체가 미리 만들어져 있습니다. 이렇게 만들어진 객체는 자바스크립트에 기본으로 내장되어 있어서 스코프의 위치를 따지지 않고 모든 영역에서 공통으로 사용할 수 있습니다. 이렇게 자바스크립트에 기본으로 내장된 객체를 **표준 내장 객체** (standard built-in object)라고 합니다.

표준 내장 객체에는 문자열을 다루는 String 객체와 배열 자료형을 다루는 Array 객체가 있습니다. 그리고 날짜와 시간을 다루는 Date 객체와 수학 수식을 다루는 Math 객체가 있습니다. 이 밖에도 많은 표준 내장 객체가 있지만, 실무에서는 이 정도만 알아도 충분합니다.

TIP —— 책에서 소개하지 않은 표준 내장 객체를 확인하고 싶다면 https://developer.mozilla.org/ko/docs/Web/JavaScript/Reference/Global_Objects 페이지를 참고하세요.

11.3.1 문자열을 다루는 String 객체

String 객체는 기본 자료형에서 문자열을 다룹니다. 그래서 문자열에서 사용할 수 있는 속성과 메서드가 정의되어 있습니다. 실무에서 자주 사용하는 String 객체의 속성과 메서드는 다음과 같습니다.

TIP —— String 객체의 모든 속성과 메서드가 궁금하다면 https://developer.mozilla.org/ko/docs/Web/JavaScript/Reference/Global_Objects/String 페이지를 참고하세요.

표 11-1 string 객체의 주요 속성과 메서드

구분		설명
속성	length	문자열의 길이를 반환합니다.
메서드	includes()	메서드의 매개변수에 인자로 전달되는 문자열이 대상 문자열에 포함되어 있으면 true, 아니면 false를 반환합니다.
	replace()	대상 문자열에서 메서드의 매개변수에 인자로 전달되는 문자열과 일치하는 한 부분을 찾아서 다른 데이터로 변경한 새로운 문자열을 반환합니다.
	replaceAll()	대상 문자열에서 메서드의 매개변수에 인자로 전달되는 문자열과 일치하는 모든 부분을 찾아서 다른 데이터로 변경한 새로운 문자열을 반환합니다.
	split()	메서드의 매개변수에 인자로 전달되는 구분자를 이용해 대상 문자열을 여러 개의 문자열로 분리하고, 분리한 문자열을 새로운 배열로 반환합니다.
	toUpperCase()	대상 문자열을 대문자로 변경해 반환합니다.
	trim()	대상 문자열의 앞뒤 공백을 제거한 값을 반환합니다.
	indexOf()	대상 문자열과 일치하는 첫 번째 문자의 인덱스를 반환합니다.

모든 속성과 메서드를 다루긴 어려우므로 몇 가지만 간단히 살펴보겠습니다. 먼저 length 속성을 사용하면 문자열의 길이를 알 수 있어서 최소 글자 수나 최대 글자 수를 확인해야 할 때에 유용합니다.

11/03/string/pw_length.js

```
const pw = "124";
if(pw.length < 4){
  console.log("비밀번호는 최소 4자리 이상 입력해 주세요.");
}
```

특정 문자열이 포함되어 있는지 확인할 때도 String 객체에 있는 includes() 메서드를 사용하면 쉽게 알 수 있습니다.

11/03/string/includes.js

```
const email = "test!naver.com";
if(email.includes("@") === false){
  console.log("올바른 이메일 형식이 아닙니다.");
}
```

indexOf( ) 메서드를 사용해도 특정 문자열이 포함되어 있는지 확인할 수 있습니다. indexOf( ) 메서드는 특정 문자열과 일치하는 첫 번째 문자의 인덱스를 반환하는데, 찾지 못하면 -1을 반환합니다.

── 11/03/string/indexOf.js

```
const email = "test!naver.com";
if(email.indexOf("@") === -1){
  console.log("올바른 이메일 형식이 아닙니다.");
}
```

이처럼 String 객체에 미리 정의된 속성과 메서드를 알아 두면 문자열 데이터를 다룰 때 필요한 상황에 맞게 활용할 수 있습니다.

11.3.2 배열을 다루는 Array 객체

Array 객체는 기본 자료형 중 배열을 다루는 객체로, 배열에서 사용할 수 있는 많은 속성과 메서드가 정의되어 있습니다. 특히 실무에서 배열을 자주 사용하기 때문에 Array 객체의 메서드를 알아 두면 도움이 됩니다.

TIP ── 책에서 소개하지 않은 Array 객체의 속성과 메서드는 https://developer.mozilla.org/ko/docs/Web/JavaScript/Reference/Global_Objects/Array 페이지에서 확인할 수 있습니다.

표 11-2 Array 객체의 주요 속성과 메서드

구분		설명
속성	length	배열의 요소 개수를 반환합니다.
파괴적 메서드	push( )	배열의 맨 뒤에 데이터를 추가합니다.
	pop( )	배열의 맨 뒤에서 데이터를 추출합니다.
	unshift( )	배열의 맨 앞에 데이터를 추가합니다.
	shift( )	배열의 맨 앞에서 데이터를 추출합니다.
	sort( )	배열의 요소를 정렬합니다.
	reverse( )	배열의 요소를 역순으로 정렬합니다.
비파괴적 메서드	forEach( )	배열의 요소를 하나씩 순회하면서 요소마다 콜백(callback) 함수를 호출합니다.
	filter( )	배열의 요소를 하나씩 순회하면서 요소마다 콜백 함수를 호출해 true를 반환하는 요소만 추출합니다. 추출한 요소로 새로운 배열을 만들고 만들어진 배열을 반환합니다.

◐ 계속

구분		설명
비파괴적 메서드	find()	배열의 요소를 탐색하면서 주어진 판별 함수를 만족하는 첫 번째 값을 반환합니다.
	findIndex()	값 대신 인덱스 숫자를 반환한다는 것만 빼면 find() 메서드와 같습니다.
	includes()	배열에 특정 값이 포함되어 있는지 확인해서 포함됐으면 true, 아니면 false를 반환합니다.
	join()	배열의 모든 요소를 주어진 구분자로 합칩니다.

이번에도 몇 가지만 예제로 살펴보겠습니다. Array 객체에서도 length 속성을 지원하기 때문에 배열의 요소 개수, 즉 길이를 구할 수 있습니다. 그래서 다음 코드처럼 배열의 길이를 이용한 반복문 처리가 가능합니다.

— 11/03/array/length_for.js

```javascript
const arr = [10, 20, 30];
for(let i = 0; i < arr.length; i++){
  console.log(arr[i]);
}
```

표 11-2에서 정리한 Array 객체의 메서드를 보면, **파괴적 메서드**와 **비파괴적 메서드**로 구분했습니다. 파괴적 메서드는 메서드를 사용했을 때 원본 데이터를 변경하는 메서드를 의미하고, 비파괴적 메서드는 원본을 변경하지 않는 메서드를 의미합니다. Array 객체는 이러한 차이를 비교해서 학습하면 좋습니다.

배열에 데이터를 추가하거나 추출(제거하고 반환)하는 기능의 push(), pop(), unshift(), shift() 메서드는 파괴적 메서드입니다. 그래서 메서드를 사용하면 원본 데이터가 변경됩니다.

```javascript
const arr = [10, 20, 30, 40];
arr.push(50);      // 배열 맨 뒤에 50 추가
console.log(arr); // [10, 20, 30, 40, 50]
arr.pop();         // 배열 맨 뒤에서 요소 추출
console.log(arr); // [10, 20, 30, 40]
arr.unshift(0);    // 배열 맨 앞에 0 추가
console.log(arr); // [0, 10, 20, 30, 40]
arr.shift();       // 배열 맨 앞에서 요소 추출
console.log(arr); // [10, 20, 30, 40]
```

그리고 비파괴적 메서드인 forEach()는 배열 안의 요소를 순회하면서 콜백 함수인 function(v)를 호출해 접근한 요소의 값을 출력합니다. 마치 반복문으로 배열 요소에 접근하는 것과 비슷한 기능을 제공합니다.

```
const arr = [10 , 20, 30, 40];
arr.forEach(function(v){
  console.log(v);
});
console.log(arr); // 10 20 30 40
```

비파괴적 메서드는 원본을 변경하지 않기 때문에 arr 변수에 할당된 배열 데이터는 그대로 보존됩니다.

11.3.3 날짜와 시간을 다루는 Date 객체

Date 객체에는 날짜 및 시간과 관련 있는 메서드가 정의되어 있습니다. 따라서 Date 객체의 메서드를 활용할 수만 있어도 자바스크립트로 날짜와 시간을 처리하는 작업이 매우 간단해집니다.

TIP —— Date 객체의 예제 코드는 웹 브라우저의 콘솔 창에 직접 입력해서 실행해 주세요.

● 인스턴스 만들기

Date 객체를 사용하려면 먼저 Date 객체를 호출해 날짜와 시간 데이터를 생성해야 합니다. 다음 코드처럼 new 키워드로 Date 객체를 호출하면 현재 날짜와 시간 정보를 기반으로 날짜와 시간 데이터가 생성됩니다.

—————————————————————————— 11/03/date/date_instance.js

```
const date = new Date(); // Wed Jan 19 2022 16:06:05 GMT+0900 (한국 표준시)
```

이때 생성되는 데이터를 자바스크립트에서는 **인스턴스**(instance)라고 합니다. 따라서 date 변수에 할당된 데이터는 Date 객체의 인스턴스입니다.

Date 객체의 인스턴스를 생성하는 방법은 이 외에도 여러 가지가 있습니다. 대표적으로 연(year), 월(month), 일(date), 시(hour), 분(minute), 초(second) 정보를 숫자로 전달해 생성하는 방법이 있습니다. 여기서 한 가지 주의해야 하는데, 날짜와 시간 정보를 숫자로 전달할 때 월은 0부터 시작합니다. 따라서 1월은 0, 12월은 11이므로 다음 코드처럼 11을 전달하면 12월에 해당하는 Date 객체의 인스턴스가 생성됩니다.

11/03/date/date_instance2.js

```
const date1 = new Date(2022, 11, 25); // Sun Dec 25 2022 00:00:00 GMT+0900 (한국
표준시)
const date2 = new Date(2022, 11, 25, 18, 30, 50); // Sun Dec 25 2022 18:30:50
GMT+0900 (한국 표준시)
```

문자열로 원하는 날짜와 시간 데이터를 생성하는 방법도 있습니다. 이때는 월을 그대로 전달하면 됩니다.

11/03/date/date_instance3.js

```
const date1 = new Date("2022-12-25"); // Sun Dec 25 2022 09:00:00 GMT+0900 (한국
표준시)
const date2 = new Date("2022/12/25/18:30:50"); // Sun Dec 25 2022 18:30:50
GMT+0900 (한국 표준시)
```

● 메서드로 날짜와 시간 정보 가져와서 설정하기

날짜와 시간 데이터를 Date 객체의 인스턴스로 만들었을 때 가장 불편한 점은 현실에서 사용하는 형식과 다르다는 점입니다. 우리에게 익숙한 형식은 '2022-12-25 18:30:50'과 같은 형태죠. 그런데 Date 객체의 인스턴스는 'Sun Dec 25 2022 18:30:50 GMT+0900 (한국 표준시)' 형식으로 생성됩니다.

그래서 Date 객체의 인스턴스에 할당된 날짜와 시간을 일반적인 형식으로 가공하는 여러 방법이 있습니다. 그중에서 Date 객체에서 제공하는 메서드를 사용하는 방법이 가장 간단합니다.

Date 객체의 메서드는 크게 날짜와 시간 정보를 가져오는 메서드와 날짜와 시간 정보를 설정하는 메서드로 구분할 수 있습니다. Date 객체에서 get으로 시작하는 메서드(get 메서드)는 날짜와 시간 정보를 가져오고, set으로 시작하는 메서드(set 메서드)는 날짜와 시간 정보를 설정합니다.

표 11-3 Date 객체의 메서드

종류	설명
getFullYear()/setFullYear()	연도를 4자리 숫자로 표시합니다.
getMonth()/setMonth()	월을 0부터 11까지의 숫자로 표시합니다(1월 → 0, 12월 → 11).
getDate()/setDate()	일을 1부터 31까지의 숫자로 표시합니다.
getDay()	요일을 0부터 6까지의 숫자로 표시합니다(일요일 → 0, 토요일 → 6).
getTime()/setTime()	1970년 1월 1일 12:00 이후의 시간을 밀리초(1/1000초) 단위로 표시합니다.
getHours()/setHours()	시를 0부터 23까지의 숫자로 표시합니다.
getMinutes()/setMinutes()	분을 0부터 59까지의 숫자로 표시합니다.
getSeconds()/setSeconds()	초를 0부터 59까지의 숫자로 표시합니다.
getMilliseconds()/setMilliseconds()	밀리초를 0부터 999까지의 숫자로 표시합니다.

Date 객체의 인스턴스에 get 메서드를 사용하면 날짜와 시간을 재구성할 수 있습니다.

———————————————————————————————— 11/03/date_method.js

```javascript
const date = new Date(2022, 11, 25, 18, 30, 50);
const dateFormat = `${date.getFullYear()}-${date.getMonth()+1}-${date.getDate()}
${date.getHours()}:${date.getMinutes()}:${date.getSeconds()}`;
console.log(dateFormat); // 2022-12-25 18:30:50
```

● 날짜 간격 계산하기

Date 객체에서 제공하는 메서드 중 getTime() 메서드는 다음과 같이 1970년 1월 1일 12:00 이후의 시간을 밀리초 단위로 반환합니다.

```javascript
const date = new Date().getTime(); // 1642576421296(코드 실행 시간에 따라 값이 달라짐)
```

이러한 반환 결과를 활용하면 두 날짜 사이의 간격을 구할 수 있습니다.

```
const date1 = new Date('2022-12-23');
const date2 = new Date('2022-12-25');
const dateDiff = date2.getTime() - date1.getTime();
const interval = dateDiff / (24 * 60 * 60 * 1000);
console.log(`두 날짜의 차이는 ${interval}일입니다.`); // 두 날짜의 차이는 2일입니다.
```

먼저 Date 객체로 날짜 데이터인 인스턴스를 생성합니다. 두 인스턴스에 getTime() 메서드를 사용하면 날짜가 밀리초 단위로 반환되는데, 더 큰 숫자인 미래 날짜에서 더 작은 숫자인 과거 날짜를 뺍니다. 그러면 두 날짜 사이의 간격을 밀리초로 구할 수 있습니다. 이렇게 구한 밀리초를 24(시간) × 60(분) × 60(초) × 1000(밀리초)로 나누면 두 날짜 사이의 간격을 일수로 환산할 수 있습니다.

날짜 사이의 간격을 구하는 방법은 굉장히 유용합니다. 처음엔 이해하기가 어려울 수 있으나 코드를 여러 번 확인해서 꼭 이해하고 넘어가세요.

TIP —— Date 객체의 모든 속성과 메서드가 궁금하다면 https://developer.mozilla.org/ko/docs/Web/JavaScript/Reference/Global_Objects/Date 페이지를 참고하세요.

11.3.4 수학 연산을 다루는 Math 객체

Math 객체에는 여러 가지 수학 연산을 수행하는 메서드가 정의되어 있습니다. Math 객체에서 자주 사용하는 메서드는 다음 표와 같습니다.

TIP —— Math 객체의 메서드 중에는 코사인, 탄젠트, 제곱근과 같이 더 복잡한 수학 연산을 처리하는 메서드도 있습니다. Math 객체의 모든 속성과 메서드는 https://developer.mozilla.org/ko/docs/Web/JavaScript/Reference/Global_Objects/Math 페이지에서 확인할 수 있습니다.

표 11-4 Math 객체의 주요 메서드

종류	설명
Math.floor()	주어진 숫자와 같거나 작은 정수 중에서 가장 큰 수를 반환합니다(내림).
Math.ceil()	주어진 숫자와 같거나 큰 정수 중에서 가장 작은 수를 반환합니다(올림).
Math.round()	주어진 숫자를 반올림한 수와 가장 가까운 정수를 반환합니다(반올림).
Math.random()	0 이상 1 미만의 난수를 반환합니다.

Date 객체는 new 키워드로 Date 객체의 날짜 데이터인 인스턴스를 생성해 변수에 할당한 뒤에 사용했지만, Math 객체는 new 키워드 없이 Math 객체에 바로 메서드를 사용합니다. 예를 들어, 다음과 같은 실수 데이터에 floor(), ceil(), round() 메서드를 사용하면 손쉽게 내림, 올림, 반올림을 처리할 수 있습니다.

```
const floatNum = 10.52;
Math.floor(floatNum); // 10
Math.ceil(floatNum);  // 11
Math.round(floatNum); // 11
```

● 난수 구하기

Math 객체의 random() 메서드는 0 이상 1 미만의 난수를 반환합니다. 따라서 같은 코드라도 실행할 때마다 값이 달라집니다.

11/03/math/random.js
```
const random = Math.random();
console.log(random); // 0.2982742766551536(실행할 때마다 달라짐)
```

random() 메서드는 0 이상 1 미만의 난수를 반환하는데, 그 이상의 난수를 구하고 싶을 땐 어떻게 할까요? 이럴 땐 주어진 숫자를 내림해서 정수를 반환하는 floor() 메서드를 추가해 난수의 범위를 늘릴 수 있습니다. 예를 들어, 난수 범위를 0 이상 20 이하의 정수로 바꾸고 싶다고 합시다. 0.999라는 수가 나왔을 때 여기에 20을 곱하면 19.98이 됩니다. 여기에 다시 floor() 메서드를 사용하면 19가 나옵니다.

11/03/math/getMaxRandom.js
```
function getMaxRandom(max){
  return Math.floor(Math.random() * max) + 1;
}
const maxRandom = getMaxRandom(20);
console.log(maxRandom); // 0 이상 20 이하의 무작위 정수
```

이러한 원리를 조금 더 응용하면 난수의 최솟값도 정할 수 있습니다.

11/03/math/getMinMaxRandom.js

```javascript
function getMinMaxRandom(min, max){
  return Math.floor(Math.random() * (max - min)) + 1 + min; // 20을 제외하고 싶으
면 + 1 삭제
}
const maxRandom = getMinMaxRandom(10, 20);
console.log(maxRandom); // 10 이상 20 이하의 무작위 정수
```

난수를 구하는 방식도 꼭 이해하고 넘어가세요.

수코딩의 조언

표준 내장 객체에 정의된 메서드는 앞에서 표로 정리한 것보다 훨씬 많지만, 모두 소개하지 않았습니다. 책에 소개한 메서드도 전부 사용 방법을 다루지는 않았습니다. 표준 내장 객체에 정의된 메서드는 MDN 사이트(https://developer.mozilla.org/ko/docs/Web/JavaScript/Reference/Global_Objects)에 잘 정리되어 있으며 예제 코드도 풍부합니다. 그래서 하나씩 소개하는 것보다 자바스크립트에 이런 객체가 있다는 것을 아는 것이 더 중요하다고 생각했습니다. 따라서 이 책에서는 표준 내장 객체에서 유용하게 사용할 수 있는 속성이나 메서드만 언급하고 있으니 자세한 사용 방법이나 예제 코드는 MDN 사이트를 방문해서 확인해 보길 권합니다.

1분 퀴즈 해설 노트 p.606

2. 다음 배열의 요소 중 가장 큰 수를 출력하는 코드를 완성하세요.

```javascript
const arr = [10, 120, 30, 50, 20];
// 여기에 코드를 작성하세요.
```

11.4

브라우저 객체 모델 사용하기

표준 내장 객체는 자바스크립트에 내장된 객체입니다. 그런데 자바스크립트 언어 사양에 포함되지 않고 웹 브라우저에서 제공하는 객체도 있습니다. 이를 **브라우저 객체 모델**(BOM, Browser Object Model)이라고 합니다.

브라우저 객체 모델은 다음 그림처럼 최상위에 window 객체가 있습니다. 그리고 그 아래에 웹 문서와 관련 있는 기능이 모여 있는 document 객체, 현재 페이지의 URL 정보가 담겨 있는 location 객체, 방문 기록 정보가 담겨 있는 history 객체, 웹 브라우저의 정보가 담겨 있는 navigator 객체, 방문자의 화면 정보를 담고 있는 screen 객체가 있습니다.

그림 11-8 브라우저 객체 모델의 계층도

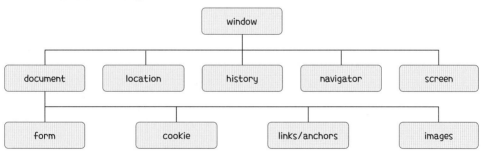

표 11-5 브라우저 객체 모델의 종류

종류	설명
window	웹 브라우저가 열릴 때마다 생성되는 최상위 관리 객체
document	웹 브라우저에 표시되는 HTML 문서 정보가 포함된 객체
location	웹 브라우저에 현재 표시된 페이지에 대한 URL 정보가 포함된 객체
history	웹 브라우저에 저장된 방문 기록이 포함된 객체
navigator	웹 브라우저 정보가 포함된 객체
screen	웹 브라우저의 화면 정보가 포함된 객체

나중에 자바스크립트로 웹 브라우저와 관련 있는 것들을 제어하려면 브라우저 객체 모델은 필수로 공부해야 합니다. 하지만 브라우저 객체 모델을 전부 설명하려면 따로 책 한 권이 필요할 정도로 양이 많습니다. 그래서 이 책에서는 실무에서 활용도가 높은 window, document 객체의 속성과 메서드만 자세히 설명하겠습니다. 이 중에서 document 객체는 더 중요해서 12장에서 별도로 다룹니다.

TIP —— 이 절에서 다루는 내용은 자바스크립트 사양에서 지원하는 기능이 아니므로 코드를 웹 브라우저로 실행해야 합니다.

11.4.1 window 객체의 속성과 메서드

window 객체에는 웹 브라우저의 기능과 요소들을 제어할 수 있는 여러 속성과 메서드가 있는데, 주요 속성과 메서드는 다음 표와 같습니다. 이 중에서 window 객체의 기본 속성과 웹 브라우저의 새로운 창 및 스크롤을 제어하는 메서드만 살펴보겠습니다.

표 11-6 window 객체의 주요 속성과 메서드

구분		설명
속성	innerWidth	웹 브라우저 화면의 너비를 px(픽셀) 단위로 나타냅니다.
	innerHeight	웹 브라우저 화면의 높이를 px 단위로 나타냅니다.
	outerWidth	웹 브라우저 창의 너비를 px 단위로 나타냅니다.
	outerHeight	웹 브라우저 창의 높이를 px 단위로 나타냅니다.
	screenTop/screenY	웹 브라우저 위쪽 면과 모니터의 간격을 px 단위로 나타냅니다.

○ 계속

구분		설명
속성	screenLeft/screenX	웹 브라우저 왼쪽 면과 모니터의 간격을 px 단위로 나타냅니다.
	pageXOffset/scrollX	웹 브라우저의 수평 스크롤 위치를 px 단위로 나타냅니다.
	pageYOffset/scrollY	웹 브라우저의 수직 스크롤 위치를 px 단위로 나타냅니다.
메서드	alert()	알림창을 표시합니다.
	confirm()	확인창을 표시합니다.
	prompt()	입력창을 표시합니다.
	open()	새로운 웹 브라우저 창을 엽니다.
	close()	웹 브라우저 창을 닫습니다.
	setTimeout()	일정 시간(ms) 뒤에 콜백 함수를 한 번만 실행합니다.
	setInterval()	일정 시간(ms)마다 콜백 함수를 반복적으로 실행합니다.
	clearInterval	setInterval() 메서드로 반복 실행되는 함수를 중지합니다.
	scrollTo()	웹 브라우저의 스크롤을 특정 위치만큼 이동합니다.
	scrollBy()	웹 브라우저의 스크롤을 현재 위치에서 상대적 위치로 이동합니다.

> **Note 같은 기능의 속성**
>
> 표 11-6을 보면 screenTop/screenY처럼 기능이 같은 속성들이 있습니다. 이 속성들은 반환하는 결과는 같지만, IE 버전마다 차이가 있습니다. IE 버전 호환성이 좋은 속성은 screenTop, screenLeft, pageXOffset, pageYOffset입니다. 반대로 IE 버전 호환성이 낮은 속성은 screenY, screenX, scrollX, scrollY입니다. 만약 IE 버전까지 고려해야 한다면 호환성이 좋은 속성을 사용하는 편이 좋습니다.

11.4.2 window 객체의 기본 속성 사용하기

window 객체의 속성은 주로 웹 브라우저의 창과 관련 있는 속성이 많습니다. 각 속성이 의미하는 값은 그림과 같습니다.

그림 11-9 window 객체 속성

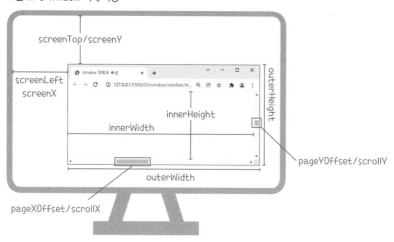

실제로 어떤 값인지 예제 코드로 확인해 봅시다. 예제 코드에서 button 태그에 사용한 onclick 속성은 **12.6 이벤트 다루기**에서 자세히 살펴봅니다. 지금은 버튼을 클릭했을 때 printInfo() 함수가 호출된다고만 알아 두면 됩니다.

11/04/window.html

```
<body>
  <button onclick="printInfo()">window 객체 속성</button>
  <script>
    function printInfo(){
      console.log(`웹 브라우저의 너비: ${window.innerWidth}`);
      console.log(`웹 브라우저의 높이: ${window.innerHeight}`);
      console.log(`웹 브라우저 창의 너비: ${window.outerWidth}`);
      console.log(`웹 브라우저 창의 높이: ${window.outerHeight}`);
      console.log(`웹 브라우저 창 위쪽 면과 모니터 사이의 간격: ${window.screen
Top}/${window.screenY}`);
      console.log(`웹 브라우저 창 왼쪽 면과 모니터 사이의 간격: ${window.screen
Left}/${window.screenX}`);
      console.log(`웹 브라우저 창의 스크롤 가로 위치: ${window.scrollX}`);
      console.log(`웹 브라우저 창의 스크롤 세로 위치: ${window.scrollY}`);
    }
  </script>
</body>
```

그림 11-10 실행결과

코드를 웹 브라우저로 실행하고 개발자 도구를 엽니다. 웹 브라우저를 가로와 세로 방향으로 어느 정도 스크롤하고 화면에 보이는 **window 객체 속성** 버튼을 눌러 보면 그림과 같이 콘솔창에 속성값이 출력되는 것을 볼 수 있습니다.

11.4.3 웹 브라우저에서 새 창 제어하기

window 객체의 open( ) 메서드는 웹 브라우저에서 새로운 창을 여는 데 사용합니다. open( ) 메서드는 매개변수로 창의 경로, 이름, 속성을 전달받습니다.

형식   window.open(경로, 이름, 속성);

button 태그를 클릭했을 때 popup.html 파일이 새 창에서 열리게 하고 싶다면 open( ) 메서드를 다음과 같이 사용합니다.

11/04/open.html

```
<body>
  <button onclick="popup()">팝업</button>
  <script>
    function popup(){
      window.open('popup.html', '팝업', 'width=200, height=100');
    }
  </script>
</body>
```

그림 11-11 실행결과

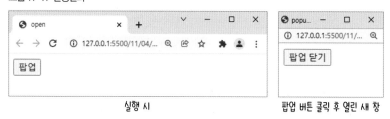

실행 시   팝업 버튼 클릭 후 열린 새 창

코드를 실행해 보면 **팝업** 버튼이 보입니다. 버튼을 클릭하면 popup() 함수가 호출되어 window 객체의 open() 메서드가 실행됩니다.

open() 메서드의 첫 번째 매개변수로 전달된 **popup.html**은 새 창에서 열릴 파일의 경로를 나타냅니다. 즉, popup.html 파일을 새로운 웹 브라우저 창에서 열라는 의미입니다.

두 번째 매개변수로 전달된 **팝업**은 새 창의 이름을 '팝업'이라고 지정하겠다는 뜻입니다. 단, 여기서의 이름은 웹 브라우저 탭에 보이는 이름이 아니고 open() 메서드로 열리는 창을 내부적으로 구분하는 용도로 사용하는 이름입니다. 요컨대, open() 메서드는 기본으로 이름이 같은 창은 1개만 열기 때문에 팝업 버튼을 여러 번 눌러도 1개의 창만 열립니다. 두 번째 매개변수를 빈 문자열('')로 설정하고 팝업 버튼을 눌러보면 그 차이점을 확실히 알 수 있습니다.

세 번째 매개변수는 새 창의 속성을 지정하는 값으로, 이 코드에서는 새 창의 너비를 200px, 높이를 100px로 지정합니다. 코드를 실행하고 팝업 버튼을 누르면 새로운 웹 브라우저 창이 가로 200px, 세로 100px 크기로 열립니다.

세 번째 매개변수에 사용할 수 있는 속성은 다음과 같습니다.

표 11-7 창 제어 속성

속성	예	설명
width	width=400	웹 브라우저의 너비를 px 단위로 지정합니다.
height	height=400	웹 브라우저의 높이를 px 단위로 지정합니다.
left	left=400	웹 브라우저 왼쪽에서의 위치를 px 단위로 지정합니다.
top	top=400	웹 브라우저 위쪽에서의 위치를 px 단위로 지정합니다.

이렇게 열린 창은 window 객체의 close() 메서드로 닫을 수 있습니다. close() 메서드는 보통 open() 메서드로 열린 새로운 창을 닫는 용도로 사용 합니다.

TIP —— window.open() 메서드로 열리는 새 창을 '팝업창'이라고도 합니다.

———————————————————————————————— 11/04/popup.html

```html
<body>
  <button onclick="window.close()">팝업 닫기</button>
</body>
```

11.4.4 웹 브라우저의 스크롤 이동하기

window 객체의 scrollTo() 메서드는 웹 브라우저의 스크롤 위치를 특정 좌표로 이동하게 합니다. 그리고 scrollBy() 메서드는 웹 브라우저의 스크롤을 현재 위치에서 상대적인 위치로 이동하게 합니다. 두 메서드는 기본으로 매개변수에 x좌표와 y좌표를 전달받습니다.

형식   window.scrollTo(x좌표, y좌표);
       window.scrollBy(x좌표, y좌표);

예를 들어, 다음과 같이 작성하면 scrollTo() 메서드를 몇 번을 호출하더라도 가로는 100px, 세로는 200px의 위치로 스크롤이 이동합니다. 그러나 scrollTo() 메서드 대신에 scrollBy() 메서드를 사용하면 웹 브라우저 스크롤의 현재 위치에서 상대적인 위치로 움직이기 때문에 메서드를 호출할 때마다 웹 브라우저의 스크롤이 가로 방향으로 100px, 세로 방향으로 200px씩 계속 이동합니다.

———————————————————————————————— 11/04/scrollToBy.html

```javascript
window.scrollTo(100, 200);
window.scrollBy(100, 200);
```

또는 다음처럼 객체 리터럴을 전달받을 수도 있습니다.

```javascript
window.scrollTo({left:100, top:200});
window.scrollBy({left:100, top:200});
```

scrollTo( ) 메서드나 scrollBy( ) 메서드의 매개변수에 객체 리터럴을 전달할 때, behavior 속성을 전달할 수 있습니다. behavior 속성값을 smooth로 하면 웹 브라우저 스크롤이 해당 위치로 마우스 휠을 굴리듯이 부드럽게 이동합니다.

11/04/scrollToByBehavior.html

```
window.scrollTo({top:4000, behavior:'smooth'});
window.scrollBy({top:600, behavior:'smooth'});
```

단, behavior 속성의 smooth 값은 IE, 사파리 웹 브라우저에서는 지원하지 않으니 사용할 때 주의해야 합니다.　　　　　　　TIP ── 책에 소개 되지 않은 다른 브라우저 모델 객체는 https://developer.mozilla.org/ko/docs/Web/API 페이지를 참고해 주세요.

1분 퀴즈 해설 노트 p.606

3. 메서드를 호출할 때마다 웹 브라우저의 스크롤을 가로 방향으로 200px, 세로 방향으로 400px씩 계속 이동하게 하려고 합니다. A에 들어갈 내용으로 맞는 것을 고르세요.

```
window.(A)(200, 400);
```

① open

② close

③ location

④ scrollBy

⑤ scrollTo

마무리

이 장에서 배운 내용을 정리해 보겠습니다.

1. 객체

객체는 키와 값으로 구성된 속성들의 집합을 의미하는 자료형입니다.

2. 객체 접근 방법

객체는 대괄호 연산자나 마침표 연산자로 접근할 수 있습니다.

> **형식**   객체["키"] = 값;
> 　　　　객체.키 = 값;

3. 객체 속성 추가 또는 삭제하기

객체의 속성에 접근해서 새로운 값을 할당할 때, 존재하지 않는 키라면 새로운 속성이 추가됩니다. 그리고 delete 키워드로 속성에 접근하면 기존 속성이 삭제됩니다.

> **형식**   delete 객체.키;

4. 객체의 특성

객체는 기본 자료형과는 다르게 할당된 변수가 값을 직접 가지고 있는 것이 아니라 데이터가 위치한 주소 값을 가지고 있습니다. 따라서 같은 주소 값을 공유하는 변수는 주소 값의 데이터가 변경되면 동시에 값이 변경됩니다. 이런 현상을 얕은 복사라고 합니다.

5. 표준 내장 객체

자바스크립트에 이미 정의된 객체를 표준 내장 객체라고 합니다. 표준 내장 객체의 종류는 다음과 같습니다.

종류	설명
String	기본 자료형 중 문자열과 관련 있는 속성과 메서드가 정의된 객체
Array	기본 자료형 중 배열과 관련 있는 속성과 메서드가 정의된 객체
Date	날짜 및 시간과 관련 있는 속성과 메서드가 정의된 객체
Math	수학 연산과 관련 있는 속성과 메서드가 정의된 객체

6. 브라우저 객체 모델

브라우저 객체 모델(BOM, Browser Object Model)은 웹 브라우저에서 제공하는 객체로, 브라우저를 제어할 수 있는 여러 기능이 포함되어 있습니다.

종류	설명
window	웹 브라우저가 열릴 때마다 생성되는 최상위 관리 객체
document	웹 브라우저에 표시되는 HTML 문서 정보가 포함된 객체
location	웹 브라우저에 현재 표시된 페이지에 대한 URL 정보가 포함된 객체
history	웹 브라우저에 저장된 방문 기록이 포함된 객체
navigator	웹 브라우저 정보가 포함된 객체
screen	웹 브라우저의 화면 정보가 포함된 객체

1. 다음 중 **obj** 변수에 할당된 객체의 속성과 값이 <u>다른</u> 하나를 고르세요.

①

```
const obj = {name:"철수"};
```

②

```
const obj = {};
obj.name = "철수";
```

③

```
const obj = {name:"철수", age:20};
delete obj.name;
```

④

```
cosnt obj = {name:"영희"};
obj.name = "철수";
```

⑤

```
const obj = {};
const obj2 = obj;
obj2.name = "철수";
```

2. 버튼을 클릭하면 사용자의 모니터 화면에 가로 500px, 세로 300px 크기로 팝업창이 열리고, 팝업창에는 구글 사이트가 표시되도록 코드를 작성해 보세요.

코딩
자율학습

12장
문서 객체 모델과 이벤트 다루기

HTML 문법으로 작성한 태그, 속성, 주석, 텍스트와 같은 구성 요소들은 모두 웹 브라우저에서 각각 하나의 객체로 인식합니다. 이러한 HTML 구성 요소들을 다루는 객체를 **문서 객체 모델**(DOM, Document Object Model)이라고 합니다. 문서 객체 모델은 window 객체의 document 객체를 이용해 직접 조작할 수 있는데, 이 장에서 문서 객체 모델과 그 조작 방법을 배워 보겠습니다.

12.1

문서 객체 모델 이해하기

웹 브라우저는 HTML 문서의 구성 요소를 모두 객체로 인식합니다. 하지만 객체는 HTML 문법에 등장하지 않는 개념인데, 웹 브라우저는 어떻게 HTML 구성 요소를 객체로 인식할까요?

웹 브라우저는 문서 객체 모델(DOM)을 생성할 수 있습니다. 문서 객체 모델이란 웹 브라우저에 표시되는 HTML 문서 구조를 객체화한 모델 구조를 의미합니다. 웹 브라우저는 생성한 문서 객체 모델을 통해 HTML 문서의 구성 요소를 객체로 인식할 수 있습니다. 그리고 자바스크립트도 웹 브라우저의 문서 객체 모델을 조작해 웹 브라우저에 표시되는 HTML 문서 구조를 변경하거나 새로운 구성 요소를 추가하는 등의 작업을 할 수 있습니다.

12.1.1 문서 객체 모델이 생성되는 방식

문서 객체 모델은 웹 브라우저가 HTML 문서를 해석하고, 해석한 HTML 문서 구조를 객체로 변환하는 방식으로 생성됩니다. 그리고 생성한 문서 객체 모델을 웹 브라우저에 표시합니다. 따라서 웹 브라우저에 표시되는 HTML 문서는 내부적으로 문서 객체 모델을 해석해서 보이게 됩니다.

문서 객체 모델은 다음 그림처럼 나무를 뒤집어 놓은 형태의 자료구조인 트리(tree) 구조를 가집니다. 그래서 이를 가리켜 **DOM 트리**라고 합니다.

그림 12-1 트리 자료구조

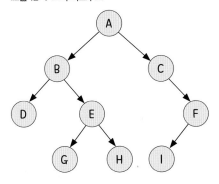

다음과 같이 아주 간단한 HTML 문서가 있습니다.

12/01/dom_basic.html

```
<!DOCTYPE html><html><head><meta charset="UTF-8"><title>Document Object Model</
title></head><body><h1>header</h1><a href="#">link</a></body></html>
```

웹 브라우저는 앞의 HTML 문서를 해석하는 과정에서 문서 객체 모델을 생성합니다. 이때 다
음 그림처럼 DOM 트리 형태로 문서 구조를 변환합니다.

그림 12-2 DOM 트리

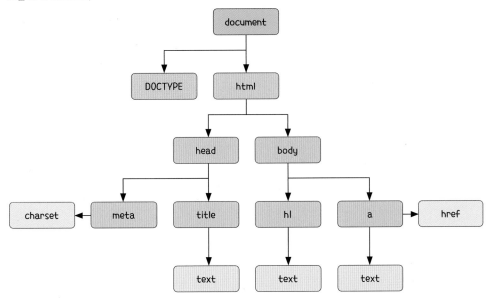

DOM 트리는 document 객체 하위에 HTML 태그 요소, 속성, 텍스트, 주석 등이 트리 형태로 구성되는데, 이들을 각각 **노드**(node)라고 합니다. 그리고 DOM 트리의 가장 꼭대기(최상위)에 있는 노드를 **루트 노드**(root node)라고 합니다. document는 노드가 아니라 객체이므로 여기서는 html이 루트 노드가 됩니다.

그리고 각 노드는 **부모**, **자식**, **형제** 관계가 형성됩니다. 예를 들어, html 노드는 head 노드와 body 노드의 부모 노드입니다. head 노드와 body 노드는 같은 레벨(level)에 있으므로 형제 노드이며, html 노드의 자식 노드입니다.

Note **줄 바꿈하지 않은 예제 코드를 사용한 이유**

DOM 생성을 보여 주기 위한 예제 코드로 지금까지와는 다르게 줄 바꿈되지 않아서 보기 불편한 HTML 코드를 사용했습니다. 원래는 다음 코드처럼 줄 바꿈과 들여쓰기를 확실히 해야 합니다.

```
<!DOCTYPE html>
<html>
  <head>
    <meta charset="UTF-8">
    <title>Document Object Model</title>
  </head>
  <body>
    <h1>header</h1>
    <a href="#">link</a>
  </body>
</html>
```

그러나 DOM을 생성할 때는 Enter 때문에 생긴 공백이 노드로 생성되어서 오히려 DOM을 이해하기 더 어렵게 합니다.

12.1.2 노드 타입 살펴보기

DOM 트리는 HTML 문서를 기반으로 생성되고, HTML 문서의 각 구성 요소는 DOM 트리에서 노드가 된다고 했습니다. 하지만 모든 노드가 똑같은 타입으로 생성되는 건 아닙니다.

HTML 문법에서도 태그, 속성, 주석이 있는 것처럼 노드도 HTML 구성 요소에 따라 서로 다른 타입이 됩니다. 그래서 그림 12-2에서 노드 타입이 다르다는 것을 보여 주려고 임의로 노드마다 색을 다르게 표시했습니다.

자바스크립트는 노드 종류를 총 9가지로 나누고 있지만, 현대적인 DOM 트리를 기준으로 하면 5가지 노드 타입만 알고 있으면 됩니다.

표 12-1 주요 노드 타입

타입	설명
문서 노드(Node.DOCUMENT_NODE)	최상위 document 객체의 노드 타입
요소 노드(Node.ELEMENT_NODE)	h1, p 태그와 같은 요소의 노드 타입
속성 노드(Node.ATTRIBUTE_NODE)	href, src와 같은 속성의 노드 타입
텍스트 노드(Node.TEXT_NODE)	텍스트에 해당하는 노드 타입
주석 노드(Node.COMMENT_NODE)	주석에 해당하는 노드 타입

표를 보면 전부 HTML 문법으로 작성할 수 있는 구성 요소의 타입임을 알 수 있습니다. 문서 객체 모델은 CSS를 포함하지 않기 때문에 CSS와 관련 있는 노드 타입은 없습니다.

TIP ─── 자바스크립트에서 정한 노드 타입은 표에 나온 5가지 외에도 4가지가 더 있습니다. 이들은 과거에는 사용했지만, HTML5 기반의 문서에서는 더 이상 사용하지 않습니다. 그래서 반드시 알 필요는 없습니다. 나머지 노드 타입은 https://developer.mozilla.org/en-US/docs/Web/API/Node/nodeType 페이지에서 확인할 수 있습니다.

1분 퀴즈 ▬▬▬▬▬▬▬▬▬▬▬▬▬▬▬▬▬▬▬▬▬▬▬▬▬▬▬▬▬▬▬▬▬▬▬ 해설 노트 p.607

1. 다음 중 문서 객체 모델에 대한 설명으로 올바르지 않은 것을 고르세요.

① 문서 객체 모델은 HTML 구성 요소를 객체화한 모델 구조를 의미합니다.

② 문서 객체 모델은 웹 브라우저가 HTML 문서를 해석하는 과정에서 생성됩니다.

③ 문서 객체 모델은 자바스크립트 언어 사양에 내장되어 있는 객체 모델입니다.

④ 문서 객체 모델을 조작해서 웹 브라우저에 표시되는 화면에 새로운 요소를 추가하거나 기존 구성 요소를 변경할 수 있습니다.

⑤ 자바스크립트는 웹 브라우저에 화면이 표시된 후에 문서 객체 모델을 조작할 수 있습니다.

12.2

노드 선택하기

자바스크립트로 웹 브라우저에 표시되는 HTML 문서를 조작하려면 문서 객체 모델을 조작해야 합니다. 문서 객체 모델은 window 객체의 document 객체를 사용해 조작할 수 있습니다. 그래서 자바스크립트로 HTML 문서를 조작할 때 가장 먼저 할 일은 document 객체로 조작하려고 하는 문서 객체 모델의 노드를 선택하는 겁니다. 노드는 문서 노드부터 주석 노드까지 여러 타입이 있지만, 자바스크립트는 주로 요소 노드를 선택해 조작합니다.

12.2.1 속성으로 노드 선택하기

문서 객체 모델은 그림 12-2처럼 노드와 노드가 연결된 트리 구조입니다. document 객체는 트리를 탐색하면서 원하는 노드를 선택할 수 있는 속성을 제공합니다. 속성은 크게 노드의 타입을 구분하지 않고 모든 노드를 탐색할 수 있는 속성과 요소 노드(그림 12-2에서 분홍색 노드)만 탐색할 수 있는 속성으로 구분할 수 있습니다.

표 12-2 노드 탐색 속성

구분	속성	설명
모든 노드 탐색	parentNode	부모 노드를 반환합니다.
	childNodes	모든 자식 노드를 반환합니다.
	firstChild	첫 번째 자식 노드를 반환합니다.
	lastChild	마지막 자식 노드를 반환합니다.
	previousSibling	이전 형제 노드를 반환합니다.
	nextSibling	다음 형제 노드를 반환합니다.

● 계속

구분	속성	설명
요소 노드 탐색	parentElement	부모 요소 노드를 반환합니다.
	children	자식 요소 노드를 반환합니다.
	firstElementChild	첫 번째 자식 요소 노드를 반환합니다.
	lastElementChild	마지막 자식 요소 노드를 반환합니다.
	previousElementSibling	이전 요소 노드를 반환합니다.
	nextElementSibling	다음 요소 노드를 반환합니다.

예를 들어, 그림 12-2의 문서 객체 모델을 기준으로 document 객체로 접근할 수 있는 html 노드로 이동하고 싶다면 firstChild 속성을 사용하고, 첫 번째 자식 요소 노드로 이동하고 싶다면 firstElementChild 속성을 사용하면 됩니다.

```
document.firstChild; // <DOCTYPE html>
document.firstElementChild; // html
```

노드 탐색 속성은 다음과 같이 연속으로 사용할 수 있습니다.

```
document.childNodes[1].firstElementChild.firstElementChild.nextElementSibling;
```

12.2.2 메서드로 노드 선택하기

노드 탐색 속성으로 노드를 선택하는 방법은 노드의 타입을 가리지 않고 모든 노드를 이동하며 선택할 수 있다는 장점이 있습니다. 하지만 DOM 트리가 복잡할수록 원하는 노드를 찾아가기 어렵다는 단점도 있습니다. 그래서 일반적으로 요소 노드를 바로 선택할 수 있는 메서드를 이용한 노드 선택 방법과 적절하게 조합해서 사용합니다.

● 속성값과 태그명 사용하기 – get 메서드

document 객체에는 노드를 선택할 수 있는 여러 메서드가 포함되어 있습니다. 종류가 많지만 모두 알 필요는 없고, 표에 정리된 메서드만 알아도 됩니다.

표 12-3 속성값과 태그명을 사용하는 메서드

메서드 형식	설명
getElementById(<id 속성값>)	id 속성값과 일치하는 요소 노드를 1개만 선택합니다.
getElementsByClassName(<class 속성값>)	class 속성값과 일치하는 요소 노드를 모두 선택합니다.
getElemenetsByTagName(<태그명>)	태그명과 일치하는 요소 노드를 모두 선택합니다.

각 메서드는 매개변수로 class 속성값, id 속성값, HTML 태그명을 전달받아 노드를 선택합니다. 그럼 각 메서드로 요소 노드를 어떻게 선택하는지 예제 코드로 살펴봅시다.

12/02/getElement.html

```
<body>
  <h1 id="title">title</h1>
  <p class="text">text-1</p>
  <p class="text">text-2</p>
  <script>
    // id 속성값이 title인 요소 노드 1개 선택하기
    const el = document.getElementById("title");
    console.log(el);
    // class 속성값이 text인 요소 노드 모두 선택하기
    const classEl = document.getElementsByClassName("text");
    console.log(classEl);
    // p 태그에 해당하는 요소 노드 모두 선택하기
    const tagEls = document.getElementsByName("p");
    console.log(tagEls);
  </script>
</body>
```

그림 12-3 실행결과

예제 파일에 들어 있는 전체 코드를 실행하면 단일 요소 노드를 선택하는 getElementById()
메서드와 나머지 메서드의 차이점이 보입니다. getElementById() 메서드로 선택하는 요
소 노드는 무조건 1개이기 때문에 해당하는 요소 하나만을 보여 주지만, 다른 두 메서드는
HTMLCollection 객체로 여러 요소를 한꺼번에 선택합니다.

여기서 HTMLCollection 객체는 유사 배열이라서 다음 코드처럼 배열의 인덱스로 요소에 하나
씩 접근할 수 있습니다.

———— 12/02/getElement.html

```
<script>
  const classEl = document.getElementsByClassName("text");
  console.log(classEl[0]);
  console.log(classEl[1]);
  const tagEls = document.getElementsByTagName("p");
  console.log(tagEls[0]);
  console.log(tagEls[1]);
</script>
```

> Note **유사 배열**
>
> 여러 개의 노드를 선택하는 document 객체의 속성이나 메서드를 사용하다 보면 선택된 노드들이
> HTMLCollection 객체나 NodeList 객체 등에 담겨 반환되는 것을 볼 수 있습니다. 출력 형태를 보면 마치
> 배열처럼 보이지만, 배열 자료형에는 없는 여러 객체 속성을 가지고 있습니다. 그래서 자바스크립트에서는 이
> 런 객체를 배열과 비슷하게 보인다고 해서 **유사 배열**이라고 합니다. 이 객체들은 자체적으로 많은 내용을 담
> 고 있지만, 이 책의 범위를 넘어가므로 자세히 다루지 않습니다. 여기서는 객체 형태지만, 배열처럼 인덱스로
> 각각의 요소에 접근할 수 있다는 정도만 알면 됩니다.

● CSS 선택자 사용하기 – query 메서드

document 객체의 메서드 중에는 매개변수로 CSS 선택자를 전달받아 노드를 선택하는 메서드
도 있습니다.

표 12-4 CSS 선택자를 사용하는 메서드

메서드 형식	설명
querySelector(<CSS 선택자>)	매개변수로 넘어오는 CSS 선택자에 해당하는 노드를 1개만 선택합니다.
querySelectorAll(<CSS 선택자>)	매개변수로 넘어오는 CSS 선택자에 해당하는 노드를 모두 선택합니다.

querySelector() 메서드는 요소 노드를 1개만 선택할 때 사용하고, querySelectorAll() 메서드는 노드를 2개 이상 선택할 때 사용합니다. 둘 다 매개변수로 CSS 선택자를 전달받으므로 원하는 노드를 선택하기가 쉽습니다.

예제 코드를 살펴봅시다.

12/02/query.html

```html
<body>
  <div class="box-1">
    <p class="text">text-1</p>
    <p class="text">text-2</p>
  </div>
  <div class="box-2">
    <p class="text">text-3</p>
    <p class="text">text-4</p>
  </div>
</body>
```

이런 HTML 문서가 있을 때 class 속성값이 box-1인 요소 노드를 선택하려면 어떻게 해야 할까요? querySelector() 메서드로는 다음과 같이 작성하면 됩니다.

12/02/query.html

```html
<script>
  const el = document.querySelector(".box-1");
</script>
```

이번에는 class 속성값이 box-1인 요소의 하위에 있는 p 태그를 가져와 보겠습니다. 먼저 class 속성값을 사용하는 getElementsByClassName() 메서드로 다음처럼 작성할 수 있습니다.

12/02/query.html

```html
<script>
  const el = document.getElementsByClassName("box-1")[0].children;
  console.log(el);
</script>
```

그림 12-4 실행결과

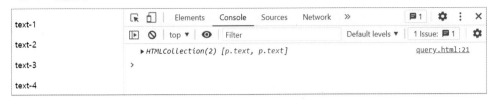

원하는 노드는 선택할 수 있지만, 코드가 조금 복잡해 보입니다. CSS 선택자를 사용하는 querySelectorAll() 메서드로 작성해 보겠습니다.

———————————————————————————————— 12/02/query.html

```
<script>
  const el = document.querySelectorAll(".box-1 .text");
  console.log(el);
</script>
```

그림 12-5 실행결과

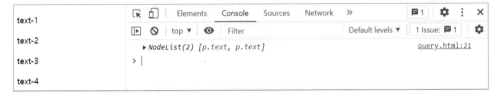

메서드의 매개변수에 CSS 선택자를 전달하니 더 간단하게 원하는 노드를 선택할 수 있습니다. 단, 여러 개의 노드를 선택할 때 getElementsByClassName() 메서드와 getElemenetsByTagName() 메서드는 HTMLCollection 객체에 담아 반환했지만, querySelectorAll() 메서드는 NodeList 객체에 담아 반환합니다.

> **수코딩의 조언**
>
> document 객체의 get 메서드와 query 메서드는 둘 다 원하는 요소 노드를 선택한다는 점은 같습니다. 하지만 query 메서드는 매개변수로 CSS 선택자를 전달받기 때문에 get 메서드보다 범용성이 더 좋습니다. 그래서 필자는 query 메서드를 즐겨 사용합니다. 단, 이론적으로 따지면 메서드의 성능은 단순하게 특정 매개변수만 전달받는 get 메서드가 query 메서드보다 좋습니다. 그러나 현대적인 웹에서는 신경 쓰지 않아도 될 정도의 차이이므로 query 메서드를 사용하는 것이 더 낫습니다.

2. 다음 코드에서 p 요소 노드를 선택하는 방법으로 올바르지 <u>않은</u> 것을 고르세요.

```
<body>
  <div class="box1">
    <p id="text">Select Text</p>
  </div>
</body>
```

① document.getElementById("#text")

② document.querySelector("p")

③ document.querySelector(".box1 > p")

④ document.querySelectorAll("p")[0]

⑤ document.querySelectorAll("div")[0].firstElementChild

12.3

노드 조작하기

document 객체의 속성이나 메서드로 문서 객체 모델의 노드를 선택하고 나면 선택한 노드에 여러 조작을 할 수 있습니다. 이 절에서는 가져온 노드를 조작하는 방법을 배워 보겠습니다.

12.3.1 콘텐츠 조작하기

선택한 노드의 타입이 요소 노드라면 다음 표에 정의된 속성을 사용해 콘텐츠를 조작할 수 있습니다.

표 12-5 요소 노드의 콘텐츠 조작 속성

속성	설명
textContent	요소 노드의 모든 텍스트에 접근합니다.
innerText	요소 노드의 텍스트 중 웹 브라우저에 표시되는 텍스트에만 접근합니다.
innerHTML	요소 노드의 텍스트 중 HTML 태그를 포함한 텍스트에만 접근합니다.

예를 들어, 다음과 같은 HTML 코드가 있습니다.

12/03/content.html

```
<p id="title">Hello, <span style="display:none;">Javascript!</span></p>
```

이 코드를 표 12-5에 나온 콘텐츠 조작 속성으로 접근했을 때 각 속성이 가져오는 콘텐츠는 다음과 같습니다.

```
document.getElementById("title").textContent; // Hello, Javascript!
document.getElementById("title").innerText;   // Hello,
document.getElementById("title").innerHTML;   // Hello, <span style="display:
none;">Javascript!</span>
```

콘텐츠 조작 속성은 접근한 노드의 콘텐츠를 가져올 뿐만 아니라 속성에 값을 할당하면 각 노드
의 콘텐츠를 바꿀 수도 있습니다. 다음 코드를 봅시다.

12/03/content_set.html

```
<p id="textContent"></p>
<p id="innerText"></p>
<p id="innerHTML"></p>
<script>
  document.querySelector("#textContent").textContent = `<strong>textContent</
strong> 속성`;
  document.querySelector("#innerText").innerText = `<strong>innerText</strong>
속성`;
  document.querySelector("#innerHTML").innerHTML = `<strong>innerHTML</strong>
속성`;
</script>
```

그림 12-6 실행결과

innerHTML 속성에 값을 할당하면 태그로 인식해 노드의 콘텐츠에 적용합니다. 그러나
textContent 속성과 innerText 속성은 단순히 텍스트로 취급해서 값을 그대로 노드의 콘텐츠
에 넣습니다.

12.3.2 스타일 조작하기

선택된 노드의 타입이 요소 노드라면 style 속성으로 요소에 스타일(CSS)을 지정할 수 있습니다.

형식   〈노드〉.style.〈css 속성명〉 = 〈속성값〉;

예를 들어, p 태그의 텍스트 색상을 빨간색으로 변경하고 싶다면 다음과 같이 작성합니다.

———————————————————————————————————— 12/03/style_set_1.html

```
<p id="text">text</p>
<script>
  const pEl = document.querySelector("p"); // 노드 선택하기
  pEl.style.color = "red";
</script>
```

그림 12-7 실행결과

querySelector( ) 메서드로 스타일을 조작하고 싶은 노드를 선택합니다. 그리고 선택한 노드에 style 속성으로 조작하고 싶은 CSS 속성명을 적고, 적용하고 싶은 CSS 속성값을 할당합니다. 실행결과를 보면 p 태그의 텍스트가 빨간색입니다.

이때 주의할 점은, CSS 속성 중에서 background-color 속성과 같이 속성명에 대시(-)가 있는 속성은 자바스크립트에서 -를 뺄셈 연산자(-)로 인식한다는 점입니다. 그러므로 backgroundColor 처럼 카멜 표기법으로 변경해서 작성해야 합니다.

———————————————————————————————————— 12/03/style_set_2.html

```
<p id="text">text</p>
<script>
  const pEl = document.querySelector("p"); // 노드 선택하기
  pEl.style.backgroundColor = "#ff0000";
  pEl.style.fontSize = "20px";
  pEl.style.color = "#ffffff";
</script>
```

그림 12-8 실행결과

12.3.3 클래스 속성 조작하기

style 속성으로 스타일을 조작하면 다음처럼 속성을 하나씩 적어야 해서 불편합니다.

```html
<body>
  <p>text</p>
  <script>
    const pEl = document.querySelector("p");
    pEl.style.color = "red";
    pEl.style.fontSize = "20px";
    pEl.style.fontWeight = "bold";
    pEl.style.lineHeight = "1";
  </script>
</body>
```

이때 지정해야 하는 스타일이 명확하다면 자바스크립트로 속성을 하나씩 지정하지 않고 p 태그에 class 속성을 추가하고 클래스 선택자로 지정하는 편이 훨씬 더 깔끔합니다.

```html
<style>
  .active{
    color:red;
    font-size:20px;
    font-weight:bold;
    line-height:1;
  }
</style>
</head>
<body>
  <p class="active">text</p>
</body>
```

class 속성을 추가하면 color, font-size, font-weight, line-height 속성이 일괄 적용됨

470

자바스크립트로도 class 속성을 조작해 스타일을 적용할 수 있습니다. 선택한 요소 노드에 class 속성을 지정할 때는 classList 속성의 add(), remove(), toggle() 메서드를 사용합니다.

형식　〈노드〉.classList.add("class 속성값"); // 추가
　　　　〈노드〉.classList.remove("class 속성값"); // 삭제
　　　　〈노드〉.classList.toggle("class 속성값"); // 추가와 삭제 반복

그럼 자바스크립트의 classList 속성으로 class 속성을 조작해 보겠습니다.

———————————————————————————————— 12/03/classList_add.html

```
<style>
  .red-color{
    color:red;
  }
  .fz20{
    font-size:20px;
  }
</style>
(중략)
<p id="text">text</p>
<script>
  const pEl = document.querySelector("#text"); // 노드 선택하기
  pEl.classList.add("red-color");
  pEl.classList.add("fz20");
</script>
```

그림 12-9 실행결과

이 코드는 원래 p 태그에 id 속성만 있었는데, classList 속성의 add() 메서드로 class 속성값을 추가합니다. 실행결과를 개발자 도구에서 보면 p 태그에 class 속성값이 추가됐습니다. 그래서 콘텐츠에 CSS로 작성한 스타일이 적용됐습니다.

class 속성을 한 번에 추가할 수도 있습니다.

```
<script>
  const pEl = document.querySelector("#text");
  pEl.classList.add("red-color", "fz20");
</script>
```

적용된 class 속성값을 삭제하고 싶을 때는 classList 속성의 remove( ) 메서드를 사용합니다.

12/03/classList_remove.html

```
<p id="text" class="red-color fz20">text</p>
<script>
  const pEl = document.querySelector("#text");
  pEl.classList.remove("red-color", "fz20"); // 삭제
</script>
```

그림 12-10 실행결과

p 태그에 적용된 class 속성값인 red-color, fz20이 삭제되어 기본 스타일로 돌아갑니다.

마지막으로 toggle( ) 메서드는 add( ) 메서드와 remove( ) 메서드를 반복해서 호출합니다.

12/03/classList_toggle.html

```
<p id="text">text</p>
<script>
  const pEl = document.querySelector("#text"); // 노드 선택
  // 1초마다 toggle() 메서드 반복 실행
  setInterval(function(){
    pEl.classList.toggle("red-color");
  }, 1000);
</script>
```

코드를 실행해 보면 텍스트 색상이 1초마다 빨간색과 검은색으로 바뀝니다.

TIP — setInterval( ) 메서드는 표 11-6에서 소개한 window 객체의 메서드입니다. 자세한 내용은 https://developer.mozilla.org/en-US/docs/Web/API/setInterval 페이지에서 확인해 보세요.

12.3.4 데이터 속성 조작하기

HTML5에서 새로 추가된 data-* 속성은 HTML 문법에서 사용할 수 있는 속성 외에 사용자가 원하는 속성을 추가할 수 있게 한 사용자 정의(custom) 속성입니다. data-* 속성은 자바스크립트의 dataset 속성을 사용해 조작할 수 있습니다. dataset 속성은 HTML 문서에서 data-* 속성을 가져오거나 지정합니다.

data-* 속성이 적용된 HTML 요소 노드를 선택해 data 속성값을 출력해 보겠습니다.

— 12/03/dataset.html

```html
<button data-cnt="10">가방 구매</button>
<button data-cnt="0">신발 구매</button>
<script>
  const buttonEls = document.querySelectorAll("button");
  buttonEls.forEach((el) => {
    console.log(el.dataset);
  })
</script>
```

그림 12-11 실행결과

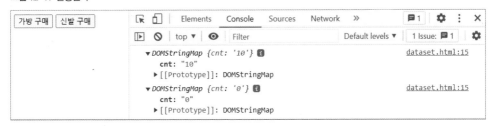

앞에서는 예제 코드에서 단일 노드만 선택해 조작했습니다. 그래서 이번에는 querySelectorAll() 메서드로 복수의 노드를 선택하는 방법으로 코드를 작성했습니다. querySelectorAll() 메서드로 button 태그에 해당하는 노드를 한 번에 선택합니다. 그리고 forEach() 메서드로 반복해서 각 노드에 접근한 뒤, dataset 속성으로 data-cnt 속성 정보를 가져와 출력합니다.

실행결과를 보면 dataset 속성으로 노드의 data-* 속성에 대한 정보를 가져오고 이 정보가 DOMStringMap 객체에 담겨 반환됩니다. 이 중에서 정확하게 data-cnt 속성의 값만 가져오고 싶으면 다음처럼 객체 속성에 접근하는 방법을 사용합니다.

```
<script>
  const buttonEls = document.querySelectorAll("button");
  buttonEls.forEach((el) => {
    console.log(el.dataset.cnt);
  })
</script>
```

```
10
0
```

속성에 값을 할당하면 단순하게 값을 가져오는 것이 아니라 data-cnt 속성의 값을 바꿀 수도 있습니다.

```
<script>
  const buttonEls = document.querySelectorAll("button");
  buttonEls.forEach((el) => {
    el.dataset.cnt = 50;
  })
</script>
```

그림 12-12 실행결과

실행결과를 보면 data-cnt 속성값을 50으로 변경했습니다.

12.3.5 메서드로 속성 조작하기

지금까지 document 객체의 속성으로 HTML 요소에 접근해 일부 속성을 조작할 수 있었습니다. 그런데 다음 메서드를 사용하면 모든 속성을 전체적으로 조작할 수도 있습니다.

474

표 12-6 속성 조작 메서드

메서드 형식	설명
〈노드〉.getAttribute("속성명");	속성값을 가져옵니다.
〈노드〉.setAttribute("속성명", "속성값");	속성값을 설정합니다.
〈노드〉.removeAttribute("속성명");	속성을 삭제합니다.

getAttribute() 메서드는 선택된 요소 노드의 속성값을 가져오고 싶을 때 사용합니다.

12/03/attribute.html

```
<a href="https://www.gilbut.co.kr">길벗</a>
<script>
  const aEl = document.querySelector("a");
  const href = aEl.getAttribute("href");
  console.log(href);
</script>
```

그림 12-13 실행결과

코드를 보면 querySelector() 메서드로 a 태그에 해당하는 요소 노드를 선택하고, getAttribute() 메서드로 href 속성값을 가져옵니다. 그래서 개발자 도구의 콘솔창을 보면 href 속성값이 출력됩니다.

속성값을 새로 설정하고 싶을 때는 setAttribute() 메서드를 사용합니다.

```
<a href="https://www.gilbut.co.kr">길벗</a>
<script>
  const aEl = document.querySelector("a");
  const href = aEl.getAttribute("href");
  aEl.setAttribute("href", "https://www.sucoding.kr");
  aEl.innerText = "수코딩";
</script>
```

그림 12-14 실행결과

코드를 보면 setAttribute( ) 메서드로 href 속성값을 새로 설정합니다. 그리고 a 태그의 텍스트를 바꾸기 위해 **12.3.1 콘텐츠 조작하기**에 나온 innerText 속성도 같이 사용합니다.

이번에는 바꾼 속성값을 적용해 새 창으로 열리게 하고 싶습니다. 어떻게 해야 할까요? 간단합니다. target 속성값을 _blank로 지정하면 됩니다.

```
<a href="https://www.gilbut.co.kr">길벗</a>
<script>
  const aEl = document.querySelector("a");
  const href = aEl.getAttribute("href");
  aEl.setAttribute("href", "https://www.sucoding.kr");
  aEl.innerText = "수코딩";
  aEl.setAttribute("target", "_blank");
</script>
```

getAttribute( ) 메서드와 setAttribute( ) 메서드는 모든 속성의 상위 메서드라서 classList 속성이나 dataset 속성으로 하는 조작을 전부 할 수 있습니다.

———————————————————————————————— 12/03/attribute2.html

```
<style>
  .red-color{
    color:red;
  }
</style>
(중략)
<a href="https://www.gilbut.co.kr" data-link="길벗">길벗</a>
<script>
  const aEl = document.querySelector("a");
  aEl.setAttribute("data-link", "이지톡");
  aEl.setAttribute("class", "red-color");
</script>
```

476

마지막으로 removeAttribute() 메서드를 사용하면 요소 노드의 속성을 제거할 수 있습니다.

———— 12/03/attribute3.html ·

```
<a href="https://www.gilbut.co.kr" class="red-color">길벗</a>
<script>
  const aEl = document.querySelector("a");
  aEl.removeAttribute("class"); // class 속성 삭제
</script>
```

코드를 실행하면 a 태그에 class 속성값에 스타일이 적용되어 텍스트가 빨간색이어야 하지만,
removeAttribute() 메서드에 의해 class 속성이 삭제되어서 빨간색으로 보이지 않습니다.

Note **classList 속성과 setAttribute() 메서드**

classList 속성으로 class 속성값을 추가하거나 삭제하면 기존 요소가 가지고 있던 class 속성값을 보존
하면서 추가하거나 삭제한다는 특징이 있습니다. 그래서 다음 코드처럼 a 태그에 class 속성이 이미 있었다
면 여기에 단순히 추가되는 형태로 코드가 작동합니다.

```
<a href="#" class="fz20">link</a>
<script>
  const aEl = document.querySelector("a");
  // a 태그의 기존 class 속성값을 보존하면서 red-color 값 추가
  aEl.classList.add("red-color");
</script>
```

실행결과

```
<a href="#" class="fz20 red-color">link</a>
```

하지만 setAttribute() 메서드는 아예 속성값을 새로 설정하는 것이어서 기존 class 속성값을 보존하지
않습니다.

```
<a href="#" class="fz20">link</a>
<script>
  const aEl = document.querySelector("a");
  // a 태그의 기존 class 속성값을 보존하지 않고 red-color 값 설정
  aEl.setAttribute("red-color");
</script>
```

477

```
<a href="#" class="red-color">link</a>
```

이는 classList 속성의 remove( ) 메서드와 removeAttribute( ) 메서드에서도 똑같습니다. remove( )
메서드는 기존 속성을 보존하면서 매개변수로 전달된 속성만 삭제하지만, removeAttribute( ) 메서드는
속성 자체를 삭제합니다.

1분 퀴즈 해설 노트 p.607

3. 다음과 같은 코드가 있을 때, p 태그의 fz20 클래스 속성을 삭제하고, sample text를 change text로
변경하고 싶다면 (가), (나)에 들어갈 내용으로 맞게 짝지어진 것을 고르세요.

```
<p id="text" class="red-color fz20">sample text</p>
<script>
  const pEl = document.querySelector("#text");
  pEl.(가) = "change text";
  pEl.(나);
</script>
```

      (가)   (나)

① dataset   - removeClass("fz20")

② dataset   - setAttribute("fz20")

③ innerHTML   - toggleClass()

④ innerText   - classList.remove("fz20")

⑤ textContent - removeClass("fz20")

12.4

노드 추가/삭제하기

문서 객체 모델은 DOM 트리 형태의 계층 구조로 생성된다는 사실 기억하죠? DOM 트리는 그림 12-2처럼 뒤집힌 나무에서 가지가 뻗어 나가는 형태로 구성됩니다. 이러한 DOM 트리에서 새로운 노드를 생성하고, 생성한 노드를 기존 DOM 트리와 연결하면 동적으로 새로운 요소를 화면에 추가할 수 있습니다.

12.4.1 노드 추가하기

새로운 요소를 화면에 추가하려면 먼저 DOM 트리에 새로운 노드를 생성하는 작업을 해야 합니다. 그리고 생성한 노드를 기존의 DOM 트리 노드와 연결합니다. 이때 사용할 수 있는 메서드는 다음과 같습니다.

노드를 추가할 때 사용할 수 있는 메서드는 다음과 같습니다.

표 12-7 노드 추가 메서드

구분	메서드	설명
노드 생성	createElement()	요소 노드를 생성합니다.
	createTextNode()	텍스트 노드를 생성합니다.
	createAttribute()	속성 노드를 생성합니다.
노드 연결	〈기준 노드〉.appendChild(〈자식 노드〉)	기준 노드에 자식 노드를 연결합니다.
	〈기준 노드〉.setAttributeNode(〈속성 노드〉)	기준 노드에 속성 노드를 연결합니다.

노드를 추가할 수 있게 기본 예제 코드를 작성합니다. 예제 코드는 일부러 간단한 형태로 작성했습니다.

12/04/node_basic.html

```html
<!DOCTYPE html>
<html>
<head>
  <title>Create Node</title>
</head>
<body>
  <script></script>
</body>
</html>
```

이 코드를 기준으로 DOM 트리를 구성하면 그림과 같습니다.

그림 12-15 예제 코드의 DOM 트리

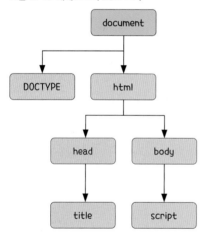

DOM 트리는 여러 타입의 노드로 구성되지만, 주축이 되는 노드는 **요소 노드**입니다. 그래서 일반적으로 DOM 트리에 새로운 노드를 연결할 때는 먼저 요소 노드를 생성합니다.

12/04/createNode.html

```html
<script>
  // 요소 노드 생성하기
  const aEl = document.createElement("a");
</script>
```

마치 다음 그림처럼 기존의 DOM 트리와 연결되지 않은 새로운 요소 노드가 생겼다고 생각하면 됩니다.

그림 12-16 a 요소 노드 생성

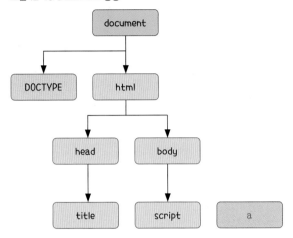

이제 생성된 노드를 기존 DOM 트리와 연결합니다. 기존 노드에 자식 노드로 연결하므로 appendChild() 메서드를 사용합니다. appendChild() 메서드의 매개변수에 생성한 노드를 넘겨주면 됩니다. 앞에서 생성한 a 요소 노드를 body 요소 노드의 자식 노드로 연결합니다. DOM에서 제공하는 body 속성을 사용하면 body 요소 노드에 바로 접근할 수 있습니다.

```
<script>
  const aEl = document.createElement("a");
  document.body.appendChild(aEl);
</script>
```

그러면 DOM 트리는 다음 그림과 같은 상태가 됩니다.

그림 12-17 a 요소 노드 연결

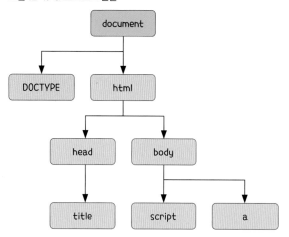

웹 브라우저의 개발자 도구를 보면 a 요소 노드가 body 요소 노드의 하위에 추가된 것을 볼 수 있습니다.

그림 12-18 실행결과

하지만 단순하게 요소 노드만 연결했기 때문에 웹 브라우저에는 아무것도 보이지 않습니다. 그래서 보통은 **텍스트 노드**도 함께 연결합니다. 지금은 코드에 a 요소 노드가 하나밖에 없으니 텍스트 노드를 생성한 뒤, querySelector() 메서드로 a 요소 노드를 선택해 appendChild() 메서드로 연결하겠습니다.

```
<script>
  (중략)
  // 텍스트 노드 추가하기
  const txtEl = document.createTextNode("길벗");
  document.querySelector("a").appendChild(txtEl);
</script>
```

그러면 DOM 트리는 다음처럼 바뀌겠죠?

그림 12-19 현재까지 DOM 트리

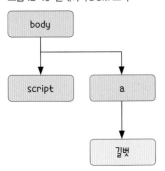

다시 웹 브라우저로 보면 추가된 노드가 보입니다.

그림 12-20 실행결과

hn, p, span, i 태그처럼 일반적으로 텍스트가 필요한 요소들은 이렇게 텍스트 노드만 생성하고 연결해도 충분합니다. 하지만 a 태그나 img 태그처럼 별도의 속성이 필요한 요소들은 텍스트 노드만으로 충분하지 않습니다. a 태그에는 href 속성, target 속성 등이 있었죠? 이런 속성이 포함된 요소들은 **속성 노드**까지 생성해 연결해야 합니다.

```
<script>
  (중략)
  // href 속성 노드 추가하기
  const hrefAttr = document.createAttribute("href");
  hrefAttr.value = "https://www.gilbut.co.kr";
  document.querySelector("a").setAttributeNode(hrefAttr);
</script>
```

속성 노드를 생성할 때는 createAttribute() 메서드를 사용합니다. 그리고 생성된 속성 노드에 값을 추가할 때는 속성 노드의 value 속성에 값을 할당하면 됩니다. 마지막으로, 생성한 속성 노드를 setAttributeNode() 메서드로 요소 노드와 연결합니다. 속성 노드는 a 요소 노드의 자식 노드로 추가하는 것이 아니라는 점에 주의하세요.

그림 12-21 속성 노드 연결

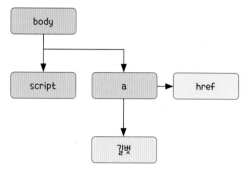

속성 노드까지 연결하면 이제 a 요소 노드는 a 태그의 기능을 하게 됩니다. 그래서 텍스트를 클릭하면 길벗 사이트로 정상적으로 이동합니다.

그림 12-22 a 요소 노드를 완전히 추가한 결과

12.4.2 노드 삭제하기

노드를 추가할 수 있다면 당연히 삭제하는 것도 가능합니다. 노드를 삭제할 때는 removeChild() 메서드를 사용합니다. removeChild() 메서드는 부모 노드에 연결된 자식 노드를 삭제합니다.

> **형식** 〈부모 노드〉.removeChild(〈자식 노드〉)

다음은 p 요소 노드를 찾아서 삭제하는 코드입니다. 삭제 노드는 항상 부모 노드에서 removeChild( ) 메서드를 사용해야 합니다. 따라서 부모 노드를 반환하는 parentNode 속성으로 부모 노드에 접근해서 삭제합니다.

12/04/removeChild.html

```html
<body>
  <p>text 1</p>
  <a href="https://www.gilbut.co.kr">길벗</a>
  <a href="https://www.sucoding.kr">수코딩</a>
  <script>
    const pEl = document.querySelector("p");
    pEl.parentNode.removeChild(pEl);
  </script>
</body>
```

다음은 DOM 트리를 순회하면서 a 태그에 해당하는 요소 노드를 모두 삭제하는 코드입니다.

12/04/removeChildAll.html

```html
<body>
  <p>text 1</p>
  <a href="https://www.gilbut.co.kr">길벗</a>
  <a href="https://www.sucoding.kr">수코딩</a>
  <script>
    const childNodes = document.body.childNodes;
    childNodes.forEach((node) => {
      if(node.nodeName === "a")
        node.parentNode.removeChild(node);
    })
  </script>
</body>
```

4. HTML 문서에 `img` 태그를 추가하려고 합니다. 이때, 이미지 경로는 'sample.jpg', 이미지 설명은 '샘플 이미지'라고 지정하려고 할 때, 다음 코드의 A, B, C, D에 들어 갈 내용으로 알맞은 것을 고르세요.

```
<script>
  const img = document.(A);
  img.(B) = "sample.jpg";
  img.(C) = "샘플 이미지";
  document.body.(D)(img);
</script>
```

	(A)	(B)	(C)	(D)
①	createAttribute('img')	alt	src	createTextNode
②	createAttribute('img')	src	alt	setAttributeNode
③	createElement('img')	alt	src	append
④	createElement('img')	src	alt	appendChild
⑤	createTextNode('img')	alt	src	removeChild

12.5

폼 조작하기

HTML의 **폼**(form)을 문서 객체 모델을 이용해 제어하는 방법을 배워 보겠습니다.

12.5.1 form 태그 선택하기

HTML 폼 요소의 시작은 항상 form 태그입니다. 그래서 폼 요소를 조작하기 전에 form 태그를 선택하는 방법부터 알아보겠습니다. form 태그는 forms 속성과 name 속성으로 선택할 수 있습니다.

● forms 속성 사용하기

document 객체의 forms 속성은 모든 form 태그의 노드 정보를 HTMLCollection 객체에 담아 반환합니다. 그래서 forms 속성을 사용하면 화면에 있는 form 요소 노드를 쉽게 선택할 수 있습니다.

다음과 같이 form 태그가 여러 개 사용된 코드가 있습니다.

12/05/forms.html

```
<body>
  <form>
    <input type="text">
  </form>
  <form>
    <input type="text">
  </form>
```

```
    <form>
      <input type="text">
    </form>
  </body>
```

코드를 실행해 개발자 도구의 콘솔창에서 document.forms로 값을 출력해 보면 HTMLCollection 객체에 모든 form 요소 노드의 정보가 담겨 있습니다.

그림 12-23 document.forms 실행결과

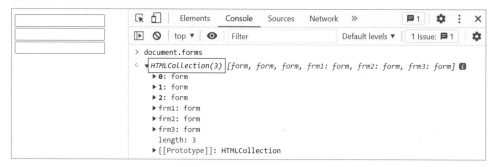

이때 HTMLCollection 객체는 유사 배열이라서 인덱스를 사용해 form 요소 노드에 하나씩 접근할 수 있습니다.

그림 12-24 HTMLCollection 객체에 인덱스로 접근

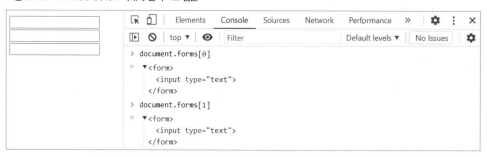

하지만 forms 속성을 사용하는 방법은 form 태그의 위치가 바뀌면 잘못 참조하게 되어 예기치 않게 오류가 발생할 수 있다는 단점이 있습니다.

● **name 속성 사용하기**

form 태그에 name 속성을 사용하면 forms 속성보다 훨씬 직관적으로 form 요소 노드를 선택할 수 있습니다. 앞에서 사용한 예제 코드의 form 태그에 다음처럼 name 속성을 각각 추가해 봅시다.

―――――――――――――――――――――――――――――― 12/05/forms_name.html

```
<body>
  <form name="frm1">
    <input type="text">
  </form>
  <form name="frm2">
    <input type="text">
  </form>
  <form name="frm3">
    <input type="text">
  </form>
</body>
```

form 태그에 name 속성이 추가되면 다음과 같이 name 속성값으로 form 요소 노드에 접근할 수 있습니다.

```
document.frm1; // form 태그의 name 속성값이 frm1인 노드
document.frm2; // form 태그의 name 속성값이 frm2인 노드
document.frm3; // form 태그의 name 속성값이 frm3인 노드
```

그림 12-25 실행결과

name 속성값으로 접근하면 form 태그의 순서가 바뀌어도 문제가 발생하지 않습니다.

12.5.2 폼 요소 선택하기

폼 요소에는 input 태그를 비롯해 select 태그, button 태그 등이 있습니다. 이런 폼 요소를 선택할 때는 elements 속성이나 name 속성을 사용합니다. 다음 예제 코드로 해당 폼 요소에 접근하는 방법을 알아보겠습니다.

12/05/forms_element.html

```html
<body>
  <form name="frm1">
    <label for="uname">이름</label>
    <input type="text" id="uname" name="uname">
    <label for="age">나이</label>
    <input type="text" id="age" name="age">
    <label for="gender">성별</label>
    <select id="gender" name="gender">
      <option value="male">male</option>
      <option value="female">female</option>
    </select>
    <button type="submit">전송</button>
  </form>
</body>
```

elements 속성은 form 요소 노드의 하위 노드 중 폼 요소 노드만 반환하는 속성입니다. 예제 코드에서 form 요소 노드를 선택한 후 elements 속성을 사용하면 그림과 같이 출력됩니다.

그림 12-26 실행결과

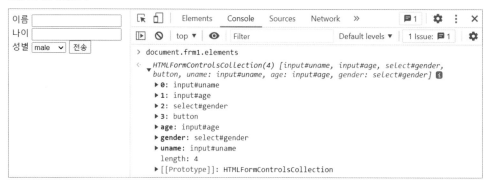

그림처럼 elements 속성은 HTMLFormControlsCollection 객체에 여러 개의 노드를 담아 반환합니다. HTMLFormControlsCollection 객체에는 form 요소 노드의 하위에 있는 폼 요소 노드

490

의 정보가 담겨 있습니다. 이때 인덱스로 정의된 폼 요소 노드의 정보는 기본으로 포함되는 값입니다. 하지만 앞의 예제 코드처럼 폼 요소에 name 속성을 사용했다면 name 속성값으로도 노드를 참조할 수 있게 데이터가 정의됩니다. 따라서 폼 요소에 접근할 때는 인덱스를 사용하는 방법과 name 속성값을 사용하는 방법 중 하나를 선택할 수 있습니다.

```
document.frm1.elements[0]; // 0번 인덱스 노드
document.frm1.elements['uname']; // form 요소 노드의 하위 노드 중에서 name 속성값이
    uname인 노드
```

앞의 코드는 인덱스와 name 속성값을 사용한 방법의 차이만 있을 뿐, 똑같이 name 속성값이 uname인 input 요소 노드를 선택합니다.

그림 12-27 form 요소 노드의 하위 노드 개별 접근 결과

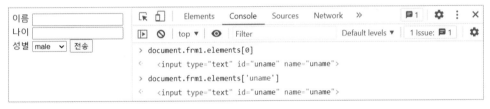

또는 다음 코드처럼 elements 속성을 생략하고 name 속성값으로 바로 접근해도 됩니다.

```
document.frm1.uname;
document.frm1.age;
document.forms[0].gender;
```

그림 12-28 name 속성값을 이용한 개별 접근 결과

12.5.3 폼 요소의 입력값 다루기

폼 요소는 사용자에게 값을 입력받아 이를 서버에 전달합니다. 전달받은 값을 서버에서 어떻게 활용하는지는 백엔드(backend) 영역이라서 이해하지 않아도 되지만, 서버에 전달하기까지 폼 요소에 입력된 값이 유효한지는 검증할 수 있어야 합니다.

사용자에게 값을 입력받는 대표적인 폼 요소로는 input 태그와 select 태그가 있습니다. 두 태그에서 어떻게 입력값을 다루는지 살펴보겠습니다.

🌀 한 줄 입력 요소 다루기

한 줄 입력 요소는 input 태그의 type 속성값을 text, password, number, url, search, email 등으로 지정했을 때 표시되는 폼 요소를 말합니다. 한 줄 입력 요소들은 값을 가져오거나 설정하는 방법이 모두 똑같습니다. 그래서 여기서는 한 줄 입력 요소 중에서 가장 대중적인 text와 password 요소로 예제 코드를 작성하겠습니다.

12/05/input.html

```html
<form name="frm">
  <input type="text" name="id">
  <input type="password" name="pw">
</form>
```

text와 password 요소에 사용자가 입력한 값을 가져오려면 해당 요소 노드에서 value 속성을 사용하면 됩니다.

```javascript
document.frm.id.value;
document.frm.pw.value;
```

웹 브라우저의 콘솔창에서 value 속성으로 출력해 보면 요소에 입력한 값이 각각 출력됩니다.

그림 12-29 value 속성 사용 결과

어떤 웹 사이트에 회원가입할 때, 비밀번호에 대소문자를 포함하거나 특수문자를 포함해 입력해야 한다는 경고창을 본 적이 있을 겁니다. 웹 브라우저에는 입력한 값이 암호화되어 보이는데, 어떻게 입력한 값을 확인할 수 있는 것일까요? 여기서 바로 value 속성이 사용됩니다. value 속성을 사용하면 웹 브라우저에 입력한 값을 그대로 가져올 수 있어서 이를 검증할 수 있습니다.

또한, 다음 코드처럼 value 속성에 값을 할당해 원하는 값을 자바스크립트로 입력 요소에 직접 삽입할 수도 있습니다.

12/06/input_set.html

```html
<form name="frm">
  <input type="text" name="id">
  <input type="password" name="pw">
</form>
<script>
  document.frm.id.value = 'jscoding';
  document.frm.pw.value = 'aaaccc';
</script>
```

그림 12-30 실행결과

jscoding	••••••

여러 줄 입력 요소 다루기

여러 줄 입력 요소는 textarea 태그를 사용하면 표시되는 폼 요소입니다. 요소의 값을 가져오거나 설정하는 방법은 한 줄 입력 요소와 같아서 간단하게 예제 코드만 보겠습니다. 먼저 값을 가져오는 코드입니다.

12/05/textarea.html

```html
<form name="frm">
  <textarea name="desc"></textarea>
</form>
```

그림 12-31 실행결과

값을 설정할 때는 다음과 같이 value 속성에 값을 할당한 자바스크립트 코드를 추가하면 됩니다.

———————————————————————————————— 12/06/textarea_set.html

```html
<form name="frm">
  <textarea name="desc"></textarea>
</form>
<script>
  document.frm.desc.value = 'setting!';
</script>
```

그림 12-32 실행결과

```
setting!
```

● 체크박스 다루기

체크박스도 value 속성으로 값을 가져올 수 있습니다. 하지만 한 줄 입력 요소와는 다르게 체크박스에 체크 표시가 있는 것만 값을 가져와야 하는 경우가 더 많습니다. 다음 코드를 봅시다.

———————————————————————————————— 12/05/checkbox.html

```html
<form>
  <label><input type="checkbox" value="apple">사과</label>
  <label><input type="checkbox" value="banana">바나나</label>
  <label><input type="checkbox" value="orange">오렌지</label>
  <label><input type="checkbox" value="melon">멜론</label>
</form>
```

체크박스에 체크 표시가 있는지는 checked 속성으로 확인할 수 있습니다. 따라서 다음 코드처럼 반복문으로 체크박스 노드에 하나씩 접근한 뒤에 checked 속성이 있는지 확인합니다. 만약 있으면 value 속성으로 값을 가져오면 됩니다.

494

```
const checkboxEls = document.querySelectorAll("[type='checkbox']");
for(let i = 0; i < checkboxEls.length; i++){
  if(checkboxEls[i].checked === true){
    console.log(checkboxEls[i].value);
  }
}
```

그림 12-33 실행결과

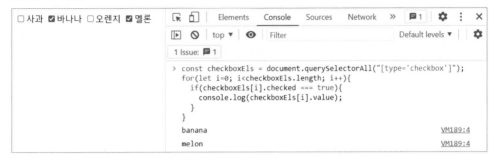

웹 브라우저로 예제 코드를 실행한 뒤 원하는 항목에 체크 표시를 합니다. 그러고 나서 앞에서 작성한 자바스크립트 코드를 콘솔창에 입력하고 실행하면 체크한 항목의 값이 출력됩니다.

체크박스를 모두 체크된 상태로 바꾸고 싶다면 자바스크립트로 checked 속성에 true를 할당하면 됩니다. 따라서 다음과 같이 작성하면 모든 체크박스에 체크 표시가 됩니다.

———————————————————————————————— 12/05/checkbox_set.html

```
<form>
  <label><input type="checkbox" value="apple">사과</label>
  <label><input type="checkbox" value="banana">바나나</label>
  <label><input type="checkbox" value="orange">오렌지</label>
  <label><input type="checkbox" value="melon">멜론</label>
</form>
<script>
  const checkboxEls = document.querySelectorAll("[type='checkbox']");
  for(let i = 0; i < checkboxEls.length; i++){
    checkboxEls[i].checked = true;
  }
</script>
```

그림 12-34 실행결과

☑ 사과 ☑ 바나나 ☑ 오렌지 ☑ 멜론

● 라디오버튼 다루기

라디오버튼은 여러 개의 항목 중 하나만 선택하게 할 때 사용하는 폼 요소입니다. 다행히 라디오버튼은 체크박스와 같은 방식으로 값을 다룹니다. 따라서 체크박스처럼 checked 속성으로 라디오버튼이 선택됐는지 확인하고 value 속성으로 값을 가져오면 됩니다.

12/05/radio.html

```
<form>
  <label><input type="radio" name="fruits" value="apple">사과</label>
  <label><input type="radio" name="fruits" value="banana">바나나</label>
  <label><input type="radio" name="fruits" value="orange">오렌지</label>
  <label><input type="radio" name="fruits" value="melon">멜론</label>
</form>
```

예제 코드를 웹 브라우저에서 실행한 뒤 원하는 항목을 선택합니다. 그리고 나서 콘솔창에 다음 코드를 입력하고 실행하면 선택된 항목의 value 속성값이 출력됩니다.

```
const radioEls = document.querySelectorAll("[type='radio']");
for(let i = 0; i < radioEls.length; i++){
  if(radioEls[i].checked === true){
    console.log(radioEls[i].value);
  }
}
```

그림 12-35 실행결과

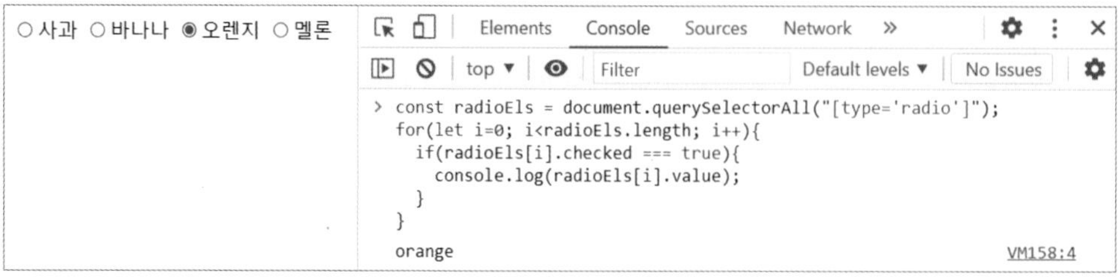

496

라디오버튼을 선택된 상태로 만드는 방법도 체크박스와 동일해서 checked 속성에 true 값을 할당하면 됩니다. 단, 라디오버튼은 여러 개를 선택하는 요소가 아니므로 다음처럼 원하는 항목만 선택될 수 있게 if 문으로 처리합니다.

12/05/radio_set.html

```html
<form>
  (중략)
</form>
<script>
  const radioEls = document.querySelectorAll("[type='radio']");
  for(let i = 0; i < radioEls.length; i++){
    if(radioEls[i].value === 'banana'){
      radioEls[i].checked = true;
    }
  }
</script>
```

그림 12-36 실행결과

○ 사과 ◉ 바나나 ○ 오렌지 ○ 멜론

● 콤보박스 다루기

select 태그로 만드는 콤보박스는 여러 항목에서 하나를 선택하는 형태의 폼 요소입니다. 체크박스나 라디오버튼에서 checked 속성으로 선택 항목을 확인할 수 있는 것처럼 콤보박스에서는 selected 속성으로 선택 항목을 확인할 수 있습니다.

12/05/select.html

```html
<form>
  <select>
    <option value="apple">사과</option>
    <option value="banana">바나나</option>
    <option value="orange">오렌지</option>
    <option value="melon">멜론</option>
  </select>
</form>
```

예제 코드를 웹 브라우저로 실행한 뒤 원하는 항목을 선택합니다. 그리고 다음 코드를 콘솔창에 입력하면 현재 선택된 콤보박스의 value 속성값을 결과로 가져옵니다.

```javascript
const optionEls = document.querySelectorAll("option");
for(let i = 0; i < optionEls.length; i++){
  if(optionEls[i].selected === true){
    console.log(optionEls[i].value);
  }
}
```

그림 12-37 실행결과

콤보박스를 선택된 상태로 만드는 방법은 라디오버튼과 비슷합니다. 콤보박스는 기본으로 한 항목만 선택할 수 있으므로 다음 코드처럼 if 문으로 원하는 항목을 선택하게 처리합니다.

12/05/select_set.html

```html
<form>
  (중략)
</form>
<script>
  const optionEls = document.querySelectorAll("option");
  for(let i = 0; i < optionEls.length; i++){
    if(optionEls[i].value === 'banana'){
      optionEls[i].selected = true;
    }
  }
</script>
```

파일 업로드 요소 다루기

파일 업로드 요소는 input 태그의 type 속성값을 file로 지정하면 표시되는 요소입니다. 요소 이름에서 알 수 있듯이 파일을 업로드할 때 사용하는데, 요소의 값을 가져오는 방법이 다른 요소와 조금 다릅니다.

12/05/fileupload.html

```html
<form name="frm">
  <input type="file" name="upload">
</form>
```

파일 업로드 요소에서 핵심은 files 속성으로 반환되는 FileList 객체입니다. 앞의 코드를 웹 브라우저로 실행하고 이미지 파일을 하나 첨부한 뒤, 콘솔창에서 다음 코드를 실행해 보세요.

```javascript
const filesObj = document.frm.upload.files;
console.log(filesObj);
```

그림처럼 결과로 FileList 객체가 반환됩니다. FileList 객체는 파일 업로드 요소로 선택한 파일에 대한 다양한 정보를 담고 있는 객체입니다.

그림 12-38 실행결과

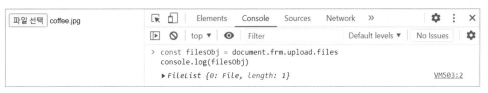

그래서 FileList 객체의 속성에 접근하면 다음과 같은 여러 정보를 가져올 수 있습니다.

```javascript
const files = document.frm.upload.files;
files[0].name; // 파일 이름
files[0].size; // 파일 크기
files[0].type; // 파일 타입
files[0].lastModifiedDate; // 파일 마지막 수정일
```

그림 12-39 실행결과

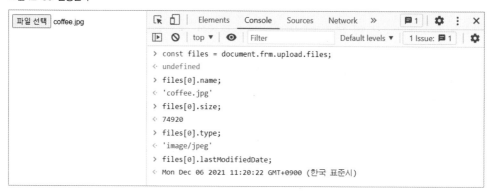

폼 요소를 다룰 때 속성 말고도 유용하게 사용할 수 있는 메서드가 있습니다. 책에서 모두 다룰 수 없어서 다음 두 메서드만 간단히 소개합니다.

표 12-8 폼 요소 관련 메서드

메서드	설명
submit()	폼 요소의 값을 전송(submit)합니다.
focus()	폼 요소에 포커스(커서)를 이동합니다.

폼 요소와 관련한 메서드 전체를 살펴보고 싶다면 https://developer.mozilla.org/en-US/docs/Web/API/HTMLFormElement 페이지를 참고하세요.

5. 다음 코드의 입력 항목 중 나이 항목의 값을 가져오는 코드를 고르세요.

```
<form name="frm1">
  <label for="uname">이름</label>
  <input type="text" id="uname" name="uname">
  <label for="age">나이</label>
  <input type="text" id="age" name="age">
  <button type="submit">전송</button>
</form>
```

① document.frm1.age.value

② document.forms.age.value

③ document.forms[0].uname.value

④ document.frm1.elements[0].value

⑤ document.forms[0].elements[0].value

12.6

이벤트 다루기

이벤트(event)는 웹 브라우저와 사용자 사이에 상호작용이 발생하는 특정 시점을 의미합니다. 이벤트가 발생하면 이벤트 종류에 따라 어떤 작업을 하거나 미리 등록한 함수를 호출하는 등의 조작을 자바스크립트로 지정할 수 있습니다.

12.6.1 이벤트 종류

웹 브라우저에서 사용자와의 상호작용으로 발생하는 이벤트는 200여 가지가 넘기 때문에 모든 이벤트를 다루기는 불가능합니다. 그래서 이 책에서는 꼭 알아야 하는 중요한 이벤트를 몇 가지만 살펴보겠습니다.

표 12-9 주요 이벤트 종류

구분	이벤트	설명
마우스 이벤트	onclick	마우스로 클릭하면 발생합니다.
	ondblclick	마우스로 빠르게 두 번 클릭하면 발생합니다.
	onmouseover	마우스 포인터를 올리면 발생합니다.
	onmouseout	마우스 포인터가 빠져나가면 발생합니다.
	onmousemove	마우스 포인터가 움직이면 발생합니다.
	onwheel	마우스 휠(wheel)을 움직이면 발생합니다.
키보드 이벤트	onkeypress	키보드 버튼을 누르고 있는 동안 발생합니다.
	onkeydown	키보드 버튼을 누른 순간 발생합니다.
	onkeyup	키보드 버튼을 눌렀다가 뗀 순간 발생합니다.

● 계속

구분	이벤트	설명
포커스 이벤트	onfocus	요소에 포커스가 되면 발생합니다.
	onblur	요소가 포커스를 잃으면 발생합니다.
폼 이벤트	onsubmit	폼이 전송될 때 발생합니다.
리소스 이벤트	onload	웹 브라우저의 리소스 로드가 끝나면 발생합니다.

수코딩의 조언

책에 나온 이벤트가 주요 이벤트이긴 하지만, 실무에서는 책에 없는 이벤트를 활용해 코드를 작성해야 할 때가 있습니다. 그럴 때는 https://developer.mozilla.org/ko/docs/Web/Events#non-standard_events 페이지에서 상황에 맞는 이벤트 종류를 확인해 보세요.

12.6.2 이벤트 등록하기

이벤트가 발생할 때 어떤 작업을 할지 자바스크립트 코드로 작성하는 것을 **이벤트 등록**이라고 합니다. 이벤트를 등록하는 방법은 크게 3가지로 정리할 수 있습니다. 인라인, 프로퍼티 리스너, 이벤트 등록 메서드로 이벤트를 등록하는 것을 자세히 알아봅시다.

인라인 방식으로 이벤트 등록하기

인라인 방식은 HTML 태그에 속성으로 이벤트를 등록하는 방법입니다. 예를 들면 다음 코드는 onclick 이벤트를 button 태그의 속성으로 사용합니다. 속성값으로는 이벤트가 발생할 때 실행될 함수를 지정합니다. 버튼을 클릭해 보면 clickEvent() 함수가 실행되어 웹 브라우저에 경고창이 출력됩니다.

12/06/inline_event1.html

```
<button onclick="clickEvent()">클릭</button>
<script>
  function clickEvent(){
    alert("click");
  }
</script>
```

그림 12-40 실행결과

이벤트를 여러 가지 사용하면 사용한 만큼 이벤트를 제어할 수 있습니다. 예를 들어, 다음 코드는 입력창을 클릭해서 커서를 활성화하면 onfocus 이벤트가 발생합니다. 그리고 입력창 외부 영역을 클릭하면 onblur 이벤트가 발생해 커서가 빠져나가면서 블러(focus out) 상태가 됩니다.

———————————————————————————— 12/06/inline_event2.html

```
<form>
  <input type="text" onfocus="focusEvent()" onblur="blurEvent()">
</form>
<script>
  function focusEvent(){
    console.log("focus on");
  }
  function blurEvent(){
    console.log("focus out");
  }
</script>
```

그림 12-41 실행결과

Note 포커스 이벤트 사용 시 주의할 점

포커스 이벤트를 사용할 때 코드 내부에 경고창을 나타내는 alert() 메서드를 사용하면 안 됩니다. 경고창을 클릭하는 순간 입력창에서 커서가 빠져나갔다고 판단해 onblur 이벤트가 발생합니다. 그리고 경고창이 닫히면 다시 커서가 입력창으로 들어가서 onfocus 이벤트가 발생합니다. 따라서 경고창이 무한으로 뜨는 현상이 발생할 수 있습니다.

● 프로퍼티 리스너 방식으로 이벤트 등록하기

프로퍼티 리스너(property listener)는 요소 노드에 직접 속성으로 이벤트를 등록하는 방법입니다. 다음 코드를 보면 버튼을 클릭했을 때 요소 노드에 등록된 이벤트 속성에 할당된 함수가 실행됩니다.

12/06/property_listener.html

```
<button>클릭</button>
<script>
  const btnEl = document.querySelector("button");
  btnEl.onclick = function(){
    alert("click");
  }
</script>
```

그림 12-42 실행결과

ES6를 사용할 수 있는 개발 환경이라면 코드를 화살표 함수로 작성해도 됩니다.

```
<button>클릭</button>
<script>
  const btnEl = document.querySelector("button");
  btnEl.onclick = () => {
    alert("arrow click");
  }
</script>
```

또는 함수를 별도로 정의하고 함수명을 이용해 이벤트와 연결할 수도 있습니다. 이처럼 함수는 함수 선언문이나 함수 표현식, 화살표 함수 등 어떤 방식으로 정의해도 상관없습니다.

JavaScript 12장 문서 객체 모델과 이벤트 다루기

```
<button>클릭</button>
<script>
  const btnEl = document.querySelector("button");
  btnEl.onclick = clickEvent;
  function clickEvent(){
    alert("click");
  }
</script>
```

● 이벤트 등록 메서드로 이벤트 등록하기

DOM에서 제공하는 addEventListener() 메서드를 사용해 이벤트를 등록할 수도 있습니다. 3가지 방법 중 가장 권장하는 방식입니다.

> **형식**   〈노드〉.addEventListener("〈이벤트 타입〉", 〈이벤트 함수〉);

addEventListener() 메서드의 매개변수에 이벤트 타입과 이벤트 함수를 전달하면 되는데, 이벤트 타입은 표 12-9에 나온 이벤트 종류에서 on만 빼면 됩니다.

12/06/addEventListener.html

```
<button>클릭</button>
<script>
  const btnEl = document.querySelector("button");
  btnEl.addEventListener("click", function(){
    alert("button Click");
  });
</script>
```

ES6 개발 환경이라면 이벤트 함수에 화살표 함수도 사용할 수 있습니다. 또는 함수 선언문이나 함수 표현식으로 정의한 함수명으로 연결해도 됩니다.

12/06/addEventListenerArrow.html

```
<button>클릭</button>
<script>
  const btnEl = document.querySelector("button");
```

```
  const clickEvent = () => {
    alert("button Click");
  }
  btnEl.addEventListener("click", clickEvent);
</script>
```

단, 함수 표현식으로 정의된 함수는 호이스팅에 의해 선언과 할당이 분리되므로 참조하려는 함수가 addEventListener() 메서드보다 반드시 위에 작성되어야 합니다.

해설 노트 p.608

1분 퀴즈

6. 버튼을 더블 클릭하면 경고창이 출력되게 코드를 작성해 주세요. 이때, 경고창의 메시지는 아무거나 상관없습니다.

```
<button>클릭</button>
<script>
  // 코드를 작성해 주세요.
</script>
```

JavaScript 12장 문서 객체 모델과 이벤트 다루기

12.7

이벤트 객체와 this

이벤트 객체는 이벤트 타입에 따라 발생하는 이벤트의 각종 정보가 들어 있는 객체 집합이라고 생각하면 됩니다. 이벤트 객체는 개발자가 직접 생성하는 것이 아니라 이벤트가 발생하면 실행되는 함수의 매개변수로 같이 전달됩니다.

12.7.1 이벤트 객체 사용하기

지금까지 사용하지는 않았지만, 사실 이벤트가 발생하면 실행되는 함수에는 내부적으로 이벤트 객체가 매개변수로 전달됩니다. 예를 들면, 다음은 addEventListener() 메서드로 이벤트를 등록하는 코드인데, 앞에서와 달리 이벤트 함수에 매개변수(event)가 지정된 것을 볼 수 있습니다. 원래 매개변수는 함수를 호출하는 쪽에서 데이터를 전달해야 받을 수 있지만, 이 코드에서는 데이터를 전달하는 부분이 눈에 보이지 않습니다. 사실 이 부분은 addEventListener() 메서드 내부에 감춰져 있어서 세부 내용을 자세히 알 필요가 없습니다. 간단하게 이벤트 함수에는 이벤트 객체라는 데이터가 내부적으로 전달되어 호출된다고만 이해하면 됩니다.

——— 12/07/event_object1.html

```
<button>클릭</button>
<script>
  const btnEl = document.querySelector("button");
  btnEl.addEventListener("click", function(event){ // 이벤트 객체
    console.log(event);
  })
</script>
```

매개변수를 사용해 이벤트 객체를 받아도 되고, 매개변수를 사용하지 않아도 됩니다. 이것이 매개변수의 작동 원리라는 것은 **10.3.2 매개변수의 특징**에서 배웠습니다. 하지만 매개변수를 사용해 이벤트 객체를 받으면 이벤트 객체를 활용할 수 있게 됩니다.

예를 들어, 클릭 이벤트에는 PointerEvent 객체가 전달됩니다. 그래서 앞의 코드를 실행해 보면 콘솔창에 이벤트 객체가 출력됩니다.

그림 12-43 클릭 이벤트의 PointerEvent 객체

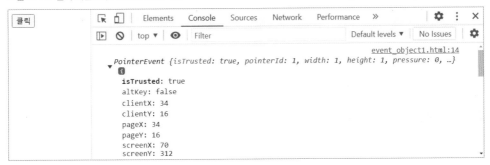

실행결과를 보면 이벤트 객체에는 발생한 이벤트에 대한 다양한 정보가 속성으로 포함되어 있습니다. 이 중에서 유용하게 사용할 수 있는 속성은 다음과 같습니다.

표 12-10 PointerEvent 객체의 주요 속성

속성	설명
clientX	마우스가 클릭된 x좌표(수평 스크롤 포함 X)
clientY	마우스가 클릭된 y좌표(수직 스크롤 포함 X)
pageX	마우스가 클릭된 x좌표(수평 스크롤 포함 O)
pageY	마우스가 클릭된 y좌표(수직 스크롤 포함 O)
screenX	모니터의 왼쪽 위 모서리를 기준으로 마우스가 클릭된 x좌표
screenY	모니터의 왼쪽 위 모서리를 기준으로 마우스가 클릭된 y좌표

실제로 이벤트 객체를 이용해 표에 정리한 속성을 확인해 보면 해당하는 값이 출력됩니다.

```
<button>클릭</button>
<script>
    const btnEl = document.querySelector("button");
```

```
    btnEl.addEventListener("click", function(event){ // 이벤트 객체
      console.log(`clientX:${event.clientX}`);
      console.log(`clientY:${event.clientY}`);
      console.log(`pageX:${event.pageX}`);
      console.log(`pageY:${event.pageY}`);
      console.log(`screenX:${event.screenX}`);
      console.log(`screenY:${event.screenY}`);
    })
  </script>
```

그림 12-44 실행결과

PointerEvent 객체 말고도 KeyboardEvent 객체도 자주 사용합니다. KeyboardEvent 객체의 속성을 사용하면 사용자가 키보드로 어떤 키를 눌렀는지 확인할 수 있습니다.

표 12-11 KeyboardEvent 객체의 주요 속성

속성	설명
keyCode	키보드에서 눌린 키의 유니코드 값을 반환합니다.
ctrlKey	Ctrl 키가 눌렸으면 true, 그렇지 않으면 false를 반환합니다.
altKey	Alt 키가 눌렸으면 true, 그렇지 않으면 false를 반환합니다.
shiftKey	Shift 키가 눌렸으면 true, 그렇지 않으면 false를 반환합니다.

다음은 KeyboardEvent 객체의 속성을 출력하는 코드입니다.

12/07/event_object2.html

```
<form>
  <input type="text">
</form>
<script>
  const inputEl = document.querySelector("input");
```

510

```
inputEl.addEventListener("keydown", function(event){ // 이벤트 객체
  console.log(`keyCode:${event.keyCode}`);
  console.log(`ctrlKey:${event.ctrlKey}`);
  console.log(`altKey:${event.altKey}`);
  console.log(`shiftKey:${event.shiftKey}`);
})
</script>
```

그림 12-45 실행결과

실행결과를 보면 d는 유니코드가 68임을 알 수 있습니다. 이런 식으로 사용자가 어떤 키를 입력했는지 확인할 수 있습니다.

12.7.2 이벤트 취소하기

HTML 태그 중 일부는 기본으로 이벤트가 적용되어 있습니다. 대표적으로 a 태그와 form 태그가 그렇습니다. a 태그는 생성된 요소를 클릭하면 다른 페이지로 이동하도록 클릭 이벤트가 연결된 상태입니다. form 태그는 폼 내부에서 버튼이 눌리면 전송되도록 전송 이벤트가 연결된 상태입니다.

그런데 preventDefault() 메서드를 사용하면 태그에 기본으로 연결된 이벤트를 취소할 수 있습니다. 예로 a 태그에 연결된 클릭 이벤트를 취소해 보겠습니다. 다음 코드에는 2개의 a 태그가 있으므로 모든 요소 노드의 이벤트를 취소하려면 반복해서 개별 노드에 접근해야 합니다.

12/07/event_cancel.html

```
<a href="https://www.naver.com">네이버 이동</a>
<a href="https://www.daum.net">다음 이동</a>
<script>
  const aEls = document.querySelectorAll("a");
  for(let i = 0; i < aEls.length; i++){
    aEls[i].addEventListener("click", function(e){
```

```
      // 기본 이벤트 취소
      e.preventDefault();
    });
  }
</script>
```

그림 12-46 실행결과

예제 코드를 실행하면 a 태그로 작성된 요소가 보입니다. 하지만 preventDefault() 메서드에 의해 기본 이벤트가 취소되어서 링크를 아무리 클릭해도 해당 페이지로 이동되지 않습니다.

12.7.3 this 키워드 사용하기

이벤트 함수 내부에서 this 키워드를 사용하면 이벤트가 발생한 요소 노드를 바로 가리킬 수 있습니다. 예제 코드를 보며 이해해 보겠습니다.

다음 코드를 보면 모든 p 태그에 click 이벤트를 연결하고, 이벤트 함수 내부에서 this 키워드를 콘솔창에 출력합니다.

12/07/this.html

```
<p>text-1</p>
<p>text-2</p>
<p>text-3</p>
<script>
  const pEls = document.querySelectorAll("p");
  pEls.forEach((el) => {
    el.addEventListener("click", function(){
      console.log(this);
    });
  })
</script>
```

그림 12-47 실행결과

text-1	⬚ ⬚ | Elements **Console** Sources Network »	⚙ ⋮ ×
text-2	▶ 🚫 | top ▼ | 👁 | Filter	Default levels ▼ | No Issues ⚙
text-3	`<p>text-1</p>`	this.html:17
	`<p>text-2</p>`	this.html:17
	`<p>text-3</p>`	this.html:17

코드를 실행해서 콘솔창을 열고 각 텍스트를 클릭하면 이벤트가 발생한 대상 노드를 가리키는 것을 볼 수 있습니다. 이런 this 키워드의 특징을 이용해 이벤트 발생 시점에 대상 노드를 조작할 수 있습니다.

기존 코드에서 p 태그를 클릭하면 텍스트 색상을 빨간색으로 바꾸고, 이미 빨간색이라면 다시 검은색으로 바꾸도록 코드를 변경해 봅시다.

```
<script>
  const pEls = document.querySelectorAll("p");
  pEls.forEach((el) => {
    el.addEventListener("click", function(){
      if(this.style.color === "red"){
        this.style.color = "black";
      }else{
        this.style.color = "red";
      }
    });
  })
</script>
```

그림 12-48 실행결과

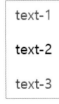

코드를 실행해서 p 태그를 클릭하면 클릭할 때마다 텍스트 색상이 빨간색과 검은색으로 번갈아 가면서 바뀌는 것을 볼 수 있습니다.

그런데 this 키워드를 사용할 때 한 가지 주의할 점이 있습니다. 이벤트 함수를 화살표 함수로 작성하면 this의 범위가 달라져서 this가 이벤트 발생 노드를 가리키지 않습니다.

—— 12/07/this_arrow.html

```
<script>
  const pEls = document.querySelectorAll("p");
  pEls.forEach((el) => {
    el.addEventListener("click", () => {
      console.log(this);
    });
  })
</script>
```

그림 12-49 실행결과

실행결과를 보면 이벤트 함수가 화살표 함수일 때는 this가 window 객체를 가리킵니다. 그래서 이럴 때는 이벤트 객체의 target 속성을 사용해야 합니다. target 속성은 이벤트 발생 노드를 가리키는 이벤트 객체의 속성입니다.

```
<script>
  const pEls = document.querySelectorAll("p");
  pEls.forEach((el) => {
    el.addEventListener("click", (e) => {
      console.log(e.target);
    });
  })
</script>
```

그림 12-50 실행결과

514

7. a 태그를 클릭해도 페이지가 이동하지 않도록 기본 이벤트를 제거하는 코드를 다음과 같이 작성했을 때 (가), (나)에 들어갈 내용으로 알맞은 것을 고르세요.

```
<a href="https://www.gilbut.co.kr">길벗</a>
<script>
  const aEl = document.querySelector("a");
  aEl.addEventListener("click", function((가)){
     e.(나);
  })
</script>
```

     (가)   (나)

① event – preventDefault()

② event – this

③ e   – clientX

④ e   – keyCode

⑤ e   – preventDefault()

마무리

이 장에서 배운 내용을 정리해 보겠습니다.

1. DOM

① 문서 객체 모델(DOM, Document Object Model)은 웹 브라우저에 표시되는 문서를 자바스크립트가 이해할 수 있도록 객체화한 모델 구조입니다.

② DOM은 트리 구조로 생성되는데, 이를 DOM 트리라고 합니다.

③ DOM 트리를 구성하는 노드의 타입은 다음과 같습니다.

타입	설명
문서 노드(Node.DOCUMENT_NODE)	최상위 document 객체의 노드 타입
요소 노드(Node.ELEMENT_NODE)	h1, p 태그와 같은 요소의 노드 타입
속성 노드(Node.ATTRIBUTE_NODE)	href, src와 같은 속성의 노드 타입
텍스트 노드(Node.TEXT_NODE)	텍스트에 해당하는 노드 타입
주석 노드(Node.COMMENT_NODE)	주석에 해당하는 노드 타입

④ DOM 트리의 노드를 탐색하는 속성은 다음과 같습니다.

구분	속성	설명
모든 노드 탐색	parentNode	부모 노드를 반환합니다.
	childNodes	모든 자식 노드를 반환합니다.
	firstChild	첫 번째 자식 노드를 반환합니다.
	lastChild	마지막 자식 노드를 반환합니다.
	previousSibling	이전 형제 노드를 반환합니다.
	nextSibling	다음 형제 노드를 반환합니다.

ⓞ 계속

구분	속성	설명
요소 노드 탐색	parentElement	부모 요소 노드를 반환합니다.
	children	자식 요소 노드를 반환합니다.
	firstElementChild	첫 번째 자식 요소 노드를 반환합니다.
	lastElementChild	마지막 자식 요소 노드를 반환합니다.
	previousElementSibling	이전 요소 노드를 반환합니다.
	nextElementSibling	다음 요소 노드를 반환합니다.

2. 노드 선택하기

DOM 트리의 노드를 선택하는 다양한 메서드가 있습니다.

메서드 형식	설명
getElementById(<id 속성값>)	id 속성값과 일치하는 요소 노드를 1개만 선택합니다.
getElementsByClassName(<class 속성값>)	class 속성값과 일치하는 요소 노드를 모두 선택합니다.
getElemenetsByTagName(<태그명>)	태그명과 일치하는 요소 노드를 모두 선택합니다.
querySelector(<CSS 선택자>)	매개변수로 넘어오는 CSS 선택자에 해당하는 노드를 1개만 선택합니다.
querySelectorAll(<CSS 선택자>)	매개변수로 넘어오는 CSS 선택자에 해당하는 노드를 모두 선택합니다.

3. 노드 조작하기

① 콘텐츠 조작하기: 요소 노드는 다음 속성으로 콘텐츠를 조작할 수 있습니다.

속성	설명
textContent	노드 요소의 모든 텍스트에 접근합니다.
innerText	노드 요소의 텍스트 중 웹 브라우저에 표시되는 텍스트에만 접근합니다.
innerHTML	노드 요소의 텍스트 중 HTML 태그를 포함한 텍스트에만 접근합니다.

② 스타일 조작하기: 요소 노드는 style 속성으로 스타일(CSS)을 지정할 수 있습니다.

형식 <노드>.style.<CSS 속성명> = <속성값>;

③ 클래스 조작하기: classList 속성의 add(), remove() 메서드로 class 속성을 조작할 수 있습니다.

> **형식** 〈노드〉.classList.add(class 속성값);
> 〈노드〉.classList.remove(class 속성값);

④ 데이터 속성 조작하기: dataset 속성으로 HTML 문서에서 data-* 속성을 조작할 수 있습니다.

> **형식** 〈노드〉.dataset;

⑤ 메서드로 속성 조작하기: 메서드로 모든 속성을 조작할 수 있습니다.

메서드 형식	설명
〈노드〉.getAttribute("속성명");	속성값을 가져옵니다.
〈노드〉.setAttribute("속성명", "속성값");	속성값을 설정합니다.
〈노드〉.remoteAttribute("속성명");	속성을 삭제합니다.

4. DOM 노드 추가/삭제하기

구분	메서드	설명
노드 생성	createElement()	요소 노드를 생성합니다.
	createTextNode()	텍스트 노드를 생성합니다.
	createAttribute()	속성 노드를 생성합니다.
노드 연결	〈기준 노드〉.appendChild(〈자식 노드〉)	기준 노드에 자식 노드를 연결합니다.
	〈기준 노드〉.setAttributeNode(〈속성 노드〉)	기준 노드에 속성 노드를 연결합니다.
노드 삭제	〈부모 노드〉.removeChild(〈자식 노드〉)	부모 노드에 연결된 자식 노드를 삭제합니다.

5. form 태그 선택하기

① document 객체의 forms 속성을 사용하면 모든 form 태그를 참조하는 HTMLCollection 객체가 반환됩니다. 반환된 HTMLCollection 객체를 사용해 화면에 있는 form 요소 노드를 선택할 수 있습니다.

② form 태그의 name 속성값으로 form 요소 노드를 선택할 수 있습니다.

6. 폼 요소 선택하기

① form 요소 노드의 elements 속성은 하위 노드의 폼 요소를 반환합니다. 반환된 객체를 사용해 개별 폼 요소 노드에 인덱스로 접근할 수 있습니다.

② 폼 요소의 name 속성값으로 폼 요소 노드에 바로 접근할 수 있습니다.

7. 폼 요소의 입력값 다루기

① 한 줄 입력 요소, 여러 줄 입력 요소는 value 속성을 참조하면 입력한 값을 가져올 수 있고, value 속성에 값을 할당하면 새로운 값을 설정할 수 있습니다.

② 체크박스 요소와 라디오버튼 요소는 checked 속성으로 체크 또는 선택 상태를 확인할 수 있고, checked 속성에 true를 할당하면 체크 또는 선택 상태를 기본으로 설정할 수 있습니다.

③ 콤보박스 요소는 selected 속성으로 항목의 선택 상태를 확인할 수 있고, selected 속성에 true를 할당하면 항목을 선택 상태로 설정할 수 있습니다.

④ 파일 업로드 요소는 FileList 객체를 사용해 요소의 값을 가져올 수 있습니다.

8. 이벤트 사용하기

① 이벤트(event)는 웹 브라우저와 사용자 사이에 상호작용이 발생하는 특정 시점을 의미합니다. 자바스크립트로 이벤트 종류에 따른 제어 작업을 할 수 있습니다.

② 주요 이벤트는 다음과 같습니다.

구분	이벤트	설명
마우스 이벤트	onclick	마우스로 클릭하면 발생합니다.
	ondblclick	마우스로 두 번 빠르게 클릭하면 발생합니다.
	onmouseover	마우스 포인터를 올리면 발생합니다.
	onmouseout	마우스 포인터가 빠져나가면 발생합니다.

○ 계속

구분	이벤트	설명
마우스 이벤트	onmousemove	마우스 포인터가 움직이면 발생합니다.
	onwheel	마우스 휠(wheel)을 움직이면 발생합니다.
키보드 이벤트	onkeypress	키보드 버튼을 누르고 있는 동안 발생합니다.
	onkeydown	키보드 버튼을 누른 순간 발생합니다.
	onkeyup	키보드 버튼을 눌렀다가 뗀 순간 발생합니다.
포커스 이벤트	onfocus	요소에 포커스가 되면 발생합니다.
	onblur	요소가 포커스를 잃으면 발생합니다.
폼 이벤트	onsubmit	폼이 전송될 때 발생합니다.
리소스 이벤트	onload	웹 브라우저의 리소스 로드가 끝나면 발생합니다.

9. 이벤트 객체와 this

① 이벤트 객체는 이벤트 함수가 호출될 때 내부적으로 전달되는 이벤트 정보가 담긴 객체를 의미합니다.

② 이벤트 객체의 preventDefault() 메서드를 사용하면 태그에 적용된 기본 이벤트를 취소할 수 있습니다.

③ 이벤트 함수 내부에서 this 키워드를 참조하면 이벤트를 발생시킨 요소 노드를 가리킵니다. 단, 화살표 함수일 때는 이벤트 객체의 target 속성으로 참조해야 합니다.

다음 코드는 3장 셀프체크 2번에서 만든 로그인 UI 관련 코드입니다. 해당 코드에서 로그인 버튼을 클릭했
을 때 제시한 조건에 맞는 입력값에 대한 검증을 처리하는 코드를 작성해 보세요.

--- 12/selfcheck/login.html

```html
<form action="#">
  <fieldset>
    <legend>로그인</legend>
    <button type="button">
      Log in with Google
    </button>
  </fieldset>
  <p>or</p>
  <fieldset>
    <legend>일반 로그인</legend>
    <label for="username">
      <input type="text" id="username" name="username" placeholder="Username">
    </label>
    <label for="password">
      <input type="password" id="password" name="password" placeholder="Password">
    </label>
    <button type="submit">
      LOGIN
    </button>
  </fieldset>
  <a href="#">Forgot your password?</a>
</form>
```

로그인 버튼 클릭 시 확인해야 하는 조건

1. 폼 전송 이벤트를 취소하세요.

2. 아이디가 입력됐는지 확인하고, 입력되지 않았으면 "아이디를 입력해 주세요."라는 경고창을 표시하고 포
   커스를 이동합니다.

3. 아이디 값에 @ 기호가 없으면 "아이디는 이메일 형식으로 입력해 주세요."라는 경고창을 표시하고 포커
   스를 이동합니다.

4. 비밀번호가 입력됐는지 확인하고, 입력되지 않았으면 "비밀번호를 입력해 주세요."라는 경고창을 표시하고 포커스를 이동합니다.

5. 비밀번호 길이가 4자리 이하일 경우 "비밀번호는 5자리 이상 입력해 주세요."라는 경고창을 표시하고 포커스를 이동합니다.

6. 모든 검증이 끝나면 폼을 전송해 주세요.

Part 4

프로젝트로
웹 개발 기초 완성하기

13장 HTML+CSS+자바스크립트로 완성하는
최종 프로젝트

13장

HTML+CSS+자바스크립트로 완성하는
최종 프로젝트

대다수가 배운 내용을 활용하지 않고 머릿속에만 기억하고 끝냅니다. 이렇게 되면 배운 내용을 제대로 이해하지 못할 확률이 높아서 금방 잊어버리게 됩니다. 지금까지 배운 내용을 확실하게 자기 것으로 만드는 방법은 실제로 웹 페이지를 만들어 보는 것입니다. 웹 페이지를 직접 제작하면서 머릿속에서 막연하게 흩어져 있던 여러 개념을 하나로 정리하는 시간이 있어야만 배운 내용을 오랫동안 기억하고 활용할 수 있습니다.

이 책의 최종 프로젝트는 HTML5, CSS3, 자바스크립트의 최신 기술이 전부 적용된 현대적인 웹 브라우저를 대상으로 진행합니다. IE10 이전 버전 등 오래된 웹 브라우저에서는 제대로 작동하지 않을 수 있음을 미리 밝힙니다.

13.1

최종 프로젝트 개요

실무에서 웹 페이지를 만들게 되면 디자인 파일을 받아서 디자인 파일처럼 만드는 작업을 하게 될 확률이 매우 높습니다. 따라서 온전하게 웹 페이지를 만들 수 있으려면 최소한 디자인 파일을 분석하거나 활용할 수 있을 정도로 디자인 도구를 이해하고 있어야 합니다.

그러나 이 책은 디자인 도구를 설명하는 책이 아닙니다. 또한, 디자인 도구는 포토샵을 비롯해 Adobe XD, 제플린(zeplin), 피그마(figma)와 같이 종류가 다양합니다. 설명하려고 해도 범위가 너무 넓어지죠.

그래서 최종 프로젝트는 실무에서 이미 완성된 디자인을 보고 웹 페이지를 만들듯이 설명과 함께 단계적으로 웹 페이지를 만들어가는 방식으로 진행하게 됩니다. 함께 코드를 작성하다 보면 지금까지 배운 내용이 어떻게 어우러져서 웹 페이지로 완성되는지 이해할 수 있게 됩니다.

최종 프로젝트의 완성 모습은 데모 페이지(https://pensive-kowalevski-fdf325.netlify. app)에서 확인할 수 있습니다. 데모 페이지를 보면 프로젝트는 크게 헤더, 메인, 섹션(About Me, What I Do, Background, PortFolio, Contact With Me) 영역으로 나뉩니다.

먼저 프로젝트 진행을 위해 **1.2 첫 번째 HTML 문서 만들기**를 참고해 다음과 같이 기본 구조를 만듭니다. 최종 프로젝트는 아이콘 폰트를 사용하므로 **6.9.2 아이콘 폰트 적용하기**를 참고해 Font Awesome 라이브러리를 CDN 참조 방식으로 추가합니다. 그리고 CSS는 실무에서 활용하는 방법인 외부 스타일 시트 방법을 사용합니다.

```html
<!DOCTYPE html>
<html lang="zxx">
<head>
  <meta charset="UTF-8">
  <meta http-equiv="X-UA-Compatible" content="IE=edge">
  <meta name="viewport" content="width=device-width, initial-scale=1.0">
  <title>Final Project</title>
  <link rel="stylesheet" href="https://cdnjs.cloudflare.com/ajax/libs/
font-awesome/6.1.1/css/all.min.css" integrity="sha512-KfkfwYDsLkIlwQp6LF
nl8zNdLGxu9YAA1QvwINks4PhcElQSvqcyVLLD9aMhXd13uQjoXtEKNosOWaZqXgel0g=="
crossorigin="anonymous" referrerpolicy="no-referrer">
  <link rel="stylesheet" href="style.css">
</head>
<body>
</body>
</html>
```

이후 나오는 모든 코드는 이 파일 안에 작성됩니다.

> **Note** **lang 속성값이 zxx인 이유**
>
> 코드를 보면 lang 속성값을 zxx로 설정했습니다. zxx는 웹 페이지의 주 언어를 쉽게 파악할 수 없는 상황에서 HTML 적합성 검사를 통과해야 할 때 사용하는 값입니다. 왜 최종 프로젝트는 웹 페이지의 언어를 파악할 수 없을까요? 최종 프로젝트에서는 임의의 텍스트를 작성하기 위해 Lorem ipsum(로렘 입숨)[1]이라는 텍스트 채우기 기능을 사용합니다. 이 기능으로 채워진 텍스트는 영어처럼 보이지만, HTML 적합성 검사를 하면 주 언어를 설정하기 위한 국가별 코드를 적는 건 적절하지 않다는 오류가 나옵니다. 그래서 국가별 코드가 아닌 zxx 값을 설정합니다. 나중에 텍스트를 적절한 언어로 다시 채워 넣은 뒤, 언제든지 국가 코드만 변경하고 다시 HTML 적합성 검사를 하면 됩니다.

---

1 https://ko.wikipedia.org/wiki/로렘_입숨

13.2

헤더 영역 만들기

헤더 영역부터 코드를 작성하겠습니다. 함께 만들어 볼 최종 프로젝트의 헤더 영역은 다음과 같습니다. 최종 프로젝트에서 헤더 영역은 최상단에 위치하고 메뉴를 담은 내비게이션 영역이 포함되어 있습니다.

그림 13-1 최종 프로젝트의 헤더 영역

| SU | | | | About Features Portfolio Contact |

헤더 영역의 배경이 검은색으로 보이지만, 실제로는 검은색이 아닙니다. 메인 영역의 코드 때문에 검은색으로 보일 뿐입니다. 이 점을 미리 인지하고 코드를 작성하겠습니다.

13.2.1 HTML 코드 작성하기

코드를 작성하기 전에 항상 HTML의 수많은 태그 중 어떤 태그를 사용하면 좋을지 고민해야 합니다. 모든 웹 페이지는 한 종류의 태그만으로 전체를 만들 수 있습니다. 하지만 이렇게 하지 않는 이유는 의미에 맞는 태그를 적절하게 사용해야 좋은 웹 페이지가 되기 때문입니다.

코드를 작성하는 사람마다 어떤 관점으로 보느냐에 따라 다른 태그를 선택할 수 있습니다. 그러나 적어도 헤더 영역을 작성하기에는 시맨틱 태그인 **header** 태그가 가장 적절하다는 데 이견이 없을 겁니다. 그리고 웹 페이지에서 내부의 다른 영역이나 외부를 연결하는 내비게이션 영역은 **nav** 태그로 작성하는 것이 가장 적절합니다. 그래서 두 태그를 사용해 헤더 영역 코드를 작성합니다.

그림 13-1의 오른쪽에 있는 내비게이션 영역을 보면 메뉴의 순서는 중요해 보이지 않습니다. 따라서 메뉴는 nav 태그 안에 **ul** 태그로 작성하면 됩니다. 그리고 각 메뉴는 내부의 다른 영역으로 연결되는 링크이지만, 자바스크립트 코드로 링크 이동을 제어할 예정이라서 a 태그 대신에 **button** 태그로 작성합니다.

—————————————————————————————— 13/end/html/header.html

```html
<body>
  <header>
    <div class="container"> <!-- HTML 구조의 핵심인 container 클래스가 포함된 div 태그 -->
      <h1>
        <button>SU</button>
      </h1>
      <nav>
        <ul>
          <!-- 구조 동일, button 태그의 텍스트(Features, Portfolio, Contact)만 변경 -->
          <li>
            <button>About</button>
          </li>
          (중략)
        </ul>
      </nav>
    </div>
  </header>
</body>
```

작성한 코드를 웹 브라우저로 실행하면 그림처럼 보입니다. HTML 코드에서 핵심 부분은 container 클래스가 있는 **div** 태그입니다. div 태그는 전체 프로젝트의 기준 너비(보통 1140px)를 유지하기 위한 래퍼(wrapper) 역할을 합니다.

그림 13-2 헤더 영역의 HTML 코드 작성 결과

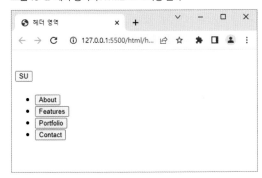

529

13.2.2 CSS 코드 작성하기

다음으로 헤더 영역에 디자인을 입히기 위해 CSS 코드를 작성합니다. 그런데 그 전에 할 일이 있습니다. 웹 브라우저의 기본 스타일 시트를 초기화하는 CSS 코드를 다음과 같이 작성해야 합니다. 기본 스타일 시트 속성을 초기화하는 이유는 웹 브라우저의 기본 값 대신에 우리가 정의한 값으로 CSS를 적용하기 위해서입니다. 기본 스타일 시트에 관한 내용은 **6.1.1 기본 스타일 시트**를 참고하세요.

13/end/css/header.css

```
*{
  margin:0;
  padding:0;
  box-sizing:border-box;
}
a, a:link, a:visited{
  color:inherit;
  text-decoration:none;
}
li{
  list-style:none;
}
```

이어서 헤더 영역의 CSS 코드를 작성합니다.

```
.container{ /* ① */
  width:1140px;
  margin:0 auto;
}
header{ /* ② */
```

530

```
    position:absolute;
    color:black;
    top:0;
    z-index:1;
    width:100%;
    padding:1rem;
}
```

① container 클래스는 프로젝트 전반에 걸쳐 사용되는 중요한 클래스입니다. HTML 코드를 작성할 때도 언급했지만, container 클래스가 있는 div 태그는 기준 너비를 유지하는 역할을 합니다. 최종 프로젝트는 기준 너비를 1140px로 설정합니다. 여기에 margin 속성값을 위쪽과 아래쪽은 0, 왼쪽과 오른쪽은 auto로 지정하면 수평 방향에서 중앙에 위치하게 됩니다.

② 프로젝트의 헤더는 스크롤해서 화면을 내리더라도 항상 상단에 고정하려고 합니다. 그러려면 position 속성을 fixed 값으로 지정해야 합니다. 그런데 프로젝트 완성본처럼 부드럽게 보이려면 자바스크립트가 필요해서 일단 absolute 값으로 지정합니다. position 속성을 지정하면 모든 HTML 요소의 z-index 속성값은 기본으로 0이 됩니다. 그러나 스크롤했을 때 다른 요소 밑에 가려서 안 보이는 일이 없도록 헤더의 z-index 속성값을 0보다 크게 줍니다. 여기서는 1로 설정합니다. 그리고 padding 속성값은 1rem으로 지정합니다. 텍스트 색상은 나중에 흰색으로 바꾸지만, 지금은 검은색(black)으로 지정합니다. 상속되는 속성이라서 부모 태그에 적용하면 하위 태그에 자동으로 상속됩니다.

다음으로 헤더 영역의 메뉴 배치와 관련 있는 CSS 코드를 작성합니다. 그림 13-1을 보면 헤더 영역의 모든 구성 요소가 한 줄로 배치됩니다. 이러한 레이아웃 형태를 유지하기 쉽게 display 속성값을 flex로 지정하고 justify-content 속성값을 space-between으로 지정합니다. 그러면 하위에 자식 태그가 2개 있을 때 각각 왼쪽 끝과 오른쪽 끝에 붙게 됩니다. 그리고 수직 정렬을 위해 align-items 속성값을 center로 지정합니다.

```
header .container{
    display:flex;
    justify-content:space-between;
    align-items:center;
    width:100%;
}
```

그리고 헤더 영역에서 메뉴를 가로 한 줄로 배치하기 위해 display 속성값을 flex로 지정합니다. 추가로 내부 여백과 글꼴 크기도 지정합니다.

```css
header nav ul{
  display:flex;
}
header nav ul li{
  padding:10px;
}
header button{
  background:transparent;
  border:0;
  cursor:pointer;
}
header h1 button{
  font-size:2rem;
  font-weight:bold;
}
header nav ul li button{
  font-size:1.2rem;
}
```

여기까지 작성한 코드를 웹 브라우저로 실행하면 그림처럼 보입니다.

그림 13-3 헤더 영역 CSS 코드 작성 결과

SU   About Features Portfolio Contact

13.3

메인 영역 만들기

헤더 영역을 끝냈으니 메인 영역을 만들 차례입니다. 메인 영역의 기준은 웹 페이지를 만드는 사람마다 다를 수 있습니다. 최종 프로젝트에서는 사용자가 처음 들어와서 바로 보는 화면 영역으로 정했습니다.

앞에서 작성한 헤더 영역은 position 속성값을 absolute로 지정했기 때문에 화면에 고정되어 있는 상태입니다. 그래서 실제로 다른 요소의 레이아웃에 간섭하지 않는 상태라는 것을 이해하고 진행하겠습니다.

13.3.1 HTML 코드 작성하기

최종 프로젝트의 메인 영역은 다음 그림과 같습니다.

그림 13-4 메인 영역 완성 화면

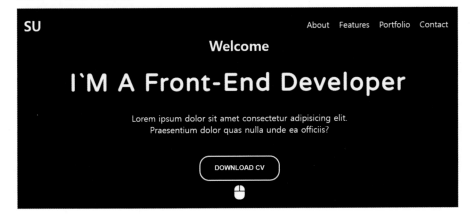

메인 영역은 웹 브라우저의 높이만큼 기본 높이를 지정합니다. 그래야만 사용자가 어떤 크기의 웹 브라우저로 접속하더라도 화면을 가득 채우는 메인 영역을 볼 수 있습니다. 메인 영역 안에 보이는 텍스트는 수평과 수직 방향에서 중앙에 있습니다.

13/end/html/main.html

```html
<body>
  (중략)
  <!-- end header -->
  <!-- main -->
  <main id="main">
    <div class="container">
      <h4>Welcome</h4>
      <h2>I`M A <span>Front-End Developer</span></h2>
      <p>Lorem ipsum dolor sit amet consectetur adipisicing elit. Praesentium
dolor quas nulla unde ea officiis?</p>
      <button class="download">DOWNLOAD CV</button>
      <button class="mouse"><i class="fa-solid fa-computer-mouse"></i></button>
    </div>
  </main>
  <!-- end main -->
</body>
```

메인 영역은 시맨틱 태그인 main 태그로 작성합니다. main 태그 안에는 기준 너비를 유지하기 위한 container 클래스가 포함된 div 태그가 있습니다. div 태그 안에 여러 태그를 적절하게 사용해 코드를 작성하면 됩니다.

최종 프로젝트에서 텍스트는 h4, h2, p 태그로 작성합니다. 물론 다른 태그로 작성해도 상관없습니다. 태그 선택은 오로지 코드를 작성하는 사람의 주관적인 판단에 따릅니다.

버튼은 button 태그로 작성했습니다. input 태그의 type 속성값을 button으로 지정해도 버튼을 만들 수 있지만, 폼에서 사용하는 버튼이 아니므로 button 태그가 더 적절합니다.

여기까지 작성한 코드를 웹 브라우저에서 실행하면 그림처럼 보입니다. 헤더 영역의 position 속성값이 absolute라서 메인 영역과 헤더 영역이 겹쳐 보입니다.

그림 13-5 메인 영역 HTML 코드 작성 결과

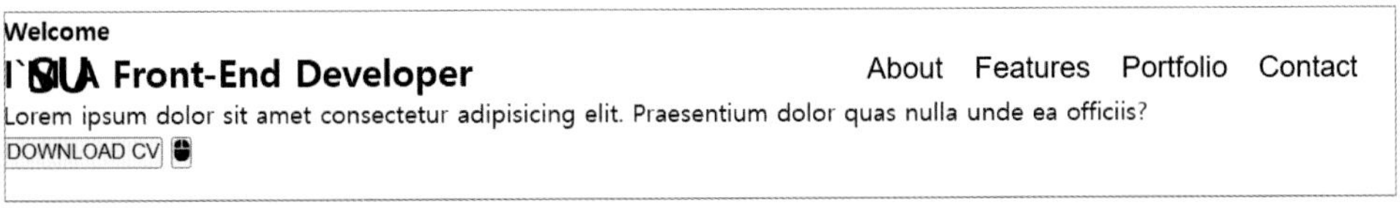

Welcome
I`SUA Front-End Developer   About   Features   Portfolio   Contact
Lorem ipsum dolor sit amet consectetur adipisicing elit. Praesentium dolor quas nulla unde ea officiis?
DOWNLOAD CV 🖱

13.3.2 CSS 코드 작성하기

메인 영역의 CSS 코드를 작성하겠습니다. 그림 13-4를 보면 메인 영역의 배경에 프로필 이미지가 있습니다. 웹 페이지의 메인 영역에 프로필 이미지만 넣어도 굉장히 현대적인 느낌을 주게됩니다.

배경 이미지를 지정하려면 background 속성에서 url( ) 함수로 삽입하려는 이미지 경로를 지정해야 합니다. 이때 linear-gradient( ) 함수를 사용하면 배경색이 이미지를 덮는 효과를 줄 수있습니다. 그리고 수직 방향에서 요소들이 중앙에 위치하도록 display 속성값을 flex로 지정합니다. 텍스트도 중앙 정렬하기 위해 text-align 속성값을 center로 지정합니다.

―――――――――――――――――――― 13/end/css/main.css – 메인 영역 레이아웃 설정

```css
main{
  width:100%;
  height:100vh;
  color:white;
  background:linear-gradient(rgba(0,0,0,0.8), rgba(0,0,0,0.8)), url('images/
me.jpg') center center;
  background-size:cover;
  display:flex;
  justify-content:center;
  align-items:center;
  text-align:center;
}
```

그리고 텍스트별로 크기와 margin 속성 등을 지정합니다.

―――――――――――――――――――― 13/end/css/main.css – 메인 영역 텍스트 설정

```css
main h4{
  font-size:2rem;
}
```

535

```
main h2{
    font-size:3.5rem;
    margin:2rem 0;
    letter-spacing:3px;
}
main p{
    max-width:500px;
    margin:0 auto;
    font-size:1.25rem;
}
```

다음으로 버튼을 꾸밉니다. 보통 버튼은 background-color 속성으로 배경색을 투명하게 (transparent) 지정하고 시작하는 편이 좋습니다. 그리고 요소 내부와 외부에 간격을 주기 위해 padding과 margin 속성을 설정합니다.

13/end/css/main.css – 메인 영역 버튼 설정

```
main button.download{
    background-color:transparent;
    border:3px solid white;
    border-radius:20px;
    padding:1rem 2rem;
    margin-top:3rem;
    color:white;
    font-weight:bold;
    cursor:pointer;
}
```

마지막으로 아이콘 폰트로 추가한 마우스 모양의 버튼에 스타일 속성을 추가합니다. 아이콘 폰트로 적용된 부분은 마우스가 위아래로 움직이는 애니메이션을 구현합니다.

13/end/css/main.css – 메인 영역 버튼 설정 추가

```
main button.mouse{
    background-color:transparent;
    border:none;
    color:white;
    font-size:2rem;
    position:absolute;
    bottom:1rem;
```

```
    left:50%;
    transform:translateX(-50%);
    animation:upDown 1s ease-in-out infinite;
    cursor:pointer;
}
@keyframes upDown{
  0%{
    bottom:1rem;
  }
  50%{
    bottom:1.5rem;
  }
  100%{
    bottom:1rem;
  }
}
```

여기까지 하면 CSS가 웬만큼 적용된 상태지만, 추가로 몇 가지 속성을 더 적용하겠습니다. **13.10.1 텍스트 타이핑 효과 구현하기**에서 메인 화면의 글자가 지워졌다가 다시 채워지는 기능을 넣을 예정입니다. 그래서 미리 다음 코드처럼 메인 화면 텍스트의 끝에 커서 모양을 만들어 줍니다.

13/end/css/main.css – 메인 영역 추가 설정

```
main h2 span::after{
  content:"";
  height:40px;
  width:3px;
  background-color:#fff;
  display:inline-block;
  animation:blink .7s ease-in-out infinite;
}
@keyframes blink{
  0%{
    opacity:1;
  }
  100%{
    opacity:0;
  }
}
```

커서 모양을 만드는 원리는 간단합니다. ::after 가상 요소 선택자로 텍스트 마지막에 너비 3px, 높이 40px 크기의 배경색이 투명한 막대(bar)를 만듭니다. 그리고 애니메이션을 넣어서 막대 부분이 커서가 깜빡이는 것처럼 보이게 구현합니다.

그림 13-6 커서 모양을 만들기 위한 막대 표시

I`M A Front-End Developer|

추가로 웹 브라우저에 표시되는 텍스트를 좀 더 예쁘게 보이도록 웹 폰트를 적용해 보겠습니다. 여기서는 구글 폰트(https://fonts.google.com)에서 지원하는 글꼴 중 **Varela Round**와 **Poppins**를 적용합니다. 구글 폰트를 적용하는 방법은 **6.9.1 구글 폰트 적용하기**를 참고해 주세요.

13/end/css/main.css – CSS 파일의 맨 윗줄에 추가

```
@import url('https://fonts.googleapis.com/css2?family=Poppins:wght@400;700&fami
ly=Varela+Round&display=swap');
```

13/end/css/main.css – 웹 폰트 추가

```
main h2{
  (중략)
  letter-spacing:3px;
  font-family:"Varela Round", sans-serif;
}
```

여기까지 작성하고 웹 브라우저로 실행하면 메인 화면은 다음과 같습니다.

그림 13-7 메인 영역 CSS 코드 작성 결과

13.3.3 헤더 영역 개선하기

그림 13-7을 보면 이상한 점을 발견할 겁니다. 바로 헤더 영역이 안 보이죠. 정확히 말하면 안
보이는 것이 아니라 헤더 영역의 텍스트 색상이 검은색이라서 화면에 잘 안 보일 뿐이고 자세
히 보면 보입니다. 그래서 다음과 같이 CSS 코드에서 헤더 영역의 메뉴 텍스트 색상을 흰색
(white)으로 변경하고, absolute 값도 fixed로 변경합니다.

13/end/header.css – 헤더 영역 개선

```
header{
  position:fixed; /* absolute -> fixed */
  color:white; /* black -> white */
  (중략)
}
header nav ul li button{
  (중략)
  color:white; /* 텍스트 흰색 */
}
```

코드를 적용하고 나면 그림 13-4처럼 헤더 영역이 잘 보입니다.

섹션 영역 만들기 - About Me

헤더 영역과 메인 영역이 끝났습니다. 이제는 각 섹션 영역을 만들어 봅시다. 최종 프로젝트에서 메인 영역을 제외한 나머지 영역은 전부 섹션 영역이라고 볼 수 있으니 주제별로 섹션 영역을 나눠서 진행하겠습니다.

13.4.1 HTML 코드 작성하기

먼저, 섹션 영역 중 About Me를 만들어 보겠습니다. 완성 화면은 그림과 같습니다.

그림 13-8 About Me 영역 완성 화면

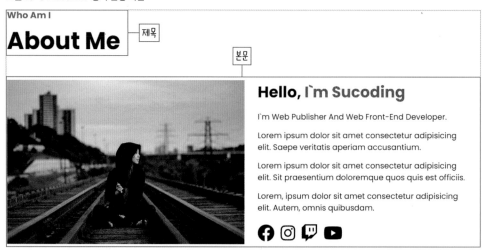

최종 프로젝트 데모 페이지를 보면, 섹션 영역은 레이아웃이 모두 비슷합니다. 제목과 본문으로 되어 있죠. 그래서 구조와 CSS를 잘 정의하면 중복된 부분은 최소한의 코드로 작성할 수 있습니다.

지금까지와 마찬가지로 먼저 해당 영역을 어떤 태그로 작성할지 생각해야 합니다. 섹션 영역은 논리적으로 관련 있는 내용끼리 구분한 영역이므로 section 태그를 사용합니다. section 태그는 h2 태그부터 h6 태그 중에서 하나를 반드시 사용해야 합니다. 섹션 영역의 구성 요소 대부분은 텍스트인데, 텍스트 말고 이미지와 아이콘 폰트도 사용합니다. 각 구성 요소의 의미를 잘 생각하면서 적절한 태그로 작성하면 됩니다. 여기서는 다음과 같이 작성합니다.

13/end/html/about_me.html – About Me 영역

```html
<!-- end main -->
<section id="about" class="about">
  <div class="container">
    <div class="title">
      <h4>Who Am I</h4>
      <h2>About Me</h2>
    </div>
    <div class="about-self">
      <div class="left">
        <img src="images/me_alone.jpg" alt="">
      </div>
      <div class="right">
        <h3>Hello, <strong>I`m Sucoding</strong></h3>
        <p>I`m Web Publisher And Web Front-End Developer.</p>
        (중략)
        <div class="social">
          <!-- 반복, fa-brands fa-instagram, fa-brands fa-twitch, fa-brands
fa-youtube -->
          <a href="#">
            <i class="fa-brands fa-facebook"></i>
          </a>
          (중략)
        </div>
      </div>
    </div>
  </div>
</div>
```

541

```
        </section>
    </body>
```

section 태그로 섹션 영역을 모두 표시하지만, 세부 디자인은 조금씩 다르므로 각 영역을 구분할 수 있어야 합니다. 그래서 About Me 영역은 section 태그의 클래스 속성값을 about으로 지정해 구분합니다.

기준 너비는 지금까지와 마찬가지로 container 클래스를 가지고 있는 div 태그를 이용해 지정합니다. div 태그는 다시 title 클래스를 가지고 있는 div 태그(제목)와 about-self 클래스를 가지고 있는 div 태그(본문)로 구분합니다. CSS를 적용하기 쉽도록 각 영역을 div 태그로 그룹 짓습니다.

본문 영역에 사용하는 이미지는 예제 파일의 13/ing/images 폴더에 들어 있습니다. 그리고 아이콘 폰트도 사용합니다. CDN 방식으로 추가한 Font Awesome 라이브러리는 right 클래스 하위에 있는 social 클래스에서 i 태그로 사용합니다.

여기까지 작성한 코드를 웹 브라우저로 실행하면 화면이 다음과 같이 보입니다.

그림 13-9 About Me 영역 HTML 코드 작성 결과

13.4.2 CSS 코드 작성하기

다음으로 About Me 영역의 CSS 코드를 작성하겠습니다. 모든 섹션 영역은 다음과 같이 기본으로 Poppins 글꼴을 적용하고, 위아래 여백도 5rem으로 동일하게 지정합니다. 여기에 추가로 :nth-child 가상 클래스 선택자를 사용해 짝수 번째 섹션 영역의 배경색을 회색 계열 (f8f8f8)로 설정합니다.

———————————————— 13/end/css/about_me.css – 섹션 영역 전체 글꼴과 배경색 설정

```
section{
  font-family:"Poppins", sans-serif;
  padding:5rem 0;
}
section:nth-child(2n){
  background-color:#f8f8f8;
}
```

그리고 제목도 모든 섹션 영역의 디자인이 같습니다. 따라서 다음처럼 텍스트 크기와 색상, 여백 등을 지정하는 CSS 코드를 작성하면 동일하게 적용됩니다.

———————————————— 13/end/css/about_me.css – 섹션 영역 전체 제목 설정

```
section .title{
  margin-bottom:3rem;
}
section .title h4{
  font-size:1.35rem;
  color:#ed4848;
  position:relative;
}
section .title h2{
  font-size:3.5rem;
}
section .title p{
  font-size:1.15rem;
}
```

여기까지 작성한 코드를 실행하면 텍스트가 다음처럼 바뀝니다.

그림 13-10 섹션 영역 제목 설정 결과

Who Am I

About Me

이제 About Me 영역의 본문을 작성할 차례입니다. 본문은 텍스트와 이미지를 왼쪽과 오른쪽으로 나눕니다. 이를 about-self 클래스 하위에 left 클래스와 right 클래스로 구분합니다. 이 부분은 float 속성으로 레이아웃을 분할하고 각각 너비의 절반씩 차지하도록 지정합니다. 그런데 float 속성은 적용 대상의 원래 위치를 보장하지 않습니다. 그래서 먼저 clear 속성으로 float 속성을 해제해야 합니다.

그리고 이미지는 항상 원래 크기를 그대로 표시하려는 특징이 있습니다. 자신을 감싸고 있는 부모 요소의 크기를 넘더라도 말이죠. 그래서 이 코드에서는 img 태그에 max-width 속성을 줘서 이미지가 부모 요소의 너비보다 커지지 못하게 제한합니다.

13/end/css/about_me.css – About Me 영역 본문 레이아웃

```css
/* float 속성 해제 */
section .about-self::after{
  content:"";
  clear:both;
  display:block;
}
/* 본문 너비 절반 지정 & 왼쪽 배치 */
section .about-self .left{
  width:50%;
  float:left;
}
/* 이미지 크기가 부모 영역을 넘지 않도록 부모 영역의 최대 크기로 지정 */
section .about-self .left img{
  max-width:100%;
}
/* 본문 너비 절반 지정 & 오른쪽 배치 */
section .about-self .right{
  width:50%;
  float:left;
  padding:0 2rem;
}
```

레이아웃을 분리했으니 본문 오른쪽 부분을 꾸며 보겠습니다. 각 텍스트의 크기와 여백, 색을 지정합니다. HTML 코드를 보면 아이콘 폰트는 social 클래스를 가지고 있는 div 태그 하위에 a 태그로 감싼 형태입니다. 이렇게 작성하면 아이콘 폰트가 텍스트처럼 취급되어 크기와 여백을 지정할 수 있습니다.

13/end/css/about_me.css – About Me 영역 본문 세부

```css
/* 본문 오른쪽 h3 태그의 글자 크기와 여백 지정 */
section .about-self .right h3{
  font-size:2.25rem;
  margin-bottom:1rem;
}
/* 본문 오른쪽 h3 태그의 strong 태그 색상 강조 */
section .about-self .right h3 strong{
  color:#ed4848;
}
/* 본문 오른쪽 p 태그의 크기와 여백 지정 */
section .about-self .right p{
  font-size:1.15rem;
  margin:1rem 0;
}
/* 본문 오른쪽의 아이콘 폰트 크기와 여백 지정 */
section .about-self .right .social a{
  font-size:2.5rem;
  margin-right:0.2rem;
}
```

코드를 실행해 보면 About Me 영역이 그림 13-8처럼 보입니다.

13.5

섹션 영역 만들기 - What I Do

섹션 영역 중 두 번째인 What I Do 영역을 만들어 보겠습니다. 앞에서 만든 About Me 영역과 비슷한 부분이 많아서 조금 쉽게 접근할 수 있습니다.

13.5.1 HTML 코드 작성하기

What I Do 영역의 최종 완성 모습은 다음과 같습니다. 그림에서 보듯이 제목이 있고, 본문을 단순하게 수평 방향으로 3단 분리해 표현한 것이 전부입니다.

그림 13-11 What I Do 영역 완성 화면

About Me 영역 코드 아래에 What I Do 영역의 제목 부분을 다음과 같이 작성합니다. About Me와 같아서 따로 설명할 내용이 없습니다.

```
<section id="features" class="do">
  <div class="container">
    <div class="title">
      <h4>Features</h4>
      <h2>What I Do</h2>
    </div>
  </div>
</section>
```

다음으로 사각형 모양으로 3단 분리된 본문을 작성해 봅시다. 복잡해 보이지만, 하나의 레이아웃이 반복되는 형태라서 어렵지 않습니다. HTML5 사각형 하나만 작성하면 나머지는 텍스트만 바꾸는 형태로 단순히 구조를 복사해서 사용하면 됩니다.

제목을 작성한 코드 아래에 다음과 같이 do-me 클래스가 있는 div 태그를 작성합니다. 그리고 그 안에 하나의 사각형을 나타내는 do-inner 클래스가 있는 형태로 HTML 코드를 작성합니다.

```
      <h2>What I Do</h2>
    </div>
    <div class="do-me">
      <div class="do-inner">
        <div class="icon">
          <!-- class="fa-brands fa-css3-alt", class="fa-brands fa-bootstrap" -->
          <i class="fa-brands fa-html5"></i>
        </div>
        <div class="content">
          <!-- CSS3, BootStrap v5.0 -->
          <h3>HTML5</h3>
          <p>Lorem ipsum dolor sit amet consectetur adipisicing elit. Illo culpa
magni laboriosam sit excepturi quibusdam adipisci, vero debitis?</p>
        </div>
      </div>
    </div>
  </div>
</section>
```

HTML5나 CSS3, BootStrap v5.0 텍스트 위에 있는 아이콘은 Font Awesome의 아이콘 폰트를 사용합니다. 나머지 텍스트는 중요도에 맞게 h3, p 등의 적절한 태그를 골라 작성하면 됩니다. 그리고 이 구조를 똑같이 2번 복사해 붙이고 아이콘 폰트와 HTML5 텍스트 부분만 바꾸면 What I Do 영역의 HTML 코드 작성이 끝납니다. 작성한 코드를 실행하면 그림과 같이 보입니다.

그림 13-12 What I Do 영역 HTML 코드 작성 결과

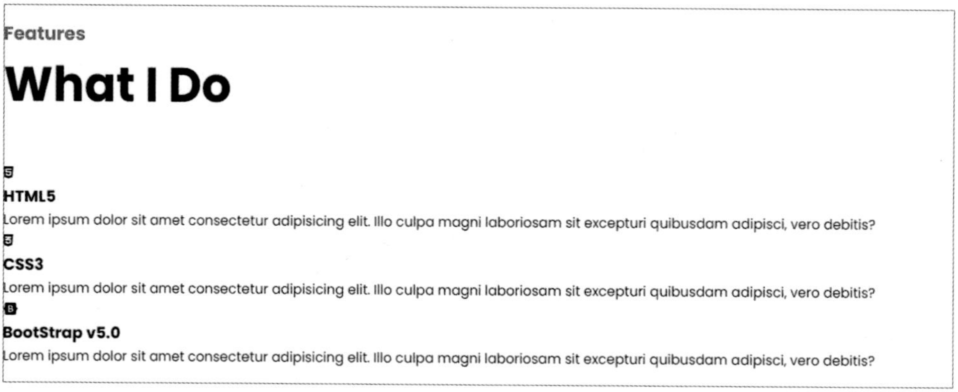

Features

What I Do

HTML5
Lorem ipsum dolor sit amet consectetur adipisicing elit. Illo culpa magni laboriosam sit excepturi quibusdam adipisci, vero debitis?

CSS3
Lorem ipsum dolor sit amet consectetur adipisicing elit. Illo culpa magni laboriosam sit excepturi quibusdam adipisci, vero debitis?

BootStrap v5.0
Lorem ipsum dolor sit amet consectetur adipisicing elit. Illo culpa magni laboriosam sit excepturi quibusdam adipisci, vero debitis?

13.5.2 CSS 코드 작성하기

다음으로 What I Do 영역의 CSS 코드를 작성하겠습니다. About Me 영역을 작성할 때 제목은 전체 스타일에 적용하게 작성했으므로 What I Do 영역의 제목에도 같은 디자인이 적용되어서 표시됩니다. 따라서 do-inner 클래스로 그룹 지은 본문만 스타일을 작성하면 됩니다.

먼저 do-inner 클래스를 가지는 div 태그로 그룹화한 사각형을 수평으로 배치하기 위해 float 속성값을 left로 설정합니다. 단, 이렇게 설정하면 부모 요소에서 자식 요소의 높이를 제대로 파악할 수 없으니 clear 속성도 꼭 설정합니다.

13/end/css/what_i_do.css – What I Do 영역 본문 레이아웃

```css
/* float 속성 해제 */
section .do-me::after{
  content:"";
  display:block;
  clear:both;
}
```

```
/* 사각형 크기와 간격, 내부 여백 설정 */
section .do-me .do-inner{
  background-color:#fff;
  width:30%;
  padding:2rem;
  float:left;
  margin-right:5%;
  cursor:pointer;
}
/* 마지막 사각형의 외부 여백 설정 */
section .do-me .do-inner:last-child{
  margin-right:0;
}
```

적용한 CSS 속성을 보면, do-inner 클래스를 가지고 있는 div 태그는 각각 전체 너비의 30%를 차지합니다. 사각형이 3개이므로 전체 너비의 90%가 됩니다. 그리고 첫 번째 사각형과 두 번째 사각형은 오른쪽에 너비의 5%씩 외부 여백을 주도록 margin-right 속성을 적용합니다. 이렇게 하면 총 100%가 되어 전체 너비를 사용하게 됩니다.

이때 첫 번째와 두 번째 사각형에 각각 margin-right 속성을 지정하지 않아도 됩니다. do-inner 클래스를 가지고 있는 div 태그에 모두 margin-right 속성을 적용하고 :last-child 가상 클래스 선택자로 마지막 사각형의 margin-right 속성만 0으로 설정하면 됩니다.

다음으로 아이콘 폰트를 비롯한 텍스트들의 크기를 세부 조정합니다.

13/end/css/what_i_do.css – What I Do 영역 텍스트 세부 조정

```
/* 아이콘 폰트 크기와 색상 */
section .do-me .do-inner .icon i{
  font-size:2.5rem;
  color:#ff6a6a;
}
/* HTML5, CSS3, BootStrap v5.0 텍스트 크기와 간격 */
section .do-me .do-inner .content h3{
  font-size:2rem;
  margin:1rem 0;
}
/* 사각형 텍스트 크기 */
section .do-me .do-inner .content p{
```

```
   font-size:1.15rem;
  }
```

그림 13-11을 보면 마지막 사각형만 배경색이 다릅니다. 이는 사각형에 마우스를 올리면 배경
색이 변하게 설정해서 그렇습니다. 이 부분은 다음 코드처럼 :hover 가상 클래스 선택자를 사용
해 처리합니다.

13/end/css/what_i_do.css – What I Do 영역 사각형 배경 처리

```
/* do-inner 클래스에 마우스를 올리면 배경색과 텍스트 색상 변경 */
section .do-me .do-inner:hover{
  background-color:lightcoral;
  color:white;
}
/* do-inner 클래스에 마우스를 올리면 아이콘 폰트 색상 변경 */
section .do-me .do-inner:hover i{
  color:white;
}
```

여기까지 코드를 작성하고 실행해서 그림 13-11과 똑같이 보이는지 확인해 보세요.

13.6

배경 영역

배경 이미지를 넣어 페이지를 더 현대적으로 꾸미겠습니다. 배경 영역은 코드가 매우 간단해서 따로 구분하지 않고 한꺼번에 살펴보겠습니다.

먼저 다음 HTML 코드를 What I Do 영역 다음에 작성합니다.

— 13/end/html/background.html

```
<div class="bg"></div>
```

그리고 CSS 코드를 적용합니다. CSS 속성 중 background-attachment 속성을 fixed로 지정하면 웹 페이지를 스크롤할 때 배경이 이색적인 느낌으로 표시됩니다.

— 13/end/css/background.css

```
.bg{
  background:url('./images/background.jpg') center center;
  background-size:cover;
  background-attachment:fixed;
  height:650px;
}
```

작성한 코드를 실행하고 스크롤하면 다음처럼 배경에 이미지가 고정되어 보입니다.

그림 13-13 실행결과

13.7

섹션 영역 만들기 - PortFolio

세 번째 섹션 영역인 PortFolio를 만들어 보겠습니다. PortFolio 영역은 What I Do 영역의
레이아웃과 비슷한 점이 많습니다.

13.7.1 HTML 코드 작성하기

PortFolio 영역의 최종 완성 모습은 그림과 같습니다.

그림 13-14 PortFolio 영역 완성 화면

PORTFOLIOBACK

PortFolio

BRANDING

Package Design

DEVELOPMENT

Tablet App Dev

MARKETING

Coka Cola

APP

FaceBook Clone

APP

Netflix Clone

WEB

FirmBee Web

제목은 다른 섹션 영역과 같으므로 다음과 같이 작성하면 됩니다.

── 13/end/html/portfolio.html – PortFolio 영역 제목

```
<section id="portfolio" class="portfolio">
  <div class="container">
    <div class="title">
      <h4>PORTFOLIOBACK</h4>
      <h2>PortFolio</h2>
    </div>
  </div>
</section>
```

본문도 세부 디자인은 조금 다르지만, 레이아웃은 What I Do 영역의 본문과 같습니다. 하나의 사각형 코드를 작성하고, 이를 복사해서 붙여 넣으면 됩니다.

첫 번째 사각형을 다음과 같이 작성합니다. portfolio-me 클래스 안에 portfolio-inner 클래스를 가지고 있는 div 태그로 하나의 사각형을 그룹 짓고 그 안에 img 태그와 strong 태그, h3 태그를 사용해 콘텐츠를 표현합니다.

── 13/end/html/portfolio.html – PortFolio 영역 본문

```
      <h2>PortFolio</h2>
    </div>
    <div class="portfolio-me">
      <div class="portfolio-inner">
        <!-- mock2.png~mock6.png -->
        <img src="images/mock1.png" alt="샘플이미지">
        <!-- DEVELOPMENT, MARKETING, APP, APP, WEB -->
        <strong>BRANDING</strong>
        <!-- Tablet App Dev, Coka Cola, FaceBook Clone, Netflix Clone, FirmBee Web -->
        <h3>Package Design</h3>
      </div>
    </div>
  </div>
</section>
```

HTML 구조는 생각보다 간단하죠? 이제 사각형이 6개가 되도록 5번 복사해서 붙여 넣기만 하면 됩니다. 이때 텍스트를 맞춰서 변경하고, 이미지도 mock2부터 mock6까지 바꿔 줍니다. 그런 다음 코드를 실행하면 다음 그림처럼 보입니다.

그림 13-15 PortFolio 영역 HTML 코드 작성 결과

13.7.2 CSS 코드 작성하기

PortFolio 영역에 디자인을 입혀 보겠습니다. 해당 영역의 레이아웃은 What I Do 영역과 비슷합니다. 따라서 다음 코드처럼 portfolio-inner 클래스를 선택자로 지정해 사각형 형태로 꾸며 줍니다. 이때 사각형의 너비와 여백을 지정하면 영역의 기준 너비와 사각형의 너비를 계산해 기준 너비를 초과할 경우 자동으로 줄 바꿈합니다. 그리고 사각형들이 수평으로 배치되도록 float 속성을 left로 지정합니다. float 속성과 항상 함께 사용해야 하는 clear 속성까지 적용합니다.

13/end/css/portfolio.css 영역 본문 레이아웃

```css
/* clear 속성으로 float 속성값 해제 */
section.portfolio::after{
  content:"";
  display:block;
  clear:both;
}
/* portfolio-inner 사각형 꾸미기 */
section.portfolio .portfolio-inner{
  width:30%;
  margin-right:5%;
```

```
  padding:1rem 1rem 1.5rem 1rem;
  float:left;
  background-color:#f8f8f8;
  border:1px solid #ccc;
  margin-bottom:3rem;
}
/* 3번째마다 margin-right 0 적용 */
section.portfolio .portfolio-inner:nth-child(3n){
  margin-right:0;
}
```

그런 다음 사각형에 넣을 이미지와 텍스트의 크기, 여백을 지정합니다.

————————————————————————— 13/end/css/portfolio.css – PortFolio 영역 본문 세부 설정

```
/* 이미지 크기가 부모 요소를 넘지 않도록 100%로 지정 */
section.portfolio .portfolio-inner img{
  width:100%;
  display:block;
}
/* strong 태그 색상과 간격 */
section.portfolio .portfolio-inner strong{
  color:#ff6a6a;
  margin:0.5rem 0;
  display:block;
}
/* h3 태그 색상과 간격 */
section.portfolio .portfolio-inner h3{
  font-size:1.75rem;
}
```

코드를 실행해 그림 13-14처럼 보이는지 확인해 보세요.

13.8

섹션 영역 만들기 - Contact With Me

최종 프로젝트의 마지막 영역인 Contact With Me를 만들어 보겠습니다. 섹션 영역이므로 지금까지 해온 것처럼 section 태그로 영역을 구분하고 세부 레이아웃을 설계하면 됩니다.

13.8.1 HTML 코드 작성하기

Contact With Me 영역의 완성 화면은 다음 그림과 같습니다.

그림 13-16 Contact With Me 영역 완성 화면

CONTACT

Contact With Me

> **(•))** **phone**
> 010-2222-1111
>
> **✉** **email**
> sucoding@naver.com
>
> **◉** **address**
> Samseong-ro, Gangnam-gu,
> Seoul, Republic of Korea

name

email

message

send

Contact With Me 영역에서도 제목은 다른 영역과 같으므로 다음처럼 코드를 작성합니다.

13/end/html/contact_with_me.html – Contact With Me 영역 제목

```html
<section id="contact" class="contact">
  <div class="container">
    <div class="title">
      <h4>CONTACT</h4>
      <h2>Contact With Me</h2>
    </div>
  </div>
</section>
```

Contact With Me 영역의 본문은 크게 왼쪽(phone, email, address)과 오른쪽(입력 양식 폼)으로 나눌 수 있습니다. 그래서 다음과 같이 contact-me 클래스를 가지는 div 태그 안에 left 클래스를 가지는 div 태그와 right 클래스를 가지는 div 태그로 영역을 구분합니다.

13/end/html/contact_with_me.html – Contact With Me 영역 본문

```html
      <h2>Contact With Me</h2>
    </div>
    <div class="contact-me">
      <div class="left"></div>
      <div class="right"></div>
    </div>
```

왼쪽부터 코드를 작성하겠습니다. 그림 13-16을 보면 알겠지만, 왼쪽도 구조를 하나만 만들어 놓으면 나머지는 그대로 복사해서 텍스트만 바꾸면 되는 디자인입니다. 그리고 표현해야 하는 구성 요소도 복잡하지 않아서 다음처럼 card 클래스를 가지는 div 태그로 그룹화해서 간단하게 작성할 수 있습니다.

13/end/html/contact_with_me.html – Contact With Me 영역 본문 왼쪽

```html
<div class="left">
  <div class="card">
    <div class="icon">
      <!-- class="fa-solid fa-envelope-open-text", class="fa-solid fa-location-crosshairs" -->
      <i class="fa-solid fa-phone-volume"></i>
    </div>
    <div class="info-text">
```

```
        <!-- email, address -->
        <h3>phone</h3>
        <!-- sucoding@naver.com, Samseong-ro, Gangnam-gu,<br> Seoul, Republic of Korea -->
        <p>010-2222-1111</p>
      </div>
    </div>
  </div>
```

card 클래스를 가지는 div 태그 그룹을 그대로 복사해서 붙여 넣고 텍스트만 교체하면 본문 왼쪽은 끝입니다.

본문 오른쪽은 폼 형태의 구성 요소들이 있으므로 form 태그를 비롯한 폼 요소를 이용해 다음과 같이 코드를 작성합니다.

13/end/html/contact_with_me.html – Contact With Me 영역 본문 오른쪽

```
<div class="right">
  <form action="#">
    <div class="form-group">
      <label for="name">name</label>
      <input type="text" id="name">
    </div>
    <div class="form-group">
      <label for="email">email</label>
      <input type="text" id="email">
    </div>
    <div class="form-group">
      <label for="msg">message</label>
      <textarea id="msg"></textarea>
    </div>
    <button type="submit">send</button>
  </form>
</div>
```

name과 email 부분은 한 줄짜리 입력 요소이므로 input 태그의 type 속성값을 text로 지정하면 됩니다. message 부분은 여러 줄 입력 요소이므로 textarea 태그로 작성합니다. 버튼 요소는 button 태그로 작성합니다.

여기까지 작성한 코드를 웹 브라우저로 실행하면 다음과 같습니다.

그림 13-17 Contact With Me 영역 HTML 코드 작성 결과

CONTACT

Contact With Me

◁◁

phone

010-2222-1111

email

sucoding@naver.com

address

Samseong-ro, Gangnam-gu, Seoul, Republic of Korea

name [   ]

email [   ]

message [   ]

[send]

13.8.2 CSS 코드 작성하기

Contact With Me 영역의 CSS 코드를 작성해 보겠습니다. 이전처럼 제목은 별도로 CSS 코드를 적용하지 않아도 이미 스타일이 적용되어 있습니다. 그래서 본문만 작성하면 됩니다. 본문은 영역 왼쪽과 오른쪽이 수평 방향으로 나란히 배치되어야 하므로 다음과 같이 CSS 코드를 작성합니다. 이 코드에서도 역시 float 속성을 사용하므로 clear 속성으로 해제해야 합니다. 그리고 너비는 왼쪽이 30%, 오른쪽이 65%가 되도록 지정합니다. 이때 남은 5%는 오른쪽에 margin-left 속성값으로 지정합니다.

13/end/css/contact_with_me.css – Contact With Me 영역 본문 레이아웃

```
section.contact .contact-me::after{
  content:"";
  display:block;
  clear:both;
}
section.contact .contact-me .left{
  width:30%;
  float:left;
}
section.contact .contact-me .right{
  float:left;
```

```
    width:65%;
    margin-left:5%;
}
```

왼쪽부터 스타일을 적용해 봅시다. 왼쪽 영역은 같은 구조의 HTML 코드라서 card 클래스를 가지고 있는 div 태그의 그룹만 꾸미면 모두 같은 스타일이 적용됩니다. 다음 코드처럼 display 속성값을 flex로 적용해 수평 방향으로 나란히 배치합니다. 테두리, 내부 여백, 간격도 지정합니다.

card 클래스 하위에는 크게 icon 클래스와 info-text 클래스를 가지고 있는 div 태그가 있는데, 두 태그는 display 속성에 의해 가로 한 줄로 배치됩니다. 그리고 수직 방향으로 중앙에 위치하도록 align-items 속성을 지정합니다.

─────────────────────── 13/end/css/contact_with_me.css – Contact With Me 영역 본문 왼쪽

```
section.contact .contact-me .left .card{
    border:1px solid #ccc;
    padding:1rem;
    display:flex;
    align-items:center;
    margin-bottom:1.25rem;
}
```

본문 왼쪽에 있는 아이콘 폰트도 적정 너비를 지정하기 위해 코드를 다음과 같이 작성합니다.

─────────────── 13/end/css/contact_with_me.css – Contact With Me 영역 본문 왼쪽 아이콘 폰트 꾸미기

```
section.contact .contact-me .left .card .icon i{
    font-size:2rem;
    margin-right:15px;
}
```

마지막으로 본문 오른쪽을 꾸며 보겠습니다. 먼저 앞에서 right 클래스를 선택자로 지정해 작성한 CSS 코드를 다음처럼 변경해 주세요.

─────────────────────── 13/end/css/contact_with_me.css– Contact With Me 영역 본문 오른쪽

```
section.contact .contact-me .right{
    float:left;
```

```
  width:65%;
  margin-left:5%;
  margin-bottom:2rem;
  border:1px solid #ccc;
  padding:1rem;
}
```

이제 폼 요소만 남았습니다. 폼 요소는 form-group 클래스를 가지고 있는 div 태그로 그룹화되어 있습니다. 따라서 다음 코드처럼 선택자로 지정해 CSS 속성을 적용하면 됩니다.

—————————————————————————— 13/end/css/contact_with_me.css – Contact With Me 영역 본문 오른쪽 폼 요소

```css
/* form-group 사이 간격 지정 */
section.contact .contact-me .right .form-group{
  margin-bottom:1.25rem;
}
/* label 태그가 인라인 성격이어서 외부 여백을 적용하기 위해 block으로 변경 */
section.contact .contact-me .right .form-group label{
  display:block;
  margin-bottom:0.85rem;
}
/* input 요소 꾸미기 */
section.contact .contact-me .right .form-group input{
  padding:0.625rem;
  width:100%;
  outline:none;
  border:1px solid #ccc;
  border-radius:10px;
}
/* :focus 가상 클래스 선택자로 입력 요소에 커서가 활성화되면 파란색 테두리와 그림자 효과
추가 */
section.contact .contact-me .right .form-group input:focus{
  border:1px solid #719ECE;
  box-shadow:0 0 10px #719ECE;
}
/* textarea 요소 꾸미기 */
section.contact .contact-me .right .form-group textarea{
  height:300px;
  width:100%;
  resize:none;
```

```
    border:1px solid #ccc;
    border-radius:10px;
}
/* textarea 요소에 커서가 활성화가 되면 파란색 테두리와 그림자 효과 추가 */
section.contact .contact-me .right .form-group textarea:focus{
    outline:none;
    border:1px solid #719ECE;
    box-shadow:0 0 10px #719ECE;
}
/* 버튼 요소 꾸미기 */
section.contact .contact-me .right button{
    width:100%;
    padding:1rem;
    background-color:#f78b00;
    border:none;
    color:white;
}
```

작성한 코드를 웹 브라우저에서 실행하면 그림 13-16처럼 스타일이 적용된 화면이 표시됩니다.

13.9

반응형 코드 적용하기

작성한 코드를 웹 브라우저에서 실행했을 때 웹 브라우저의 가로 너비가 1140px보다 크면 스크롤 없이 전체가 정상적으로 보입니다. 그러나 웹 브라우저의 가로 너비가 1140px보다 작아지면 보기 불편해집니다. 그래서 이번에는 접속 기기의 가로 너비에 따라 화면이 바뀌도록 반응형 CSS 코드를 작성해 보겠습니다.

> **Note 미디어 쿼리는 스크롤 바의 너비를 포함하지 않아요.**
>
> 미디어 쿼리는 1140px 기준으로 작성하지만, 이는 웹 브라우저의 스크롤 바의 너비를 포함하지 않는, 코드로 표현되는 화면 너비의 기준입니다. 따라서 만약 크롬 브라우저에 스크롤 바가 생긴 상태라면 기본 가로 너비(1140px)에 크롬 브라우저의 스크롤 바 너비(18px)를 합한 1158px까지 넓혀야 정상적으로 보입니다. 참고로 웹 브라우저마다 스크롤 바의 너비가 다릅니다.

13.9.1 기준점 설정하기

CSS에서 반응형 코드를 적용하려면 미디어 쿼리(media query)를 사용해야 합니다. 미디어 쿼리는 해상도를 기준으로 서로 다른 CSS를 적용할 때 사용합니다. 따라서 기준이 되는 해상도를 먼저 정해야 합니다. 최종 프로젝트는 container 클래스에 1140px 크기를 지정했으므로 기준 해상도를 1140px부터 시작합니다.

```
/* 화면 너비가 1140px 이하일 때 */
@media screen and (max-width:1140px){}
/* 화면 너비가 992px 이하일 때 */
@media screen and (max-width:992px){}
/* 화면 너비가 768px 이하일 때 */
@media screen and (max-width:768px){}
/* 화면 너비가 576px 이하일 때 */
@media screen and (max-width:576px){}
/* 화면 너비가 400px 이하일 때 */
@media screen and (max-width:400px){}
```

최종 프로젝트에서는 이와 같이 기준 해상도를 설정합니다. 기준 해상도는 공식이나 정해져 있는 너비가 따로 없기 때문에 진행하는 프로젝트 디자인에 맞춰 설정하면 됩니다.

13.9.2 반응형 코드 작성하기

미디어 쿼리를 이용한 반응형 코드를 작성해 보겠습니다. 최종 프로젝트에서 font-size 속성이나 margin, padding 속성은 전부 rem 단위를 사용했습니다. rem 단위는 root, 즉 html 태그의 font-size 속성값에 영향을 받는 단위입니다. html 태그는 기본 font-size 속성값이 16px이므로 1rem이라면 16(px) × 1(rem) = 16px이 됩니다. 이러한 rem 단위의 특징을 이용해 반응형이 적용되는 뷰포트마다 기준이 되는 html 태그의 font-size 속성값을 작게 하면 화면 너비가 줄어들수록 전체 텍스트 크기와 내외부 여백이 일정 비율로 줄어듭니다.

```
@media screen and (max-width:992px){
  html{
    font-size:14px;
  }
}
@media screen and (max-width:768px){
  html{
    font-size:13px;
  }
}
```

```
@media screen and (max-width:576px){
  html{
    font-size:12px;
  }
}
@media screen and (max-width:400px){
  html{
    font-size:11px;
  }
}
```

해상도의 너비가 992px보다 작아질 때부터 기준 font-size 속성값을 줄입니다. 최종으로 너비가 400px 이하일 때 font-size 속성값은 11px이 되므로 똑같은 1rem 값이라고 해도 11(px) × 1(rem) = 11px로 계산됩니다. 따라서 rem 단위로 작성한 수치는 화면 너비에 비례해 줄어들게 됩니다.

이제 해상도 너비에 맞게 CSS 코드를 작성해서 반응형 처리를 하면 됩니다. 해상도가 1140px 이하일 때부터 작성하겠습니다. 화면의 해상도가 1140px보다 작아지면 메인 영역과 섹션 영역의 container 클래스의 기준 너비를 각각 다음과 같이 변경합니다.

13/end/css/media.css – 해상도 1140px 이하일 때

```
@media screen and (max-width:1140px){
  /* 메인 영역 container 기준 너비 변경 */
  main .container{
    width:992px; /* 1140px -> 992px */
  }
  /* 섹션 영역 container 기준 너비 변경 - 2단으로 처리하기 위한 적정 너비 */
  section .container{
    width:600px; /* 1140px -> 600px */
  }
}
```

다음으로 About Me 영역은 본문의 왼쪽과 오른쪽 너비를 100%로 변경합니다.

```
@media screen and (max-width:1140px){
  (중략)
  /* About Me 영역 왼쪽 너비 50% -> 100% 변경 */
  section .about-self .left{
    width:100%;
    margin-bottom:1.5rem;
  }
  /* About Me 영역 오른쪽 너비 50% -> 100% 변경 */
  section .about-self .right{
    width:100%;
    padding:0;
  }
}
```

CSS 코드를 적용하고 나면 화면 너비가 1140px보다 작아질 때 화면이 다음처럼 보입니다.

그림 13-18 About Me 영역 반응형 처리 결과

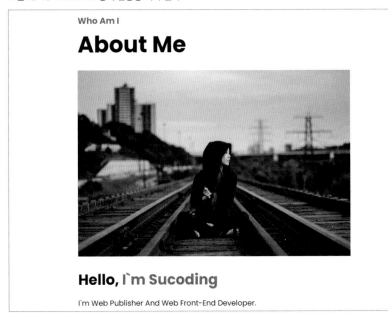

이어서 What I Do 영역도 다음과 같이 반응형 처리를 위한 CSS 코드를 작성합니다.

13장 HTML+CSS+자바스크립트로 완성하는 최종 프로젝트

```
@media screen and (max-width:1140px){
  (중략)
  section .do-me .do-inner{
    width:48%; /* 본문 사각형 너비 30% -> 48% 변경 */
    margin-bottom:1.5rem; /* 본문 사각형 사이 간격 지정 */
    margin-right:0; /* 외부 여백 초기화 */
  }
  section .do-me .do-inner:nth-child(2n+1){
    margin-right:4%; /* 1, 3, 5...번째 본문 사각형에 margin-right 4% 적용 */
  }
}
```

원래 What I Do 영역의 본문은 사각형 하나가 전체 너비의 30%를 차지하고 있어서 수평 방향으로 사각형 3개가 나란히 배치되는 구조였습니다. 그런데 container 클래스의 기준 너비가 1140px에서 600px로 변경되면서 사각형 3개를 수평 배치하기가 어려워졌습니다. 그래서 사각형 너비를 48%, 사각형 사이 간격을 4%로 지정해서 수평 방향으로 사각형 2개를 나란히 배치하도록 수정합니다.

그림 13-19 What I Do 영역 반응형 처리 결과

이어지는 PortFolio 영역도 마찬가지입니다. What I Do 영역처럼 본문에 사각형 3개를 나란히 배치하는 구조이므로 같은 방식으로 코드를 작성합니다.

```
@media screen and (max-width:1140px){
  (중략)
  section .portfolio-me .portfolio-inner{
    width:48%; /* 본문 사각형 너비 30% -> 48% 변경 */
    margin-right:0; /* 외부 여백 초기화 */
  }
  section .portfolio-me .portfolio-inner:nth-child(2n+1){
    margin-right:4%; /* 1, 3, 5...번째 본문 사각형에 margin-right 4% 적용 */
  }
}
```

코드를 적용하면 다음처럼 보입니다.

그림 13-20 PortFolio 영역 반응형 처리 결과

마지막으로 Contact With Me 영역도 본문이 2단으로 분리되지 않도록 다음과 같이 코드를
작성합니다.

```
@media screen and (max-width:1140px){
  (중략)
  section.contact .contact-me .left{
    width:100%; /* 너비 변경 30% -> 100% */
  }
  section.contact .contact-me .right{
    width:100%; /* 너비 변경 65% -> 100% */
    margin-left:0; /* 외부 여백 초기화 */
```

```
    }
  }
```

웹 브라우저 너비를 줄이면 Contact With Me 영역이 다음처럼 보입니다.

그림 13-21 Contact With Me 영역 반응형 처리 결과

해상도가 1140px 이하일 때의 반응형 처리가 끝났습니다. 이제 나머지 해상도에 따른 CSS 코드를 작성해야 하는데, 이때는 비율만 유지해 주면 됩니다. 해상도가 992px 이하일 때는 미디어 쿼리를 다음과 같이 작성합니다. 992px에서는 메인 영역의 container 클래스 너비와 PortFolio 영역의 본문 너비를 바꾸는 것 말고는 따로 처리할 부분이 없습니다. 다른 영역은 해상도가 992px보다 작아져도 디자인적으로 레이아웃이 달라지지 않기 때문입니다.

13/end/css/media.css – 해상도 992px 이하일 때

```
@media screen and (max-width:992px){
  (중략)
  /* 메인 영역 container 기준 너비 변경 */
  main .container{
    width:768px; /* 992px -> 768px */
  }
  /* PortFolio 영역 본문 사각형 너비 변경 */
  section .portfolio-me .portfolio-inner{
    width:100%; /* 48% -> 100% 변경 */
  }
}
```

768px일 때는 기준 너비를 변경하는 코드를 작성합니다. 그리고 What I Do 영역은 기준 너비가 768px 이하로 줄어들면 본문 너비가 100%로 변경되어 모든 콘텐츠가 수직 방향에 한 줄로 배치됩니다.

13/end/css/media.css – 해상도 768px 이하일 때

```
@media screen and (max-width:768px){
  (중략)
  /* 메인 영역 container 기준 너비 변경 */
  main .container{
    width:576px; /* 768px -> 576px */
  }
  section .container{
    width:400px; /* 600px -> 400px */
  }
  section .do-me .do-inner{
    width:100%; /* 48% -> 100% */
    margin-right:0; /* 외부 여백 초기화 */
  }
}
```

576px일 때는 container 클래스의 기준 너비를 바꾸는 것 말고 다른 처리는 하지 않습니다.

13/end/css/media.css – 해상도 576px 이하일 때

```
@media screen and (max-width:576px){
  (중략)
  main .container{
    width:400px; /* 576px -> 400px */
  }
  section .container{
    width:360px; /* 400px -> 360px */
  }
}
```

마지막으로 400px일 때는 container 클래스의 기준 너비만 바꾸면 메인 영역의 글자 비율이 줄어들어도 현재 해상도에서는 큰 편이어서 font-size 속성을 기존보다 조금 작게 재설정합니다.

```css
@media screen and (max-width:400px){
  (중략)
  main .container{
    width:320px; /* 400px -> 320px */
  }
  section .container{
    width:320px; /* 360px -> 320px */
  }
  main h4{
    font-size:1.5rem;
  }
  section .title h2{
    font-size:3rem; /* 3.5rem -> 3rem */
  }
}
```

13.10

자바스크립트 적용하기

웹 브라우저에 화면이 표시된 후 동적으로 화면을 조작하려면 자바스크립트를 사용해야 합니다. 최종 프로젝트에는 자바스크립트를 사용해 동적으로 처리한 부분이 총 3군데 있습니다.

첫 번째는 메인 영역의 텍스트 타이핑 효과입니다. 화면에 보여 줄 텍스트 데이터를 배열로 저장하고 일정 시간마다 반복하면 타이핑하듯이 화면에 출력합니다.

두 번째는 헤더 영역의 디자인 변경 효과입니다. 웹 브라우저를 스크롤하면 헤더 영역에 새로운 클래스를 추가해 디자인을 변경합니다.

세 번째는 스크롤 이동 효과입니다. 헤더 메뉴를 클릭하면 페이지 내부의 다른 영역으로 부드럽게 스크롤이 이동합니다.

최종 프로젝트에 자바스크립트를 적용하려면 HTML 파일의 마지막 부분에 다음과 같이 외부 스크립트 파일을 연결하는 코드를 추가해야 합니다.

13/end/index.html

```
  </section>
  <script src="script.js"></script>
</body>
```

그리고 프로젝트 폴더에 script.js 파일을 만들어 해당 파일에 자바스크립트 코드를 작성합니다.

13.10.1 텍스트 타이핑 효과 구현하기

최종 프로젝트의 데모 페이지를 보면 메인 영역에 보이는 'I'M…'으로 시작하는 문장에 텍스트가 한 글자씩 타이핑되듯이 표시되는 효과가 적용되어 있습니다.

그림 13-22 타이핑 효과 적용 부분

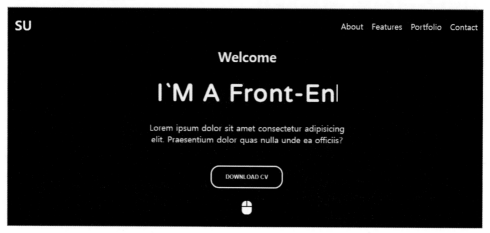

이는 화면에 표시되는 텍스트를 일정 시간 간격으로 지웠다가 작성하기를 반복하게 해서 그렇습니다. 이 부분을 자바스크립트로 작성해 보겠습니다.

● 텍스트 입력 효과 구현하기

앞에서 메인 영역의 텍스트 부분을 HTML 코드로 직접 작성했는데, 이를 자바스크립트 코드로 작성하게 합니다. 먼저 메인 영역의 h2 태그 안에 있는 span 태그의 텍스트를 지웁니다.

13/end/html/main.html – 메인 영역

```
<main id="main">
  <div class="container">
    <h4>Welcome</h4>
    <h2>I`M A <span></span></h2> <!-- span 태그 콘텐츠 비우기  -->
    (중략)
  </div>
</main>
```

이어서 자바스크립트 코드를 다음과 같이 작성합니다. 이 코드에서 하는 일은 텍스트를 작성할 span 요소 노드를 가져오고, 작성할 문장을 배열로 정의해 txtArr 변수에 할당합니다. 그리고 인덱스 초깃값도 index 변수에 할당해서 배열의 첫 번째 요소에 접근하게 합니다. 또한, String 객체의 split() 메서드로 문장을 문자 단위로("") 쪼개서 배열로 만든 뒤 currentTxt 변수에 할당합니다.

13/end/js/text.js

```
// span 요소 노드 가져오기
const spanEl = document.querySelector("main h2 span");
// 화면에 표시할 문장 배열
const txtArr = ['Web Publisher', 'Front-End Developer', 'Web UI Designer', 'UX
Designer', 'Back-End Developer'];
// 배열의 인덱스 초깃값
let index = 0;
// 화면에 표시할 문장 배열에서 요소를 하나 가져온 뒤, 배열로 만들기
let currentTxt = txtArr[index].split("");
```

currentTxt 변수를 콘솔창에 출력해 보면 다음처럼 첫 번째 'Web Publisher' 문장이 문자 단위로 쪼개져 배열로 출력되는 것을 볼 수 있습니다.

실행결과

```
['W', 'e', 'b', ' ', 'P', 'u', 'b', 'l', 'i', 's', 'h', 'e', 'r']
```

텍스트가 입력되는 효과의 핵심은 currentTxt 변수에 할당된 배열 요소를 앞에서부터 한 개씩 출력하는 것입니다. 그러면 마치 텍스트가 한 글자씩 작성되는 것처럼 보이게 됩니다. 이를 위해 다음처럼 writeTxt() 함수를 만들어 배열 요소를 한 개씩 출력하게 합니다.

```
function writeTxt(){
  spanEl.textContent += currentTxt.shift(); // ①
  if(currentTxt.length !== 0){ // ②
    setTimeout(writeTxt, Math.floor(Math.random() * 100));
  }else{ // ③
    currentTxt = spanEl.textContent.split("");
    setTimeout(deleteTxt, 3000);
  }
```

```
    }
    writeTxt();
```

작성한 writeTxt() 함수를 한 부분씩 살펴보겠습니다.

① 배열의 요소를 앞에서부터 한 개씩 출력해야 합니다. 이럴 때 사용하는 메서드가 Array 객체의 shift()입니다. shift() 메서드는 파괴적 메서드로, 배열에서 맨 앞의 요소를 추출하고 추출한 요소를 원본 배열에서 삭제합니다. 만약 currentTxt 변수에 ['W', 'e', 'b', ' ', 'P', 'u', 'b', 'l', 'i', 's', 'h', 'e', 'r'] 배열이 할당된 상태라면 배열의 첫 번째 요소인 W를 배열에서 추출하고, 배열에서 W를 삭제합니다.

② if 문으로 currentTxt 변수에 할당된 배열의 길이가 0인지 확인합니다. 확인하는 이유는 배열의 길이가 0이 아니라면 아직 출력해야 하는 단어가 남아 있다는 뜻이어서 배열 요소를 모두 출력할 때까지 writeTxt() 함수를 반복 호출하기 위해서입니다. 그래서 if 문의 코드를 보면 setTimeout() 메서드로 일정 시간이 흐른 뒤에 writeTxt() 함수를 다시 호출합니다. 여기서 setTimeout() 메서드의 두 번째 인자는 시간(밀리초)을 의미합니다. 이 값은 호출할 때마다 Math 객체의 random() 메서드로 0부터 100 사이의 숫자가 무작위로 구해져, 작성되는 글자 속도를 매번 달라지게 합니다.

③ else 문이 실행된다는 건 결국 currentTxt 배열이 비었다는 뜻입니다. 다르게 말하면 배열 안의 모든 텍스트가 전부 화면에 출력됐다는 의미죠. 그러면 텍스트 작성 함수를 끝내기 전에 텍스트를 지우기 위해 화면에 표시된 텍스트를 가져와서 split() 메서드로 다시 단어 단위로 분리해 배열에 할당합니다. 그리고 3초 뒤에 텍스트를 지우는 함수인 deleteTxt() 함수를 호출하는 것까지가 텍스트를 입력하는 writeTxt() 함수의 역할입니다.

● **텍스트 삭제 효과 구현하기**

텍스트 삭제는 입력 과정과 비슷합니다. 텍스트를 입력할 때는 배열의 앞에서부터 요소를 추출해 한 글자씩 출력했는데, 텍스트를 삭제할 때는 뒤에서부터 요소를 추출해 한 글자씩 줄어드는 것처럼 표현하면 됩니다. 이런 텍스트 삭제 효과를 구현한 코드는 다음과 같습니다.

```
function deleteTxt(){
  currentTxt.pop(); // ①
  spanEl.textContent = currentTxt.join("");// ②
  if(currentTxt.length !== 0){ // ③
    setTimeout(deleteTxt, Math.floor(Math.random() * 100));
  }else{ // ④
    index = (index + 1) % txtArr.length;
    currentTxt = txtArr[index].split("");
    writeTxt();
  }
}
```

deleteTxt() 함수도 한 줄씩 자세히 살펴보겠습니다.

① 가장 먼저 currentTxt 변수에서 pop() 메서드를 실행합니다. 현재 currentTxt 변수에는 deleteTxt() 함수를 실행하기 전에 화면에 표시된 텍스트를 가져와서 split() 메서드로 분리한 배열이 할당되어 있습니다. 지금 작성하는 코드를 기준으로 첫 번째 문장인 'Web Publisher'를 출력했으니 현재 currentTxt 변수에는 ['W', 'e', 'b', ' ', 'P', 'u', 'b', 'l', 'i', 's', 'h', 'e', 'r']이 할당되어 있습니다.

이 상태에서 Array 객체의 pop() 메서드로 배열 요소를 끝에서부터 한 개씩 삭제합니다. pop() 메서드는 파괴적 메서드라서 원본 배열에서 요소가 삭제됩니다. 그래서 변수에 할당된 배열은 끝에서 요소가 하나 삭제되고 변수에는 ['W', 'e', 'b', ' ', 'P', 'u', 'b', 'l', 'i', 's', 'h', 'e']가 할당된 상태가 됩니다.

② 다음으로 Array 객체의 join() 메서드로 현재 배열에 있는 요소를 하나의 문자열로 합칩니다. 그러면 'Web Publishe'라는 문자열이 span 요소의 텍스트로 할당됩니다. 따라서 사용자 눈에는 한 글자가 삭제된 것처럼 보입니다.

③ 그러고 나서 writeTxt() 함수처럼 if 문으로 currentTxt 변수에 할당된 배열이 비었는지 확인합니다. 만약 값이 남아 있으면 다시 deleteTxt() 함수를 호출합니다. 이때 호출되는 시간은 0에서 0.1초(0~100) 사이에서 무작위로 설정합니다.

④ 모든 배열이 pop() 메서드에 의해 삭제되면 else 문이 실행됩니다. else 문에서는 다음 문장을 출력하기 위해 배열에 다시 접근합니다. 이때 index 숫자를 1 증가시키는데, 그 이유는

index 숫자가 문장이 담긴 배열(txtArr)의 길이를 넘지 않게 하기 위해서입니다. index 숫자를 1 증가시키고 나면 문장 배열에 접근해 새로운 문장을 가져옵니다. 작성된 순서대로라면 'Front-End Developer'에 접근합니다. 이를 split() 메서드를 사용해 배열로 만드므로 currentTxt 변수에는 ['F', 'r', 'o', 'n', 't', '-', 'E', 'n', 'd', ' ', 'D', 'e', 'v', 'e', 'l', 'o', 'p', 'e', 'r'] 배열이 할당됩니다. 그러면 다시 할당된 currentTxt 변수의 배열로 writeTxt() 메서드를 호출해 지금까지 한 과정을 무한히 반복합니다.

● 텍스트 타이핑 효과 개선하기

앞에서 구현한 모든 자바스크립트 코드를 script.js 파일에 작성해 HTML 파일과 연결하고 나면 메인 화면에 커서가 깜빡이면서 텍스트를 입력했다가 지우는 것을 볼 수 있습니다.

그런데 텍스트 타이핑 효과는 이후 사용자가 다시 호출할 일이 없는 코드입니다. 그래서 다음과 같이 즉시 실행 함수 형태로 코드를 감싸 주면 작성한 코드를 조금 더 정리할 수 있습니다.

—————————————— 13/end/js/text_iife.js – 즉시 실행 함수로 코드 감싸기

```javascript
// 텍스트 작성과 삭제 즉시 실행 함수
(function(){
  const spanEl = document.querySelector("main h2 span");
  const txtArr = ['Web Publisher', 'Front-End Developer', 'Web UI Designer', 'UX
Designer', 'Back-End Developer'];
  let index = 0;
  let currentTxt = txtArr[index].split("");
  function writeTxt(){
    spanEl.textContent += currentTxt.shift();
    if(currentTxt.length !== 0){
      setTimeout(writeTxt, Math.floor(Math.random() * 100));
    }else{
      currentTxt = spanEl.textContent.split("");
      setTimeout(deleteTxt, 3000);
    }
  }
  function deleteTxt(){
    currentTxt.pop();
    spanEl.textContent = currentTxt.join("");
    if(currentTxt.length !== 0){
      setTimeout(deleteTxt, Math.floor(Math.random() * 100));
```

```
    }else{
      index = (index + 1) % txtArr.length;
      currentTxt = txtArr[index].split("");
      console.log(currentTxt);
      writeTxt();
    }
  }
  writeTxt();
})();
```

이렇게 하면 전역 스코프를 오염시키지 않으면서(**10.5 즉시 실행 함수 사용하기** 참고) 타이핑 효과를 적용할 수 있습니다.　　　　**TIP** ── 최종으로 text.js 말고 text_iife.js 코드만 적용하면 됩니다.

13.10.2 스크롤 이동 시 헤더 영역에 스타일 적용하기

현재 헤더 영역의 텍스트가 흰색이라서 스크롤을 내리다가 글씨가 흰색인 영역이나 배경이 흰색인 영역에서는 헤더 영역의 메뉴가 잘 안 보입니다.

그림 13–23 헤더 영역이 안 보이는 문제 발생

Who Am I

About Me

그래서 헤더 영역에 새로운 클래스를 추가해서 웹 브라우저가 수직 방향으로 스크롤되면 스타일을 적용하는 방법으로 해결하려고 합니다.

먼저 다음처럼 헤더 영역에 새로운 CSS 코드를 추가합니다. header 태그에 active 클래스가 추가되면 헤더 영역의 배경이 검은색으로 지정되고, fadeIn 애니메이션을 적용해 투명도가 0에서 1로 1초간 변하게 됩니다.

─────────────────────── 13/end/css/header.css – 헤더 영역 코드 추가

```
header.active{
  background-color:rgba(0,0,0);
  animation:fadeIn 0.5s ease-in-out;
}
@keyframes fadeIn{
```

```
    0%{
      opacity:0;
    }
    100%{
      opacity:1;
    }
}
```

CSS 코드를 추가하고 나면 자바스크립트로 웹 브라우저의 스크롤이 내려갔는지 확인하면 됩니다. script.js 파일에 다음과 같은 스크롤 이벤트를 등록합니다.

———————————————————————————— 13/end/js/scroll.js – 스크롤 이벤트 추가

```
const headerEl = document.querySelector("header");
window.addEventListener('scroll', function(){
 const browerScrollY = window.pageYOffset;
  if(browerScrollY > 0){
    headerEl.classList.add("active");
  }else{
    headerEl.classList.remove("active");
  }
});
```

웹 브라우저의 수직 스크롤 위치는 window 객체의 pageYOffset 속성으로 참조할 수 있습니다. 속성값이 0보다 크면 스크롤됐다고 볼 수 있으므로 이를 조건으로 처리해서 if 문으로 active 클래스를 추가하거나 삭제하면 됩니다.

그림 13-24 스크롤 이벤트 적용 결과

여기서 끝내도 되고, 다음과 같이 코드를 한 번 더 정리할 수도 있습니다. 스크롤하면 이벤트가 계속 발생하므로 requestAnimationFrame() 메서드로 스크롤 이벤트를 최적화합니다.

TIP — 최종으로 scroll.js 대신에 scroll_request.js 코드만 적용하면 됩니다.

```
/* 수직 스크롤이 발생하면 header 태그에 active 클래스 추가 및 삭제 */
const headerEl = document.querySelector("header");
window.addEventListener('scroll', function(){
  requestAnimationFrame(scrollCheck);
});
function scrollCheck(){
  let browerScrollY = window.scrollY ? window.scrollY : window.pageYOffset;
  if(browerScrollY > 0){
    headerEl.classList.add("active");
  }else{
    headerEl.classList.remove("active");
  }
}
```

13.10.3 부드러운 이동 애니메이션 효과 구현하기

이번에는 헤더 영역의 메뉴를 클릭하면 메뉴 영역으로 스크롤이 부드럽게 이동하는 효과를 자바스크립트로 작성해 보겠습니다.

Window 객체의 scrollTo() 메서드에서 behavior 속성을 사용하면 애니메이션 효과를 적용해 스크롤을 부드럽게 이동할 수 있습니다. 단, IE나 iOS 모바일에서는 제대로 동작하지 않습니다. 이 외의 웹 브라우저에서는 정상적으로 작동합니다.

일단 이동할 대상 요소를 가리키는 선택자(selector)를 매개변수에 전달받아 이동하려는 대상의 현재 위칫값을 구하는 코드를 작성합니다.

```
/* 애니메이션 스크롤 이동 */
const animationMove = function(selector){
  // ① selector 매개변수로 이동할 대상 요소 노드 가져오기
  const targetEl = document.querySelector(selector);
  // ② 현재 웹 브라우저의 스크롤 정보(y 값)
  const browserScrollY = window.pageYOffset;
  // ③ 이동할 대상의 위치(y 값)
  const targetScorllY = targetEl.getBoundingClientRect().top + browserScrollY;
  // ④ 스크롤 이동
```

```
    window.scrollTo({ top: targetScorllY, behavior: 'smooth' });
  };
```

코드가 조금 복잡해 보일 수 있지만, 부드러운 스크롤 이동 효과를 구현하는 데 꼭 필요한 값들입니다. 웹 브라우저의 스크롤 이동을 처리하려면 이동할 대상의 스크롤 위치(y 값)를 당연히 알아야 합니다. 그러려면 이동할 대상의 노드를 가져올 수 있어야 하고(①), 현재 웹 브라우저의 스크롤 위치를 구해야 합니다(②). 그래야 가져온 요소 노드로 구하는 위치의 정확한 y 값을 구할 수 있습니다(③). 그리고 window 객체의 scrollTo() 메서드를 사용해 해당 위치로 이동합니다(④).

이제 기존 헤더 영역에서 메뉴에 해당하는 button 태그에 클릭 이벤트를 연결해 앞에서 만든 animationMove() 함수를 실행하겠습니다. 헤더 영역의 메뉴에 사용된 button 태그에 click 이벤트를 연결하기 위해 다음처럼 코드를 수정합니다.

13/end/html/header_move.html

```
<header>
  <div class="container">
    <h1>
      <button data-animation-scroll="true" data-target="#main">SU</button>
    </h1>
    <nav>
      <ul>
        <li>
          <button data-animation-scroll="true" data-target="#about">
          About</button>
        </li>
        <li>
          <button data-animation-scroll="true" data-target="#features">
          Features</button>
        </li>
        <li>
          <button data-animation-scroll="true" data-target="#portfolio">
          Portfolio</button>
        </li>
        <li>
          <button data-animation-scroll="true" data-target="#contact">
          Contact</button>
```

```
        </li>
      </ul>
    </nav>
  </div>
</header>
```

button 태그에 data-* 속성으로 animation-scroll과 target 속성을 지정합니다. 그리고 자바
스크립트로 다음과 같이 클릭 이벤트를 연결하면 button 태그를 클릭했을 때 해당 영역으로 스
크롤이 부드럽게 이동하는 것을 확인할 수 있습니다.

———————————————————————————————————— 13/end/js/move.js

```
// 스크롤 이벤트 연결하기
const scollMoveEl = document.querySelectorAll("[data-animation-scroll='true']");
for(let i = 0; i < scollMoveEl.length; i++){
  scollMoveEl[i].addEventListener('click', function(e){
    const target = this.dataset.target;
    animationMove(target);
  });
}
```

이제 최종 프로젝트의 HTML 파일을 웹 브라우저로 열어보세요. 타이핑 효과, 헤더 클래스 추
가와 삭제 효과, 부드러운 이동 애니메이션 효과(behavior 속성이 작동되는 웹 브라우저에서
만)가 전부 잘 적용된 상태로 실행됩니다.

13.11

유효성 검증하기

마지막으로 지금까지 작성한 HTML 코드와 CSS 코드가 유효성에 적합한지 확인하겠습니다. HTML 코드의 유효성 검사는 https://validator.w3.org/#validate_by_input 페이지에서 할 수 있습니다. 지금까지 작성한 HTML 코드를 직접 입력하고 [Check] 버튼을 누릅니다. 그림처럼 'Document checking completed. No errors or warnings to show.'라는 메시지가 보이면 유효성 검사에 통과한 것입니다.

그림 13-25 HTML 유효성 검사

CSS 유효성 검사는 https://jigsaw.w3.org/css-validator/#validate_by_input 페이지에서 할 수 있습니다. CSS 코드를 입력하고 [검사] 버튼을 누르면 그림과 같이 CSS 코드가 유효한지 확인할 수 있습니다.

그림 13-26 CSS 유효성 검사

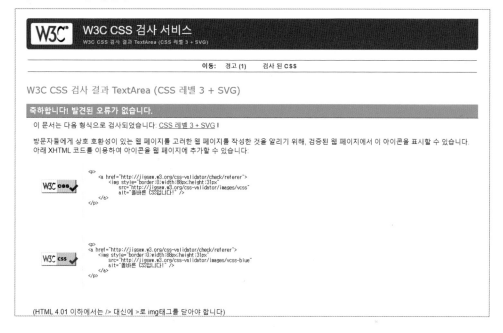

축하합니다! 이것으로 이 책의 모든 과정이 끝났습니다.

코딩
자율학습

해설 노트

2장

1분 퀴즈

1. 태그

2. ⑤

해설_ p 태그는 기본 구조의 구성 요소는 아니고 HTML에서 제공하는 일반 태그 중 하나일 뿐입니다.

3장

1분 퀴즈

1. ①, ④

해설_ hn 태그는 h1 태그부터 h6 태그까지 모두 사용하지 않아도 되지만, 반드시 h1 태그부터 단계적으로 사용해야 합니다.

2. 블록, 인라인, 인라인

3. ul, ol, dl, ul, li, ol, li, dl, dt, dd

해설_ 비순서형 목록은 ul 태그, 순서형 목록은 ol 태그, 정의형 목록은 dl 태그로 생성합니다. 그리고 목록 내용을 생성할 때 ul 태그와 ol 태그는 li 태그로, dl 태그는 dt 태그와 dd 태그를 사용합니다.

4. "https://www.naver.com", "_blank", src, alt

해설_ a 태그의 href 속성에는 링크 대상 경로를 작성하므로 "https://www.naver.com"이라고 적습니다. 그리고 target 속성값으로 _blank를 적으면 링크가 새 창에서 열리게 됩니다. img 태그에는 src 속성으로 이미지 경로를 입력하고, alt 속성으로 이미지 설명을 넣습니다.

5. ②

해설_ input 태그는 한 줄짜리 입력 요소를 생성할 뿐만 아니라 type 속성값에 button, checkbox, radio 등을 넣으면 버튼이나 체크박스, 라디오버튼 요소도 만들 수 있습니다.

6. ②

해설_ table 태그는 표의 틀만 생성합니다. 행은 tr 태그로, 열은 th 태그와 td 태그로 생성합니다. thead, tfoot, tbody 태그는 행을 그룹지을 때 사용합니다.

7. ②, ③

해설_ div 태그와 span 태그는 HTML의 대표적인 논 시맨틱 태그입니다. p 태그도 단순하게 텍스트를 작성할 때 사용하는 논 시맨틱 태그입니다.

셀프체크

1. 해설에 부분별 코드가 나와 있으므로 전체 코드를 따로 표기하지 않았습니다. 전체 코드는 예제 파일 03/selfcheck/postit/end/index.html에서 확인할 수 있습니다.

```
<div></div>
```

① 포스트잇 요소를 그룹 짓기 위해 div 태그를 사용합니다.

```
<div>
  <h1>To. 남편</h1>
</div>
```

② 제목이나 주제 성격의 텍스트는 hn 태그를 사용합니다.

③ 문단을 구성하는 텍스트에는 p 태그를 사용하고, 문단에서 줄 바꿈이 필요하면 br 태그를 사용합니다.

```
<div>
  <h1>To. 남편</h1>
  <p>
    여보~ 오늘 급하게 먼저 출근해야 해서<br>
    인사도 못 하고 먼저 나가요~
  </p>
  <p>
    아침 굶지 말고 냉장고에 있는 반찬<br>
    전자레인지에 데워서 챙겨 먹고 나가요~!
  </p>
  <p>
    그럼 오늘 하루도 힘내고 이따 저녁에 봐요~<br>
    화이팅~!
  </p>
</div>
```

2. 해설에 부분별 코드가 나와 있으므로 전체 코드를 따로 표기하지 않았습니다. 전체 코드는 예제 파일 03/ selfcheck/login/end/index.html에서 확인할 수 있습니다.

```
<form action="#">...</form>
```

① 폼 관련 요소는 form 태그 안에 작성합니다.

```
<fieldset>
  <legend>소셜 로그인</legend>
  (중략)
</fieldset>
<fieldset>
  <legend>일반 로그인</legend>
  (중략)
</fieldset>
```

② fieldset 태그로 관련 있는 폼 요소를 그룹화하고, legend 태그로 그룹명을 지정할 수 있습니다.

```
<button type="button">
  <img src="google.png" alt="구글 로고">
  Log in with Google
</button>
```

③ 소셜 로그인은 버튼 요소입니다. 따라서 button 태그로 작성하되 type 속성값을 button으로 지정합니다.

④ 일반 로그인은 이메일과 비밀번호를 사용자가 직접 입력해야 해서 type 속성값이 text와 password 인 입력 요소를 input 태그로 작성합니다. 이때 웹 접근성을 고려해 label 태그도 같이 사용합니다.

```
<label for="username">
  <input type="text" id="username" name="username" placeholder="Username">
</label>
<label for="password">
  <input type="password" id="password" name="password" placeholder="Password">
</label>
<button type="submit">
  Login
</button>
```

⑤ 'or'는 단순 텍스트이므로 p 태그로 작성하고, 'Forgot your password?'는 비밀번호 찾기 페이지로 이동해야 하므로 a 태그로 링크를 생성합니다.

```
<p>or</p>
(중략)
<a href="#">Forgot your password?</a>
```

3. 해설에 부분별 코드가 나와 있으므로 전체 코드를 따로 표기하지 않았습니다. 전체 코드는 예제 파일 03/selfcheck/wiki/end/index.html에서 확인할 수 있습니다.

```
<div>
</div>
```

① 목차의 요소 전체를 그룹 짓기 위해 div 태그를 사용합니다.

```
<div>
  <ol>
    <li>
    </li>
  </ol>
</div>
```

② 목차는 순서형 목록이어서 ol 태그로 목록을 생성하고, li 태그로 목록 내용을 구성합니다.

```
  <li>
    <a href="#">역사</a>
  </li>
```

③ 목록 내용을 클릭하면 목차에 해당하는 문서로 연결되어야 하므로 a 태그를 사용해 링크를 작성합니다.

```
  <li>
    <a href="#">역사</a>
    <ol>
      <li>
        <a href="#">개발</a>
      </li>
    </ol>
  </li>
```

④ 목차 안에 목차, 즉 중첩되는 목록은 li 태그 안에 다시 작성합니다.

⑤ 나머지 코드도 같은 방식으로 작성합니다.

4장

1. ②

해설_ 별도의 CSS 파일은 외부 스타일 시트를 사용할 때 필요합니다.

셀프체크

1.
internal.html
```
<style>
  p{
    color:red;
  }
</style>
```

내부 스타일 시트 방법은 style 태그에 CSS 코드를 작성하는 방법입니다. 따라서 internal.html 파일에 style 태그와 제시된 CSS 코드를 추가하면 됩니다.

2.
style.css
```
p{
  color:red;
}
```

external.html
```
<head>
  <link rel="stylesheet" href="style.css">
</head>
```

외부 스타일 시트 방법은 확장자가 CSS인 파일을 만들어서 CSS 코드를 작성합니다. 따라서 style.css 파일을 만들어서 문제에 나온 CSS 코드를 작성합니다. 그리고 external.html 파일에서 link 태그를 사용해 style.css 파일과 연결합니다.

3.
inline.html
```
<body>
  <p style="color:red">인라인 스타일 방법으로 CSS를 적용해 보세요.</p>
</body>
```

인라인 스타일 방법은 style 속성으로 HTML 문서에 스타일을 적용하는 방법입니다. 따라서 제시된 코드를 inline.html 파일에 style 속성으로 추가하면 됩니다.

5장

1분 퀴즈

1. ⑤

　해설_ 속성 선택자는 HTML 속성 또는 속성과 속성값으로 요소를 선택합니다.

2. ③

　해설_ 하위 선택자는 공백으로 구분합니다.

3. ②

　해설_ :first-letter는 가상 요소 선택자이며, 콜론도 1개가 아니라 2개(::)로 작성해야 합니다.

셀프체크

1.
```
p{}
```

2.
```
#title{}
```

3.
```
.box#title{}
```

4.
```
section div{}
```

5.
```
label + input{}
```

6.
```
a[href="https://www.naver.com"] span{}
```

6장

1분 퀴즈

1. ③

> **해설_** 텍스트 색상을 지정하는 속성은 font-color가 아니라 color입니다.

2. 170, 135

> **해설_** box-sizing 속성을 별도로 지정하지 않았기 때문에 너비와 높이는 border + padding + content 영역으로 계산해야 합니다. 따라서 너비는 170px(10px + 20px + 20px + 20px + 100px), 높이는 135px(5px + 10px + 10px + 10px + 100px)이 됩니다.

3. ④

> **해설_** 삽입하려는 이미지의 크기를 지정하고 싶을 때는 background-size 속성을 사용합니다.

4. ④

> **해설_** clear 속성은 float 속성과 같은 값이나 both 값을 적용해 해제할 수 있습니다.

5. ②

> **해설_** 전환 효과 속성을 지정하는 데 필요한 최소 속성은 transition-property, transition-duration 속성입니다.

6. ③

> **해설_** animation-delay 속성은 애니메이션 효과를 지연할 때 사용합니다.

셀프체크

1.

———————————— 06/selfcheck/postit/index.html

```
<div id="postit">
    <h1>To. 남편</h1>
    (중략)
</div>
```

3장에서 만든 포스트잇의 HTML 코드에 CSS를 적용하기 위해 postit 아이디를 추가합니다.

이렇게 작성한 HTML 코드 기반으로 CSS를 다음과 같이 작성합니다.

———————————————————————————— 06/selfcheck/postit/style.css

```
@import url('https://fonts.googleapis.com/css2?family=Nanum+Pen+Script&display=swap'); // ①
*{
```

```
      margin:100px;
      padding:0;
      box-sizing:border-box;
    } // ②
    #postit{
      width:333px;
      height:333px;
      background-color:#ff9;
      transform:rotate(10deg);
      text-align:center;
      font-family:"Nanum Pen Script", cursive;
    } // ③
    #postit h1{
      font-size:44px;
      margin-bottom:20px;
      font-weight:normal;
    } // ④
    #postit p{
      font-size:25px;
      margin-bottom:20px;
    } // ⑤
```

① 나눔 펜 글꼴을 적용하기 위해서 구글 웹 폰트를 추가합니다.

② 웹 브라우저의 기본 스타일 시트를 초기화합니다.

③ 텍스트 크기와 margin, 너비와 높이, 배경과 같은 CSS를 적용합니다. 텍스트 중앙 정렬은 문제
　에 따로 설명이 없지만, 그림처럼 중앙 정렬하기 위해서 text-align 속성을 사용합니다. 회전은
　transform 속성값으로 rotate() 함수를 사용해서 지정합니다.

④ 문제에 나와 있는 것처럼 텍스트 크기와 margin, 텍스트 굵기를 적용합니다.

⑤ 문제에 나와 있는 것처럼 텍스트 크기와 margin을 적용합니다.

2. ──────────── 06/selfcheck/login/end/index.html

```
<form action="#" id="login">
  <fieldset>
    (중략)
</form>
```

3장에서 만든 로그인 코드에 CSS를 적용하기 위해
login 아이디를 추가합니다.

CSS 코드를 작성합니다.

```css
@import url('https://fonts.googleapis.com/css2?family=Roboto:wght@400;700&dis-
play=swap'); // ①
*{
  margin:0;
  padding:0;
  box-sizing:border-box;
} // ②
body{
  font-family:"Roboto", sans-serif;
} // ③
#login{
  width:304px;
  height:390px;
  padding:28px 38px;
  border:1px solid #000;
  margin:100px auto;
} // ④
#login fieldset{
  border:none;
} // ⑤
#login fieldset legend{
  position:absolute;
  top:-99999px;
} // ⑥
#login button{
  width:228px;
  height:44px;
  border:1px solid #000;
  background-color:white;
  font-weight:bold;
} // ⑦
#login input{
  width:228px;
  height:44px;
  border:1px solid #000;
  padding:0 10px;
  margin-bottom:21px;
```

```
    background-color:#eaeaea;
} // ⑧
#login > fieldset + p{
    margin:24px 0;
    font-size:16px;
    font-weight:bold;
    text-align:center;
} // ⑨
#login button[type='submit']{
    background-color:#373f3c;
    color:white;
    margin-bottom:27px;
    font-weight:normal;
} // ⑩
#login a{
    text-decoration:none;
    color:#2c3432;
    font-size:14px;
    text-align:center;
    display:block;
} // ⑪
```

① Roboto 글꼴을 적용하기 위해 구글 폰트를 추가합니다.

② 웹 브라우저의 기본 스타일 시트를 초기화합니다.

③ font-family 속성은 상속되므로 body 태그에 Roboto 글꼴을 적용합니다.

④ 로그인 영역의 너비와 높이를 지정하고 내부 여백(상하 28px, 좌우 38px)을 지정합니다. 로그인 영역의 테두리를 추가하고, 수평 방향에서 중앙에 위치할 수 있도록 margin 속성을 100px auto로 작성합니다.

⑤ fieldset 태그는 기본으로 테두리가 있는데, 디자인에서는 필요 없으므로 border 속성을 작성합니다.

⑥ 웹 접근성을 위해 legend 태그를 사용했지만, 디자인에서 필요 없는 구성 요소입니다. 그러나 display 속성값을 none으로 적용하면 웹 브라우저 화면에 아예 표시되지 않기 때문에 legend 태그를 사용한 의미가 없습니다. 그래서 position 속성을 absolute로 지정해 화면 밖으로 이동시킵니다.

⑦ 버튼 영역의 너비와 높이를 지정하고 테두리와 배경, 텍스트 굵기 등도 적용합니다. 단, 현재 login 영

역에 button 태그가 2개이고, 해당 선택자로 2개의 버튼에 속성이 모두 적용되지만, 어차피 2개의 버튼 모두 너비와 높이는 같아서 문제없습니다.

⑧ 입력 요소의 너비와 높이를 지정하고 테두리와 내부 여백, 외부 여백, 배경색과 관련한 속성을 작성합니다.

⑨ 선택자가 다소 복잡해 보이지만, 최대한 HTML 구조를 건드리지 않기 위해서입니다. 로그인 영역에서 'or' 부분을 선택하는데, 상하 외부 여백과 텍스트의 크기와 굵기, 중앙 정렬과 관련한 속성을 작성합니다.

⑩ Login 버튼을 꾸며야 하는데 ⑦에서 선택자로 작성한 속성 때문에 이미 어느 정도 버튼이 꾸며져 있습니다. 여기서 그림과 일치하게 텍스트 색상, 배경색, 굵기, 외부 여백 등을 다시 지정합니다.

⑪ a 태그는 기본으로 밑줄이 그어져 있습니다. 이를 삭제하기 위해 text-decoration 속성을 none으로 적용합니다. 그리고 텍스트 색상과 크기, 중앙 정렬을 위한 속성을 작성합니다. 이때 a 태그는 인라인 성격이라서 중앙 정렬되지 않습니다. 그래서 display 속성값을 block으로 적용하면 중앙 정렬됩니다.

3.

———————————— 06/selfcheck/wiki/end/index.html

```
<div class="list">
  <h1>목차</h1>
  (중략)
</div>
```

3장에서 만든 목차에 CSS를 적용하기 위해 list 클래스를 추가합니다.

CSS 코드를 다음과 같이 작성합니다.

———————————————————————————————— 06/selfcheck/wiki/end/style.css

```
*{
  margin:0;
  padding:0;
  box-sizing:border-box;
} // ①
a{
  color:#0645ad;
} // ②
.list{
  width:346px;
  height:265px;
  background-color:#f8f9fa;
  border:1px solid #a2a9b1;
```

```
    padding:6px 5px;
    margin:20px auto;
} // ③
.list h1{
    font-size:13px;
    text-align:center;
} // ④
.list ol li{
    list-style:none;
    font-size:13px;
} // ⑤
.list ol li a{
    text-decoration:none;
    height:21px;
    display:inline-block;
} // ⑥
.list ol li ol{
    margin-left:26px;
} // ⑦
```

① 웹 브라우저의 기본 스타일 시트를 초기화합니다.

② a 태그의 색상을 #0645ad로 지정합니다.

③ 너비를 346px, 높이를 265px로 지정합니다. padding은 상하, 좌우에 각각 6px, 5px을 적용합니다.
  목차가 수평으로 중앙에 오도록 margin을 20px auto로 지정합니다. 배경색도 #f8f9fa로 지정합니다.

④ h1 태그로 작성한 요소의 텍스트 크기는 13px이고, text-align 속성으로 중앙 정렬합니다.

⑤ li 태그는 자동으로 번호가 붙는 목록 스타일입니다. 따라서 list-style 속성을 none으로 지정해
  리스트 스타일을 없앱니다. 텍스트 크기도 13px로 지정합니다.

⑥ a 태그는 기본으로 밑줄이 그어져 있습니다. 이를 제거하기 위해서 text-decoration 속성값을
  none으로 지정합니다. a 태그는 박스 모델이 인라인 성격이어서 height 속성이 적용되지 않습니다.
  그래서 display 속성값을 inline-block으로 지정하고 height 속성을 지정합니다.

⑦ 목록을 들여 쓰기 위해 margin을 왼쪽에 26px로 지정합니다.

```
```

7장

1. ⑤

해설_ display 속성값은 flex나 inline-flex 중 어느 값이든 상관없습니다. 중요한 건 justify-content 속성값과 align-items 속성값을 center로 지정하는 것입니다.

2. ⑤

해설_ flex-grow 속성은 있지만 grid-grow 속성은 없습니다.

3. ①

해설_ 최소 기준을 적용하려면 min-width를 사용해야 합니다.

1. 플렉스 컨테이너의 크기는 (160px × 3) + (10px × 2) = 500px입니다. flex 속성값을 적용하면 플렉스 아이템이 플렉스 컨테이너를 넘치게 됩니다. 그래서 flex-wrap 속성으로 줄 바꿈하고 justify-content 속성을 사용해 주축 방향으로 균일하게 정렬합니다.

07/selfcheck/correct/self1_correct.html

```
<style>
  .flex-container{
    display:flex;
    width:500px;
    flex-wrap:wrap;
    justify-content:space-between;
  }
  figure{
    width:calc(33% - 5px);
    font-size:0;
    margin:0;
    margin-bottom:10px;
  }
</style>
```

2. 그리드 아이템을 원하는 곳에 배치할 때 그리드 넘버를 이용하는 방법이 가장 간단합니다.

07/selfcheck/correct/self2_correct.html

```
<style>
  .grid-container{
    display:grid;
    width:500px;
    margin:0 auto;
    color:white;
    grid-template-columns:1fr 1fr 1fr 1fr 1fr;
    grid-template-rows:100px 100px 100px 100px;
    grid-gap:10px;
  }
  .grid-item{
    width:100%;
    background-color:red;
  }
  .grid-item:nth-child(2n){
    background-color:#bd4242;
  }
  .item2{
    grid-column:2/4;
    grid-row:1/3;
  }
  .item3, .item5{
    grid-column:4/6;
  }
</style>
```

3. 미디어 쿼리를 이용해 해상도에 맞게 그리드 아이템을 다시 배치하면 됩니다.

07/selfcheck/correct/self3_correct.html

```
@media (max-width:500px){
  .grid-container{
    width:100%;
    grid-template-columns:1fr 1fr 1fr;
    grid-template-rows:100px 100px 100px 100px 100px;
  }
  .item3,.item5{
    grid-column:unset;
```

해설노트

601

```
    }
    .item10{
      grid-column:1/4;
    }
  }
```

9장

1.

```
var score = 10;
```

2. ⑤

해설_ 배열을 정의할 때는 [ ]를 사용하고, { }는 객체 리터럴을 정의할 때 사용합니다.

3. ④

해설_ q1은 연산자 우선순위에 따라 곱셈이 덧셈보다 먼저 계산됩니다. 그래서 10 * 2를 연산하고 난 후 10을 더해 30이 됩니다.

q2에서 숫자 10과 숫자 10은 값과 자료형이 같으므로 일치 연산자(===)로 비교하면 true입니다. 숫자 10과 문자열 10은 불일치 연산자(!==)로 값뿐 아니라 자료형이 다른지까지 비교합니다. 그래서 값은 같지만 자료형이 다르므로 연산 결과는 true가 나옵니다. 결국 true || true가 되어 결과는 true가 됩니다.

q3에서 앞에 있는 10 < 20는 true지만 NOT 연산자에 의해 결과가 반전되므로 false입니다. 그리고 뒤에 있는 10 < 20는 true입니다. 결국 false && true가 되어 결과는 false가 됩니다.

4. ④

해설_ ①, ② else 문은 if 문과 함께 사용해야 하지만, if 문은 혼자 사용해도 됩니다.
③, ⑤ default 문과 break 문을 생략해도 됩니다.

5.
```
let sum = 0;
for(let i = 1; i <= 100; i++){
  sum += i;
}
console.log(sum);
```

1.
```
let count = 0;
for(let i = 1; i <= 999; i++){
  if(i % 2 === 0) count++;
}
console.log(`짝수의 개수는 ${count}개입니다.`);
```

2.
```
for(let dan = 1; dan <= 9; dan++){
  for(let num = 1; num <= 9; num++){
    console.log(`${dan} * ${num} = ${dan * num}`);
  }
}
```

3.
```
for(let i = 1; i < 10; i++){
  for(let k = 0; k < 10; k++){
    for(let j = 0; j < 10; j++){
      let sum = (i * i * i) + (k * k * k) + (j * j * j);
      let currentNumber = (i * 100) + (k * 10) + j;
      if(sum === currentNumber){
        console.log(currentNumber);
      }
    }
  }
}
```

해설노트

10장

1분 퀴즈

1. ①, ⑤

해설_ 함수를 변수에 할당하는 함수 정의 방법은 함수 표현식입니다. 그리고 변수에 할당하는 함수에 식별자가 없으므로 익명 함수입니다.

2.

```javascript
function getArrayMaxNumber(arr){
  let result = 0;
  for(let i = 0; i < arr.length; i++){
    if(result < arr[i]) result = arr[i];
  }
  return result;
}
const max = getArrayMaxNumber([10, 50, 30]);
console.log(max);
```

해설_ getArrayNumber() 함수는 배열을 매개변수로 전달받는 함수입니다. 먼저 배열의 요소와 비교해서 더 큰 값을 저장하기 위한 변수 result를 생성합니다. 전달받은 배열을 순회하면서 result 변수의 할당 값과 배열 요소의 값을 비교합니다. 배열 요소의 값이 result 변수의 값보다 크면 result 변수의 값을 배열 요소의 값으로 재할당하고 이를 배열 요소가 끝날 때까지 반복합니다. 배열 반복이 끝나면 result 변수를 반환합니다.

3. ④

해설_ 전역 스코프와 지역 스코프의 변수가 전부 var 키워드로 선언됐습니다. var 키워드는 오직 함수 스코프로만 전역과 지역을 구분합니다. 따라서 지역 변수가 전역 변수를 참조해 outside가 출력될 것 같아 보입니다. 하지만 함수 내부에서 발생하는 호이스팅에 의해 선언과 할당이 분리되어 선언부를 끌어올리면서 text 변수는 선언만 되고 할당은 아직 안 된 undefined가 출력됩니다.

4. ④

해설_ 즉시 실행 함수는 함수가 정의된 후 바로 실행됩니다. 매개변수로 10과 20을 전달하고 즉시 실행 함수 내부에서 init() 함수를 호출한 결과를 반환합니다. init() 함수는 다시 doSum() 함수의 결과를 반환하고, doSum( ) 함수에서는 변수 a, b의 합을 반환하고 있습니다. 따라서 최종으로 두 매개변수의 합인 30이 반환됩니다.

셀프체크

1.

```
function getCircleArea(radius){
  return radius * radius * 3.14;
}
const area = getCircleArea(10);
console.log(`원의 넓이: ${area}`);
```

2.

```
function getOrderDesc(arr){
  let result = 0;
  for(let i = 0; i < arr.length; i++){
    const currentNumber = arr[i];
    if(result < currentNumber){
      result = currentNumber
    }
  }
  return result;
}
const result = getOrderDesc([10, 20, 100, 30, 40]);
console.log(result);
```

3. 키는 cm 단위로 전달받기 때문에 m 단위로 변환하기 위해 100으로 나눕니다. 이후 문제에 주어진 BMI 공식에 따라 키를 제곱하고 이 값으로 몸무게를 나누어서 BMI를 구합니다. 마지막으로 조건문을 사용해 조건(BMI 점수)에 따른 결과를 반환하게 작성하면 됩니다.

```
// 체질량 BMI 구하기
function getBMI(height, weight){
  const h = height / 100; // m 단위 변환
  const bmi = weight / (h * h);
  if(bmi > 25) return "비만";
  else if(bmi > 24 && bmi <= 25) return "과체중";
  else if(bmi > 18.5 && bmi <= 23) return "정상";
  else return "저체중";
```

```
}
const bmi = getBMI(180, 70);
console.log("bmi: " + bmi);
```

11장

1. ③

해설_ 변수 studentObject의 초깃값으로 할당된 객체의 키는 name과 age입니다. 여기에 gender 속
성을 동적으로 추가하고, 이후 age 속성을 동적으로 제거하므로 변수 studentObject에는 최종으로
name과 gender만 남게 됩니다.

2.
```
const arr = [10, 120, 30, 50, 20];
arr.sort(function(a, b){
  if(a < b) return 1;
  else if(a > b) return -1;
  else return 0;
})
console.log(arr[0]);
```

해설_ 해당 코드는 여러 방법으로 작성할 수 있습니다. 여기서는 표준 내장 객체인 Array의 sort() 메
서드를 사용해 배열의 요소를 내림차순으로 정렬한 뒤 첫 번째 인덱스의 요소를 출력하게 했습니다.

3. ④

해설_ 웹 브라우저의 스크롤을 호출할 때마다 이동하게 하려면 window 객체의 scrollBy() 메서드를
사용해야 합니다.

1. ③

해설_ 다른 선택지는 name 속성만 남지만, ③은 delete 키워드로 name 속성을 삭제하므로 age 속성만 남
습니다.

2.

```
<body>
  <button onclick="popup()">팝업</button>
  <script>
    function popup(){
      const left = (screen.availWidth - 500) / 2 + window.screenX;
      const top = (screen.availHeight - 300) / 2;
      window.open('https://google.com', 'popup', 'width=500, height=300, left='
+ left + ', top=' + top);
      console.log(window.screenX);
    }
  </script>
</body>
```

12장

1분 퀴즈

1. ③

해설_ 문서 객체 모델은 웹 브라우저에서 생성되므로 자바스크립트 언어 사양에는 포함되지 않습니다.

2. ①

해설_ document.getElementById() 메서드는 id 속성값을 # 없이 문자열로 입력합니다.

3. ④

해설_ textContent/innerHTML/innerText 속성을 사용하면 콘텐츠를 변경할 수 있습니다. 그리고 classList 객체의 remove() 메서드를 사용하면 클래스를 삭제할 수 있습니다. removeClass() 메서드는 실제로는 없는 메서드입니다. 하지만 마치 메서드 이름처럼 그럴 듯해 보여서 자주 헷갈리니 잘 기억해 주세요.

4. ④

해설_ 요소 노드는 createElement() 메서드로 생성합니다. 그리고 img 태그의 속성 경로와 설명은 src 속성과 alt 속성으로 지정합니다. 마지막으로 생성한 요소 노드를 HTML 문서에 추가할 때는 appendChild() 메서드를 사용합니다.

5. ①

해설_ document 객체를 사용하면 form 태그의 name 속성값을 이용해 특정 form 요소 노드에 접근할 수 있습니다. form 요소 노드에 접근한 뒤에는 하위 노드들의 name 속성값으로 원하는 입력 요소를 선택하고 value 속성으로 입력값을 가져오면 됩니다.

6.
```
<button>클릭</button>
<script>
  document.querySelector("button").addEventListener("dblclick", function(){
    alert("dblclick!");
  })
</script>
```

해설_ 이벤트 등록 대상 노드를 선택하고 addEventListener() 메서드에 이벤트 타입과 그에 따른 실행 함수를 매개변수로 전달해 이벤트를 등록하면 됩니다.

7. ⑤

해설_ 이벤트 객체의 매개변수 이름은 마음대로 지정해도 됩니다. 단, 문제에서는 이벤트 함수 내부에서 e라는 변수명을 참조하므로 (가)는 e가 되어야 합니다. 그리고 기본 이벤트를 취소하므로 (나)에는 preventDefault() 메서드가 들어가야 합니다.

셀프체크

12/selfcheck/main.js
```
document.forms[0].addEventListener("submit", function(e){
  // 1
  e.preventDefault();
  const idEl = document.forms[0].username;
  const idValue = idEl.value.trim();
  const pwEl = document.forms[0].password;
  const pwValue = pwEl.value.trim();
  // 2
  if(idValue === ""){
    alert("아이디를 입력해 주세요.");
    idEl.focus();
    return;
  }
  // 3
```

```
    if(idValue.indexOf("@") === -1){
      alert("아이디는 이메일 형식으로 입력해 주세요.");
      idEl.focus();
      return;
    }
    // 4
    if(pwValue === ""){
      alert("비밀번호를 입력해 주세요.");
      pwEl.focus();
      return;
    }
    // 5
    if(pwValue.trim().length <= 4){
      alert("비밀번호는 5자리 이상 입력해 주세요.")
      pwEl.focus();
    }
    // 6
    this.submit();
});
```

1. 기본 이벤트를 취소할 때는 이벤트 객체의 preventDefault() 메서드를 사용합니다.

2. 4. 아이디 값이나 비밀번호 값은 노드를 선택해서 value 속성으로 가져올 수 있습니다. 이때, 공백을 제거하기 위해 String 객체의 trim() 메서드(**11.3.1 문자열을 다루는 String 객체** 참고)도 함께 사용합니다.

3. 아이디 값에 @ 기호가 포함됐는지 확인하려면 indexOf() 메서드로 문자열을 검사합니다. −1보다 큰 값이 나오면 @ 기호가 있다는 의미이고, −1이 나오면 없다는 의미입니다.

5. 문자열의 길이는 length 속성으로 확인할 수 있습니다.

6. 폼 요소는 submit() 메서드로 전송할 수 있습니다.

INDEX